Zu diesem Buch

Dr. phil. Dr. med. Josef Mengele führte zwischen 1943 und 1945 als Lagerarzt in Auschwitz «Selektionen» durch und war damit an der Ermordung vieler Tausender von Juden beteiligt. Darüber hinaus nahm er Experimente an Menschen vor, insbesondere an Zwillingen im Kindesalter, um eine eigene «Zwillings-Lehre» zu begründen. Rund dreitausend Zwillingspaare mußten die «Experimente» des Arztes erleiden, nur etwa hundert überlebten die Torturen.

Die überlebenden Zwillinge schildern hier erstmals ihr bewegendes Schicksal, das mit der Person des Josef Mengele verknüpft war und ist.

Im Nachwort zur deutschen Ausgabe äußern sich ein Enkel des Mengele-Mentors Professor von Verschuer sowie eine ehemalige politische Gefangene und Häftlingsärztin in Auschwitz.

Lucette Matalon Lagnado studierte am Vassar College und an der John Hopkins University School for Advanced International Studies. Die Geschichte der Zwillinge von Auschwitz beschäftigt sie seit 1984. Sie arbeitete unter anderem als Reporterin für die *New York Post.* Heute lebt sie als Kolumnistin der *Village Voice* in New York City.

Sheila Cohn Dekel ist Schriftstellerin, Lyrikerin und Pädagogin. Sie ist die Witwe von Alex Dekel, dessen Geschichte in diesem Buch erzählt wird. Gemeinsam mit ihrem Mann beteiligte sie sich unter anderem an der langen Verfolgung Josef Mengeles. Heute lebt sie in New York City.

Lucette Matalon Lagnado
Sheila Cohn Dekel

Die Zwillinge des Dr. Mengele

Der Arzt von Auschwitz und seine Opfer

Deutsch von Christa Schuenke

Mit Nachworten von
Michael Wörle und Ella Lingens

rororo
Rowohlt

Deutsche Erstausgabe
Lektorat Heike Wilhelmi

Veröffentlicht im Rowohlt Taschenbuch Verlag GmbH,
Reinbek bei Hamburg, April 1994

Die amerikanische Originalausgabe erschien 1991 unter dem Titel
«Children of the Flames» im Verlag William Morrow
and Company, Inc. New York

Umschlaggestaltung Kathrin Kreitmeyer
Satz Sabon und Futura (Linotronic 500)
Gesamtherstellung Clausen & Bosse, Leck
Printed in Germany
2490-ISBN 3 499 19532 1

Inhalt

Meiner Mutter, Edith Matalon Lagnado,
und meinem Arzt, Dr. Burton J. Lee III,
die mir, jeder auf seine Weise,
das Leben gerettet haben.
L. M. L.

Den sechs Millionen … und dem *Einen* …
S. C. D.

Vorwort: Kerzen in der Nacht

Im Winter 1984 bat mich die Zeitschrift *Parade*, nach den jahrzehntelang vergessenen Überlebenden der Experimente zu forschen, die Dr. Josef Mengele während des zweiten Weltkriegs in Auschwitz an Zwillingen vornahm. Soweit bekannt ist, haben von den schätzungsweise dreitausend Zwillingen – größtenteils kleine Kinder –, die von 1943 bis 1944 durch Mengeles Labore gingen, nur etwa hundert überlebt. Als ich in den USA und Israel nach diesen Menschen zu suchen begann, mußte man davon ausgehen, daß sich ihre Zahl noch weiter verringert hatte.

Unterstützt wurde ich bei meinem Unternehmen von den Zwillingsschwestern Eva und Miriam Mozes, die von Mengele zu grauenhaften Experimenten mißbraucht worden waren. Eva Mozes wollte etwas tun, damit das qualvolle Schicksal der Zwillinge, die in der Geschichte des Holocaust bis dahin nur als Fußnote vorgekommen waren, endlich ins Bewußtsein der Weltöffentlichkeit gerückt würde. Gemeinsam mit ihrer Schwester Miriam hatte sie kurz zuvor einen internationalen Verband der Auschwitz-Zwillinge gegründet. Die Vereinigung hieß CANDLES (Kerzen) – ein Akronym aus den Worten Children of Auschwitz Nazi Deadly Laboratory Experiments Survivors (Kinder von Auschwitz Überlebende der tödlichen Labor-Experimente der Nazis) – und sollte den überlebenden Zwillingen die Möglichkeit geben, sich regelmäßig zu treffen und gemeinsam über das Schreckliche zu reden, das Mengele ihnen in seinen Laboratorien angetan hatte.

Im Gegensatz zu anderen Überlebenden der Todeslager hatten Mengeles Zwillinge, die ja als Kinder in Auschwitz gewesen waren, über Jahrzehnte hinweg absolutes Stillschweigen über ihre Vergangenheit bewahrt. Gepeinigt von Schuldgefühlen und Scham, hatten die meisten von ihnen nie gewagt, über ihr Martyrium als «Versuchskaninchen» des berüchtigten Dr. Mengele zu reden, nicht einmal mit ihren nächsten Angehörigen. Ihre Geschichte war die unerzählte Geschichte des Holocaust.

Eva und Miriam Mozes annoncierten in mehreren israelischen Zeitungen und hatten Erfolg: Innerhalb weniger Tage meldeten sich Dutzende überlebender Zwillinge (die Mehrzahl von ihnen hatte es nach dem Krieg nach Israel verschlagen) und traten den CANDLES bei. In tränenreichen Zusammenkünften erneuerten sie die Verbundenheit von einst, die ihnen geholfen hatte, die Todeslager und Dr. Mengeles teuflische Experimente zu überleben. Und sie alle vereinte der glühende Wunsch, ihren Peiniger vor Gericht zu sehen.

Im März 1984 kam ich nach Israel, um erste Interviews mit Mengele-Zwillingen zu führen. Die Namen und Adressen meiner Gesprächspartner konnte ich relativ leicht feststellen: ich brauchte mich nur an den Mitgliederlisten der CANDLES zu orientieren; sehr viel schwieriger war es, mit ihnen tatsächlich ins Gespräch zu kommen. Erst nachdem Eva und Miriam Mozes ihnen behutsam zugeredet hatten, willigten einige Zwillinge ein, sich mit mir zu treffen. Jedesmal gestand mir mein Gegenüber am Anfang der Unterhaltung leise und mit belegter Stimme: «Ich habe darüber noch nie mit jemandem gesprochen.»

Dennoch war für viele Zwillinge die bloße Tatsache, daß sie über ihre Erlebnisse reden konnten, eine regelrechte Befreiung. Sie standen in der Mitte ihres Lebens, aber sie äußerten sich so rückhaltlos offen, so zwingend und so beredt, wie es für sehr junge Menschen typisch ist. Manche fielen während unserer Unterhaltung sogar zurück in ihre Kindersprache; wenn sie von ihren quälenden Erinnerungen an das Leben im Lager erzählten, verloren sie die Fassung, die sie im Erwachsenendasein hatten. Eine Frau schüttelte sich und zitterte wie ein kleines Mädchen, als sie sich daran erinnerte, wie die Ratten ihr nachts über die Zehen gehuscht waren, wenn sie in ihrer harten Holzkoje lag und schlafen wollte. Ein Mann wand sich und wimmerte wie ein Kind, als er von einer schmerzhaften Injektion sprach, die Mengele ihm gegeben hatte. Aber plötzlich hellte sein Gesicht sich auf; mit lausbubenhaftem Grinsen erzählte er, wie Mengele ihm gleich danach Süßigkeiten geschenkt hatte. Auf mich wirkten diese Zwillinge in vielem noch wie die Acht- bis Zehnjährigen, die sie einmal gewesen waren, jene Kinder, die auf Dr. Mengeles Schritte lauschten und ängstlich auf die Lastwagen warteten, mit denen man sie ins Labor brachte. Sie weinten unter der Flut der wiederkehrenden Erinnerungen. Und ich, von ihren Geschichten zutiefst erschüttert, weinte oft mit ihnen.

Nur sehr wenige Zwillinge waren in der Lage, mir sowohl ihr Leben in der Zeit vor dem Krieg als auch ihre Jahre in Auschwitz vollständig zu schildern. Die meisten konnten sich geradezu zwanghaft nur entweder über den einen oder über den anderen Lebensabschnitt äußern. Manche erinnerten sich lebhaft an Mengeles Experimente, an Blutversuche, Spritzen, Röntgenbestrahlungen und chirurgische Eingriffe, die an ihnen vorgenommen wurden. Andere konzentrierten sich auf die Person des SS-Arztes, seine Besuche in ihren Baracken, seine Vorliebe, sich zu ihnen zu setzen und zu plaudern. Einige behaupteten steif und fest, keinerlei Erinnerungen an Auschwitz zu haben. Sie sprachen dafür über ihr trauriges Erwachsenenleben nach dem Krieg, ihre psychischen und physischen Zusammenbrüche und ihre Sehnsucht nach den toten Eltern, die sie kaum gekannt hatten. Es zeigte sich durchweg, daß die Störungen, unter denen sie als Erwachsene litten, um so schwerer waren, je jünger sie in Auschwitz gewesen waren und je weniger sie sich bewußt erinnern konnten.

Mengeles Leidenschaft, Juden für die Gaskammern von Auschwitz zu selektieren, trug ihm den Beinamen «Todesengel» ein. Mit einer Handbewegung schickte er Tausende Menschen in den Tod. Zu den wenigen, die er verschonte, zählten die Zwillingskinder, die er sich an der Rampe für seine Forschungszwecke herauspickte. Von Hause aus Genetiker, hatte er es sich zum Ziel gesetzt, eine «Herrenrasse» von blonden, blauäugigen Ariern zu züchten. Dabei hatten die Zwillinge eine Schlüsselfunktion. Die Vererbungslehre bedurfte der empirischen Bestätigung, und wer hätte sich dazu besser geeignet als eine ihrem genetischen Erbgut nach vollkommen identische Gattung, die eineiigen Zwillinge?

Für die meisten Zwillinge begann der Weg in die Hölle von Auschwitz damit, daß man sie von ihren Familienangehörigen fortriß und diese vor ihren Augen in den Tod schickte. In ihrem nur wenige Schritte von den Krematorien entfernt gelegenen Zwillingsblock waren sie buchstäblich Augenzeugen des Vollzugs der von den Nazis beschlossenen «Endlösung der Judenfrage». Zwillinge von gerade einmal fünf oder sechs Jahren wurden gequält, tagtäglichen Blutversuchen unterzogen und auf Hungerdiät gesetzt; sie bekamen Cholera, Typhus und andere tödliche Krankheiten, die aufgrund der katastrophalen Lebensbedingungen grassierten. Am schlimmsten aber waren natürlich Mengeles niederträchtige pseudowissenschaftliche Experimente. Die Situation dieser Zwillinge war fürchterlich, und dennoch waren sie in gewisser Weise privilegiert, denn sie galten als «Mengeles Kinder», und das bedeutete, daß sie vor irregulären Selektionen geschützt waren und ihnen der Tod in den Gaskammern erspart blieb, der jedem anderen Auschwitz-Häftling drohte.

Trotz aller Qualen klammerten sich viele von ihnen mit kindlichem Glauben ans Leben. In den von Mengele verordneten «Erholungszeiten» spielten die männlichen Zwillinge im Schein der Flammen, die aus den Schornsteinen der Krematorien loderten, Fußball. Die kleinen Mädchen wurden auf den Wiesen rund um das Lager spazierengeführt, wo sie Feldblumensträuße pflücken durften.

Manche Kinder entwickelten sogar eine regelrechte Zuneigung für Mengele und sahen in ihm einen Ersatz für den Vater, den sie verloren hatten. «Onkel Mengele», wie sie ihn nannten, schenkte ihnen Süßigkeiten, scherzte mit ihnen, knuddelte und küßte sie. Einige waren der festen Überzeugung, daß dieser von Grund auf böse Mensch eigentlich einen guten Kern hatte, ein weiches Herz, das nur für seine Zwillinge schlug. «Ich glaube, daß Josef Mengele kinderlieb war», erklärte mir Vera Blau, ein Zwilling aus Tel Aviv, bei unserem ersten Gespräch. «Ja! Obwohl er ein Mörder war, ein Schlächter.»

Während der Arbeit an diesem Buch schälte sich Mengeles besondere Beziehung zu Kindern als die unerklärlichste – und zugleich faszinierendste – Seite dieses «Todesengels» heraus. Er war ein Ungeheuer, und doch brachte er es Zeit seines Lebens fertig, junge Menschen einzulullen und zu täuschen. Die bizarren, rätselhaften Bande, die in Auschwitz zwischen Mengele und «seinen» Zwillingen geschmiedet wurden, blieben bis weit in die Nachkriegszeit hinein intakt. Wie sehr sich die Zwillinge auch gegen ihre Erinnerungen sträubten, keinem von ihnen gelang es, den gutaussehenden jungen Arzt zu vergessen, der sie gefoltert und, wie sie meinten, geliebt hatte.

Nicht nur ich war von dem, was die Zwillinge über ihr Leben unter der Fuchtel des Dr. Mengele berichteten, erschüttert und bewegt. Mein Artikel «The Twins of Auschwitz Today» (Die Auschwitz-Zwillinge heute), der im September 1984 in *Parade* erschien, wurde in mehreren ausländischen Zeitungen nachgedruckt und rief weltweites Echo hervor. Tausende forderten, alles zu tun, um Dr. Mengele *zur Strecke* zu bringen. Im November 1984 wurde ich von der ehemaligen amerikanischen Parlamentarierin Elizabeth Holzman und der deutschen Nazi-Jägerin Beate Klarsfeld, die beide entscheidenden Anteil daran haben, daß mehrere NS-Kriegsverbrechen aufgespürt und vor Gericht gestellt wurden, eingeladen, mit ihnen gemeinsam nach Paraguay zu fahren und als Beobachterin an der Suchaktion nach Mengele teilzunehmen. Die vierköpfige Delegation, der außer den beiden Frauen der katholische Bischof von Brooklyn, René Valero, und Menachem Rosensaft, Sohn eines Ehepaars, das den Holocaust überlebt hatte, angehörten, verlangte von der Regierung des Generals Alfredo Stroessner Informationen über den Verbleib des Kriegsverbrechers Josef Mengele. Stroessner hatte ihm die paraguayische Staatsbürgerschaft gewährt, und man vermutete seit langem, daß er den ehemaligen SS-Arzt deckte. Zwar ließ sich der alte Diktator von Holzman und ihren Begleitern nicht unter Druck setzen, aber sie erreichten immerhin, daß die Regierung der USA erstmals offiziell erklärte, ein Interesse am Verbleib Josef Mengeles zu haben.

Die mehrwöchige dramatische Pilgerreise der CANDLES nach Auschwitz im Januar 1985, der Gang der Zwillinge durch das benachbarte Lager Birkenau und ihre von den Fernsehkameras in anrührender Weise festgehaltenen Gebete vor dem alten Krematorium erregten weltweit Aufmerksamkeit. Nicht zuletzt aufgrund ihrer bewegenden Appelle entschlossen sich drei Staaten unabhängig voneinander, den Fall Mengele erneut aufzurollen. Im Frühjahr 1985 gaben sowohl Israel als auch Westdeutschland und die Verei nigten Staaten offiziell bekannt, daß sie den schlimmsten noch auf freiem Fuß befindlichen Massenmörder des Holocaust mit vereinten Kräften zur Strecke bringen wollten. Ein ganzes Netz von Geheimdiensten, vom CIA und dem israelischen Mossad bis hin zu Interpol, sollte bei der Verfolgung des berüchtigten SS-Doktors zusammenarbeiten.

Damit hatten Mengeles Kinder die größte und ehrgeizigste Jagd nach einem Kriegsverbrecher in Gang gesetzt, die es je gegeben hat.

Nachdem das Untertauchen ihres Peinigers die Weltöffentlichkeit so lange gleichgültig gelassen hatte, tat es den Zwillingen wohl, diese enorme internationale Anteilnahme zu erleben. Ihre Erfahrungen im Lager hatten sie zu Philosophen gemacht; sie standen dem Leben nicht ohne Zynismus gegenüber und waren doch zugleich erstaunlich optimistisch.

Als ich im April 1988 ein zweites Mal nach Israel kam, um Zwillinge zu interviewen, freute ich mich mit ihnen darüber, wieviel sich in den letzten vier Jahren bewegt hatte. Ich konnte feststellen, daß sie inzwischen medienerfahren waren und, ganz im Gegensatz zu unseren früheren Begegnungen, völlig unbefangen über ihre Erlebnisse in Auschwitz redeten. Einige hielten landauf, landab Vorträge, und eine von ihnen, Vera Krigel, geborene Grossman, flog sogar regelmäßig nach Westdeutschland, um dort vor vollen Sälen über den Holocaust zu sprechen. Wie Kerzen in der Nacht brachten die Zwillinge Licht in eine Geschichtsperiode, die noch immer in seltsam beunruhigendem, geheimnisvollem Dunkel liegt.

Das Wiedersehen mit den Zwillingen bestätigte für mich zugleich die ganz besondere Beziehung, die zwischen mir und ihnen bestand. Ich war die erste Journalistin gewesen, die sie aufgesucht und systematisch befragt hatte, um ihre Geschichte an die Öffentlichkeit zu bringen. Ich hatte mich mit ihnen über ihre Triumphe in den Medien gefreut und sie beglückwünscht, als es ihnen gelang, endlich eine finanzielle Wiedergutmachung von der westdeutschen Regierung zu erhalten. Ich war genauso niedergeschlagen und enttäuscht wie sie, als es im Juni 1985 hieß, Dr. Mengeles Leiche sei in Brasilien gefunden worden, worauf die weltweite Suche eingestellt wurde.

Keiner der Zwillinge kann glauben, daß die Gebeine, die man auf einem einsamen Friedhof in Embu gefunden hat, tatsächlich die des Dr. Mengele sind. Weder die öffentliche Meinung noch wissenschaftliche Gutachten können sie davon überzeugen, daß er wirklich tot ist. In ihrem nur zu verständlichen Argwohn gegenüber den Naturwissenschaftlern pochen sie darauf, daß nicht einer der unzähligen Gerichtsmediziner, die das Skelett untersucht haben, dessen Identität mit hundertprozentiger Sicherheit beweisen konnte. Nachdem sich die israelische Regierung konsequent geweigert hat, den Fall ad acta zu legen, und nachdem in Israel und Westdeutschland weiterhin Kopfprämien auf ihn ausgesetzt sind, hoffen sie darauf, daß der richtige Josef Mengele eines Tages doch noch gefunden wird.

Für sie lebt er. Sie sehen ihn in seiner makellosen Uniform vor sich stehen und lächelnd beteuern, daß er ihnen ganz bestimmt nicht weh tun wird. Wie gern nimmt er sich die Zeit, mit ihnen zu spielen! Er freut sich, wenn sie die schönen Sachen tragen, die er ihnen höchstpersönlich in ihre Baracken bringt – weiße Kniehosen für die Jungen und Seidenkleider für die Mädchen.

Doch ebensowenig können sie sein schreckliches Labor vergessen, die Blutversuche, die Spritzen, die Experimente, die mörderischen Operationen.

Mengeles Zwillinge haben die Lebensmitte überschritten. Die meisten sind verheiratet und haben selber Kinder und Enkel. Doch obwohl sie von Ehepartnern, Freunden und Nachbarn umgeben sind, machen sie immer wieder Phasen von Verzweiflung durch, in denen es ihnen so vorkommt, als sei die Gegenwart viel weniger wirklich als die Vergangenheit. In unbeobachteten Augenblicken kramen sie mit zitternden Händen vergilbte Briefe und Fotos hervor und betrachten die Bilder ihrer Eltern und Geschwister oder ihre eigenen – aus der Zeit vor dem Grauen. In solchen Momenten wissen sie, daß sie dem Schatten des Todesengels niemals entkommen werden. Manchmal, mitten im Alltag, bei der Arbeit, sehen sie plötzlich sein Gesicht vor sich, das leise zynische Lächeln um seinen Mund, das sadistische Funkeln in seinen Augen. Und dann denken sie an die anderen Kinder, deren Arme und Beine von Mengeles Spritzen mit Wunden übersät waren, die anderen Zwillinge, die – im Gegensatz zu ihnen – nicht überlebt haben.

Viele der Zwillinge träumen Nacht für Nacht denselben Alptraum: Sie sind wieder in Auschwitz. Im Traum kläffen wütende Hunde, und große Männer in Uniformen verfolgen sie gnadenlos über dunkles, unbekanntes Gelände. Und wenn diese bedrohlichen Gestalten sie einholen, was jedesmal geschieht, dann schreien Mengeles Zwillinge im Schlaf, genau wie sie vor so vielen Jahren als Kinder geschrien haben.

In den Nächten erscheinen ihnen auch die Geister ihrer Angehörigen. Wieder und wieder erleben sie den Augenblick, da ihre Eltern und Geschwister in die Gaskammern getrieben wurden. Sie hören die Schritte ihrer Verwandten, die sich resigniert in die als Duschen getarnten Todesräume schleppen, und stellen sich deren Entsetzen, deren Angst vor, als sie merkten, daß aus den Brausen nicht Wasser kam, sondern Gas.

Hedvah und Leah Stern haben entdeckt, daß sie jetzt, im Alter, öfter an ihre Mutter denken als früher. Deutlich sehen sie die junge Frau im schwarzbunt bedruckten Kleid vor sich, die ihnen zum Abschied zuwinkt und ihnen verspricht, daß sie sich wiedersehen werden. In den stillen israelischen Nächten hören Hedvah und Leah ihre Mutter rufen: «Wartet, Kinder, wartet – wartet am Tor auf mich.» Wie ein Echo, das lauter und lauter über einer immer tiefer klaffenden Schlucht widerhallt, hallt dieser besorgte Ruf durch ihr Leben, das reich ist an Arbeit und Ereignissen.

Bei kaum einem hat die Zeit die Wunden heilen können. Noch nach fast einem halben Jahrhundert plagen sie Schuldgefühle, weil sie als Zwillinge geboren wurden. Denn demselben Mengele, der sie als «Versuchskaninchen» mißbraucht und grausam gemartert hat, verdankten sie ihren privilegierten Status. Mengeles Zwillinge sind dazu verdammt, den schrecklichen Widerspruch auszuhalten, daß sie – «seine» Kinder – demselben Mann, der sie so grausam gepeinigt hat, ihr Leben verdanken.

«Warum sind wir verschont geblieben?» fragen Mengeles Zwillinge sich heute. «Warum haben wir als einzige aus unserer Familie überlebt?» Diejenigen unter ihnen, die das Glück hatten, wenigstens den Zwillingsbruder oder die Zwillingsschwester zu behalten, suchen bei dem einzigen Angehörigen, der ihnen geblieben ist, Trost und Antwort auf ihre Fragen und müssen erleben, daß dieser nächste Mensch genauso ratlos und verzweifelt ist wie sie selber.

Das Leben der Zwillinge des Dr. Mengele ist überschattet von Bildern aus dem Lager – Leichen, Knochenberge, Krematorien, deren Schornsteine grelle Flammen in den zinnoberroten Himmel speien. Geblendet sind sie einst der Asche des Holocaust entstiegen. Sie wollten die Vergangenheit hinter sich lassen, aber sie haben gelernt, daß die Vergangenheit sie niemals freigeben wird. Und obwohl sie Josef Mengele im Winter 1944 zum letztenmal gesehen haben, ist er in ihrem Leben noch heute allgegenwärtig. Dieses Buch erzählt seine Geschichte – und ihre.

Lucette Matalon Lagnado

Ich kam durch meinen verstorbenen Mann mit der Geschichte der Mengele-Zwillinge in Berührung, und obwohl ich Amerikanerin bin, ist seine Geschichte zu meiner geworden. Ich traf Alex Shlomo Dekel im Januar 1962 – damals wohnte ich in Israel – und wurde im Jahr darauf seine Frau. Ihn faszinierte mein amerikanischer Hintergrund, mich sein europäischer; seine tapfere Mutter, die ihn und seinen Bruder nach dem frühen Tod des Vaters allein aufgezogen hatte, bis die drei mit dem ersten Transport aus ihrer ungarischen Heimat nach Auschwitz verschleppt wurden, seine Erlebnisse im Konzentrationslager als «Versuchskaninchen» von Mengele, seine Befreiung aus Birkenau durch amerikanische GIs, die ihm damals mittels künstlicher Ernährung das Leben retteten.

Alex war kein Zwilling; allein sein echt arisches Aussehen und die Tatsache, daß er fließend Deutsch sprach, bewahrten ihn vor dem nahezu sicheren Tod. Kurz nachdem wir uns kennengelernt hatten, begann er mir nach und nach seine Geschichte zu erzählen. Besonders quälend muß für ihn die letzte Erinnerung an seine Mutter gewesen sein, die er eines Tages, obwohl man ihr den Kopf kahlgeschoren hatte, auf einem angrenzenden Hof hinter einem Stacheldrahtzaun erkannte. Er wußte, daß er als privilegiertes Mengele-Kind mehr zu essen bekam als sie; deshalb sparte er seine ganze Tagesration auf und wollte sie ihr geben. Als sie sich weigerte, ihrem Kind etwas wegzunehmen, warf er die Lebensmittel über den Zaun, so daß sie sie aufheben mußte. Später hat er mir erzählt, wodurch er überlebt hat: Im Traum verschlang er jede Nacht riesige Mahlzeiten; das gab ihm die Kraft, den Hunger des nächsten Tages auszuhalten. Er nährte sich buchstäblich von Träumen!

Ich begriff zwar, daß er als Kind in Auschwitz gewesen war, nicht aber, daß das sein ganzes Leben geprägt hat. Erst nach unserer Heirat erkannte ich seinen unbändigen Drang, Mengele zu finden und vor Gericht zu bringen, und allmählich lernte ich, diesen Drang zu teilen. Auschwitz war stets präsent, bei allem, was er tat und dachte. Er wollte vergessen, aber es kam immer wieder hoch, in Anfällen unerklärlicher Wut und in Phasen tiefster Depression. Erst heute weiß ich, daß dies das Erbe von Auschwitz ist, das allen Überlebenden eingebrannte Mal.

Israel wurde zum Sinn seines Lebens. Dieses Land, sagte ich ihm, sei seine Revanche. Er war oft in Lebensgefahr, angefangen damit, daß er heimlich von Zypern herübergeschwommen kam, wo die Briten sein Schiff festhielten, bis hin zu seinen tollkühnen Einsätzen in der Haganah* und später im Dienste der israelischen Regierung (die zum Teil noch immer der Geheimhaltung unterliegen). Eigentlich war sein ganzes Leben fremdbestimmt. Wie für so viele Menschen wurde auch für ihn Israel zum Ersatz für seine verlorene Familie. Ich spürte, daß die Erinnerungen an Auschwitz ihm bisweilen näher waren als das wirkliche Leben. Für den Überlebenden ist Auschwitz alles, und überall ist Auschwitz.

Als Archivar des israelischen Konsulats in New York begann Alex Informationen über Mengele zu sammeln und jeden seiner Schritte zu dokumentieren. Anfangs interessierte ich mich nicht sehr für die verstreuten Hinweise auf den Verbleib des SS-Arztes, von denen er mir berichtete. Ich glaubte fest daran, daß er, wenn ich ihm nur Zeit ließe, eines Tages vergessen könnte. Schließlich lebten wir jetzt in Amerika. Wir hatten uns. Aber mit Alex verheiratet zu sein, bedeutete, mit einem Geheimagenten verheiratet zu sein. Immer gab es Geheimnisse. Bei der Arbeit, die er tat, konnte man als Ehefrau abends nicht gut fragen: «Wie war's heute im Büro, Liebling?» Ich habe das nur einmal versucht!

In seiner Manie, Mengele nachzuspüren, wurde er mehr und mehr zum einsamen Jäger. Er suchte Kontakt zu jedem, der je mit Mengele in Berührung gekommen war und über irgendwelche Informationen verfügen konnte. Ich weiß noch, wie ich einmal nachts um drei durch einen Anruf aus Südamerika aus dem Schlaf gerissen wurde. Jemand rief an, um zu vermelden, er habe Mengele im Visier. Solche Anrufe gab es häufig. Berge von Papier sammelten sich bei Alex an, es entstand ein regelrechtes Privatarchiv. Er legte jeden Zeitungsausschnitt, jeden Zeitschriftenartikel ab, alles, was sich auf Mengeles Verbleib bezog, und setzte daraus systematisch, wie er es in seiner zwölfjährigen Tätigkeit als israelischer Geheimdienstoffi-

* Stärkste militärische Organisation der Juden im britischen Mandat Palästina, gegründet 1920 zum Schutz der jüdischen Siedlungen; ging bei der Gründung des Staates Israel 1948 in der israelischen Armee auf. (Anm. d. Ü.)

zier gelernt hatte, das Puzzle der Beweise zusammen. Bald fing er an, die zahlreichen wechselnden Wohnorte Mengeles sowie viele seiner Reiserouten inner- und außerhalb Südamerikas auf der Karte mit Stecknadeln zu markieren. Er fand sogar einen Arzneimittelexporteur, der Medikamente nach Brasilien lieferte, und faßte den abenteuerlichen Plan, selbst zu Mengele zu fahren und ihm seine Medizin zu bringen (dagegen erhob ich Einspruch und machte ihm klar, daß das viel zu gefährlich war.) Jeder, der auch nur im entferntesten etwas mit Mengele oder Südamerika zu tun hatte, war in unserem Haus als Gast willkommen.

1976 wandte sich Alex an die Redaktion des *Time Magazine* und überzeugte sie davon, daß Mengele unbedingt ausfindig gemacht werden mußte. Das Blatt finanzierte ihm seine Recherchen, und er verfolgte die Spur des Kriegsverbrechers durch ganz Europa, wobei er auf wichtige neue Fakten stieß. Von Wien aus, wo er mit Simon Wiesenthal konferiert hatte, reiste er nach Polen und bewegte die polnische Regierung, die in den dortigen Archiven lagernden Dokumente über Auschwitz und Mengeles Experimente im Lager freizugeben. Überglücklich kehrte er mit dem Beweismaterial in der Tasche nach Hause zurück, und ich schlief arglos in meinem Bett, nicht ahnend, daß unter demselben Josef Mengeles Fingerabdrücke und SS-Akten verstaut waren.

1977 veröffentlichte das *Time Magazine* das Material, und im selben Jahr begann Alex mit der Niederschrift seiner Memoiren, mit denen er hoffte, eines Tages das Gewissen der Menschheit aufrütteln und so dazu beitragen zu können, daß Mengele vor Gericht käme. Zugleich sorgte er dafür, daß auch die Zeitschrift *Life* einen Beitrag über Mengele druckte, und verbrachte viele Stunden mit Dr. Robert Jay Lifton, dem er Tonbandinterviews für dessen Buch «Ärzte im Dritten Reich» gab. Und inzwischen sah auch ich, obwohl ich mich anfangs gar nicht für Alex' Mengele-Jagd begeistern konnte, ein, daß diese Jagd das Leitmotiv seines Lebens war. «Leb in der Gegenwart», hatte ich gedrängt. «Laß sie dir doch wegmachen, diese Tätowierung am Arm, die dich immerzu an früher erinnert», hatte ich ihn angefleht. «Eher lasse ich mir den Arm wegmachen», hatte Alex geantwortet. Ob ich ihn wohl geheiratet hätte, wenn mir klargewesen wäre, daß sein Leben sich in dieser Obsession verzehren würde? Ja, ich weiß, ich hätte es getan.

Im Sommer 1983 wollten wir nach Israel reisen, wo ein hochrangiger Geheimdienstmann Alex versprochen hatte, ihm Zugang zu den israelischen Mengele-Akten zu verschaffen. Im Juni, kurz vor unserer geplanten Reise, war der Agent für ein paar Stunden in New York, und Alex traf sich am Flughafen mit ihm. Als er heimkam, fiel mir auf, daß er zerstreut war und von allen möglichen Dingen redete, nur nicht von Mengele. Es ging ihm nicht gut. Der linke Arm tat ihm weh; ich drängte ihn, in ein Krankenhaus zu gehen, aber er weigerte sich. Er hatte immer geglaubt, er sei immun gegen den Fraß der Zeit und des Schicksals – was sollte ihm nach Auschwitz noch passieren?

Alex hatte einen schweren Schlaganfall, ein Herzinfarkt kam hinzu – ein schnelles, jähes Ende. Erst im nachhinein wurde mir klar, daß der V-Mann ihm an jenem Abend gesagt haben mußte, was der israelischen Regierung bereits seit längerem bekannt war: Josef Mengele war tot. Also hat der Gejagte zum Schluß den Jäger eingeholt, mußte ich unwillkürlich denken. Ich bin sicher, daß es diese Erkenntnis war, die Alex das Herz gebrochen und ihm den Lebenswillen genommen hat.

Nach Alex' Tod beschloß ich, sein Werk fortzusetzen. Ich begegnete Lucette Lagnado, deren Interesse an den Kindern, die Mengeles Opfer waren, sich mit dem meines Mannes traf. Vieles ist geschehen, während wir an diesem Buch arbeiteten. Nicht zuletzt wurde in dieser Zeit das Mengele-Skelett entdeckt – am 21. Juni 1985, auf den Tag genau zwei Jahre nach Alex' Beerdigung. Die Geschicke dieser beiden Männer sollten im Tod so unauflöslich miteinander verstrickt bleiben, wie sie es im Leben gewesen waren.

«Ich bin unendlich traurig», hat mir Elie Wiesel aus Washington telegrafiert, als er von Alex' Tod erfuhr. «Er war einer unserer treuesten Gefährten. Wenige haben so sehr gelitten wie er. Wenige haben es so tief durchlebt. In meinem eigenen und im Namen aller Mitglieder des United States Holocaust Council versichere ich Ihnen, wir werden ihn nie vergessen.» Als ich beim Zusammentragen des Materials für dieses Buch Alex' Aufzeichnungen durchlas, stieß ich in seinen Notizen immer wieder auf das folgende Zitat:

Saget euren Kindern davon und laßt's eure Kinder ihren Kindern sagen und diese wiederum ihren Nachkommen.
Joel 1,3

Dieser Gedanke hat mich dazu gebracht, sein Werk zu vollenden.

Sheila Cohn Dekel

Die handelnden Personen

Zwillingsvater: Geboren 1915 in Budapest, Ungarn. Richtiger Name: Zvi Spiegel. Die Familie siedelte über ins tschechische Munkács. Zvi war neunundzwanzig, als er zusammen mit seiner Zwillingsschwester Magda nach Auschwitz deportiert wurde. Dort setzte Dr. Mengele ihn als Betreuer der Zwillinge ein. Die Kinder nannten ihn «*Zvilingefater*» (Zwillingsvater).

Magda Spiegel: Zwillingsschwester von Zvi Spiegel. Zum Zeitpunkt ihrer Deportation in das Todeslager verheiratet und Mutter eines siebenjährigen Sohnes. Arbeitete als Mengeles Putzfrau.

Hedvah und Leah Stern: Eineiige Zwillinge. 1931 in Ungarn geboren. Mit dreizehneinhalb Jahren zusammen mit ihrer Mutter nach Auschwitz verschleppt. Die Stern-Schwestern – unter diesem Namen waren sie im Lager bekannt – sehen einander buchstäblich zum Verwechseln ähnlich. Sie haben die gleiche Stimme, die gleichen Ansichten, fühlen und denken gleich.

Moshe Offer: Geboren 1932 in einer kleinen Stadt in Ungarn (die später der damaligen Sowjetunion zugeschlagen wurde). Im Alter von zwölf Jahren gemeinsam mit seinem Zwillingsbruder Tibi, den Eltern und fünf weiteren Brüdern nach Auschwitz deportiert. Mit Ausnahme der Zwillinge wurde die ganze Familie dort von der Rampe sofort ins Gas geschickt.

Zvi der Seemann: Als Zvi Klein in Galizien geboren. Er war knapp dreizehn, als er und sein eineiiger Zwillingsbruder Ladislaw zusammen mit ihrer großen Familie nach Auschwitz deportiert wurden. Dort kamen alle außer den Zwillingen um. Diese haben nach dem Krieg den Kontakt zueinander abgebrochen.

Eva Mozes: Amerikanische Gründerin der internationalen Vereinigung der Mengele-Zwillinge CANDLES. Startete 1984 eine Kampagne, um die überlebenden Zwillinge ausfindig zu machen, sie zu organisieren und dafür zu sorgen, daß die Öffentlichkeit von ihrem gemeinsamen Schicksal erfuhr. Geboren 1935 in Cluj (Klausenburg) in Siebenbürgen, wurde sie im Frühjahr 1944 mit ihrer eineiigen Zwillingsschwester Miriam, den Eltern und zwei älteren Schwestern nach Auschwitz deportiert. Bis auf die Zwillinge wurde die gesamte Familie ermordet. Eva Mozes lebt heute in Terre Haute im amerikanischen Bundesstaat Indiana.

Miriam Mozes: Zwillingsschwester von Eva Mozes, lebt heute in Israel. Mitbegründerin von CANDLES und Organisatorin der Vereinigung in Israel und Europa. Arbeitet als Oberschwester in einem israelischen Krankenhaus. Sie hat große gesundheitliche Probleme, die ihrer Überzeugung nach auf die Experimente zurückzuführen sind, denen Dr. Mengele sie in Auschwitz unterzog.

Judith Yagudah: Geboren am 25. Mai 1934 in Brasov, ehemals Ungarn, heute Rumänien. Wurde mit ihrer ganzen Familie in das Ghetto von Cluj und von dort nach Auschwitz deportiert. Kam im Alter von zehn Jahren mit ihrer eineiigen Zwillingsschwester Ruthie und den Eltern dort an. Der Vater wurde sofort von den Nazis umgebracht. Judith und Ruthie wurden mit ihrer Mutter in die Zwillingsbaracken geschickt.

Olga Grossman: 1938 in der damaligen Tschechoslowakei geboren. Sie war sechs Jahre alt, als sie mit ihrer Zwillingsschwester Vera nach Auschwitz deportiert wurde. Davor war die Familie in mehreren anderen Konzentrationslagern. Olga Grossman hat keinerlei Erinnerungen an ihren Aufenthalt im Lager und ist unfähig, über den Krieg zu sprechen. Leidet an wiederkehrenden Halluzinationen, die Mengele betreffen. Wurde als Erwachsene wiederholt stationär in psychiatrischen Kliniken behandelt.

Vera Grossman (spätere Krigel): Zweieiige Zwillingsschwester von Olga Grossman. Sieht ihrer Schwester so wenig ähnlich, daß Mengele nicht glauben wollte, daß sie wirklich Zwillinge sind. Im Gegensatz zu ihrer Zwillingsschwester behauptet Vera Grossman, sie habe lebhafte Erinnerungen an Auschwitz. Es fällt ihr nicht schwer, über den Krieg zu reden. Sie ist ein geselliger Typ und engagiert sich aktiv bei CANDLES und in anderen Holocaust-Gruppen. Sie reist häufig nach Deutschland und hält dort Vorträge über die Auschwitz-Zwillinge. Sie stand der Autorin dieses Buches bei allen Interviews mit hebräisch sprechenden israelischen Zwillingen als Dolmetscherin zur Seite.

Alex Dekel: Geboren 1930 in Cluj, Rumänien. War dreizehn, als er nach Auschwitz deportiert wurde. Dort selektierte ihn Mengele für die Zwillingsbaracken, obwohl er kein Zwilling war. Der Grund dafür war seine auffallend «arische» Erscheinung. Er wurde den gleichen medizinischen Experimenten unterzogen wie die Zwillinge.

Peter Somogyi: Geboren 1930 in Pécs, Ungarn. Im Sommer 1944 mit einem der letzten Transporte ungarischer Juden nach Auschwitz verschleppt. Mutter und Schwester kamen in den Gaskammern um. Nur Peter und sein Zwillingsbruder überlebten. Dr. Mengele hatte die beiden besonders gern und nannte sie die «Intelligenzler», weil sie mehrere Sprachen fließend beherrschten, in klassischer Musik bewandert waren und Klavier spielen konnten.

Vera Blau: War elf Jahre alt, als sie im April 1944 aus der Tschechoslowakei nach Auschwitz deportiert wurde. Sie kam dorthin zusammen mit ihrer Zwillingsschwester Rachel, der Mutter und dem kleinen Bruder. Überlebt haben nur die Zwillinge. Vera, die heute als Malerin in Tel Aviv lebt, ist der festen Überzeugung, daß Mengele «kinderlieb» gewesen sei.

Menashe Lorinczi: Geboren 1934 in einer rumänischen Kleinstadt. Kurz nachdem Menashe und seine Zwillingsschwester Lea im Ghetto von Cluj ihren zehnten Geburtstag gefeiert hatten, kamen sie zusammen mit ihren Großeltern auf einen Transport nach Auschwitz. Die Großeltern wurden sofort umgebracht. Das Schicksal der Mutter ist unbekannt. Menashe Lorinczi war Mengeles Laufbursche und damit eines der wenigen inhaftierten Kinder, die sich frei im Lager bewegen konnten.

Lea Lorinczi: Zwillingsschwester von Menashe Lorinczi. Nach dem Krieg lebte sie zunächst in Rumänien und war eine aktive Kommunistin. Später wanderte sie nach Israel aus, heiratete einen ultraorthodoxen Mann und trat einer chassidischen Sekte bei. Heute lebt sie in Williamsburg, Brooklyn und besitzt ein Geschäft für Damenbekleidung an der Lower East Side in Manhattan.

Eva Kupas: Im Frühjahr 1944 mit ihrem Zwillingsbruder nach Auschwitz deportiert. Keine Erinnerungen an die Zeit vor dem Krieg. Ihre Erinnerungen an das Todeslager beschränken sich auf einen einzigen Tag, nämlich den, an dem sie zusammen mit anderen Mädchen auf einer Wiese vor den Toren von Birkenau Feldblumensträuße pflücken durfte.

Solomon Malik: Im Mai 1944 als Dreizehnjähriger mit den Eltern, der Zwillingsschwester und zwei weiteren Brüdern, ebenfalls Zwillingen, nach Auschwitz deportiert. Nur die beiden Zwillingspaare haben überlebt.

Josef Mengele: Geboren am 16. März 1911 im bayrischen Günzburg. Sohn eines wohlhabenden Fabrikbesitzers. Als Genetiker interessierte er sich speziell für Zwillinge. Im Frühjahr 1943 ging er, damals zweiunddreißig Jahre alt, freiwillig als Lagerarzt nach Auschwitz. Nach dem Krieg tauchte er unter. Er bediente sich im Laufe seines langen Exils zahlreicher Decknamen, zum Beispiel: Helmut Gregor, G. Helmuth, Fritz Ulmann, Fritz Hollmann, José Mengele, Peter Hochbichler, Ernst Sebastian Alvez, José Aspiazi, Lars Ballström, Friedrich Edler von Breitenbach, Fritz Fischer, Karl Geuske, Ludwig Gregor, Stanislaus Prosky, Fausto Rindon, Fausto Rondon, Gregor Schklastro, Heinz Stobert, Dr. Henrique Wollman. Für seine Verwandten und Jugendfreunde sowie für die alten Günzburger war und blieb er stets der «Beppo».

Ich kann mich erinnern, daß ich in Auschwitz Blumen gepflückt habe. Eines Tages wurde ich mit einer Gruppe Zwillingsmädchen von einer Aufseherin auf eine nahegelegene Wiese geführt. Wir pflückten ganz viele Feldblumen. Dann machten wir einen Spaziergang rund ums Lager und trugen die Blumensträuße vor uns her, daß jeder sie sehen konnte.

Und dann zogen wir durchs Lager, und da waren Frauen in Häftlingskleidung, und die haben Namen gerufen – lauter verschiedene Namen.

Das waren Mütter, wissen Sie, die haben ihre Töchter gesucht, als wir dort vorbeikamen.

Ich hörte sie schreien: «Vielleicht ist mein Kind mit dabei.»

Eva Kupas, Zwilling in Auschwitz

Ein paar Jahre nach dem Krieg wollte unser Rabbi in Cluj einen Gedenkgottesdienst für alle Juden aus unserer Stadt abhalten, die im Holocaust umgekommen sind.

Der Rabbi sagte, alle Gemeindemitglieder, die noch Seife aus dem Konzentrationslager hätten, sollten die Seifenstücke mitbringen in die Synagoge. Sie müßten «begraben» werden, sagte er, weil sie aus Menschen gemacht waren.

Damals habe ich das zum erstenmal gehört. Als meine Zwillingsschwester und ich das Lager verließen, hatten wir alles mitgenommen, was wir tragen konnten. Es gab ja nichts zu der Zeit, und da habe ich immer diese Seife benutzt.

Jetzt, nachdem der Rabbi uns das gesagt hatte, fühlte ich mich entsetzlich. Ich dachte, vielleicht ist die Seife, mit der ich mich gewaschen habe, aus meiner Familie gemacht gewesen.

Jahrelang hatte ich Alpträume. Nacht für Nacht habe ich geträumt, ich wasche mich mit Seife, die aus meinen Eltern oder meiner Schwester gemacht war.

Eva Mozes, Zwilling in Auschwitz

1. Auf dem Weg nach Auschwitz

Moshe Offer Ich wurde 1932 in einer Kleinstadt geboren, die heute zu Rußland gehört. Mein Zwillingsbruder und ich waren die jüngsten von vier Brüdern. Man nannte uns «Miki» und «Tibi».
Meine Familie war sehr wohlhabend. Mein Vater besaß ein großes Gut und zwei Likörfabriken. Wir hatten eigene Kartoffeläcker und Obstplantagen und brannten aus der Ernte süße Schnäpse.
Das war ein herrliches Leben. Jeden Morgen wurden Tibi und ich mit dem Pferdewagen zur Schule gefahren. Wir besaßen zwei Pferde!
1944 kamen die Deutschen. Sie nahmen uns alles weg. Sie beschlagnahmten unser Gold, unseren Schmuck, die Möbel, unsere ganze Habe. Wir durften nicht mehr auf dem Gut leben. Wir mußten mit nur zwei Koffern zur Dorfsynagoge gehen, wo alle aus unserer Stadt zusammengetrieben wurden.
Von dort brachte man uns in ein Ghetto in einer großen Stadt. Die Bedingungen waren schrecklich. Wir hatten keine Kleider. Wir besaßen – buchstäblich – nur das, was wir am Leibe trugen. Wir bekamen auch nichts zu essen und hatten immer Hunger. Auf den Straßen lagen überall Tote; sie waren verhungert.
Eines Tages waren die Deutschen wieder da. Sie brachten uns fort aus dem Ghetto, und dann wurden wir in Viehwaggons verladen. Die Fahrt dauerte acht Tage – acht Tage ohne Wasser, ohne Essen. Eigentlich möchte ich mich gar nicht mehr daran erinnern, was sich dort abgespielt hat. Es tut zu weh. Das Grauen war unbeschreiblich.
Im Mai 1944 kamen wir in Auschwitz an. Ich weiß sogar noch, wie spät es war: zehn Uhr früh.
Als sie die Türen unserer Viehwaggons öffneten, gab es viele tote Kinder. Manche Mütter hatten unterwegs das Schreien ihrer hungrigen Babys nicht mehr ausgehalten und sie umgebracht. Ich erinnere mich an zwei blonde, sehr schöne Kinder aus meinem

Waggon, die von ihrer Mutter erwürgt worden waren, weil die Frau es nicht ertragen konnte, sie leiden zu sehen.

Als wir aus den Zügen stiegen, hörten wir Soldaten schreien: «Die Männer auf diese Seite, die Frauen da rüber.» Ein paar deutsche SS-Männer riefen: «Die Zwillinge hierher – die Zwillinge zu uns!»

Dr. Mengele machte die Selektion. Er stand da, groß, gutaussehend; er war sehr fein angezogen, als ob er einen guten Eindruck machen wollte.

Er hatte sehr weiche Hände, und er war ein Mann von schnellen Entschlüssen.

Ich hörte meinen Vater rufen, er habe Zwillinge. Er ging persönlich zu Dr. Mengele und sagte zu ihm: «Ich habe Zwillinge, zwei Söhne.» Mengele schickte uns ein paar SS-Leute. Mein Zwillingsbruder Tibi und ich sollten uns von unseren Eltern und Brüdern verabschieden und den Männern folgen.

Aber wir wollten nicht weg von unserer Mutter, und da haben uns die Nazis mit Gewalt getrennt. Mein Vater flehte Mengele an, uns etwas zu essen und Wasser zu geben. Aber Mengele winkte einem SS-Mann, und der schlug meinen Vater nieder.

Während man uns wegbrachte, sah ich meinen Vater zu Boden stürzen.

In Josef Mengeles Kindheit und Jugend findet sich kein Schlüssel, keine Erklärung dafür, wie es zu seiner späteren grausigen Karriere kommen konnte. Er war ein charmanter, unbekümmerter und nicht übermäßig bildungsbeflissener junger Mann.[1] Der kleine Josef hatte etwas so Unschuldiges und Anmutiges an sich gehabt, daß die Einwohner von Günzburg nur den Kopf schütteln konnten, als sie Jahre später von den Greueltaten erfuhren, die er in Auschwitz beging.[2] Sie konnten kaum glauben, daß der Nazi-Doktor, der diese brutalen Experimente an Zwillingen vorgenommen hatte, und der verspielte kleine Schelm, den sie noch, als er längst den Kinderschuhen entwachsen war, zärtlich «den Beppo» nannten, ein und dieselbe Person waren.

Auch, als er Jahre später in Auschwitz würdevoll durch die Baracken schritt, war der deutsche Offizier mit der tadellos sitzenden SS-Uniform, den glänzenden Stiefeln und den weißen Handschuhen eine beeindruckende Erscheinung. Seine ganze Dienstzeit in Auschwitz hindurch hielt Dr. Josef Mengele diese schöne Fassade aufrecht. Erst wenn es zu spät war, erkannten die verstörten Neuankömmlinge in dem höflichen jungen SS-Arzt den Mörder. Mit lächelnder Miene und einer lässigen Handbewegung entschied er über Leben und Tod. Noch wenn er ihnen den Weg in die Gaskammer wies, waren die Frauen von ihm hingerissen. Die Zigeuner liebten ihn bis zuletzt und betrachteten ihn als ihresgleichen. Am wohlsten aber fühlte sich Mengele mit den Zwillingen, die er sich frisch von der Rampe für seine medizinischen Experimente aussuchte. In ihrer Gesellschaft konnte er so warmherzig und zärtlich sein, wie er es als kleiner Junge in seiner ländlichen bayrischen Kleinstadt gewesen war. Vielleicht sah er in diesen unschuldigen und dennoch verdammten Kindern etwas von sich selbst. Und gibt es denn ein besseres Symbol für Mengeles gespaltenes Wesen, gespalten in den netten jungen Arzt und den sadistischen Mörder, als den Zwilling?

Josef Mengele wurde am 16. März 1911 in Günzburg, einem mittelalterlichen Städtchen am Ufer der Donau, geboren. Drei Jahre zuvor hatte seine Mutter Walburga eine Totgeburt gehabt. Nur sechzehn Monate nach Josef kam sein Bruder Karl Thaddäus zur Welt. 1914 wurde ein dritter Sohn, Alois, geboren. Josef war entzückt von «Lolo», seinem jüngsten Bruder, der ihm viel näher stand als Karl, der mittlere. Wenn er mit Karl spielte, mußte auch Lolo immer mit von der Partie sein.

In den Jahren vor dem ersten Weltkrieg lebten die Mengeles bescheiden; sie teilten sich ein Haus mit einer anderen Familie.[3] Walburga kümmerte sich um die Söhne, während Vater Karl seine Zeit größtenteils mit dem Ausbau seiner neuen Fabrik zubrachte. Karl Mengele senior war neu in Günzburg. Nachdem der väterliche Hof an seinen älteren Bruder gegangen war, hatte er seinem Heimatdorf den Rücken gekehrt, ein Ingenieursstudium abgeschlossen, sich in Günzburg niedergelassen und die starke, energische Walburga geheiratet, die vier Jahre älter war als er.

Walburgas Eltern waren reiche Bauern und hatten ihrem Schwiegersohn das Startkapital für sein neues Unternehmen vorgestreckt. Und Karl war, wie sich bald herausstellte, das Geld wert; er erfand eine Reihe praktischer Werkzeuge für die Landwirtschaft, was ihm und seiner Frau in deren Heimatstadt zu beträchtlichem Ansehen verhalf.

Der erste Weltkrieg brachte für die Mengeles eine Wende zum Besseren. Sie konnten ins Rüstungsgeschäft einsteigen und verlegten sich auf die Produktion von Militärfahrzeugen und Waffen. Als sie nach dem Krieg wieder anfingen, Landmaschinen herzustellen, gehörten sie zu den größten Industrieunternehmern von Günzburg.[4] 1918 waren sie wohlhabend genug, um sich ein eigenes Haus leisten zu können, und kauften eine schöne Villa unmittelbar gegenüber dem Gymnasium, das ihre Söhne besuchten.

Vera Grossman Ich wurde 1938 in der Tschechoslowakei geboren.

Meine Familie war sehr wohlhabend. Mein Vater, der zwanzig Jahre älter war als meine Mutter, besaß viele Felder und Obstplantagen. Er hatte über zweihundert Arbeiter, die das Land bestellten, bei der Ernte halfen und das Obst und Gemüse verpackten.

Er verliebte sich in meine Mutter, als sie ein ganz junges Mädchen war. Vor dem Krieg war Mutter eine auffallend schöne Frau. Sie hatte pechschwarzes Haar und blaue Augen.

Als sie heirateten, brachte er sie auf sein Gut und verwöhnte sie mit Kleidern, Bediensteten und Schmuck. Die Kleider waren alle aus Prag, alles Handarbeit.

Einmal kam ein Kleid, das sie zu einer Hochzeit bestellt hatte, nicht rechtzeitig an. Mein Vater schickte seinen Chauffeur nach Prag – das waren mehrere hundert Kilometer – und ließ es abholen.

Mein Vater hat sich so gefreut, als Olga und ich geboren wurden. In seinem Alter waren Zwillinge für ihn ein doppelter Segen. Wir wurden verwöhnt und bekamen alles, was ein Kind sich nur wünschen kann.

Als die Deutschen in die Tschechoslowakei einmarschierten, war es natürlich vorbei mit diesem Lebensstil. Juden konnten sich nicht mehr frei bewegen. Obwohl mein Vater sehr reich war und Beziehungen zur Regierung hatte, mußten wir untertauchen. Wir mußten alles aufgeben.

Zuerst hat mein Vater eine christliche Familie bestochen, damit sie uns auf ihrem Dachboden wohnen ließen. In dieser Zeit lebten wir ständig in Angst und Schrecken. Ich war damals erst vier Jahre alt, aber ich weiß noch, daß wir immerzu ermahnt wurden, ja leise zu sein. Sogar das Weinen war verboten, weil alles die Familie in Gefahr brachte.

Bis heute verfolgt mich dieses Gefühl – daß meine ganze Familie sterben muß, wenn ich einen Fehler mache.

Schließlich wurde es so gefährlich, in der Tschechoslowakei Juden zu verstecken, daß uns niemand mehr Unterschlupf gewähren wollte – obwohl mein Vater bereit war zu zahlen. Wir lebten wie die Tiere, verkrochen uns am Tag und gingen nachts auf Nahrungssuche. Ich kann mich erinnern, daß wir rohe Kartoffeln aßen, wenn meine Eltern nichts anderes gefunden hatten.

Aber zuletzt haben die Deutschen uns doch entdeckt. Sie schickten uns nacheinander in mehrere Konzentrationslager, bis wir schließlich im Frühjahr 1944 nach Auschwitz kamen.

Von außen betrachtet, wirkten die Mengeles wie eine Familie, die fest zusammenhielt und in der einer für den anderen da war. Die streng katholische Walburga erzog ihre Söhne zu fleißigen Kirchgängern. Auf alten Fotos sieht man Josef als Meßdiener. Jeden Sonntag machten Vater, Mutter und die drei Kinder sich fein und gingen in die schöne Kirche aus dem 18. Jahrhundert, die am alten Marktplatz stand. Eine richtig harmonische Familie, die in der Stadt mit zunehmendem Wohlstand immer mehr Beachtung fand. Die Nachbarn erzählen, wie Josef, Karl Thaddäus und Lolo mit ihren Freunden durch die Felder streiften und häufig Ausflüge mit ihren Eltern unternahmen.[5]

Die Mengele-Söhne waren sehr beliebt, besonders Josef. Er war ein fügsames und gefallsüchtiges Kind; dafür hatte Walburga gesorgt. Aber obwohl er sich wie ein Engel aufführte, sah er eher wie ein kleiner Zigeuner aus. Manch einer in der Nachbarschaft hatte damals das deutliche Gefühl, daß dieser brave Kleine, genau wie andere normale Kinder auch, eines schönen Tages ausbüchsen und gegen seine Eltern aufbegehren werde.

Aber Mengele büchste nicht aus. Seine Schulzeugnisse aus den ersten Klassen lassen ihn als Musterknaben erscheinen, der die Lehrer mit seinem hervorragenden Betragen beeindruckte. Seine Leistungen waren zwar mäßig, aber in Betragen und Fleiß hatte er von der ersten bis zur letzten Schulklasse stets nur Einsen.[6] Die Lehrer lobten Beppo Mengeles Verhalten in den höchsten Tönen, und das will schon etwas heißen, wenn man bedenkt, daß an so einem Vorkriegs-Gymnasium Zucht und Ordnung über alles gingen.

Alex Dekel Unter schmetternden Lohengrin-Klängen, die aus dem Lautsprecher plärrten, schritt ich durch das Tor von Auschwitz. Es war, als träte ich ein in das Inferno.

Ich war dreizehn Jahre alt, als meine Mutter und ich aus unserer Heimatstadt Cluj in Siebenbürgen in das Todeslager verschleppt wurden.

Anfang März 1944 hatte meine Mutter erfahren, daß wir in ein Arbeitslager nach Mittelungarn gebracht werden sollten, wahrscheinlich als Hilfskräfte für die Kriegsindustrie.

Wir hatten Angst, doch die Hoffnung, am Leben zu bleiben, nur in ein Arbeitslager zu kommen, gab uns Halt.

Die Deportationslisten waren alphabetisch geordnet, und da unser Nachname mit einem *D* begann, wurden wir als erste aufgerufen und mußten in den Zug steigen.

Nach zwei furchtbaren Tagen in diesem Zug war mir klar, daß wir uns bereits weit jenseits der ungarischen Grenze befanden und man uns entweder nach Deutschland oder nach Polen schicken würde. In den Waggons herrschte entsetzliche Angst. Zwei Menschen begingen Selbstmord.

Meine Mutter drückte mich an sich und hielt mir die Ohren zu.

Als der Zug endlich hielt, befahlen die Deutschen uns auszusteigen. Ich nahm einen leichten Verbrennungsgeruch wahr. Neben den Gleisen sah ich ein Schild mit der Aufschrift BIRKENAU.

Dr. Mengele stand auf der Rampe. Ich fiel ihm sofort auf, weil ich nicht jüdisch aussah. Ich war sehr blond und blauäugig und in hervorragender körperlicher Verfassung. Als er mich ansprach, antwortete ich in fließendem Deutsch.

Mengele suchte nicht nur Zwillinge – er wollte auch Drillinge, Zwerge, Bucklige, alle, die anders als der Durchschnitt waren. Sogar solche wie mich – Juden, die wie reinrassige Arier aussahen. Er forderte mich auf, aus der Reihe zu treten. Ich sah mich nach meiner Mutter um, aber sie war verschwunden.

Ich betete, daß sie bei den Frauen wäre, die zum Leben selektiert waren.

Mengeles Mutter war der Prototyp der deutschen Hausfrau, deren Leben sich ausschließlich um ihre Kinder dreht. Auf Fotos sieht man eine beleibte Frau mit strengem Matronengesicht und dunklen, finster blickenden Augen. Anders als ihr Mann, der sich mit wachsendem Wohlstand einen aristokratischen Habitus zulegte, blieb Walburga nachlässig und hausbacken wie eh und je. Wie viele ältere Frauen auf dem Lande trug sie fast ausschließlich schwarze Kleider.

«Wally» Mengele war sehr korpulent. Sie aß pausenlos und zwanghaft. Sie wurde so fett, daß sie kaum noch laufen konnte. Mit ihrem riesigen Bauch sah sie aus, als ob sie permanent schwanger wäre.

Mengeles Mutter hatte auch etwas Unbehagliches, Bedrohliches an sich. Die Arbeiter in der Fabrik nannten sie den «Matador». Einmal schrie sie ein paar weibliche Angestellte an, weil diese die Fenstervorhänge in der Fabrik nicht gewaschen hatten. Die Frauen erklärten, das gehöre nicht zu ihrer Aufgabe, aber Walburga zeterte und drohte und machte sich die Frauen zu lebenslangen Feindinnen.

Die Mutter war gleichsam überlebensgroß: die Riesin, die Mengeles Leben beherrschte. Es war unmöglich, ihr zu entkommen, und ebenso unmöglich war es, sie zufriedenzustellen. Sie konnte warm und mütterlich sein, aber sie konnte auch zur Furie werden. Sie war vollkommen unberechenbar. In seiner unveröffentlichten Autobiographie erinnert sich Mengele Jahre nach dem Krieg, wie sein Vater eines Tages mit einer wunderbaren Überraschung für die Familie heimkam: Er hatte ein neues Auto gekauft. Die Söhne freuten sich wie die Schneekönige. Karl Mengele wollte die ganze Familie zu einer Probefahrt einladen, aber Walburga war fuchsteufelswild, weil ihr Mann es gewagt hatte, so viel Geld auszugeben, eine so extravagante Anschaffung zu machen, ohne sie vorher um Erlaubnis zu fragen. Nachdem Karl eine Weile vergeblich versucht hatte, sie zu besänftigen, explodierte er und drohte, sie zu verlassen. Mengele berichtete, er habe, starr vor Angst, den Streit der Eltern mitangehört. Als sein Vater den Raum verlassen hatte, sei er zu seiner Mutter gegangen und habe ihr versprochen, immer bei ihr zu bleiben.[7]

Hedvah und Leah Stern Als die Tür unseres Viehwaggons geöffnet wurde, bekam unsere Mutter große Angst. «Ihr bleibt bei mir, Kinder», sagte sie und wollte uns nicht von ihrer Hand lassen.
Aber dann sagte ein Häftling auf Jiddisch zu ihr: «Sagen Sie ihnen, daß Sie Zwillinge haben. Da ist ein gewisser Dr. Mengele, der will Zwillinge. Sie lassen nur Zwillinge am Leben.»
Aber unsere Mutter wollte sich nicht von uns trennen. «Nein, ihr kommt mit mir», sagte sie und ging weiter in Richtung Krematorium.
Wir waren dreizehneinhalb Jahre alt, als unsere Familie aus unserer ungarischen Kleinstadt nach Auschwitz geschickt wurde. Vor dem Krieg gab es sehr viele Juden in unserer Stadt.
Unsere Mutter war Witwe. Vater starb, als wir sechs Jahre alt waren. Sie beschloß, uns allein großzuziehen, denn sie fürchtete, ein neuer Mann könnte uns schlecht behandeln.
Wir hatten ein sehr enges Verhältnis zu unserer Mutter. Sie war Näherin und mußte nach Vaters Tod hart arbeiten, um uns zu ernähren. Aber sie gab uns nie das Gefühl, daß wir Waisen waren. Wir bekamen alles, was wir haben wollten. Es hat uns an nichts gefehlt.
Wir beteten sie an. Wir wetteiferten miteinander um ihre Aufmerksamkeit. Wir träumten den Tag herbei, an dem wir alt genug wären, um zu arbeiten und ihr zu helfen.
Wir wollten später einmal eine eigene Schneiderei aufmachen. Dann würden wir alles Geld, das wir verdienten, unserer Mutter geben. Der Laden sollte «Schwestern Stern» heißen.
Mutter wollte uns in Auschwitz um jeden Preis bei sich behalten. Sie hat uns unter ihrem Rock versteckt.

Josef war der einzige, der es schaffte, daß sich die strengen Züge seiner Mutter entspannten, der ihr ein Lächeln und ein wenig Wärme entlocken konnte. Aus Mengeles Aufzeichnungen über seine Kindheit wird deutlich, daß er von Anfang an ein Muttersöhnchen war und Walburga in allem die Stange hielt. Offenbar zog er seine temperamentvolle Mutter dem Vater vor, dessen Leben sich in erster Linie um die Fabrik drehte. In Äußerlichkeiten und in seinem ganzen Habitus orientierte er sich zwar an Karl, seine Liebe aber galt allein Walburga. Später war Mengele zweimal verheiratet, hielt es jedoch bei keiner Frau lange aus. Den Scheidungen folgten Beziehungen, die durch Entfremdung und Lieblosigkeit getrübt waren. Er war nicht fähig, eine tiefe Bindung einzugehen, nicht einmal zur Mutter seines Kindes.

Solomon Malik Dr. Mengele beeindruckte einen vom ersten Augenblick an. Er sah sehr gut aus und war sehr fein gekleidet.

Als meine Familie im Mai 1944 aus Rumänien nach Auschwitz kam, hörten wir, daß Mengele Zwillinge suchte. Wir hatten zwei Zwillingspaare in der Familie – meine Schwester und mich und unsere beiden jüngeren Brüder. Aber wir wollten nicht zugeben, daß wir alle Zwillinge waren. Wir wußten ja nicht, was passieren würde.

Dann haben Bekannte Mengele auf uns aufmerksam gemacht und gesagt: «Die da haben Zwillinge.» Und da hat Mengele uns vier zusammen mit unserer Mutter weggebracht.

Eva Kupas Er sah so nett aus ...

Wir kamen im Frühjahr 1944 nach Auschwitz.

Mein Zwillingsbruder und ich waren mit unserer Mutter auf dem Weg zu den Gaskammern, das sagte sie plötzlich: «Kinder – lauft zu den Deutschen. Lauft zurück dahin, wo sie die Zwillinge suchen.»

Ich nehme an, ihr Instinkt hat ihr gesagt, daß wir sicherer waren, wenn wir uns von ihr trennten. Während unsere Mutter und unser kleiner Bruder weiter in Richtung Krematorium liefen, rannten wir zurück zur Rampe.

Dort stand Dr. Mengele.

Mein erster Eindruck von Dr. Mengele war, daß er so nett aussah – er sah sehr nett aus.

Mengeles Freunde hatten keinerlei Beziehungen zu der Nazigruppe, die zu dieser Zeit in Günzburg entstand. In seinen Kreisen interessierte man sich mehr für teure Autos als für Politik.[8]

Allerdings engagierte sich Mengele, wie viele seiner Freunde, in einer Gruppe, die sich *Großdeutscher Jugendbund* nannte.[9] Diese Jugendorganisation des *Stahlhelm* war durch und durch nationalistisch und patriotisch gesonnen und schwor die jungen Menschen auf *altdeutsche, völkische Werte*, wie Bodenständigkeit und Vaterlandstreue, ein.[10] In manchem ähnelte die Organisation den zionistischen Jugendgruppen, die in Palästina die ersten Kibbuzim gründeten.[11] Die alten *Stahlhelm*-Veteranen leisteten erfolgreiche Propagandaarbeit unter der Jugend, die ihre Ziele weiterverfolgen sollte. Josef wurde Ortsführer, hielt Vorträge und flammende Reden.

Nach den Erkenntnissen Zdenek Zofkas, der über das politische Spektrum in Günzburg vor dem Krieg promoviert hat, strömten zahlreiche junge Männer der Stadt, vor allem die Söhne der Oberschicht, in die Organisation.[12] Die deutsche Jugend der oberen Mittelschicht fühlte sich vom *Großdeutschen Jugendbund* beinahe ebenso magisch angezogen wie ihre amerikanischen Altersgenossen von den Pfadfindern. Bei Mengele reichte die starke Affinität zur völkischen Bewegung über die frühen Jugendjahre hinaus. 1931, in seinem ersten Studienjahr an der Münchener Universität, trat er dem *Stahlhelm* bei. Seine beiden Brüder folgten ihm auf dem Fuß.[13] Abgesehen von den nationalistischen Idealen des *Stahlhelm* scheint der junge Mengele jedoch keine klaren politischen Bindungen gehabt zu haben, und ganz sicher neigte er nicht dem Nationalsozialismus zu. Nach Aussagen von Hermann Lieb, seinem engsten Freund aus Kindertagen, hat sich Mengele weit mehr für Tanzen, Mädchen und Schwimmfeste in der Donau interessiert, als für die Tagespolitik.[14]

Mengele war ehrgeizig. Es genügte ihm nicht, den Namen seines Vaters weiterzutragen, er wollte sich selber einen Namen machen. Er war, wie schon gesagt, ein sehr mäßiger Schüler, aber das eine wußte er: Um keinen Preis wollte er in der väterlichen Landmaschinenfabrik enden. Der Familienbetrieb war für ihn auf lange Sicht keine Perspektive. Er wollte seinen eigenen Weg gehen, fort aus dem Schatten des überlegenen Vaters und der dominierenden Mutter. So kläglich seine Zeugnisse waren, so hochgesteckt waren seine Ziele. Er wollte Arzt werden und sich mit Anthropologie und Genetik befassen. Mit geradezu gespenstischem Weitblick sagte er einem Freund am Gymnasium: «Eines Tages wird mein Name in den Lexika stehen.»[15]

Damals konnte man in Deutschland auch mit schlechten Noten an die Universität gehen, und so verließ Mengele im Herbst 1930 seine Heimatstadt und begann in München zu studieren.

Das Jahr 1930, Mengeles erstes Universitätsjahr, war auch das Jahr, in dem Hitlers radikalste Ideen allmählich Fuß zu fassen begannen. Im Gefolge der Wirtschaftskrise gab es Millionen von Arbeitslosen, und so strömten die Menschen massenhaft zu seinen Kundgebungen und ließen sich einlullen von dem Versprechen, Deutschland zu einem starken, von allen Elementen des Verfalls gereinigten, die ganze Welt regierenden Land zu machen. Ganz sicher war auch Mengele von Hitlers Ideen beeindruckt.

An der Münchener Universität mauserte sich Mengele von einem unbekümmerten jungen Dandy zum ernsthaften Studenten. Hier entwickelte er sich zu dem besessenen Arbeitstier, das er sein Leben lang bleiben sollte. Als er zwanzig war, begann die Erziehung, die der ambitionierte Vater und die altruistische Mutter ihm hatten angedeihen lassen, Früchte zu tragen. Der junge Mengele legte einen bis dahin ungekannten Ehrgeiz an den Tag. Im Studium konnte er seinen unbändigen Erfolgszwang ausleben. Seine Universitätszeugnisse weisen ihn als ungewöhnlich fleißigen Studenten aus, der weit mehr Fächer belegte als seine Kommilitonen.[16] Freunde aus dieser Zeit erinnern sich an seinen Arbeitseifer.[17] Wenn sie ihn auf seinem Zimmer besuchten, saß er stets über Büchern. Und die Ideen, die er in seinen Studienjahren so begeistert aufnahm, führten ihn später auf geradem Weg nach Auschwitz. Nicht dort auf der Rampe begann seine Ausbildung zum Massenmörder, sondern in den Hörsälen der Münchener Universität.

Schon zu Beginn seines Studiums war Mengele mit den Auffassungen der Sozialdarwinisten in Berührung gekommen, die fast ein halbes Jahrhundert zuvor im viktorianischen England die These «Biologie ist Schicksal» vertreten hatten. Sie waren der Überzeugung, daß nahezu alle individuellen und gesellschaftlichen Probleme vererbt seien.[18] Alkoholismus, Geisteskrankheit, ja sogar Armut und Linkshändigkeit waren in ihren Augen durch schlechtes Erbmaterial verursacht. Die Sozialdarwinisten sprachen sich für ein aktives Eingreifen in den Fortpflanzungsprozeß aus, das gewährleisten sollte, daß nur die «Besten» überlebten.[19] Nach ihrem Willen sollten die Menschen mit der besten genetischen Ausstattung mehr Kinder zeugen, diejenigen mit zweifelhaftem genetischem Material hingegen kinderlos bleiben.

Die Theorien der Sozialdarwinisten setzten sich mehr und mehr durch, so daß die Eugenik sich in den zwanziger Jahren in mehreren Ländern, darunter auch in Deutschland und den USA, als regelrechte Bewegung etablierte.[20]

In der Frage der «Rassenhygiene» unterschieden sich die Ansichten der deutschen Naturwissenschaftler nicht wesentlich von denen ihrer amerikanischen und englischen Kollegen. Hier wie dort verstanden sich die Eugeniker als Visionäre, als Idealisten, die die Welt durch gezielte Manipulation der menschlichen Gene verbessern wollten. Sie träumten von einem Utopia, einer Welt ohne Armut, Krankheit und allen sonstigen körperlichen und geistigen Schwächen. Allerdings haben die Deutschen die Rassentheorie weiter getrieben als irgendein anderes Volk, und vor allem zeichnete sich die Eugenik in Deutschland durch ihre extrem antisemitische Prägung aus.[21]

1935, Mengele bereitete sich gerade auf seine Abschlußexamina vor, verabschiedeten die Nazis die Nürnberger Gesetze. Sie stellten das Fundament der nationalsozialistischen Rassenpolitik dar und definierten nach bis ins kleinste ausgeklügelten pseudowissenschaftlichen Kriterien, wer ein echter Deutscher war und wer nicht. Nach den Nürnberger Gesetzen galten Juden nicht mehr als Deutsche.

Im Alter von fünfundzwanzig Jahren schloß Mengele sein Studium in München mit *summa cum laude* ab und machte sich Gedanken über seine weitere Karriere. Er bewarb sich am Institut für Erbbiologie und Rassenhygiene der Universität Frankfurt um eine Assistentenstelle bei Professor von Verschuer, dem aufgehenden Stern am Himmel der deutschen Eugenik.[22]

Das Frankfurt der dreißiger Jahre war für den neuen NS-Staat so etwas wie ein Modell.[23] Am dortigen Gesundheitsamt gab es eine Sonderabteilung, die die Bürger auf etwaige Verseuchung mit jüdischem Blut sowie auf «Erbkrankheiten» untersuchte.[24] Über fast die halbe Einwohnerschaft wurden Akten angelegt, die angefüllt waren mit detaillierten persönlichen Informationen.

Zu Mengeles Aufgaben am Institut gehörte es, die Frankfurter Bevölkerung auf ihre «rassische Gesundheit» zu untersuchen, mit anderen Worten nachzuprüfen, ob ihre arischen Vorfahren tatsächlich durchweg reinrassige Arier waren. Nach den Nürnberger Gesetzen galten selbst Personen mit entfernteren jüdischen Verwandten als jüdisch. Ebenso wie seine Kollegen verfaßte Mengele Gerichtsgutachten für Verfahren gegen Menschen, die beschuldigt wurden, gegen die Rassengesetzgebung verstoßen zu haben, und entschied, ob die Angeklagten Juden waren oder nicht.[25] Wenn Mengele jemanden zum Juden im Sinne der Rassengesetze erklärte, konnte das auch schon in der Zeit vor der sogenannten «Endlösung der Judenfrage» für den Betreffenden bedeuten, daß er in Deutschland nicht mehr sicher war, sein Auskommen und seinen sozialen Status verlor und nicht selten sogar um sein Leben fürchten mußte. Als die Nazis ein paar Jahre später die Deportationslisten zusammenstellten, anhand deren sämtliche Frankfurter Bürger jüdischer Herkunft in die Todeslager verschleppt werden sollten, griffen sie nicht nur auf die Tausende von Akten, die der Frankfurter Verwaltungsapparat angelegt hatte, zurück, sondern ebenso auf Mengeles Gutachten.[26]

Judith Yagudah Es war wie ein Alptraum, als wir ankamen. Wir sahen die Schornsteine und die Flammen, die aus diesen Schornsteinen stiegen. Mein Vater sagte zu meiner Mutter: «Siehst du, Rosie, die Deutschen haben uns hergebracht, weil sie uns verbrennen wollen.»

Ich war zehn Jahre alt, als meine Familie nach Auschwitz kam. Gerade eine Woche zuvor hatten meine Zwillingsschwester Ruthie und ich im Ghetto von Cluj unseren zehnten Geburtstag gefeiert.

Ich stamme aus einer Mittelstandsfamilie. Geboren wurde ich in Brassow, einer Kleinstadt in Siebenbürgen. Mein Vater war Schreiber, Rosie, meine Mutter, war Hausfrau. Ruthie und ich hatten keine weiteren Geschwister; wir sind eineiige Zwillinge.

Mutters Leben hat sich nur um uns gedreht. Sie hat Ruthie und mich abgöttisch geliebt – besonders Ruthie, die die temperamentvollere von uns beiden war.

Im Mai 1944 wurden alle Juden aus unserer Stadt nach Cluj gebracht und gezwungen, in einem Ghetto zu leben. Wir kamen direkt vom Ghetto nach Auschwitz.
Alle Juden aus Cluj stiegen willig in die Transportzüge. Wir hatten keine Ahnung, daß wir in ein Vernichtungslager gebracht wurden. Keiner in unserer Stadt wußte das.
Unser Judenrat hatte heimlich ein Abkommen mit den Nazis geschlossen. Unsere Ratsleute hatten mit den Nazis ausgemacht, daß wir Postkarten von anderen Juden geschickt bekamen, die schon vor uns in die Todeslager deportiert worden waren. Auf diesen Postkarten schrieben uns Bekannte, es gehe ihnen gut. Sie berichteten, man hätte sie in irgendwelche Arbeitslager in Ungarn gebracht, wo sie arbeiten müßten.
Daher hatte mein Vater keine Ahnung, was Auschwitz war, als wir dort ankamen. Aber als wir aus den Viehwaggons stiegen und er die Hunde und die Naziuniformen sah und die Flammen, die aus dem Krematorium aufstiegen, da konnte er sich's denken.
Wir wurden sofort von Vater getrennt. Ruthie und ich stellten uns mit Mutter in einer Reihe an, die nur für Frauen und Kinder war. Vorn stand Mengele.
Er sagte den Leuten, wo sie hingehen sollten, ob nach rechts oder nach links, zum Arbeiten oder in die Gaskammern.
Als wir dran waren, fragte Mengele sofort, ob wir Zwillinge sind. Ruthie und ich sahen gleich aus. Wir hatten die gleiche Frisur. Wir trugen die gleichen Kleider.
Mengele zeigte uns, wo wir hingehen sollten, und Mutter durfte auch mitkommen.

Daß Mengele sich in Auschwitz auf Zwillinge spezialisierte, hing direkt mit seiner Beziehung zu Verschuer zusammen. Dieser hatte sich in den zwanziger Jahren als Abteilungsleiter im Berliner Kaiser-Wilhelm-Institut für Anthropologie, das damals in Deutschland führend auf dem Gebiet der Vererbungslehre war, in seinen Studien nahezu ausschließlich mit Zwillingen befaßt.[27] In Verschuers Augen besaßen die Zwillinge den Schlüssel zu allen Geheimnissen der Genetik.

Eva Mozes Auf der Fahrt nach Auschwitz hatte Vater die Familie in einer Ecke des Viehwaggons um sich geschart. «Ihr müßt mir versprechen, daß ihr, wenn einer von euch diesen schrecklichen Krieg überlebt, nach Palästina geht», sagte er.

Wir kamen Anfang Frühjahr 1944 nach Auschwitz. Wir waren zu sechst: meine Mutter, mein Vater, meine beiden älteren Schwestern Edith und Alice, und wir Zwillinge, Miriam und ich.

Mein Vater, Alexander Mozes, war ein sehr frommer Mann. Er schlug sein Gebetbuch auf und begann zu beten – dort in dem überfüllten Viehwaggon. Aber die Juden sollen beim Beten nach Osten schauen, darum mußte er einen Moment überlegen, in welche Richtung er sich drehen sollte.

Er schlug sein Gebetbuch auf und fing an, seelenruhig zu beten, inmitten des Geschreis all der hungrigen Kinder und ihrer verängstigten Eltern. Als er das Sch'ma Israel sprach, das traditionelle jüdische Morgengebet, stimmten ein paar Leute im Waggon mit ein.

Als die Türen unserer Viehwaggons aufgingen, hörte ich die SS-Leute «Schnell! Schnell!» brüllen; sie befahlen uns auszusteigen. Meine Mutter nahm Miriam und mich an die Hand. Sie wollte uns immer beschützen, weil wir die Jüngsten waren.

Alles ging sehr schnell, und als ich mich umsah, merkte ich, daß mein Vater und meine beiden großen Schwestern fort waren.

Ich klammerte mich an die Hand meiner Mutter; da kam ein SS-Mann gerannt, der rief immer «Zwillinge! Zwillinge!» Er blieb stehen und sah uns an. Miriam und ich waren uns sehr ähnlich. Wir trugen die gleichen Kleider.

«Sind das Zwillinge?» fragte er meine Mutter. «Ist das gut?» fragte sie zurück. Er nickte.

«Dann sind es Zwillinge», sagte sie.

Lea Lorinczi Im März 1944, als die Nazis kamen, waren mein Zwillingsbruder Menashe und ich gerade in den Ferien bei unseren Großeltern in Siebenbürgen. Meine Großeltern wollten uns heimschicken nach Cluj zu unserer Mutter. Aber wir durften nicht reisen.

Die Polizei trieb uns zusammen und steckte uns in ein Ghetto. In diesem Ghetto haben Menashe und ich dann unseren zehnten Geburtstag gefeiert. Als Geburtstagsgeschenk bekamen wir von Großmutter jeder eine Scheibe Brot.

Vom Ghetto aus wurden wir in Viehwaggons gesteckt und nach Auschwitz gebracht. Als wir aus den Zügen stiegen, hörten wir die Deutschen «Zwillinge! Zwillinge!» schreien.

Meine Großmutter glaubte in ihrer Naivität, meine Mutter wäre schon da und hätte die Wachmannschaften gebeten, nach uns Ausschau zu halten. Sie dachte, daß sie deshalb immerzu «Zwillinge» riefen.

Darum hat Großmutter uns aus der Reihe geschubst, die in Richtung Gaskammer ging, und hat gesagt: «Ihr lauft jetzt zu eurer Mutter.» Sie hat uns noch eine Zahnbürste und Zahnpasta in die Hand gedrückt.

Während Mengele bei Verschuer arbeitete, gab er sich alle Mühe, seinem Doktorvater zu gefallen. Verschuer machte ihn dafür nicht nur im Institut zu einem engen Vertrauten, sondern Mengele durfte den Professor auch häufig daheim in dessen Villa besuchen und mit ihm und seiner Familie zu Abend speisen.[28]

1938 hatte Mengele eine zweite, thematisch an die erste anthropologische Doktorarbeit anschließende Dissertation beendet und veröffentlicht, eine Arbeit über den Kieferbereich des Menschen, die deutlich Verschuers Einfluß erkennen läßt.

Auch in Mengeles Privatleben ging es aufwärts. 1938 verlobte er sich mit Irene Schoenbein, die er während eines Urlaubs kennengelernt hatte.[29] Der Hochzeitstermin stand bereits fest, als Mengele für drei Monate zur Wehrmacht einberufen wurde. Die Kriegsvorbereitungen liefen auf vollen Touren; die jungen Männer des Landes wurden zur Ausbildung geholt. Mengele kam in ein Gebirgsjägerregiment in Tirol.[30]

Im Juli 1939 heiratete er. Wenige Wochen danach brach der Krieg aus, und Mengele wurde eingezogen. Er diente zunächst im Sanitätskorps der Waffen-SS.

Fast zwei Jahre sollten vergehen, bis Mengele an die Front kam. Im Juni 1941 wurde er zu einer Einheit der Waffen-SS in die Ukraine abkommandiert.[32] Er war ein ausgezeichneter Soldat und erhielt für seinen heldenhaften Einsatz auf dem Felde der Ehre das Eiserne

Kreuz Zweiter Klasse. Im Jahr darauf war er Bataillonsarzt der SS-Division Wiking. Hier arbeitete Mengele zum erstenmal im Leben wirklich als Arzt, und dies unter schwierigsten Bedingungen. Mit dem feuchtwarmen Sommerwetter kamen die Seuchen. Die Winter waren unerträglich kalt. Jeden Tag fielen Tausende in den erbitterten Kämpfen, und es gab weder ausreichend Verbandsmaterial noch genügend Medikamente, um die Verwundeten am Leben zu erhalten.

Dort an der Ostfront lernte Mengele die Kunst der Selektion. Zeitnot und mangelnde Ausstattung verlangten, daß er blitzschnell entscheiden mußte, wer leben durfte und wer nicht. Über Leben und Tod deutscher Soldaten zu befinden, war, wie Mengele später Freunden und Kollegen gegenüber äußerte, eine schlimme Aufgabe, die ihm zutiefst verhaßt war.[33] Aber er entschied sich dafür, treu und brav seine Pflicht zu tun. Und zu guter Letzt bekam er das Eiserne Kreuz Erster Klasse, weil er zwei Soldaten unter Feindbeschuß aus einem brennenden Panzer geholt hatte.[34] Auch im Angesicht des Feindes schlug Mengele sich tapfer, wie ihm in einem Belobigungsschreiben bescheinigt wurde.[35]

Zwillingsvater (Zvi Spiegel) «Wohl Soldat gewesen, was?» fragte Mengele mich, als er mich an der Rampe rausgeholt hatte.

Ich hatte bei der Gruppe von Zwillingen gestanden. Durch meine Zeit als Offizier hatte ich die Angewohnheit, sehr gerade zu stehen. Mengele fiel das sofort auf.

Ich erzählte ihm, daß ich in der tschechischen Armee gedient hatte. Daraufhin übertrug Mengele mir die Verantwortung für die männlichen Zwillinge. Ich wurde «Zwillingsvater» genannt und mußte auf achtzig männliche Zwillinge aufpassen.

Aber er hat mir gedroht, wenn irgend etwas schiefgehen sollte, würde ich auf der Stelle getötet werden.

Ende 1942 wurde Mengele verwundet – wie, ist unklar – und für frontuntauglich erklärt; er kehrte zurück zu Irene, zu seinem alten Doktorvater von Verschuer und zum Sanitätskorps der Waffen-SS. Er wurde nach Berlin an das Rasse- und Siedlungshauptamt versetzt, wo er offenbar mit den Konzentrationslagern zu tun hatte.[36]

Verschuer hatte in jenem Jahr ebenfalls Frankfurt verlassen und den wohl bedeutendsten Posten übernommen, den ein deutscher Wissenschaftler seinerzeit bekleiden konnte: Er war zum Direktor des Kaiser-Wilhelm-Instituts in Berlin berufen worden. Mengele, mit seinem bürokratischen Amt zunehmend unzufrieden, überlegte möglicherweise gemeinsam mit Verschuer, wie sich sein Wunsch, wieder im Labor arbeiten zu können, am besten realisieren ließe.

Auschwitz war das größte Konzentrationslager. Tagtäglich trafen dort über zehntausend Häftlinge ein. Bei dieser schier unvorstellbaren Zahl von potentiellen menschlichen Versuchskaninchen aus den verschiedensten rassischen Gruppen mußte es nolens volens auch ein reiches «Angebot» an Zwillingen und anderen genetisch interessanten Gattungen geben.

Verschuer half Mengele, eine Stelle als SS-Arzt in Auschwitz zu bekommen. Er besorgte ihm sogar Fördermittel für zwei Forschungsprojekte im Lager.[37] Im April 1943 trat Mengele seinen neuen Posten an. Das Labor von Auschwitz bot dem Naturwissenschaftler ungeahnte, ja unbegrenzte Möglichkeiten ... zu medizinischen Versuchen. Endlich hatte Mengele seine Chance, so zu forschen, wie er es sich erträumt hatte. In Auschwitz brauchte er keinerlei Rücksichten zu nehmen.

2. Experimente in Auschwitz

Schon früh am Morgen sah der Himmel über Auschwitz düster und bedrohlich aus, als ob er mit einem riesigen blutgetränkten Tuch verhangen wäre. In der Luft lag ein stechender Geruch nach Ruß und brennendem Fleisch und nach dem Rauch der Schornsteine vom Krematorium, der sich mit dem Qualm der ankommenden Züge vermischte.

Wenn die Züge zum Stehen kamen und die Türen der Viehwaggons geöffnet wurden, taumelten Massen von erschöpften Juden heraus. «Schneller! Schneller!» brüllten die SS-Männer, und die uniformierten Wachmannschaften schoben die Menschenmenge in diese und jene Richtung. Frauen, die von ihren Männern getrennt wurden, schrien. Alte Männer zogen ihre Frauen in einer letzten Umarmung an sich. Kleine Kinder drückten sich verstört und verängstigt an ihre Eltern. Und die Nazis stampften umher und schlugen mit ihren Peitschen auf die Menschen ein, die einfach nur dastanden.

Zwillingsvater Ich weiß heute noch nicht genau, warum ich zugegeben habe, daß ich ein Zwilling bin. Meine Erfahrungen in anderen Arbeitslagern hatten mich gelehrt, mich nie freiwillig für etwas zu melden.

Magda und ich wurden 1915 in Budapest geboren. Als wir klein waren, zog unsere Familie nach Munkács, einer Stadt in der Tschechoslowakei, die eine der blühendsten jüdischen Gemeinden in ganz Europa hatte.

Mit einundzwanzig wurde ich zum tschechischen Militär eingezogen, [wo] ich Offizier wurde. Doch da ich Jude war, schickten sie mich dann nacheinander in mehrere Arbeitslager. Als ich wieder in meine Heimatstadt kam, steckten sie mich sofort ins jüdische Ghetto.

Von dort aus wurde meine ganze Familie – meine Eltern, meine

Zwillingsschwester, ihr Sohn – in einem Viehwaggon nach Auschwitz geschafft.

Nachdem ich Mengele mitgeteilt hatte, daß ich eine Zwillingsschwester habe, ging er sie suchen – und pickte sie aus der Reihe heraus, die unterwegs war zu den Gaskammern.

Magda Spiegel Mengele zeigte auf Zvi und fragte: «Sind Sie die Zwillingsschwester dieses Mannes?» Ich sagte ja.

Dann bemerkte Mengele mein Kind. «Und wer ist der Kleine da?» fragte er.

«Das ist mein Sohn», antwortete ich.

«Bitte lassen Sie den Jungen bei Ihrer Mutter», sagte Mengele in sehr freundlichem Ton.

Hedvah und Leah Stern Mutter war entschlossen, uns bei sich zu behalten. Sie versteckte uns unter ihrem Rock.

Aber dann, im letzten Augenblick, sagte sie: «Geht zu Dr. Mengele. Der sucht Zwillinge. Geht, wir treffen uns dann später am Tor.»

«Wartet auf mich, Kinder, wartet auf mich», rief sie. «Wir treffen uns am Tor wieder.»

Wenn wir heute Auschwitz[1] sagen, dann meinen wir damit nicht nur das Arbeitslager, in dem Häftlinge zu Sklavenarbeit gezwungen wurden und wo Mord an der Tagesordnung war, sondern benutzen den Namen jener polnischen Stadt praktisch als Sammelbegriff für mehrere Lager. Arbeiten mußten die Sklaven zwar tatsächlich im Stammlager Auschwitz, umgebracht aber wurden viele von ihnen in dem ein paar Kilometer entfernten Birkenau.[2] Und obwohl Auschwitz weltweit zum Synonym für die Gaskammern geworden ist, war das eigentliche Vernichtungslager Birkenau. In Birkenau brannten die Krematoriumsöfen Tag und Nacht. In Birkenau schickten SS-Ärzte unentwegt Häftlinge ins Krematorium, und in Birkenau befand sich das Labor des Dr. Mengele; dort standen die Baracken mit seinen geliebten Zwillingen, dort fanden so viele von ihnen den Tod.[3]

Ein Jahr war Mengele nun schon im Todeslager, und seine Arbeit nahm ihn voll in Anspruch. Der erste Schritt war die Auswahl seiner

Probanten. Jeden Morgen bei Sonnenaufgang stand er an der Rampe, wo die Züge hielten, und begutachtete die Neuankömmlinge.[4]

Mengele, der stets tadellos gekleidet war – vorzüglich geschneiderte SS-Uniform, weiße Handschuhe, Offiziersmütze –, sah aus wie ein Gastgeber, der die in seinem Haus eintreffenden Gäste begrüßt.[5] Manchmal stand er stundenlang, ohne mit der Wimper zu zucken, um den Mund ein leises Lächeln, und winkte mit der elegant behandschuhten Hand die Häftlinge entweder nach rechts oder nach links. Nicht selten pfiff er während der Arbeit vor sich hin, den Walzer *Donau so blau* etwa oder eine Arie aus seiner Lieblingsoper von Puccini.[6]

Manchmal verwickelte er die Angekommenen sogar in eine freundliche Unterhaltung, fragte sie, wie die Reise gewesen sei und wie sie sich fühlten.[7] Wenn sie über Krankheitssymptome klagten, hörte er mit anteilnehmender Miene zu und schickte sie dann geradewegs ins Gas. Er schien es zu genießen, sich ihre grausigen Berichte darüber, wie beschwerlich die Fahrt in den engen, stickigen Viehwaggons gewesen war, wie viele Juden unterwegs gestorben waren, in aller Ausführlichkeit anzuhören.

Hin und wieder nahm Mengele Häftlinge auf die Seite und bat sie, «Postkarten» an ihre Verwandten daheim zu schreiben.[8] Besonders gern diktierte er ihnen, was auf diesen Karten stehen sollte: wie hübsch sie es in Auschwitz hätten und daß die lieben Daheimgebliebenen sie unbedingt einmal besuchen müßten.[9] Und wenn die Karten fertig waren, schickte er die Schreiber ins Gas.

Er lebte auf, wenn er ein interessantes «Exemplar» sah. Dann hetzte er einen der umstehenden Schergen los, damit er ihm den Neuzugang aus der Reihe fischte. Die SS-Männer hatten die Anweisung, nach ungewöhnlichem oder auffälligem genetischem Material Ausschau zu halten – Zwerge, Riesen, Bucklige – und diese Menschen sofort zu Mengele zu bringen.[10] Am meisten interessierten ihn allerdings die Zwillinge.[11]

Zvi der Seemann Mein Zwillingsbruder und ich waren unterwegs zu den Gaskammern, da hörten wir Leute schreien: «Zwillinge!

Zwillinge!» Wir wurden aus der Reihe geholt und zu Dr. Mengele gebracht.
Ich war noch nicht ganz dreizehn, als meine Familie nach Auschwitz deportiert wurde – ich hatte noch nicht Bar Mizwa gehabt. Ich kam aus einem kleinen Dorf in Ungarn, wo die Familie meines Vaters seit Generationen gelebt hatte. Meine Mutter stammte aus Polen, aus Galizien. Wir waren acht Kinder in unserer Familie.
Als wir aus dem Viehwaggon stiegen, stand dort Dr. Mengele. Er machte die Selektionen und bestimmte, wer zum Arbeiten ging, wer in die Gaskammern. Er zeigte mit dem Finger. Meine ganze Familie hat er zum Krematorium gewiesen.
Auf dem Weg zum Krematorium sagte meine Mutter zu uns: «Ihr dürft nicht weinen.»
Ich weiß bis heute nicht, wer den Deutschen gesagt hat, daß wir Zwillinge sind, und wer uns aus der Reihe geholt hat.

Menashe Lorinczi Niemand wußte, ob es gut oder schlecht ist, ein Zwilling zu sein. Die SS-Aufseher liefen umher und suchten Zwillinge, aber die Familien hatten Angst, ihre Kinder freiwillig herzugeben.
Viele Zwillinge starben, weil ihre Eltern sich nicht von ihnen trennen wollten. Manche Mütter gingen mit ihren Zwillingen geradewegs ins Gas.

Eva Mozes Als die SS-Aufseher erfahren hatten, daß wir Zwillinge sind, wurden Miriam und ich sofort von unserer Mutter getrennt, ohne Vorwarnung, ohne eine Erklärung.
Unser Schreien traf auf taube Ohren. Ich erinnere mich noch, wie ich mich umschaute und meine Mutter verzweifelt mit ausgebreiteten Armen dastehen sah, während wir von einem Soldaten weggeführt wurden.
Ich habe sie nie mehr wiedergesehen.

Zwillinge aller Altersgruppen kamen durch das Tor von Auschwitz, sehr häufig aber waren es kleine Kinder, die sich wehrten und schrien, wenn man sie von ihren Angehörigen wegriß. Wenn Mengele zugegen war, versuchte er, die verängstigten Eltern zu beruhigen. Lächelnd tröstete er die besorgten Mütter und redete ihnen ein, ihre Zwillinge wären in guten Händen. Und bei ganz kleinen Kindern erlaubte er der Mutter manchmal sogar, mitzugehen und sich um sie zu kümmern.[12] In den meisten Fällen jedoch wurden die Kinder allein fortgebracht.

Wenn man die Zwillinge von ihren Eltern getrennt hatte, führte man sie durch das Lager. Unterwegs mußten sie die grausigsten Dinge mitansehen. Überall Berge von Leichen und daneben, buchstäblich nicht mehr voneinander zu unterscheiden, lagen zu Skeletten abgemagerte Männer und Frauen. Das waren die sogenannten «Muselmänner» – die Halbtoten, die keine Kraft und keinen Lebenswillen mehr hatten, die nur noch darauf warteten, daß man sie in die Gaskammern karrte. Überall stank es nach Verwesung; der Fäulnisgeruch, der durch die Hitze noch verstärkt wurde, nahm einem buchstäblich die Luft. In dieser Atmosphäre konnten einem wahrhaftig die Sinne schwinden. Die Kinder klammerten sich an ihre Zwillingsgeschwister, die letzten Bindeglieder zu ihren verlorenen Familien.

Die offizielle Aufnahme der Zwillinge in Auschwitz begann damit, daß sie, wie alle anderen Neuzugänge, duschen mußten und eine Häftlingsnummer eintätowiert bekamen. Sie schrien vor Schmerz, wenn ihnen die Nummern ins Fleisch gebrannt wurden. Doch im Unterschied zu den anderen Gefangenen, denen die Köpfe kahlgeschoren wurden und die Häftlingskleidung tragen mußten, durften die Zwillinge ihre eigenen Kleider und ihre langen Haare behalten.[13] So waren sie jederzeit als «Mengeles Kinder» zu erkennen.[14]

Trotz dieser kleinen Privilegien waren die Zwillinge zutiefst verzweifelt, wenn sie nach ihrer Ankunft allmählich begriffen, was mit ihren Familien geschehen war. In dem eigens für sie eingerichteten Block, wo stets mehrere hundert Zwillinge nach Geschlechtern getrennt untergebracht waren, wurden sie von den anderen Kindern darüber aufgeklärt, wie es sich in Auschwitz-Birkenau mit Leben und Tod verhielt. Wenn ein Neuankömmling nicht gleich verstand, was all die Dinge, die er sah, zu bedeuten hatten, erzählten sie ihm von den Gaskammern und Krematorien und sagten ihm, welches Schicksal seine zurückgelassenen Angehörigen vermutlich erlitten hatten. Den Jungen, deren Baracke praktisch direkt gegenüber dem Krematorium lag, brachte der Zwillingsvater die Wahrheit so schonend wie möglich bei. Manchmal ließ er sich damit tage- oder wochenlang Zeit. Schwerer war es für die kleinen Mädchen, die sich allein zurechtfinden mußten und niemanden hatten, der versuchte, ihnen den Vater oder die Mutter zu ersetzen. Und obwohl viele Kinder sich weigerten, das, was man ihnen über ihre Eltern sagte, zu glauben, oder einfach zu jung waren, um es in seiner ganzen Tragweite verstehen zu können, war der Augenblick der Wahrheit jedesmal furchtbar.

Moshe Offer Ich war so müde an jenem ersten Tag in Auschwitz. Ein schrecklicher Geruch hing in der Luft. Man konnte diesem Geruch einfach nicht entgehen.
Ich machte mir entsetzliche Sorgen um meine Mutter, meinen Vater und meine vier Brüder. Ich sprach mit [meinem Zwillingsbruder] Tibi über sie.
Aber er war fest davon überzeugt, daß unsere Mutter in Sicherheit war.

Hedvah und Leah Stern Wir weinten immerzu und suchten unsere Mutter. Sie hatte versprochen, daß sie am Tor auf uns warten wollte. Wir suchten unter den Frauen nach Mutters Kleid. Als wir getrennt wurden, hatte sie ein auffallendes schwarzes Kleid mit hellroten Erdbeeren drauf angehabt.
Wir konnten nichts essen. Wir weinten immerzu und schauten zum Tor nach unserer Mutter.
Schließlich sagte unsere Barackenälteste: «Kommt her», und zeigte zum Krematorium.
«Jetzt kann ich es euch ja sagen: eure Mutter und der Rest eurer Familie sind ins Gas gegangen.»

Eva Mozes Am frühen Abend wurden wir endlich in unsere Baracken gebracht. Dort trafen wir andere Zwillinge, manche davon waren schon lange in Auschwitz.
In den Baracken waren nur Mädchen, ich weiß nicht genau, wie viele. Vielleicht ein paar hundert kleine Mädchen. Die Baracken selbst waren schmutzig. Sie hatten diese durchgehenden roten Ziegelöfen [als Heizung] und mehrstöckige Holzbetten ohne Kopf-

kissen. [Wir] schliefen immer zwei, drei oder vier Mädchen in einer Koje.
In der ersten Nacht gingen wir auf die Latrinen. Das waren einfach nur Löcher im Boden mit Exkrementen darin. Es gab kein fließendes Wasser. Alles stank.
Ich kann mich erinnern, daß ich dort unten drei tote Kinder liegen sah. Später haben wir immer tote Kinder unten in den Latrinen gefunden.
Von unseren Baracken aus sahen wir die hohen Schornsteine über dem Lager aufragen. Aus ihnen stiegen glutrote Flammen auf.
«Was verbrennen die denn so spät am Abend noch?» fragte ich die anderen Kinder.
«Die Deutschen verbrennen Menschen», antworteten sie.

Aber neu angekommenen Zwillingen wurden auch gesagt, sie als Schützlinge des mächtigen Dr. Mengele müßten in diesem Totenreich nicht um ihr Leben bangen.[15] Mengele sorgte dafür, daß man sie im großen und ganzen gut behandelte, zumindest für die Verhältnisse von Auschwitz.[16] Anders als die anderen Lagerinsassen wurden sie nicht geschlagen und bestraft. Sie «gehörten» Mengele, und deshalb wagte keiner, ihnen ein Haar zu krümmen; nicht einmal die brutalsten SS-Leute im Lager trauten sich an sie heran.[17] Sie durften, wie schon gesagt, ihre Kleider und ihr Haar behalten, und einige der Zwillinge, besonders die Jungen, erinnern sich, daß sie sogar besseres Essen bekamen als die anderen Häftlinge.[18] Sämtliche Zwillinge berichten, sie hätten in Auschwitz immer furchtbaren Hunger gehabt, aber einigen gelang es, sich Kartoffeln und Brot zu beschaffen und so zu überleben.[19] Viele stahlen regelmäßig Essen. Wenn sie erwischt wurden, schützte ihr Sonderstatus sie vor harten Strafen. Das Wichtigste aber war, daß die Zwillinge nicht den irregulären Selektionen unterzogen wurden, vor denen sich die erwachsenen Gefangenen zu Recht fürchteten.[20] Solange sie gesund blieben und Dr. Mengele sie brauchen konnte, ließ man sie am Leben.

Die Arbeitsmethoden, die Mengele sich in seinen Münchener und Frankfurter Jahren angewöhnt hatte, kamen ihm in Auschwitz gut zustatten. Seit seiner Ankunft im Mai 1943 hatte er sich in den Augen der NS-Hierarchie bestens bewährt. Ein Vorgesetzter bescheinigt ihm in einer Beurteilung einen «offenen, ehrlichen Charakter». Seine «geistige und körperliche Veranlagung», heißt es weiter, sei hervorragend; er zeige «weltanschaulich absolute Festigung und Reife» und erfülle «die ihm gestellten Aufgaben mit Umsicht, Ausdauer und Energie».[21] O ja, er selektierte mit Umsicht und Ausdauer und schickte die Menschen energisch in den Tod. Der Arzt Dr. Münch, der in Auschwitz mit Mengele zusammengearbeitet hat, erinnert sich, daß dieser weitaus fleißiger war als die anderen SS-Ärzte, von denen viele nicht freiwillig im Lager Dienst taten.[22] Der Eindruck, daß Mengeles Arbeitseifer größer war als der seiner Kollegen, wird von zahlreichen damals bereits erwachsenen Überlebenden bestätigt, die ihn aus nächster Nähe beobachten konnten und in ihren Memoiren und Augenzeugenberichten über ihn schreiben.[23] Der Teil des Krankenhauses, in dem Mengele seine Experimente durchführte, war in mustergültigem Zustand und wurde von der Lagerleitung immer wieder gelobt.[24]

Verschuer als Leiter des Berliner Kaiser-Wilhelm-Instituts war eng in die Forschungsprojekte seines Protegés einbezogen, mit dem er in regem Briefwechsel stand.[25] Mengele unterrichtete den Professor nicht nur regelmäßig über seine Forschungsergebnisse, sondern schickte ihm auch Präparate von seinen Experimenten.

Zwillingsvater Jedes Zwillingspaar, das neu in die Baracke kam, mußte als erstes einen detaillierten Fragebogen des Kaiser-Wilhelm-Instituts in Berlin ausfüllen. Zu meinen Pflichten als Zwillingsvater gehörte es, den Kindern dabei zu helfen, vor allem den kleinen, die noch nicht lesen und schreiben konnten.

Diese Formulare enthielten mehrere Dutzend Fragen zum familiären Hintergrund, zum Gesundheitszustand und zu den körperlichen Besonderheiten des Kindes. Es wurde nach Alter, Gewicht und Körpergröße, Augen- und Haarfarbe gefragt. Die Bögen wurden nach dem Ausfüllen umgehend nach Berlin geschickt.

Wenn wir mit dem Fragebogen fertig waren, brachte ich die Zwillinge zu Mengele, der ihnen weitere Fragen stellte. Mengele hatte ein Büro und eine hübsche blonde Sekretärin. Weil viele der Kinder nur ungarisch sprachen, Mengele selbst aber nur deutsch, mußte ich dolmetschen. Seine Sekretärin schrieb alles mit.

Mengele interessierte sich in erster Linie für das soziale Umfeld – woher die Familie kam, womit die Eltern ihren Lebensunterhalt verdient hatten.
Seine Sekretärin maß die Kinder, während Mengele sie untersuchte. Besonders intensiv befaßte er sich mit den Haaren. Ich kann mich erinnern, daß er sich die Haarwurzeln immer genau angeschaut hat, um zu sehen, wie sie wachsen.
Die Fragen hatten einen Bezug zu den Experimenten, die Mengele später an den Zwillingen vornehmen wollte.
Eines Tages, als ich gerade für ein neues Zwillingspaar die Fragebögen ausfüllte, fiel mir auf, daß der eine Zwilling mir ein anderes Geburtsdatum genannt hatte als sein Bruder. Mir war sofort klar, daß die beiden keine Zwillinge waren. Aber ich wußte, wenn das herauskam, wäre es für die Jungen der sichere Tod.
Also beschloß ich, es zu riskieren, eine falsche Angabe einzutragen. Ich «machte» die beiden zu Zwillingen. Ich wußte, wenn Mengele merkte, was ich getan hatte, würde er mich auf der Stelle umbringen, mitsamt den Kindern.
Während meiner ganzen Zeit im Lager hatte ich deswegen Angst, immerzu, und gleichzeitig freute ich mich, daß ich es geschafft hatte, Mengele diese falschen Zwillinge unterzuschieben. Ich hatte das Gefühl, dem großen Dr. Mengele ein Schnippchen geschlagen zu haben.

Die ausführlichen Fragebögen dienten Mengele gewissermaßen als Leistungsnachweis.[26] Wenn die Experimente irgendeinen Nutzen haben sollten, mußten sie präzise durchgeführt und sorgfältig kontrolliert werden. Die Rassenkundler des Dritten Reichs fanden zwar, daß sich eineiige Zwillinge mit ihrem exakt identischen genetischen Material für Forschungszwecke am besten eigneten, aber sie konnten auch zweieiige Zwillinge gebrauchen. Doch in beiden Fällen waren die Chancen, relevante Ergebnisse zu erhalten, um so größer, je mehr Informationen man über den genetischen Hintergrund eines Zwillings hatte.

Mengele hat vermutlich auch nach Möglichkeiten zur künstlichen Herbeiführung von Mehrlingsgeburten geforscht, die helfen sollten, langfristig die Verluste der deutschen Wehrmacht zu kompensieren.[27] Das eigentliche Ziel aber bestand darin, eine Rasse von arischen Männern und Frauen mit durch und durch perfekter genetischer Ausstattung zu züchten, die sich rasch fortpflanzen und die Welt regieren sollte.[28]

Im Interesse dieser Experimente mußte Mengele seinen Probanten Bedingungen schaffen, die sich ganz entschieden von dem abhoben, was in Auschwitz gang und gäbe war – möglichst normale Bedingungen. Er richtete sich ein kleines Büro direkt im Zwillingsblock ein, so daß er seine «Versuchskaninchen», die Kinder, ständig unter Kontrolle hatte.[29] Er machte die Aufseher persönlich verantwortlich, wenn eines der Kinder stürzte oder ums Leben kam.[30] Das sollte sie veranlassen, die Zwillinge pfleglich zu behandeln. War über Nacht ein Zwilling gestorben, lief Mengele morgens aufgebracht durch den Block, schrie die Aufseher an und verlangte eine Erklärung.[31] Außerdem führte er einen strengen Tagesplan ein, der das Leben der Zwillinge regelte. Jeden Morgen um sechs mußten sie vor ihren Baracken zum Appell antreten. Dann gab es Frühstück, bestehend aus einer Tasse von der lauwarmen Plörre, die die Deutschen Kaffee nannten, und vielleicht einer schimmligen Scheibe Brot. Und kurz danach erschien Mengele und inspizierte den Block.

Eva Mozes Ich sah Dr. Mengele zum erstenmal am Morgen nach meiner Ankunft.

Die Zwillinge, auch die ganz kleinen, mußten zum Appell antreten, egal, wie kalt es war. Diese Prozedur konnte eine Viertelstunde dauern, sie konnte sich aber auch länger als eine Stunde hinziehen.

Die Deutschen mußten über jeden einzelnen von uns Rechenschaft ablegen. Wenn das vorbei war, kam Mengele. Er hatte große Ähnlichkeit mit einem General, der seine Truppen inspiziert – nur, daß wir seine Versuchskaninchen waren.

Ich kann mich erinnern, daß Mengele fast jeden Tag kam, und er war immer in SS-Uniform und hohen schwarzen Stiefeln. Die Stiefel waren sehr blank.

Ich hatte entsetzliche Angst vor ihm.

Als SS-Arzt hatte Mengele neben den Zwillingen noch zahlreiche andere Aufgaben und Verpflichtungen. Er führte in Birkenau Selektionen durch – sowohl an der Rampe bei den Neuzugängen als auch im Frauenlager – und schickte tagtäglich Hunderte Menschen in den Tod.[32] Er leitete den sogenannten Krankenblock, wo den Kranken allerdings nicht viel Gutes angetan wurde.[33] Die meiste Zeit aber scheint er mit den Kindern verbracht zu haben. Er ließ jeden Tag mehrere Zwillinge für Experimente «vorbereiten».[34] Das bedeutete, daß der Zwillingsvater oder andere erwachsene Betreuer die Kinder baden und gründlich waschen mußten. Dann wurden sie von Spezialwagen mit Rot-Kreuz-Emblem abgeholt und zu Mengele ins Lager gebracht.[35] Je nachdem, was für Versuche an ihnen vorgenommen werden sollten, wurden die Zwillinge entweder in eine der entsprechenden Einrichtungen innerhalb Birkenaus oder direkt ins Stammlager Auschwitz gefahren.[36] Mit der Zeit konnten die Kinder schon aus der Richtung, die der Wagen einschlug, schlußfolgern, was sie erwartete. Sie wußten, in welchem Labor sie nur geröntgt wurden und Blut abgenommen bekamen und wo die komplizierten – und schmerzhafteren – Versuche stattfanden.[37] Und dann gab es noch einen Bereich, den kein Zwilling je gesehen hat: Dr. Mengeles Sektionsraum, der aus Gründen der Bequemlichkeit unmittelbar neben dem Krematorium lag.[28] Dort sezierte sein Assistent, der ungarische Häftling Dr. Miklos Nyiszli, still und unauffällig die Leichen der Zwillinge, die bei den Experimenten gestorben oder getötet worden waren.[39]

Die Basis von Mengeles Programm waren die Blutversuche. Jeden Tag wurden den Zwillingen Blut abgenommen. Vermutlich waren diese Blutversuche die Gegenleistung für die Gelder, die ihm die renommierte Deutsche Forschungsgesellschaft für die Erforschung «spezifischer Proteine» zur Verfügung stellte – ein Projekt, dessen Finanzierung übrigens auf Ersuchen von Verschuers bewilligt worden war.[40] Den Zwillingen wurde Blut aus dem Finger und der Armvene abgenommen, oft in großen Mengen und mitunter aus beiden Armen gleichzeitig. Am meisten litten dabei die jüngsten Kinder, denen das Blut in einer schmerzhaften und äußerst unangenehmen Prozedur aus dem Hals entnommen wurde, weil ihre Arme und Finger noch zu klein waren.[41] Die Blutproben wurden dann in einem Speziallabor unweit von Birkenau analysiert.

Mengele war bei allen Versuchen zugegen, überließ aber die praktische Ausführung meistens seinen Assistenten.[42] In der Regel waren das jüdische Häftlinge, die vor dem Krieg als Ärzte und Krankenschwestern gearbeitet hatten und aufgrund ihrer beruflichen Qualifikation nicht ins Gas geschickt worden waren. Die meisten stürzte diese Arbeit in schwerste Gewissensnöte.[43] Doch sie wußten, daß die Weigerung, eine Spritze zu geben oder einen Versuch, wie grausam er auch sein mochte, durchzuführen, ihren sicheren Tod bedeutet hätte. Obwohl sie permanent Kopf und Kragen riskierten, gelang es einigen von ihnen, Leiden zu lindern und mitunter sogar Leben zu retten.[44]

Alex Dekel Ich habe nie einen Arzt lächeln sehen. Sie waren sehr deprimiert, alle.

Ich wohnte in derselben Baracke wie diese Ärzte. Ich sah, daß sie ihre Pflichten wie Roboter erfüllten, wie Maschinen. Spät am Abend kamen sie zurück und legten sich schlafen, und frühmorgens standen sie wieder auf und gingen zum Dienst ins Labor.

Ich habe manchmal versucht, mit ihnen ins Gespräch zu kommen, sie etwas zu fragen, aber sie haben nie geantwortet.

Magda Spiegel In unserem Teil des Lagers wohnten viele jüdische Mediziner, Ärztinnen, Ärzte, Anthropologen, Augenärzte, Ohrenärzte.

Mengele kam jeden Tag, sprach mit ihnen, erteilte ihnen Anweisungen, was sie mit den einzelnen Zwillingen machen sollten.

Die eine Ärztin war sehr schön. Sie hieß Anna und stammte aus der Tschechoslowakei, wo sie vor dem Krieg eine sehr berühmte Ärztin gewesen war. Sie gehörte zu den wenigen jüdischen Ärzten, denen es gelungen war, Mengele näherzukommen.

Er mochte schöne Frauen, und Dr. Anna sah sehr hübsch aus. Dr. Anna lief immer neben Mengele her und begleitete ihn auf seinen Rundgängen.

Sie war sehr nett – sehr mitfühlend zu den Zwillingen. Zum Beispiel wußte sie, daß ich verzweifelt um meinen Sohn litt. Sie versuchte, mich zu trösten. Sie wollte mir nicht sagen, daß er vergast worden war.

Schließlich sagte sie: «Fragen Sie Mengele.»
Ich ging zu Mengele, gab mir die größte Mühe, Haltung zu bewahren, und fragte ihn: «Wo ist mein kleiner Junge?»
«Im Kindergarten», antwortete er lächelnd und ließ mich stehen. Ich wollte sterben. Nicht weit von unserem Block war ein Zaun – ein Stacheldrahtzaun. An dem begingen oft Häftlinge Selbstmord. Ich warf mich gegen ein Stacheldraht, aber ein paar Frauen kamen gerannt und zerrten mich weg.

Obwohl die Assistenten für die praktische Durchführung der Experimente zuständig waren, ließ Mengele es sich nicht nehmen, gelegentlich selbst hereinzuschauen und mit Hand anzulegen. Er untersuchte die Zwillinge sorgfältig auf genetische Abnormitäten oder andere Auffälligkeiten.[45] Dann demonstrierte er, wie man «richtig» spritzt oder Blut abnimmt.[46] Er erklärte den jüdischen Ärzten, wie sie den Kindern Schmerzen ersparen konnten. Wie ein guter alter Hausarzt schenkte er den Kleinen zur Beruhigung Bonbons und Schokolade.[47] Mengele verstand etwas von Kindern; er schaffte es, sie zu lockern und zu entspannen, damit die Versuche weitergehen konnten. Er wußte intuitiv, daß seine Forschungen nur dann Erfolg hatten, wenn die Kinder ihm vertrauten; sie mußten sich kooperativ verhalten, damit gute Ergebnisse erzielt werden konnten.[48] Andererseits war ihm klar, daß die Kinder, vor allem die ganz kleinen, Angst vor der Behandlung hatten, besonders vor den Spritzen.

Eva Kupas Einmal wollte ich meinen Zwillingsbruder besuchen. Dr. Mengele nahm mich bei der Hand und ging mit mir zu der Baracke, wo mein Bruder wohnte. Mengele hat den ganzen Weg über meine Hand festgehalten.

Vera Blau Sie haben uns täglich Blut abgenommen. Aber Mengele war beim Blutabnehmen viel sanfter als die Schwestern. Er hatte was übrig für kleine Kinder und achtete strengstens darauf, daß es ihnen an nichts fehlte. Wenn ein Zwilling krank war, konnte er sehr böse werden.

An den Zwillingen wurden rund um die Uhr unzählige Experimente vorgenommen. Das volle Ausmaß dieser Versuche werden wir nie erfahren; es gibt kaum Unterlagen darüber, und die Kinder, an denen Mengele seine teuflischsten Verbrechen beging, leben nicht mehr. Dennoch wissen wir einiges über seine Praktiken und Intentionen.

Eva Mozes Während der Experimente waren wir immer nackt.
Wir wurden markiert, gezeichnet, gemessen, beobachtet. Jungen und Mädchen waren zusammen. Es war alles so entwürdigend. Nirgendwo konnte man sich verstecken, nirgendwohin gehen.
Sie haben jeden Körperteil von uns mit dem unseres Zwillings verglichen. Die Versuche dauerten Stunden.
Und Mengele war immer da und überwachte alles.

Solomon Malik Mengele sah sich alle Zwillinge an und nahm die Dinge in Augenschein, die ihn am meisten interessierten. Wir waren seine Versuchskaninchen. Wir waren sein Labormaterial.
Einmal stach Mengele mir mit einer Nadel in den Arm – nur mit der Nadel, ohne Spritze. Das Blut schoß heraus. Er fing das Blut seelenruhig in einem Reagenzglas auf.
Dann gab er mir ein Stück Würfelzucker.

Moshe Offer Eines Morgens beim Appell wurden meine und Tibis Nummern zusammen mit denen aufgerufen, die zu den Experimenten sollten. Zusammen mit ein paar anderen Kindern brachte man uns im Krankenwagen in ein Labor. Die Ärzte machten eine Menge Röntgenaufnahmen von uns.
Dann kam Dr. Mengele. Er trug einen weißen Kittel, aber darunter sah ich seine SS-Uniform und die Stiefel.
Er schenkte mir ein Bonbon, und dann gab er mir eine Spritze, die ungeheuer weh tat.
«Keine Angst», sagte Mengele auf Deutsch zu mir.

Die Grenzen zwischen Wissenschaft und Quacksalberei waren in Auschwitz fließend. Wissenschaftlichen Prinzipien folgten Mengeles ausdrücklich im Namen der wissenschaftlichen Wahrheit durchgeführten Experimente kaum.[49] Es kam vor, daß Mengele einen Versuch bei dem einen Zwilling vornahm und beim anderen nicht. Manchmal wurden beide Zwillinge gleichzeitig gespritzt, während sie nackt nebeneinander standen. Trotz Vorzugsbehandlung und gelegentlichen Freundlichkeiten, die Mengele ihnen erwies, litten die Kinder unsagbare Schmerzen und wurden auf furchtbare Weise erniedrigt.

Besonders grausam waren die Experimente an den Augen.[50] Die Nazis wollten die vollkommene arische Rasse züchten, und dazu sollten lauter hellblonde, blauäugige Kinder entstehen. Die Frage war, ob sich solche äußeren Merkmale genetisch erzeugen ließen. So richteten sich Mengeles Studien vorrangig darauf, die Haar- und Augenfarbe der Zwillinge zu verändern.[51] (Haar faszinierte ihn so sehr, daß er den Zwillingen sogar gestattete, es lang zu tragen.[52] Bei jedem Zwilling wurden kontinuierlich Haaranalysen vorgenommen und Vergleiche mit dem Haar des anderen Zwillings angestellt.[53])

Die Experimente an den Augen fanden teilweise im Auftrag von Dr. Karin Magnussen, einer Berliner Kollegin Mengeles, statt. Sie war Verschuers Assistentin am Kaiser-Wilhelm-Institut und arbeitete an einer Studie zum Thema Augen, bei der sie sich unter anderem auf die von Mengele in Auschwitz gewonnenen Daten stützte.[54] Diese Daten waren das Ergebnis barbarischer, qualvoller und in der Durchführung äußerst komplizierter Versuche, bei denen Mengeles Assistenten den Kindern Chemikalien in die Augen gaben – manchmal in Form von Augentropfen, manchmal mit der Spritze.[55]

Hedvah und Leah Stern Mengele hat versucht, die Augenfarbe zu verändern. Einmal bekamen wir Augentropfen. Danach konnten wir einige Tage lang nicht sehen. Wir dachten, die Nazis hätten uns blind gemacht.

Wir hatten Angst vor den Experimenten. Es wurde uns viel Blut abgenommen. Wir fielen mehrmals in Ohnmacht, worüber sich die SS-Aufseher sehr amüsiert haben.

Wir waren nicht sehr entwickelt. Die Nazis haben uns gezwungen, uns auszuziehen, und dann haben sie uns fotografiert.

Die SS-Aufseher zeigten mit Fingern auf uns und lachten. Wir standen nackt vor diesen jungen Nazikerlen, haben gezittert vor Kälte und Angst, und die haben gelacht.

Dank der strengen Geheimhaltung, der die Experimente unterlagen, konnte Mengele sehr effektiv arbeiten. Diejenigen Zwillinge, an den er seine perversesten Versuche durchführte, nahmen seine Geheimnisse mit ins Grab, und die, denen er noch nichts getan hatte, konnten nur aus zweiter Hand darüber berichten, was in seinen Laboratorien geschah. Niemand in Auschwitz – weder die Häftlinge noch die SS-Aufseher, ja nicht einmal die anderen Ärzte – wußte genau, was Mengele mit seinen Zwillingen tat, solange sie lebten und nachdem sie gestorben waren. Und natürlich hatten auch die Kinder, mit denen er experimentierte, keine Ahnung, welchem Ziel sie dienten. Gerüchte machten die Runde, besonders, wenn Kinder, die mit den Rotkreuzwagen fortgebracht worden waren, nicht mehr wiederkamen.

Mengele war klug genug, dafür zu sorgen, daß möglichst wenig Informationen nach außen drangen; vermutlich wollte er verhindern, daß «seine Versuchskaninchen» in Panik gerieten. Wer weiß, wie die Zwillinge reagiert hätten, wenn sie gewußt hätten, daß es neben dem Krematorium jenen grausigen Sektionssaal gab, in dem Mengeles Assistenten an den Kinderleichen weiter «experimentierten», die sie tagtäglich auf die Seziertische bekamen.

Die Geheimhaltung gestattete Mengele auch, sich betont freundlich zu den Kindern zu verhalten – zumindest zu den ganz kleinen. Es machte ihm Spaß, sich zu ihnen zu setzen und mit ihnen zu plaudern.[56] In den Zwillingsbaracken wirkte er entspannter, war mehr bei sich als irgendwo sonst in Auschwitz. Nur mit diesen kleinen Kindern konnte er lachen und scherzen. Bei ihnen war er der Beppo, als den ihn seine Freunde und Angehörigen in Günzburg gekannt hatten – der liebe, reizende, bezaubernde Beppo.

Besonders hing Mengele an den allerjüngsten Zwillingen, die noch nicht einmal richtig sprechen und laufen konnten und völlig von ihm abhängig waren.[57] Da gab es zum Beispiel einen kleinen Jungen von drei oder vier Jahren, der Mengele erstaunlich ähnlich sah.[58] Er hatte dunkles Haar, große braune Augen, ein rundes Gesicht und war sehr anschmiegsam.[59] Oft kam Mengele in den Zwillingsblock, eigens um diesen Jungen zu besuchen. Er nahm ihn auf den Arm, küßte ihn und überschüttete ihn mit Spielzeug und Schokolade.[60] Wenn man den Kleinen nach seinem Namen fragte, antwortete er stets: «Ich heiße Mengele.»[61] Der Auschwitz-Doktor hatte ihm diese Antwort beigebracht, wie ein Vater seinem Sohn.

Vera Blau Mengele liebte diesen Jungen. Das Kind hatte noch einen Zwillingsbruder, aber Mengele spielte nur mit diesem einen.
Ich glaube, daß Josef Mengele kinderlieb war – obwohl er ein Mörder war, ein Schlächter. Ja! Ich habe ihn als freundlichen Menschen in Erinnerung.

Mengele war in dieser Zeit selbst Vater geworden. Am 11. März 1944, er war seit knapp einem Jahr in Auschwitz, wurde sein Sohn Rolf geboren. Aber er konnte nur selten Urlaub nehmen, um bei Irene und dem Baby zu sein. Mag sein, daß er damals all die Zuneigung, die er seinem eigenen Sohn schuldig bleiben mußte, auf den kleinen jüdischen Jungen übertragen hat.

Die Zwillinge waren Mengeles Lieblinge. Kein Häftling in Auschwitz hatte solche Privilegien wie sie. Er sorgte dafür, daß sie immer weitere Vergünstigungen bekamen. Zvi Spiegel, der Zwillingsvater, durfte ihnen unter notdürftigsten Bedingungen Schulunterricht erteilen und sie in den Erholungspausen beschäftigen.[62] Mengele, der in jungen Jahren selbst ein begeisterter Sportler gewesen war, organisierte höchstpersönlich Fußballspiele mit Zwillingsmannschaften.[63] Für die anderen Häftlinge war es ein gespenstisches Bild, diese rennenden, schreienden Kinder dem Ball hinterherjagen zu sehen.

Judith Yagudah Einmal ging Mengele mit uns zu einem Konzert. Ich weiß das noch, weil es so furchtbar war.
Das Konzert fand außerhalb unseres Blocks statt. Das Orchester bestand ausschließlich aus weiblichen Häftlingen. Es war unendlich traurig, ihnen zuzuhören.
Es erinnerte uns so sehr an das normale Leben ... das Leben, das wir früher hatten ... das Leben, das andere Leute noch immer hatten.

Zwillingsvater Die kleinen Zwillinge taten mir leid. Ich habe immer versucht, ihnen das Leben etwas erträglicher zu machen.

Ich war neunundzwanzig, als ich deportiert wurde. Ich hatte das Gefühl, zumindest schon einmal vom Leben gekostet zu haben, während die meisten Zwillinge noch gar nicht richtig angefangen hatten zu leben.

Die wichtigste Aufgabe war für mich, die Kinder seelisch und moralisch zu stärken. Das war schwierig, weil ich oft schon selbst nicht mehr recht daran glauben konnte, daß ich das Lager überlebe.

Es kamen ziemlich oft Zwillinge zu mir und weinten, weil sie Sehnsucht nach ihren Eltern hatten, oder weil sie hungrig waren und Bauchweh hatten. Ich gab mir Mühe, sie zu trösten. Ich beruhigte sie und sagte, sie würden ihre Eltern sehr bald wiedersehen.

Vor allem hatten die Zwillinge Heimweh. Immer wieder fragten sie mich, ob der Krieg wirklich eines Tages aus sein werde. Ich machte ihnen Hoffnung. Und ich versprach ihnen, daß ich, wenn es endlich vorbei wäre, jeden einzelnen von ihnen persönlich nach Hause bringen würde.

Sie haben mir geglaubt. Ich glaube, sie hatten Vertrauen zu mir.

Ich gab ihnen Unterricht. Ich unterrichtete sie in Mathematik, Geschichte, Geographie. Wir hatten natürlich keine Bücher. Aber ich stellte ihnen einfache Aufgaben. Ich brachte ihnen alles bei, woran ich mich aus meiner Schulzeit noch erinnern konnte.

Ich sprach mit ihnen auch über den Tag, an dem der Krieg zu Ende wäre und sie nach Hause gehen könnten.

Ich gab mir alle Mühe, die Kinder beisammenzuhalten und sie möglichst immer in meiner Nähe zu haben. Kinder sind Kinder, egal, wo sie sind. Die Zwillinge wollten im Lager umherlaufen, und das war natürlich sehr gefährlich.

Wie leicht hätte ein SS-Mann, der nicht wußte, daß sie Mengeles Zwillinge waren, sie über den Haufen schießen können. Deshalb dachte ich mir Spiele aus und gab ihnen Unterricht. So wußte ich wenigstens jederzeit, wo sie waren.

Außerdem traute ich Mengele nicht über den Weg. Ich dachte immer, vielleicht verliert er die Lust an den Zwillingen und läßt uns alle umbringen. Daher war es meine Strategie, die Zwillinge zu äußerster Zurückhaltung zu erziehen und Mengele aus dem Wege zu gehen.

Die kleineren Kinder ahnten nichts von den dunklen Zügen im Wesen des Mannes, den sie zärtlich «Onkel Mengele» nannten. Sie wußten nichts von den unbeschreiblich grauenhaften Operationen. Dabei blieben sie keineswegs von den grausamen und qualvollen Versuchen verschont, die die größeren erleiden mußten; sie waren nur zu klein, um die obskuren Experimente begreifen zu können. Sie sahen bloß den netten Onkel Doktor, der ihnen, wenn sie artig waren, zur Belohnung Süßigkeiten schenkte. Die älteren Zwillinge aber, die Zwillingsmütter und die jüdischen Ärzte, die Mengele bei seiner Arbeit beobachteten, erkannten, daß seine Nettigkeit nicht echt war, daß auch sie nur ein perverses Experiment war, das darauf abzielte, die seelische Leidensfähigkeit der Opfer zu testen.[64] Mengele war imstande, anderen Menschen sozusagen mit lächelnder Miene Schmerz und Qualen zuzufügen, ja, sie in den Tod zu schicken, und das machte ihn zum meistgefürchteten Mann in Auschwitz.

Er selber aber hielt sich für einen «Wissenschaftler großen Stils».[65] Er glaubte fest daran, daß seine teuflischen Experimente an Zwillingen hehren wissenschaftlichen Zielen dienten. Und sicher war es nicht zuletzt sein persönlicher Ehrgeiz, der ihn beflügelte, die Grausamkeit der Nazis noch zu überbieten und die anderen SS-Ärzte mit seiner Beflissenheit in den Schatten zu stellen. Fest entschlossen, in seinem Beruf das Höchste zu erreichen, glaubte er offenbar, sich mit harter Arbeit, mit einer genügend großen Menge von Experimenten an einer genügend großen Anzahl von Zwillingen die ihm gebührende fachliche Anerkennung verschaffen zu können.

Alex Dekel Ich war nie der Meinung, daß Mengele selbst sein Treiben für seriöse medizinische Forschung gehalten hat – dazu hat er viel zu sehr geschludert. Er hat nur seine Macht ausgekostet.
Mengele war ein Schlächter – große chirurgische Eingriffe nahm er ohne Narkose vor. Ich war Zeuge einer Magenoperation, bei der Mengele Teile des Magens entfernt hat, aber eben ohne Nar-

kose. Ein andermal hat er ein Herz rausgenommen, wieder ohne Narkose. Das war entsetzlich.
Mengele war ein Arzt, den die ihm übertragene Macht wahnsinnig gemacht hat. Es hat ihn ja nie einer gefragt, warum dieser oder jener ihm unter den Händen gestorben war. Warum jemand umgekommen war. Die Patienten zählten nicht.
Er hat immer behauptet, alles, was er tue, geschähe nur im Namen der Wissenschaft, aber er war einfach wahnsinnig.

In Auschwitz, wo im Namen der Wissenschaft fortwährend die Wahrheit gebeugt wurde, wo Halbwahrheiten und freche Lügen an der Tagesordnung waren, gehörten Verbrechen und Grausamkeiten wie jene an Kindern durchgeführten Experimente zur täglichen Routine. Man übertrug dem einen Zwilling das Blut des anderen, zeichnete die Ergebnisse sorgfältig auf und verglich sie miteinander. Ständig wurden die absurdesten psychologischen Tests gemacht, um die Leidensfähigkeit der Probanten zu messen.[66] So wurde beispielsweise ein Kleinkind abwechselnd mit und ohne seinen Zwilling in einem engen, käfigartigen Raum isoliert.[67] Man verabreichte den Kindern die verschiedensten Stimuli und beobachtete ihre Reaktionen. Manche Zwillinge erinnern sich zwar daran, daß sie mit heimtückischen Methoden psychisch blockiert wurden, haben aber ihr Trauma bis heute nicht überwinden können und sind daher außerstande, sich an die verdrängten Einzelheiten zu erinnern. Und zu all dem kamen die chirurgischen Eingriffe, die grauenhaften, mörderischen Operationen.[68]

Mengele hat die Körper der Zwillinge regelrecht geplündert, hat bei einigen Organe und Gliedmaßen entfernt.[69] Er hat sie absichtlich mit den Erregern tödlicher Krankheiten infiziert, unter anderem mit Typhus- und Tuberkelbakterien, weil er wissen wollte, ob und wie schnell die Krankheiten zum Ausbruch kamen. Viele erkrankten und starben. Bei mehreren Zwillingen hat er sich an Geschlechtsumwandlungen versucht.[70] Weibliche Zwillinge wurden sterilisiert, männliche kastriert.[71] Was er mit diesen makabren Versuchen erreichen wollte, wußten weder die Kinder noch die erwachsenen Zeugen seines Tuns. Er wollte seinen Opfern Geheimnisse entreißen, die sie nicht besaßen.

Vera Blau Mengele hat an meiner Schwester Rachel mehrere qualvolle Experimente durchgeführt. Sie war die ganze Lagerzeit über sehr krank.
Sie haben sie in den OP geschoben und wieder rausgefahren. Aber sie weiß nicht mehr, was sie mit ihr gemacht haben.
Sie kann sich nur noch an die Lampen erinnern – die großen roten Lampen, die ihr grell ins Gesicht leuchteten, während sie sie operiert haben …

Mehrere Zwillinge nehmen an, daß Mengele Zwillingspaare zum Geschlechtsverkehr miteinander gezwungen hat.[72] Verschämte Andeutungen hier und da lassen dies vermuten. Die überlebenden Zwillinge geben durchweg an, selbst keine entsprechenden Erfahrungen gemacht zu haben, und viele bestreiten diese Annahme mit aller Entschiedenheit. Sicher ist jedenfalls, daß im Zwillingsblock[73] das Gerücht umging, daß es solche perversen Experimente tatsächlich gäbe. Ein Gerücht, das sich hartnäckig hielt. Und doch werden uns die Zwillinge wohl nie verraten, ob es mehr als nur ein Gerücht war, denn selbst in der Alptraumwelt von Auschwitz gab es Tabus, und dieses war das allergrößte. Aber warum sollte Mengele, der sich über so viele Tabus hinweggesetzt hatte, ausgerechnet vor diesem haltgemacht haben? Vermutlich werden wir die Wahrheit nie erfahren, es sei denn, ein Zwilling, den die Erinnerung an den erzwungenen inzestuösen Koitus nicht zur Ruhe kommen ließe, träte als Zeuge an die Öffentlichkeit.

War ein Zwilling in Mengeles Augen ein besonders «interessantes» Exemplar, dann verzichtete der Doktor auf die üblichen Experimente und gab der betreffenden Person einfach eine Phenolspritze ins Herz.[74] Die Leiche wurde seziert und Gliedmaßen und Organe nach Berlin geschickt, wo Verschuer die Präparate in seinem Institut weiteruntersuchte.[75]

Die Zwillinge hatten rein subjektiv das Gefühl, daß Mengeles Experimente mit jedem Mal teuflischer wurden, doch darin täuschten sie sich. Das Ziel war von Anfang an der Tod der Kinder. Die Zwillinge, die im Frühjahr und Sommer 1944 nach Auschwitz kamen, konnten nicht wissen, daß vor ihnen schon viele dort gewesen waren. Es war nur eine Frage der Zeit, wann die Reihe an sie kam.

Moshe Offer Eines Tages wurde mein Zwillingsbruder Tibi zu irgendwelchen speziellen Versuchen abgeholt. Dr. Mengele hatte sich von Anfang an mehr für Tibi interessiert. Ich weiß nicht genau, warum. Vielleicht, weil er der ältere Zwilling war.

Mengele hat Tibi mehrmals operiert.

Nach einer Wirbelsäulenoperation war mein Bruder gelähmt. Er konnte nicht mehr laufen.

Dann haben sie ihm die Geschlechtsorgane rausgenommen.

Nach der vierten Operation habe ich Tibi nicht mehr wiedergesehen.

Ich kann Ihnen nicht sagen, wie mir zumute war. Was ich damals fühlte, das läßt sich nicht in Worte fassen.

Ich hatte schon den Vater, die Mutter und meine beiden älteren Brüder verloren – und nun auch noch meinen Zwillingsbruder.

3. Der Todesengel

Hedvah und Leah Stern Es gab in Auschwitz einen Hof, und dort warteten wir auf die Flugzeuge. Auf die Engländer. Auf die Amerikaner. Auf die Russen. Auf irgend jemanden, der uns retten konnte.

Menashe Lorinczi Wenn wir die Flugzeuge erspäht hatten, beteten wir immer: «Lieber Gott, bitte bombardiere Auschwitz! Selbst wenn du uns dabei töten mußt, bombardiere das Lager.»

Wir waren bereit zu sterben, wenn das das Ende des Schreckens bedeutet hätte.

Aber es passierte nicht. Wir sahen die Flugzeuge über uns fliegen, aber keins davon hat auch nur eine einzige Bombe auf Auschwitz geworfen. Ich konnte das nicht begreifen – niemand von uns.

Tag für Tag kamen Tausende ungarische Juden mit den Zügen an. Wir sahen, wie sie ausstiegen. Wir sahen, wie man sie in die Krematorien trieb, in denen rund um die Uhr gearbeitet wurde.

Zwillingsvater Die Kinder standen stundenlang da und schauten in die Flammen.

Die Krematorien waren ja nur hundert Meter von den Zwillingsbaracken entfernt. Dazwischen war bloß ein kleiner Zaun.

Die Kinder sahen die Transporte – die Züge, die in Birkenau einfuhren. Ihnen entging nichts, was in Auschwitz passierte.

Vor dem Zwillingsblock war ein Platz, wo die Deutschen die Leichen sammelten. Sie wurden aufgestapelt, fünfzig, sechzig bis hundert übereinander. Und dann mit der Schubkarre in die Krematorien gebracht.

Aber manche lebten noch. Und die Kinder sahen, daß von diesen «Leichen» noch welche am Leben waren.

Den ganzen Tag guckten die Kinder zu, wie Mengele die Menschen nach rechts oder links winkte. Sie sahen Massen von Menschen in die Krematorien gehen.

Menashe Lorinczi Und obwohl wir noch Kinder waren, haben wir verstanden.

Im Sommer 1944 überstanden in Auschwitz nur noch sehr wenige die Selektionen lebend. Zu diesen wenigen gehörten Mengeles Zwillinge.[1] Von den Neuzugängen hatte jetzt kaum noch einer das «Glück», als Arbeitssklave in eines der Nebenlager geschickt zu werden.[2] Der Stern der Nazis sank mit jedem Tag, und je tiefer er sank, desto hektischer waren sie bemüht, ihre jüdischen Opfer zu vernichten.[3] Regelmäßig flogen russische Bomber über das Konzentrationslager, und manchmal kam auch ein amerikanisches Flugzeug. Hitlers Armeen waren im Osten und im Westen von Truppen eingekesselt; im Lager kursierten Nachrichten von schweren Niederlagen der Deutschen.[4] Nach jeder verlorenen Schlacht ließ die SS ihre Wut an den jüdischen Häftlingen aus und trieb sie zu Hunderten ins Gas.

Die Deutschen hatten es sehr eilig, die Endlösung zum Abschluß zu bringen. Immer mehr Transporte rollten gen Auschwitz. Mit deutscher Pünktlichkeit traf in jenem Schreckenssommer 1944 ein Konvoi nach dem anderen im nahegelegenen Birkenau ein – mit den letzten Juden aus Österreich, Holland, Griechenland, Italien, Frankreich, Rumänien, der Tschechoslowakei und aus Ungarn.

Von den Juden Osteuropas waren die ungarischen am längsten verschont geblieben.[5] Die ungarische Regierung, obwohl offiziell mit Deutschland verbündet, hatte es geschafft, die jüdische Bevölkerung den größten Teil des Krieges hindurch zu schützen.[6] Doch 1944 wurde Ungarn von den Deutschen besetzt, und Adolf Eichmann, der geistige Vater der Endlösung, erhielt den Auftrag, die Deportation der Juden in die Todeslager zu organisieren.[7] Wie besessen gingen die Nazis jetzt an die Vernichtung der ungarischen Juden; es war, als wollten sie die verlorene Zeit wettmachen. Fast eine halbe Million Juden wurden im Sommer 1944 aus Ungarn nach Auschwitz verschleppt.[8] Vier Krematorien waren Tag und Nacht im Einsatz, um dem beschleunigten Vernichtungstempo gerecht zu werden.

Tag und Nacht stand Mengele an der Rampe und nahm den Strom der Neuzugänge in Empfang. Doch sein Finger zeigte nur noch in eine Richtung – zu den Gaskammern. Außer, wenn Zwillinge kamen.

Peter Somogyi Meine Familie kam mit einem der letzten Transporte nach Auschwitz – vielleicht sogar mit dem allerletzten.

Wir kamen aus Pécs, einer kleinen Stadt, ein paar hundert Kilometer von Budapest entfernt. Vor dem Krieg hatten wir ein angenehmes Leben gehabt. Mein Vater war Vertreter bei der Ford Motor Company. Er verkaufte amerikanische Autos, die sehr beliebt waren.

Wir hatten ein Kindermädchen, meine große Schwester, mein Zwillingsbruder und ich. Wir besuchten alle drei die jüdische Grundschule. Unsere Familie war sehr religiös. In Pécs gab es damals eine blühende jüdische Gemeinde.

Bis 1944 ging es uns gut. Aber im März jenes Jahres kamen die Nazis nach Pécs, und alles wurde anders. Plötzlich gab es lauter antisemitische Verordnungen. Zuerst mußten wir den Gelben Stern tragen. Dann durften wir nicht mehr zur Schule gehen.

Im April wurden alle Juden von Pécs zusammengetrieben und in ein Ghetto gebracht. In diesem Ghetto lebten wir ungefähr zwei Monate. Es war sehr voll dort, aber es war immer noch auszuhalten. Ich kann mich sogar erinnern, daß wir im Ghetto eine Pfadfindergruppe gegründet haben. Wir spielten auch regelmäßig Fußball.

Keiner wußte, was los war, was passieren würde. Aber viele, auch meine Mutter, hatten die schlimmsten Vermutungen und Befürchtungen.

Eines Tages sagten uns die Nazis, daß wir umgesiedelt würden. Wir sollten «irgendwo in Österreich» ansässig gemacht werden. Die Auskünfte, die sie uns gaben, waren sehr vage. Und von Polen war überhaupt keine Rede – schon gar nicht von Auschwitz.

Sie brachten uns aus dem Ghetto fort in einen großen Stall – das war vor dem Krieg unser Pferdestall gewesen. Außerdem fuhren die Deutschen ganze Zugladungen von Juden aus den Nachbardörfern heran und pferchten sie zu uns in den Stall.

In der ersten Juliwoche trieben sie die ganzen Juden zum Bahnhof und steckten sie in Viehwaggons. Wir wurden so dicht zusammengezwängt, daß wir kaum Luft holen konnten.
Die Fahrt nach Auschwitz dauerte fast vier Tage. Es war ja Sommer, in unserem Wagen herrschte elende Hitze. Wir bekamen nichts zu essen, kein Wasser. Ich kann mich erinnern, daß da ein kleiner Junge war, der immerzu nach Wasser schrie.
Am 9. Juli 1944 kamen wir in Auschwitz an. Es war früh am Abend, und als wir aus den Viehwaggons stiegen, sahen wir die Schornsteine, aus denen sehr, sehr hohe Flammen schossen.
«Was ist das?» fragte mein Bruder unsere Mutter.
«Das wird eine große Fabrik sein», sagte sie.
An der Rampe gingen Aufseher in Uniform auf und ab und fragten nach Zwillingen. Sie fragten auf deutsch und auf ungarisch.
Aber meine Mutter gab erst beim dritten Mal zu, daß wir Zwillinge waren. Die ersten beiden Male schwieg sie. Sie wußte nicht, was es zu bedeuten hatte, ob es gut war oder schlecht. Und weil mein Bruder und ich uns gar nicht ähnlich sahen, konnte sie leicht behaupten, wir wären keine.
Mein Bruder und ich wurden dann gleich aus der Reihe geholt. Danach habe ich meine Mutter und meine Schwester nie mehr wiedergesehen.
Sie setzten uns in einen Krankenwagen und fuhren uns zum Zwillingsblock. Dort wurden wir von Zvi Spiegel in Empfang genommen, der uns sagte, er sei der «Zwillingsvater» und kümmere sich um die ganzen Zwillingsjungen.
Wir wußten nicht, was mit unserer Mutter war, also fragten wir ihn, wann wir sie sehen könnten. Er antwortete ausweichend. Er wollte uns noch nicht sagen, was geschehen war, was wahrscheinlich genau in dem Moment geschah – daß sie in den Flammen war.

Die Lust, mit der Mengele die Opfer für die Gaskammern selektierte, seine kühle Effizienz, der Genuß, den diese Betätigung ihm bereitete, brachten ihm den Beinamen «Todesengel» ein. Wem er diesen Spitznamen verdankt, ist unbekannt. Die meisten Zeugen nehmen an, daß er erst nach dem Krieg geprägt wurde, als die Öffentlichkeit von Mengeles abscheulichen Taten erfuhr.[9] Vielleicht stammt er von einem Überlebenden, den die Erinnerung an das sanfte Lächeln und das brutale Handeln jenes Mannes verfolgte. Vielleicht war auch ein cleverer Journalist mit einem Gespür für zugkräftige Schlagzeilen der Urheber. Wer immer es gewesen sein mag, kein Tora-Gelehrter, kein chassidischer Wunderrabbi, kein Kabbalist oder Weiser des Talmud hätte eine vollkommenere irdische Inkarnation jenes Bösen Engels erdenken können, den die Bibel *Malach ha-Mavet* nennt, als Josef Mengele, den Auschwitz-Doktor.

Der Todesengel ist eine Figur, die schon im Alten Testament erscheint, dort allerdings noch als Engel des Herrn, in dessen Auftrag er Tod und Zerstörung über die Menschen bringt.[10] Später, im Talmud, verselbständigt er sich und tritt in Gestalt eines Arztes auf, eines Arztes «von ausgezeichnetem Ruf», dessen Helfer Leid, Krankheit und Plagen sind.[11] Nachman aus Bratislawa, das geistliche Oberhaupt der dortigen Juden im späten achtzehnten und frühen neunzehnten Jahrhundert, hat einmal gesagt, weil der Todesengel nicht alle Menschen auf der Welt selber töten könne, habe er sich Ärzte gesucht, die ihm helfen.[12] Schrecklich, ohne alle Gnade und ohne Mitgefühl suchte der Todesengel die Erde im Gewand eines Arztes heim und ließ eine endlose Spur der Vernichtung hinter sich zurück. «Und wenn der Allmächtige mich wieder auf die Erde zurückbefehlen würde, daß ich mein ganzes Leben noch einmal lebe, ich würde ihm nicht gehorchen, denn zu schrecklich ist der Todesengel», sagt der talmudische Rabbi Nahman, und viele von Mengeles Opfern hätten ihm wohl zugestimmt.[13]

Der bizarre, fast poetische Beiname blieb an Mengele haften, wohl, weil er die Widersprüche im Charakter dieses Mannes so treffend erfaßte. Gleich dem *Malach ha-Mavet* war Mengele ein Meister der Zerstörung, eine teuflische, durch und durch böse Gestalt ohne jeden Respekt vor dem Wert eines Menschenlebens.[14] Andererseits aber war er wie dieser Geist dem Aussehen und Benehmen nach ein Engel, der die Gabe hatte, alle, die ihm begegneten, vor allem aber die kleinen Kinder, zu bezaubern, zu umgarnen, zu faszinieren, zu täuschen und zu verführen.

Peter Somogyi Als mein Bruder und ich Mengele zum erstenmal sahen, hörten wir, daß er vor sich hinpfiff. Wir hatten beide in

Ungarn Unterricht in klassischer Musik gehabt und erkannten, daß die Melodie von Mozart war. Wir sagten es Mengele.
Er war hingerissen. Das schuf sofort eine gewisse Vertraulichkeit. Außerdem sprachen wir fließend Deutsch, und auch das schien Mengele sehr zu gefallen.
Wir wurden Mengeles spezielle Schützlinge. Er nannte uns die «Intelligenzler».
Mengele hatte in seinem Umgang mit den Zwillingen verschiedene Ebenen. Mit meinem Bruder und mir unterhielt er sich gern über Musik. Wir hatten lange Gespräche über Kunst mit ihm. Vielleicht hatten wir deshalb keine Angst vor den Experimenten – oder vor ihm.
Ein-, zweimal nahm er uns mit in sein Büro. Dort maß und wog er uns, verglich die Größe unserer Köpfe und der Augen. Das machte er sehr behutsam.
Ich kann mich erinnern, daß ich Mengele ziemlich nett fand.

Die vielen Transporte, die Massen von ungarischen Juden brachten, versorgten Mengele reichlich mit Nachschub an «Versuchskaninchen». Zwar standen die Zwillinge im Mittelpunkt seiner Arbeit in Auschwitz, doch hatte er wie jeder andere SS-Arzt dort auch seine alltäglichen Pflichten zu erledigen, mußte Totenscheine ausstellen und dafür sorgen, daß ansteckende Krankheiten wie TBC und Cholera nicht außer Kontrolle gerieten.[15]

Manchmal, wenn er in seinem täglichen Einerlei das Bedürfnis nach Abwechslung hatte, forderte Mengele die Neuzugänge auf, ihn zu unterhalten. So stieg zum Beispiel an einem besonders heißen Julitag eine Gruppe ungarischer Rabbiner aus dem Viehwaggon.[16] Sie trugen trotz der Gluthitze ihre traditionelle Kleidung: schwarze Kaftane, schwarze Wollhosen und Pelzhüte. Mengele musterte sie verächtlich und beschloß, sich ein bißchen mit ihnen zu amüsieren, bevor er sie ins Gas schickte.[17] Er befahl ihnen, aus der Reihe zu treten und zu singen.[18] Die frommen Männer gehorchten ohne Widerrede. Dann befahl er ihnen zu tanzen.[19] Sie sollten zu dem Gott, der sie nicht retten würde, wie laut sie auch beteten, nicht nur ihre Stimmen erheben, sondern auch die Arme.

Langsam und behäbig tanzten die ungarischen Rabbis unter der sengenden Sonne von Auschwitz. Sie trugen die Köpfe hoch, fest entschlossen, sich nicht ihre Würde nehmen zu lassen. Die Blicke zum Himmel gerichtet, sangen die Rabbis das *Kol Nidre*, die Klage über die Schwäche des Menschen, die den Vorabend des höchsten jüdischen Feiertags einleitet, des Versöhnungsfests Jom Kippur. Und Josef Mengele hörte ihnen zu – unversöhnlich und ohne Scham.

Mengeles Arbeitseifer beeindruckte seine Vorgesetzten, die ihn in jenem Schreckenssommer mit viel Lob und Anerkennung bedachten.[20] Er war jetzt auf dem Gipfel seiner Macht. Als leitender Arzt des Frauenlagers von Birkenau, dem direkt an Auschwitz angrenzenden gewaltigen Vernichtungszentrum, herrschte er über ein todgeweihtes Volk von Zigeunern, Zwillingen und mehreren tausend weiblichen Häftlingen.[21] Es gab in Auschwitz Nazigrößen, die höhere Ränge bekleideten, aber keiner war so verhaßt und gefürchtet wie Dr. Josef Mengele.[22]

Im Schreckenssommer 1944 kamen auch unzählige ungarische Frauen nach Birkenau.[23] Die Transporte erreichten ein solches Ausmaß, daß selbst die ausgeklügelte Tötungsmaschinerie der Nazis nicht mehr ausreichte, um alle eintreffenden Juden umzubringen.[24] Tagtäglich wurden Hunderte ungarische Frauen nach Birkenau verschleppt. Die Zeit reichte einfach nicht aus, um sie gleich an der Rampe der üblichen Selektion zu unterziehen oder ihnen auch nur eine Häftlingsnummer einzutätowieren. Mengele blieb nichts weiter übrig, als die Selektion nachträglich im Frauenlager vorzunehmen. Dabei wurde er oft von einer schönen jungen deutschen Aufseherin namens Irma Grese begleitet.[25]

Sie waren ein hübsches Paar, diese Irma Grese, auch der «Blonde Engel» genannt, und der elegante Dr. Mengele.[26] Die beiden waren im ganzen Lager berühmt und berüchtigt für ihre Schönheit und ihren Sadismus. Die erst achtzehnjährige Irma liebte es, im Sonntagsstaat durch das Lager zu spazieren; die Kleider, die sie trug, waren Beutestücke aus den Koffern jüdischer Frauen.[27] Sie weidete sich am Elend der Jüdinnen, die ihrer Gnade ausgeliefert waren.[28] Wie die überzeichnete Hollywood-Version einer KZ-Aufseherin ließ sie ihre Lederpeitsche auf die hilflosen Frauen niedersausen.[29] Mengele gegenüber verhielt sie sich natürlich absolut devot.[30]

Die Frauen in Birkenau fürchteten und bewunderten Mengele. Einige haben sogar, wenn auch beschämt und widerwillig, eingeräumt, daß sie ihn attraktiv fanden.[31] Manche zupften sich, wenn er sie untersuchte, unwillkürlich die spärlichen Haarstoppeln zurecht, strichen sich die verschlissene Häftlingskleidung glatt und versuchten zu lächeln – lauter weibliche Gesten aus einer Zeit, die für sie Vergangenheit war.[32] Es liegt auf der Hand, daß viele dieser armen Frauen einfach ihren Sexappeal einsetzten und verzweifelt versuchten, sich so zu retten. Und manche waren trotz aller körperlichen Hinfälligkeit und aller Verängstigung nicht immun gegen Mengeles sexuelle Anziehungskraft.[33]

Mengele scheint sich bei den erwachsenen Frauen in Birkenau ebenso wohlgefühlt zu haben wie bei den Zwillingen, und er war sich seiner Attraktivität durchaus bewußt. Noch heute weisen die Überlebenden auf die außerordentliche Sorgfalt hin, die er auf sein Äußeres verwendete, auf seine perfekt gebügelte maßgeschneiderte Uniform, seine exakt sitzende Mütze und die weißen Handschuhe, die er sogar bei der Selektion trug. Ja, in den Augen dieser verlassenen, todgeweihten Frauen war Mengele beinahe eine romantische Gestalt. Daheim in Günzburg war er, gleichsam von einer Aura umgeben, mit seinem federnden, energischen Schritt und jenem beständigen leisen Lächeln durch die Straßen gegangen und hatte sich die schönsten Mädchen der Stadt aussuchen können. Und groteskerweise war es hier, im KZ Auschwitz, genauso. Auch hier konnte Beppo sich die Frauen aussuchen und jede nehmen, die ihm gefiel – als nächstes Opfer.

Bei den Selektionen, die Mengele innerhalb des Lagers Birkenau vornahm, mußten sich die Frauen entkleiden und nackt vor ihm auf und ab gehen. So konnte er entscheiden, ob sie gesund genug waren, um noch etwas länger am Leben gelassen zu werden. Und wie er es bei den kleinen Zwillingen schaffte, daß sie ihn mochten und ihm vertrauten, so wußte er auch bei diesen weiblichen Häftlingen instinktiv, was er tun mußte, damit sie ihre Scheu verloren.[34] Immer wieder kam es vor, daß Frauen ihm vertrauten und, wenn er sie nach ihrem Befinden fragte, zugaben, daß sie sich nicht wohl fühlten oder an einer chronischen Krankheit litten.[35] Sie ahnten nicht, daß sie, indem sie dem gutaussehenden jungen Arzt von ihren Beschwerden erzählten, ihr eigenes Todesurteil unterschrieben.[36]

Judith Yagudah Wenn Mengele die Selektionen innerhalb Birkenaus durchführte, wurden die Frauen nicht gleich ins Gas geschickt.
Zuerst kamen sie in einen anderen Block, unweit der Zwillingsbaracken.
Diese armen Frauen wußten, daß man sie umbringen würde, und deshalb schrien und weinten sie immerzu.
Ich sah große offene Lastwagen, vollgestopft mit nackten Frauen, die eindeutig zu den Gaskammern gebracht wurden.
Das war ein furchtbarer, ein schrecklicher Anblick.

Mitunter kam es vor, daß Mengele sich körperlich von einer jüdischen Gefangenen angezogen fühlte, obwohl die Nazischergen alles taten, um den Frauen ihre Schönheit zu nehmen. Kurz nach ihrer Ankunft in Auschwitz wurden sie in einen «Schönheitssalon» à la Adolf Hitler gebracht, wo man ihnen die Köpfe kahlschor.[37] Dann bekamen sie entweder die reguläre gestreifte Häftlingskleidung oder mußten groteske Lumpen anziehen, die ihnen zu groß oder zu klein waren.[38] Dazu ein «Paar» Schuhe, das nicht selten aus einem flachen und einem hochhackigen bestand.[39] Die Frauen sollten lächerlich und reizlos aussehen, damit niemand auf den Gedanken kam, sie zu begehren – auch nicht die arischen Wachmannschaften.[40]

Doch mitunter versagte die Taktik der Nazis, und eine Frau strahlte trotz der unförmigen Kleider und des rasierten Schädels Schönheit aus. Einer solchen Frau begegnete Mengele in Gestalt von Ibi Hillman.[41] Die hochgewachsene blonde fünfzehnjährige Ibi war ebenmäßig wie eine Statue. Sie war der Stolz ihres kleinen siebenbürgischen Dorfes gewesen.[42] Als sie bei einer «Untersuchung» ihre Häftlingskleidung auszog, starrte Mengele sie wie vom Donner gerührt an.[43] Die anderen Gefangenen und selbst seine Assistenten beobachteten ihn und sahen, wie sehr er sich von dieser jungen jüdischen Frau angezogen fühlte. Jeder andere SS-Offizier hätte sie kurzerhand zu seiner Geliebten gemacht. Mengele aber konnte und wollte sich offenbar nicht eingestehen, daß er eine Jüdin begehrte. Mit lauter Stimme schickte er Ibi in den berüchtigten Block Zehn, in dem die Nazis grausige gynäkologische Experimente durchführten.[44] Nur wenige Frauen überlebten Block Zehn.[45]

Ein paar Wochen später haben Häftlinge Ibi in geistiger Umnachtung umherlaufen sehen. Sie war kaum wiederzuerkennen. Das schöne junge Mädchen sah aus wie eine runzlige Greisin.[46] Ihre einstmals schlanken Glieder waren geschwollen und unförmig, ihr Bauch aufgedunsen von den vielen Operationen, die man an ihr vorgenommen hatte. Ibi Hillman war krank und ein Zerrbild ihrer selbst; sie konnte für niemanden mehr attraktiv sein – weder für Dr. Mengele noch für irgendeinen anderen Mann.

Eine besonders perverse Genugtuung scheint Mengele empfunden zu haben, wenn er schwangere Frauen umbrachte. «Wir sind schließlich keine Wöchnerinnenstation», soll er geantwortet haben, als man ihn fragte, warum er diese Frauen manchmal geradezu automatisch in den Tod schickte.[47] Er nannte es sogar «human», sie umbringen zu lassen. Auschwitz sei nicht dazu eingerichtet, Neugeborene zu pflegen. Aber in diesem Punkt war Mengeles Haltung keineswegs beständig.[49] Es gab Zeiten, da befahl er, schwangere Frauen am Leben zu lassen und so schonend wie möglich mit ihnen umzugehen.[50] Dann wieder ordnete er an, sie sofort zu töten.[51] Und manchmal erlaubte er einer Frau, ihr Kind zu gebären, und schickte unmittelbar darauf Mutter und Kind ins Gas.

Mengeles geradezu obsessive Grausamkeit gegenüber Schwangeren war selbst nach den Maßstäben von Auschwitz nicht normal. Wenn er auf eine werdende Mutter stieß, befragte er sie lange und eingehend nach ihrem Zustand.[52] Er stellte ihr Dutzende präzise und detaillierte Fragen und gab sich ganz als besorgter Arzt.[53] Doch seine Fragen waren nicht selten eher persönlicher als medizinischer Natur; es waren die Fragen eines Voyeurs, nicht die eines neutralen Mediziners. Wann sie schwanger geworden sei, wollte er wissen, ob vor oder nach ihrer Ankunft in Auschwitz. Und von wem. Unter welchen Umständen sie das Kind empfangen habe. Bei diesen Befragungen gab Mengele sich Mühe, seine übliche Distanz zu wahren, doch sowohl die unglücklichen Frauen als auch die Assistenten, die Ohrenzeugen solcher Gespräche waren, wunderten sich über seine Neugier.[54] Schließlich war eine Schwangerschaft etwas ganz Alltägliches, und im Unterschied zu Zwillingen, Drillingen, Zwergen oder Riesen konnte man eine schwangere Frau beim besten Willen nicht als wissenschaftlich interessantes Phänomen betrachten.

Magda Spiegel Es kamen auch schwangere Frauen in Mengeles Büro. Er wollte bei der Geburt ihrer Kinder dabeisein – er wollte bei jeder Geburt in Auschwitz dabeisein.

Jede Baracke hatte in der Mitte einen Ofen aus roten Backsteinen. Dort betätigte sich Mengele als «Geburtshelfer». Die armen Frauen bekamen nichts, weder Kopfkissen noch Zudecke.

Judith Yagudah Wenn eine Frau schwanger war oder sogar, wenn Mengele nur glaubte, daß sie schwanger wäre, schickte er sie sofort ins Gas. Meine Tante, die Schwester meiner Mutter, war etwas übergewichtig. Sie hatte einen Bauch. Mengele war überzeugt, daß sie schwanger war, also schickte er sie ins Gas.

Mengeles jüdische Assistenten, zum Beispiel Gisella Perl, gingen dazu über, Schwangerschaftsabbrüche vorzunehmen, einfach, um das Leben der Frauen zu retten, für die es den Tod bedeuten konnte, wenn ihre Schwangerschaft entdeckt wurde.[55] Bei Schwangerschaften, die zu weit fortgeschritten waren, leitete sie die Geburt ein und tötete das Kind dann mit einer Phenolspritze; der Mutter sagte sie, es sei tot zur Welt gekommen.[57]

Perl, die eng mit Mengele zusammenarbeitete und ihn sehr gut kannte, hat ihn gehaßt. In ihrem kurz nach der Befreiung geschriebenen Buch *I was a Doctor in Auschwitz*, einem erschütternden Bericht über ihre Erlebnisse im Lager, schildert sie Mengele als Sadisten ersten Ranges, der seine Macht an den Schwächsten im Totenreich von Auschwitz ausließ, an schwangeren Frauen und ihren neugeborenen Kindern, an Buckligen und mißgebildeten Riesen, an Zwergen und Kleinwüchsigen.[58] Mengele war «so stolz auf seinen Zeigefinger, der ganz nach Belieben Leben oder Tod befehlen konnte, auf seine attraktive, elegante Statur … [auf] seinen Arztberuf, der nichts als Lug und Trug war!» schreibt Perl emotionsgeladen.[59] Stets habe er sich gerade die verletzbarsten Geschöpfe herausgegriffen, die das Leben hervorbringt.

Als leitender Arzt des Frauenlagers von Birkenau war Mengele auch für das Zigeunerlager verantwortlich. Es befand sich in unmittelbarer Nähe des Zwillingsblocks und bildete in Auschwitz, wo die Regel galt, Familien sofort bei ihrer Ankunft voneinander zu trennen, eine Ausnahme. Die Zigeuner hatten als einzige das Privileg, zusammenbleiben zu dürfen, vielleicht, weil sie trotz ihrer minderwertigen rassischen Abstammung gläubige Christen waren.

Einige tausend Zigeuner hausten auf engstem Raum in diesem Block, dessen Begrenzung durch die Krematorien düster markiert war.[60] Tag und Nacht hatten sie die Schornsteine vor Augen und sahen den blutroten Rauch emporsteigen, sahen, wie die Häftlinge vom Sonderkommando Ströme von Menschen vernichten mußten.[61] Überfüllung, Nahrungsmangel und schlechte sanitäre Bedingungen sorgten dafür, daß Epidemien unter den Insassen des Zigeunerlagers grassierten.

Doch so miserabel die Verhältnisse auch waren, die Zigeuner hatten als einzige in Auschwitz den Trost, mit ihren Angehörigen zusammenzusein. Ihr Block sah aus wie ein riesiger Spielplatz.[62] Unter freiem Himmel saßen Männer und Frauen mit dunklen Augen, deren Gesichter noch die Spuren ihrer einstigen Schönheit trugen, und sahen ihren Kindern beim Spielen zu. Die Kleinen rannten herum wie früher, als ihre Sippen am Rande der Landstraßen Europas ihre Zelte aufgeschlagen hatten. Das Zigeunerlager mutete an wie ein dauernder Karneval mitten in Auschwitz. Die Erwachsenen erzählten einander Geschichten, sangen Lieder, tanzten sogar.[63] Manchmal waren ihre Gesänge so ergreifend, daß selbst die SS-Aufseher auf ihren Rundgängen stehenblieben und lauschten. Die Musik beschwor gleichsam die Erinnerung an ein anderes Leben herauf, ein Leben fern von Auschwitz und vom Krieg.

Mengele, der wohlwollende Herrscher über jene Enklave, kam Tag für Tag auf dem Weg ins Labor durch diesen Teil des Lagers. Auch hier war er freundlich zu den Kindern, und auch diese Kinder hatten ihn gern, genau wie die Zwillinge im Nachbarblock.[65] Wenn Mengele kam, umringten sie ihn, streckten ihm die Hände entgegen und bettelten um Süßigkeiten; manche trauten sich sogar, hinaufzulangen nach seinen vollgestopften Taschen, die Schokolade und andere Leckereien verhießen. «Onkel Mengele, Onkel Mengele!» riefen sie. Und Mengele strich ihnen übers Haar und zauberte lächelnd ein paar Bonbons hervor. Und dabei hielt er Ausschau nach brauchbaren Probanten für seine Experimente, denn auch an Zigeunerzwillingen führte er Versuche durch.[67]

Es gab einen außergewöhnlich schönen kleinen Jungen, von

dem sich Mengele auf seinen täglichen Rundgängen durch das Zigeunerlager mit Vorliebe begleiten ließ.[68] Sie waren ein hübsches Paar, der hochgewachsene, attraktive Arzt und der dunkelhäutige, zarte Knabe, der ihm kaum bis zu den Knien reichte. Mengele hatte ihn von Kopf bis Fuß in weiße Kleider stecken lassen, so daß der Junge wie ein kleiner Prinz aussah.[69] Mitunter forderte er ihn auf, für ihn zu tanzen oder zu singen.[70] Und wenn der Kleine ihm seinen Wunsch erfüllt hatte, beugte sich Mengele zu ihm hinunter, drückte ihn an sich und überschüttete ihn mit Schokolade und Süßigkeiten.

Mengele war bekannt, daß die Verhältnisse im Zigeunerlager sich immer mehr verschlechterten und die Sterberate stieg.[71] Er kannte auch die Gründe: Die NS-Regierung in Berlin hatte beschlossen, die Zigeuner zu vernichten. Noch zögerte man zwar mit der Ausführung dieses Plans, aber es war nur eine Frage der Zeit, wann die Insassen des Zigeunerlagers in den Tod geschickt würden.

Während ihr Schicksal bereits besiegelt war, bildeten die Zigeuner kleine Kapellen. Sie spielten scheppernde Walzer, muntere Mazurkas, sentimentale Balladen und Operetten. Die kleinen Mädchen tanzten zur Musik.[72] Immer, wenn Mengele kam, spielten die Zigeuner auf, denn sie wußten, wie sehr er die Musik liebte.

Der Sommer 1944 schleppte sich hin. Die Zigeuner waren am Verhungern! Ihre Neugeborenen starben nach wenigen Tagen an Auszehrung. Es gab kein fließendes Wasser. Und trotzdem tanzten sie. Sie merkten nicht, was Mengele längst wußte: Es war ein Totentanz.

Am 2. August 1944 kam schließlich der Befehl aus Berlin.[73] An jenem Abend um 19 Uhr wurde das Zigeunerlager abgeriegelt.[74]

Menashe Lorinczi Wir hörten ein furchtbares Geschrei. Die Zigeuner wußten, daß sie in den Tod geschickt werden sollten, und sie schrien die ganze Nacht.

Sie waren schon lange in Auschwitz gewesen. Sie hatten gesehen, wie die Juden an der Rampe ankamen, hatten die Selektionen gesehen und zugeschaut, wie alte Leute und Kinder in die Gaskammern gingen. [Und darum] schrien sie.

Und alle Zwillinge hörten ihre Schreie.

Und obwohl ich noch ein Kind war, erst neun oder zehn Jahre alt, verstand ich.

Am Ende dieser Schreckensnacht, als fast alle Zigeuner umgebracht worden waren, ging Mengele den kleinen Jungen holen, der sein Maskottchen gewesen war.[75] Er nahm ihn bei der Hand, wie er es seit Monaten Tag für Tag getan hatte, und spazierte mit ihm durchs Lager.[76] Und dann brachte Mengele das Kind zur Gaskammer und zeigte ihm den Weg hinein. Gehorsam trat der Kleine ein.

Natürlich vergaß Mengele auch nicht die Zigeunerzwillinge, mit denen er experimentiert hatte.[72] Sie wurden mit den anderen Zigeunern zusammen vergast, doch er hatte ihnen ein X auf die Brust malen lassen, damit ihre Leichen nicht verbrannt wurden.[78] Die ließ er zu seinem Pathologen Dr. Nyiszli bringen, der sie auftragsgemäß sezierte.[79] Als er damit fertig war, übergab er Mengele die Autopsieberichte. Und am selben Abend saßen die beiden stundenlang beisammen und diskutierten über die Befunde.[80]

Ein paar Wochen später, im September 1944, kam Irene, Mengeles Frau, zu Besuch.[81] Es war ihr zweiter Aufenthalt im Todeslager. Im Jahr davor hatte sie ebenfalls dort ihren Urlaub verbracht, damals gemeinsam mit dem kleinen Rolf. Diesmal hatte sie das Kind in Deutschland gelassen.[82]

Irene und Josef Mengele hatten, seit sie vor vier Jahren geheiratet hatten, noch nicht viel Zeit miteinander verbracht. Aus Irenes Tagebuchaufzeichnungen geht hervor, daß sie sich durchaus Gedanken darüber machte, was in Auschwitz vor sich ging, sich aber das Wiedersehen mit ihrem Mann dadurch nicht verderben lassen wollte. Die beiden gingen schwimmen, wanderten in der Umgebung des Lagers über die Wiesen, pflückten Beeren.[83] Als Irene sich mit Typhus ansteckte, kam sie in den Krankenbau.[84] Dort wurde sie bestens versorgt und so weit gesundgepflegt, daß sie in Begleitung ihres Mannes nach Deutschland zurückkehren konnte. Als er wieder abgereist war, schrieb sie in ihr Tagebuch, ihr lieber Mann sei ihr ein wenig bedrückt vorgekommen.[85] Sie ging darauf nicht weiter ein, aber es mag schon sein, daß der Kriegsverlauf und die Tätigkeit im Lager Mengele deprimierten. Während seines Heimaturlaubs besuchte er auch Verschuer, wo er, als dessen

Frau ihn fragte, wie es in Auschwitz sei, mürrisch geantwortet haben soll, es sei grauenhaft, er könne nicht darüber sprechen.[86]

In diesen letzten Kriegsmonaten führte Mengele mehr Selektionen durch als je zuvor. Er benahm sich wie ein Besessener. Es war, als ob er glaubte, mit noch mehr Arbeitseifer, mit noch mehr Experimenten an noch mehr Zwillingen kurz vor Toresschluß noch eine entscheidende wissenschaftliche Entdeckung machen zu können.

Natürlich wußte man im Herbst 1944 auch in Auschwitz, daß die Russen auf dem Vormarsch waren.[87] Das Chaos im Lager wuchs, und auch der Sonderstatus der Zwillinge geriet in Gefahr.

Peter Somogyi Eines Tages kam ein neuer Arzt und untersuchte alle Zwillinge. Er hieß Dr. Thilo. Er machte eine Selektion, was bei uns noch nie vorgekommen war. Er selektierte alle männlichen Zwillinge – wir sollten alle in die Gaskammern geschickt werden. Von jedem Zwilling wurde die Nummer aufgeschrieben mit dem Vermerk, daß er ins Krematorium kommt.

Unsere Baracken wurden abgeriegelt. Sie vernagelten alle Türen mit Brettern. Wir durften nicht mehr nach draußen.

Alex Dekel Im November kam ich zu den anderen Kindern in die Baracken. Ich war damals dreizehn und wußte genau, was vor sich ging. Ich wußte, daß alle für die Gaskammern selektiert worden waren. Die Selektion war am Nachmittag, und bis Mitternacht wurde man abgeholt und in die Gaskammer geschickt.

Unsere Baracken hatten kleine Fenster – ungefähr einen Meter zwanzig oder anderthalb Meter über dem Boden. Ich sprang zu einem der Fenster hoch. Ich kam nicht ran, aber ich sprang weiter. Irgendwie schaffte ich es doch und hing dort, die Finger knapp am Fensterbrett. Dann gelang es mir, ich weiß nicht, wie, hinauszuspringen. Ich landete im Schnee und sah ein Gebäude vor mir. Ich kletterte durchs Fenster; es war ein Toilettenfenster. Draußen hörte ich LKW-Motoren. Ich sprang in die Toilette. Ich hörte einen deutschen Aufseher hereinkommen. Er hatte eine Taschenlampe und leuchtete den Raum ab, sah mich aber nicht. Ich versteckte mich die ganze Nacht dort in der Toilette.

Zwillingsvater Die Kinder waren sehr bedrückt, sehr verängstigt. Sie wußten, was mit ihnen passieren würde. Sie wußten, daß es auf das Ende zuging – daß die Nazis die Absicht hatten, sie zu töten.

Peter Somogyi Ich kann mich erinnern, daß ich mir überlegte, wie ich mich rächen könnte. Ich hatte ein kleines Taschenmesser – wie wir alle; wir schnitten damit jeden Morgen unser Brot. Die Nazis kamen gar nicht darauf, daß es gefährlich sein könnte, kleinen Kindern Taschenmesser zu geben.

Ich kann mich erinnern, daß ich wie ein Wilder mein Messer gewetzt habe. Ich wußte, sie würden uns auf LKWs zu den Gaskammern schaffen, und es würden mehrere SS-Aufseher dabeisein und auf uns aufpassen.

Ich war zwar erst elf Jahre alt, aber ich kann mich noch ganz genau erinnern, daß ich einen Nazi töten wollte. «Wenn ich gehe», sagte ich mir, «nehme ich mindestens einen SS-Mann mit.»

Zwillingsvater Ich weiß nicht, woher ich den Mut nahm, aber irgendwie schaffte ich es, aus den Baracken rauszukommen.

Ich rannte zu Mengeles Büro. Ich rannte, obwohl es gefährlich war, im Lager zu rennen, weil die SS jeden niederschoß, der sich zu schnell bewegte. Aber ich wußte, daß jede Minute zählte.

Ich sagte den Wachen vor Mengeles Büro, daß ich den Doktor sprechen will. Das war ungefähr so, als wenn man sagt, man will Gott sprechen. Ich weiß bis heute nicht, warum sie mich, als ich das sagte, nicht einfach erschossen haben. Aber irgendwie durfte ich rein und wurde zu Mengele vorgelassen. Ich erzählte ihm, daß Thilo den Befehl gegeben hatte, alle Zwillinge zu töten.

Mengele war sehr wütend. Er ging sofort los, um den Befehl zu widerrufen, und sagte, die Kinder bleiben am Leben.

Peter Somogyi Die Nazis kamen und machten die Türen unserer Baracken auf. Zu unserer Überraschung sagte man uns, wir düften hinaus.

Als kurz darauf der Zwillingsvater zurückkam, fragten wir ihn

natürlich: «Was ist passiert? Warum haben sie uns nicht umgebracht?»
Er sagte nur, Mengele habe die Selektion für ungültig erklärt.

Einige Zeit später erfuhren die Zwillinge zu ihrem Entsetzen, daß sie in die verlassenen Zigeunerbaracken umziehen sollten.[88] Eine Erklärung dafür bekamen sie nicht. Die Kinder hatten Angst, daß sie abermals auf der Vernichtungsliste standen.[89] In den Baracken jagte ein Gerücht das andere, und das, obwohl Mengele eifrig wie eh und je weiterexperimentierte. Es ging aufs Ende zu; es war nicht mehr zu übersehen, daß Hitler und seine Generäle und Professoren Deutschland mit ihrem Traum von der Herrenrasse in den Untergang getrieben hatten, aber Mengele hoffte noch immer auf seine große wissenschaftliche Entdeckung, die all das aufwiegen und nicht nur das zerfallende Dritte Reich retten könnte, sondern auch seine eigenen Träume wahr werden ließe – Träume, die zerplatzt sind wie Seifenblasen.

Judith Yagudah Ich kann mich erinnern, wie sie uns ins Zigeunerlager umsiedelten. Es war sehr kalt – unter Null –, und es schneite.

Menashe Lorinczi Wir dachten, das wäre unser Ende.

Judith Yagudah Sie ließen uns draußen stehen, weil ein Gefangener fehlte. Wir standen stundenlang in der Kälte, im Schnee, bis sie diesen Gefangenen gefunden hatten.
Dabei hat sich meine Schwester Ruthie schwere Erfrierungen zugezogen. Ihre Füße waren erfroren. Sie mußte operiert werden; man mußte ihr mehrere Zehen abnehmen.
Danach konnte sie nicht mehr laufen.
Daheim in Ungarn war Ruthie immer die lebhaftere von uns Zwillingen gewesen. Sie tanzte so gern.
Ruthie hat meine Mutter fortwahrend gefragt, ob wir je wieder nach Hause kämen und ob sie wieder tanzen könnte.
Das war ihre größte Sorge – ob sie wieder tanzen könnte.

4. Der Engel verflüchtigt sich

Der Jahreswechsel von 1944 auf 1945 brachte den Häftlingen von Auschwitz endlich die langersehnte Hoffnung.[1] Es war still im Lager an jenem Silvesterabend. Viele SS-Aufseher und Offiziere hatten bereits das Weite gesucht, um ihrer Festnahme zu entgehen. Die russische Armee war nur noch wenige Kilometer entfernt.

In den Jahren davor hatten die abgehärmten Mitglieder des Häftlingsorchesters am Neujahrsabend stets die ganze Nacht hindurch für die Nazis spielen müssen.[2] Die Gefangenen hatten wachgelegen und dem Lärm der Betrunkenen gelauscht. Diesmal aber war nur das leise Brummen der russischen Flugzeuge zu hören, die über dem Lager kreisten. Und das endlose durchdringende Klagegeheul der Sirenen.

In Mengeles Krankenbau feierte eine Gruppe von Ärzten und Krankenschwestern – durchweg Häftlinge – heimlich ein Fest.[3] Gerüchte machten die Runde: Berlin sei gefallen, jeden Tag könnten die Russen hier sein; die Männer und Frauen tranken auf die Zukunft und stießen mit Suppe an.

Auschwitz war nicht mehr das schreckliche Todeslager. Die paar Nazis, die noch da waren und an jenem Silvesterabend Dienst hatten, waren damit beschäftigt, ihre Spuren zu verwischen. Sie rannten umher, vernichteten Akten und Fotos und versuchten, jeden Beweis für das Ausmaß ihrer Verbrechen auszulöschen.[4] Nachdem schon im November und Dezember aus Berlin der Befehl zur Auflösung des Lagers gekommen war, hatte man bereits mehrere Krematorien abgerissen.[5]

Die Lagerhallen, in denen die persönlichen Habseligkeiten der ermordeten Juden aufbewahrt wurden, waren zum Teil schon ausgeräumt. Aus den Nazi-Akten geht hervor, daß zum Beispiel 514843 Stück Herren-, Damen- und Kinderkleidung abtransportiert wurden.[6] Doch das Lager, durch das vier Millionen Menschen gegangen waren, wovon nur sechzigtausend überlebt hatten, war voll von Beweisen, die die Nazis auch mit größtem Fleiß und noch so systematischem Vorgehen nicht vollständig beseitigen konnten. Ganze Lagerhallen, bis obenhin vollgestopft mit dem Hab und Gut dieser vier Millionen Menschen, blieben unversehrt.[7]

Ende September war Mengele eines Morgens zu seinen Assistenten gekommen und hatte verkündet, sein Labor werde in ein anderes Krematorium verlegt.[8] Die Ausrüstung wurde sorgfältig verpackt und zum einzigen noch arbeitenden Krematorium gebracht. Die Wehrmacht war zerschlagen, in wenigen Wochen würden die Russen das Lager stürmen, aber Mengele befahl seinen Assistenten, die Sektionstische wieder aufzustellen, wie sie vorher gestanden hatten, und alles für die «Weiterarbeit» vorzubereiten.[9]

Doch während er nach außen hin sein lässiges Gelehrtenimage wahrte, bereitete er heimlich seine Flucht vor. Allerdings wollte er, anders als die anderen Lagerärzte, die hektisch die Spuren ihres Tuns beseitigten, auf keinen Fall zulassen, daß seine unzähligen Versuchsprotokolle vernichtet wurden oder gar den verhaßten Russen in die Hände fielen. Es deutet einiges darauf hin, daß er Maßnahmen zur Rettung der Unterlagen traf.[10] Er ließ wichtige Dias und Präparate sorgfältig verpacken und nach Günzburg senden. Er klammerte sich an die Hoffnung, daß Professor von Verschuer im Kaiser-Wilhelm-Institut in Berlin-Dahlem eine Möglichkeit finden würde, die zahllosen Protokolle, Berichte, Gewebeproben und Organe, die Mengele ihm während der zurückliegenden anderthalb Jahre geschickt hatte, in Sicherheit zu bringen.

Irgendwann Mitte Januar – den genauen Zeitpunkt kennt niemand – verschwand der Todesengel bei Nacht und Nebel. Als er bei den Zwillingen und den überlebenden Frauen von Birkenau zu seiner letzten Visite erschien, ließ er sich sein Vorhaben, das Lager zu verlassen, mit keinem Wort und keiner Geste anmerken. Allerdings hat eine Frau beobachtet, wie er mehrere Kartons mit Papieren in sein wartendes Auto brachte.[11] Er stahl sich so heimlich fort, daß selbst seine Assistenten seine Abwesenheit erst nach vier Tagen bemerkten.[12] Er war einer der letzten SS-Ärzte, die Auschwitz verließen.

Die wenigen SS-Leute, die im Lager geblieben waren, schwankten, ob sie sämtliche noch vorhandenen Beweise vernichten oder lieber nach der Devise *Rette sich, wer kann!* verfahren und sich absetzen sollten, solange sie noch Gelegenheit dazu hatten. Am verräterischsten waren die steinernen Zeugen ihrer Verbrechen. In aller Eile sprengten sie die letzten Krematorien in die Luft. Krachend stürzten die Öfen in sich zusammen, in denen so viele Millionen Menschen zu Asche verbrannt waren. Auch den Komplex, in dem die Wertsachen der Ermordeten aufbewahrt wurden, setzten die Nazis in Brand. Die Häftlinge nannten diesen Teil des Lagers «Kanada», weil er so prall mit Schätzen gefüllt war, daß er sie an das ferne Land erinnerte, dessen bloßer Name die Illusion von Reichtum wachrief.

Judith Yagudah Das ganze Lager stand in Flammen.

Die Deutschen legten Sprengstoff unter die Baracken und Speicherräume. Sie steckten verschiedene Teile des Lagers in Brand.

Wir dachten, die Deutschen würden uns bei lebendigem Leibe verbrennen. Wir rannten aus den Baracken. Der Himmel war feuerrot. Es sah aus wie das Inferno.

Das war eine furchtbare Zeit. Die Deutschen verließen das Lager und nahmen alles mit, was laufen konnte.

Aber meine Schwester Ruthie konnte nicht laufen. Sie war sehr krank.

Meine Mutter hat damals einfach erklärt, wir müssen fort aus dem Lager. Sie hat sich einen Handwagen besorgt – weiß der Himmel, woher – und ihn mit Decken und Kissen ausgelegt. Ruthie setzte sie in den Handwagen, mich nahm sie an der Hand, und dann ging es los. Sie wollte Ruthie aus Auschwitz rausbringen.

Aber eine Frau hat uns drei gesehen und zu meiner Mutter gesagt: «Sind Sie verrückt? Wo wollen Sie denn hin mit den kleinen Kindern?» Sie sagte, Mutter soll umkehren und mit uns im Lager bleiben.

Meine Mutter ging zu den Lagerräumen und holte uns ein paar Sachen. Sie brachte uns etwas mit von all den schönen Dingen, die die Juden bei sich gehabt hatten: Pullover, Mäntel, Decken. Die Nazis hatten alles tadellos in Ordnung gehalten.

Die wenigen Bewacher, die noch im Lager waren, wollten um keinen Preis den vorrückenden Russen in die Hände fallen. Deshalb trieben sie alle erwachsenen Häftlinge zusammen und ließen sie mit unbekanntem Ziel durch den eisigen polnischen Winter marschieren.[13] An diesem Todesmarsch, wie er später genannt wurde, mußten auch viele der Zwillinge teilnehmen. Und jetzt, wo ihre Niederlage unabwendbar war, behandelten die Wachmannschaften die geschwächten Lagerhäftlinge brutaler denn je.[14]

Vera Blau Wer stehenblieb, wurde sofort erschossen.

Meine Schwester Rachel sagte immerzu, sie könne nicht mehr weiter, sie habe keine Kraft mehr. Da beschloß ich, sie zu schleppen. Ich faßte sie am Mantel und zerrte sie durch den Schnee.

Vier Tage liefen wir durch den Schnee. Es war ungeheuer kalt. Einmal bekamen wir heißes Wasser zu trinken, und mir tropfte etwas davon in den Schuh. Es war so kalt, daß mein Fuß sofort vereiste.

Leah Stern Die Nazis gaben uns auf dem Marsch weder zu essen noch zu trinken. Wir hatten solchen Durst, daß wir Schnee lecken wollten. Aber das haben die Deutschen uns nicht erlaubt.

Der Schnee ging uns bis zu den Knien. Meine Schwester Hedvah und ich hatten ganz dünne Sachen an. Wir hatten uns in eine Decke gewickelt und schleppten uns durch den Schnee. Ich war so schwach, ich wollte nicht mehr weiter, aber das hat meine Zwillingsschwester nicht zugelassen.

Sie überlegte sich, daß wir Ballast abwerfen müßten, damit wir leichter laufen könnten. Als erstes warfen wir die Decke weg. Wir warfen sogar einen Teil von dem Brot weg, das wir bei uns hatten. Dieses Brot hatten wir uns vor dem Aufbruch aus Auschwitz wochenlang vom Munde abgespart. Und dann waren uns selbst die paar vertrockneten Brotkanten zu schwer zum Tragen.

Immer, wenn ich am Zusammenbrechen war, hat Hedvah mich an der Schulter wieder hochgezogen und mich gestützt. Sie hat mir das Leben gerettet.

Alex Dekel In dieser Eiseskälte ließen sie uns von Polen über die Tschechoslowakei bis nach Österreich zum KZ Mauthausen laufen.

Mir knickten bei jedem Schritt die Beine weg; ich betete zu Gott, daß er mich sterben lassen sollte. Dann stand ich wieder auf, ging, fiel abermals und betete von neuem um den Tod.

Zvi der Seemann Zu Beginn des Todesmarschs waren wir ungefähr zwanzigtausend. Nach zwei bis drei Wochen, als wir im Konzentrationslager Mauthausen ankamen, waren wir noch dreitausend – vielleicht auch nur zweitausend.

Auf diesem Marsch behandelten uns die Nazis schlimmer als Tiere. Sie machten mit uns, was sie wollten.

Ich kann mich erinnern, daß wir über weite Felder gingen und Schüsse hörten. Ich höre sie noch wie heute, diese Gewehrsalven. Ich habe inzwischen in vielen Kriegen gekämpft und viele verschiedene Schußgeräusche gehört, aber an keins erinnere ich mich so deutlich wie an diese Schüsse.

Wir liefen weiter und weiter und hörten im Hintergrund die Schüsse. Dann kamen wir an einen breiten Fluß zwischen zwei Bergen, und sie befahlen uns zu rennen. Also rannten wir. Es war nur ein Soldat da, mit nur einem Maschinengewehr, und der schoß auf uns, während wir rannten.

Und heute lebe ich mit dieser Erinnerung und schäme mich. Ich frage mich, wie konnten wir nur so dumm sein? Denn heute weiß ich, daß nur ein einziger SS-Mann da war und geschossen hat, und Hunderte – vielleicht sogar Tausende – sind gerannt, aus Angst vor diesem einen einzelnen SS-Mann.

Die Zwillinge, die die Nazis nicht mit auf den Todesmarsch genommen hatten, lebten weiter in dem verlassenen Lager. Es gab weder Essen noch Wasser.[15] Die Wachmannschaften waren verschwunden, und so plünderten Mengeles vergessene Kinder die restlichen Speicherräume.[16] Sie sehnten die Ankunft der Russen herbei und warteten auf ihre Befreiung.

Peter Somogyi Wir hatten furchtbare Angst, daß die Nazis wiederkommen. Selbst ohne die Deutschen hatten wir nicht das Gefühl, in Sicherheit zu sein.

Wir hatten großen Hunger. Es gab nichts zu essen, absolut nichts. Eines Morgens beschloß ich, hinauszugehen und nach etwas Eßbarem zu suchen. Ich stromerte durch das verlassene Lager. Aber das einzige, was ich fand, war eine große Lagerhalle mit Kisten voller Wasserflaschen. Also nahm ich ein paar Flaschen und brachte sie den Zwillingen.

Es waren einige männliche Zwillingspaare zusammen, und auch unser Zwillingsvater war noch bei uns und paßte auf uns auf. Er wollte schnellstens mit uns nach Osten aufbrechen. Auch er hatte Angst, daß die Nazis zurückkommen und uns einfangen würden – und daß wir solch eine Chance kein zweites Mal bekämen.

Und dann, eines Tages, schauten wir auf und sahen die ersten russischen Truppen …

Am 27. Januar 1945 um drei Uhr nachmittags marschierten russische Soldaten in Auschwitz ein.[17] Sie fanden die Zwillinge, die sich in einer der Baracken verkrochen hatten. Die Kinder froren und hatten Hunger. Viele litten an Typhus oder hatten Durchfall. An ihren zarten, ausgemergelten Körpern sah man noch die Einstiche der Kanülen von den Blutentnahmen und den Injektionen, die sie bis ganz zuletzt bekommen hatten.

Aber sie lebten! Mengeles Zwillinge gehören zu den wenigen Kindern, die Auschwitz überlebt haben.

Die Russen verteilten als erstes Kleider und Decken. Die Zwillinge bekamen die gestreifte Lageruniform, die sie vorher noch nie hatten tragen müssen.[18] Natürlich waren die Drillichjacken und -hosen ihnen viel zu groß, und sie mußten mehrere Schichten Kleidung darunterziehen, damit sie sie nicht verloren.[19]

In jener Nacht wurde die Befreiung mit einem großen Freudenfest gefeiert.[20] Die entkräfteten Frauen von Birkenau entdeckten in ihren ausgemergelten Körpern Energien, die sie längst verloren geglaubt hatten. Sie tanzten die ganze Nacht mit den russischen Soldaten. Mengeles Zwillinge standen glücklich dabei und sahen den Erwachsenen zu.[21]

Die Kinder waren noch ganz benommen, als sie am nächsten Tag aus dem Lager geführt wurden. Ein russischer Kameramann hat diese Szene für einen Propagandafilm festgehalten, der der Welt demonstrieren sollte, wie die Rote Armee jüdische Kinder aus den Klauen der Faschisten gerettet hat.[22] Die Zwillinge mußten die Ärmel hochkrempeln und ihre tätowierten Häftlingsnummern für

Nahaufnahmen herzeigen.[23] Immer wieder mußten sie das Lagertor passieren, bis der Regisseur sich endlich zufriedengab und fand, die Befreiungsszene wirke authentisch genug.[24]

Die Zwillinge drängten sich dicht aneinander, als sie durch das Tor gingen. In ihre Freude über die Befreiung mischte sich brennende Trauer um ihre Angehörigen, die mit ihnen nach Auschwitz gekommen waren und die sie verloren hatten. Sie ließen das Lager hinter sich wie einen riesigen Friedhof, auf dem ihre liebsten Menschen ruhten, denen niemand ein Denkmal gesetzt hatte.

Sofort nach der Befreiung strömten die Journalisten nach Auschwitz, um sich endlich die Story zu holen, auf die sie jahrelang gewartet hatten – die Story vom systematischen Massenmord der Nazis an Millionen Juden in einem kalten, gottverlassenen Winkel Polens. Menashe Lorinczi, der Mengeles Laufbursche gewesen war, führte sie herum.[25] Er geleitete die Reporter und die russischen Soldaten durch das Labyrinth der Gebäude und Baracken von Auschwitz-Birkenau und zeigte ihnen die verschiedenen Einrichtungen.[26] Er war stolz darauf, ein «Held der ersten Stunde» zu sein, das erste überlebende Kind, das interviewt wurde und dessen Name weltweit in allen Zeitungen stand.[27]

Menashe Lorinczi Nachdem ich mit den Journalisten gesprochen und ihnen Auschwitz gezeigt hatte, brach ich zusammen. Die Russen brachten mich ins Lazarett, das sie im Lager eingerichtet hatten.

Ich lag monatelang im Bett, hatte eine Krankheit nach der anderen. Die Zähne fielen mir aus. Ich kriegte erst eine Lungenentzündung und dann TBC.

Ich lag noch Monate nach der Befreiung in Auschwitz im Krankenbau, und meine Zwillingsschwester wich nicht von meiner Seite.

Die gesunden Zwillinge, die keine Krankenhausbetreuung brauchten, wurden in ein großes Kloster in der Nähe von Katowice gebracht.[26] Dort bekamen sie zum erstenmal seit Jahren reichlich zu essen, ordentliche Kleider und sogar Spielzeug. Das Beste aber war, daß sie sich frei in der Stadt bewegen konnten. Besonders gern fuhren sie mit der Straßenbahn; sie brauchten nur ihre Arme mit den Häftlingsnummern zu zeigen, dann durften sie kostenlos fahren.[29] Die einzige Einschränkung, die die Nonnen im Kloster ihnen auferlegten, bestand darin, daß sie jeden Tag pünktlich zu den drei Mahlzeiten zu erscheinen hatten, die sie gemeinsam einnahmen.

Eva Mozes Dieses Kloster werde ich nie vergessen. In der ersten Nacht brachte man Miriam und mich in ein schönes Zimmer mit einem großen Bett; so weiße Bettücher hatte ich noch nie im Leben gesehen. Und das Zimmer war voller Spielsachen. Ich wußte überhaupt nicht, was ich mit dem ganzen Spielzeug anfangen sollte. Ich fühlte mich furchtbar verdreckt und schmutzig – es hatte ja niemand daran gedacht, daß wir erst einmal ein Bad nahmen. Ich war völlig verlaust.

Da hab ich in der ersten Nacht einfach das Laken abgenommen und bin auf der blanken Matratze eingeschlafen.

Zvi Spiegel, der mit seinen dreißig Jahren der älteste Mengele-Zwilling war und den die anderen zärtlich «Zwillingsvater» nannten, konnte jetzt darangehen, das Versprechen einzulösen, das er den Kindern in der düsteren Zeit der Massenvernichtungen gegeben hatte.[30] Er hatte geschworen, jedes einzelne von ihnen nach Hause zu bringen.[31]

Zwillingsvater Die Zwillinge waren sehr aufgeregt. Sie schwirrten um mich herum wie ein kleiner Bienenschwarm. Immer wieder sagten sie: «Du hast versprochen, uns nach Hause zu bringen, Zwillingsvater. Du hast es versprochen.» Das stimmte – ich hatte es versprochen. Aber nur, um sie zu beruhigen. Ich hatte selbst nicht daran geglaubt.

Einer der älteren Häftlinge wollte mit mir verschwinden. «Wir sind frei», drängte er, «komm, wir hauen zusammen ab.» Aber ich beschloß, die Zwillinge nach Hause zu bringen. Dazu fühlte ich mich einfach verpflichtet.

Am 28. Januar 1945 verließ ich Auschwitz mit sechsunddreißig Kindern im Schlepptau. Ich machte mir eine Liste mit den Namen, dem Alter und dem Heimatort.

Bevor wir loszogen, versammelte ich die Kinder und hielt ihnen einen kleinen Vortrag. Ich erklärte ihnen die Spielregeln, wie ich es früher als Offizier der tschechischen Armee mit meinen Soldaten gemacht hatte. Ich sagte ihnen, sie müßten zusammenhalten und tun, was ich sage, sonst könnte ich keine Verantwortung für sie übernehmen.

Peter Somogyi Wir baten den Zwillingsvater, uns mitzunehmen, weil wir solche Angst davor hatten, in Auschwitz bleiben zu müssen. Wir wußten, daß wir frei waren, aber wir hatten ständig Angst, daß die Nazis es irgendwie schafften, ins Lager zurückzukommen.

Immerzu fragten wir uns: «Und was ist, wenn die Deutschen wiederkommen und uns töten?» Obwohl die Rote Armee da war, uns zu essen gab und sich um uns kümmerte, fürchteten wir uns vor den Deutschen.

Dann führte uns der Zwillingsvater aus Auschwitz fort, und wir machten uns auf den Weg nach Osten, nach Kraków.

Es war bitterkalt. Mein Zwillingsbruder und ich hatten kleine Rucksäcke, die ich uns aus einer Decke genäht hatte. In meinem war meine ganze irdische Habe: ein kleiner Kanten Brot und ein paar von den Wasserflaschen, die ich in dem verlassenen Speicher gefunden hatte. Als ich für den Abmarsch aus Auschwitz «packte», stellte ich fest, daß ich gar nichts mitzunehmen hatte – keine Kleider, kein Essen außer dem einen Stück Brot. Darum steckte ich die Wasserflaschen ein. Ich dachte, daß ich sie vielleicht noch gebrauchen könnte.

Ich kann mich erinnern, daß ich dann unterwegs gemerkt habe, daß ich Eiszapfen an den Hosen und an den Beinen hatte. Es war so kalt, daß die Flaschen geplatzt waren, und das Wasser war mir am Körper angefroren.

Wir gingen und gingen – aber wir wagten nicht haltzumachen. Wir hatten furchtbare Angst zurückzuschauen. Und obwohl wir schrecklich froren, trieb uns der Zwillingsvater immer weiter vorwärts.

Zwillingsvater Allein bis nach Kraków brauchten wir drei volle Tage. Unterwegs kamen wir an Suppenküchen vorbei, die für die russischen Soldaten eingerichtet worden waren. Wir bettelten die Russen, uns etwas von ihrem Essen abzugeben. Manche sagten ja, andere scheuchten uns weg, und wir mußten weitergehen.

Immer wieder begegneten wir Überlebenden aus dem Lager. Zuerst trafen wir eine Gruppe von zwölf Frauen. Sie kamen aus Birkenau und wollten nach Hause. Diese Frauen dachten, wenn sie mit den Kindern mitgingen, würden sie vielleicht ihre eigenen Kinder finden. Sie hofften, daß noch mehr überlebende Kinder zu uns stießen, vielleicht sogar ihre eigenen.

Ich schrieb mir ihre Vor- und Zunamen, die Geburtsdaten und die Heimatorte, ja sogar ihre Barackennummern von Auschwitz auf und setzte sie mit auf meine Liste. Den Frauen sagte ich das gleiche wie den Zwillingen: zusammenhalten und bei der Gruppe bleiben. Außerdem gesellten sich auf dem Weg nach Kraków noch einmal hundert männliche Überlebende zu uns.

Ich kam mir vor, als ob ich eine kleine Armee anführte: Es waren exakt einhundertdreiundfünfzig Männer, Frauen und Kinder. Ich weiß die Zahl noch so genau, weil ich die ganze Zeit ordentlich Buch geführt habe. Ich bin mir nicht sicher, warum mir diese Listen in dem ganzen Chaos, in diesem Durcheinander so wichtig waren. Vielleicht war das eben meine Art, irgendwie die Übersicht zu behalten. Schon im Lager hatte ich wie verrückt Listen angelegt und die Kinder zur Ordnung erzogen. Ich hatte immer das Gefühl, nur so könnten wir überleben. Und ich habe diese ganzen Listen bis heute aufbewahrt.

Mit meinem System schafften wir es, die Russen dazu zu bringen, daß sie uns die zahlreichen Straßensperren passieren ließen. Bei jedem Halt fragten mich die russischen Offiziere, wer ich sei und was ich machte. Ich zeigte ihnen meine Listen, und das hat sie beeindruckt. In der Regel haben sie dann begriffen und mir amtliche Dokumente ausgestellt, die mir gestatteten, die Zwillinge heimzubringen.

Peter Somogyi Auf dem letzten Stück unseres Weges von Auschwitz nach Kraków nahm uns ein russischer LKW mit. In Kraków

fanden wir ein verlassenes Haus – ohne Möbel, ohne Heizung, ohne alles. Wir schliefen alle zusammen auf dem Fußboden.
Der Zwillingsvater machte einen Rotkreuz-Stützpunkt ausfindig, wo wir einmal am Tag eine Mahlzeit bekamen. Ansonsten mußten wir bei fremden Leuten um Essen betteln.
Ich kann mich erinnern, daß ich jeden Tag in Kraków umherzog, von Haus zu Haus ging und um ein Stück Brot bat. Manche Polen waren nett zu den Zwillingen. Aber manche waren sehr gemein. Sie wußten, daß wir Überlebende aus dem Lager waren, und haben uns trotzdem fortgejagt.
Von den Russen bekamen wir sehr wenig. Sie konnten gerade einmal ihre eigenen Leute aus der Roten Armee verpflegen.
Irgendwann ging der Zwillingsvater zu den Russen und wollte sie überreden, uns ein Auto zu geben, damit wir schneller nach Hause kämen, aber daraus wurde nichts. Ich nehme an, sie hatten andere Dinge im Kopf als das Schicksal von ein paar kleinen jüdischen Kriegswaisen.

Zwillingsvater Der Heimweg war ein Alptraum. Ganz Europa war ein einziges Chaos. Das Eisenbahnnetz war vollkommen zerstört. Wir stiegen in einen Zug, dann mußten wir umsteigen, und wir kamen einfach nirgends an. Manchmal nahmen wir einen Zug, der dann aber nicht in unsere Richtung fuhr, sondern genau in die entgegengesetzte.
Als wir zur ungarischen Grenze kamen, überlegte ich mir ein System, wie die Leute auf dem schnellsten Weg nach Hause kämen. Am meisten Sorgen machte ich mir natürlich um die Kinder. Ich beschloß, sie, geordnet nach den verschiedenen Heimatorten, in Grüppchen aufzuteilen.
Den größeren Zwillingen übertrug ich die Verantwortung für die kleineren. Den ältesten Jungen gab ich meine Adresse – ich dachte ja, daß ich wieder in mein altes Haus zurückkehren würde – und bat sie, mir später mitzuteilen, wie sie heimgekommen seien. Dann machte ich mich mit einer kleinen Gruppe von Kindern, die wie ich aus Munkács kamen, auf den Weg in mein Heimatstädtchen in der Tschechoslowakei.

Peter Somogyi Mein Bruder und ich stiegen mit einigen anderen in einen Zug, der nach Budapest fahren sollte. Der Zwillingsvater prüfte, ob wir auch in die richtige Richtung fuhren, und umarmte uns dann zum Abschied.

Wir hatten keine regelmäßige Nahrungsquelle, also mußten wir abermals betteln. Wir baten russische Soldaten in den Zügen um Brot.

Schließlich kamen wir in eine ungarische Kleinstadt unweit von Budapest. Dort wohnten Juden, die den Krieg irgendwie überlebt hatten. Sie nahmen uns mit zu sich nach Hause und gaben uns ordentlich fette Hühnersuppe. Diese Juden waren sehr lieb zu uns. Aber wir hatten so lange nichts Richtiges mehr gegessen, daß uns furchtbar übel wurde. Wir waren tagelang krank und konnten nicht weiter.

Erst nach mehreren Tagen trafen wir in Budapest ein. Auf dem Bahnhof sagte uns jemand – ich weiß nicht mehr, wer –, wir sollten ins jüdische Waisenhaus gehen. Wir waren die ersten Überlebenden eines Todeslagers, die nach Ungarn heimgekehrt waren, und unsere Ankunft sorgte in der jüdischen Gemeinde von Budapest für großes Aufsehen.

Obwohl die Nazis die Zahl der ungarischen Juden in den letzten Kriegsmonaten unerhört dezimiert hatten, war es in der Hauptstadt vielen gelungen, zu überleben und den Deportationen zu entgehen. Budapest war, anders als die kleineren Städte im Landesinneren, nicht «judenrein» geworden. Viele Juden hatten untertauchen können. Es gab sogar noch etliche vollzählige jüdische Familien.

Ein Cousin meiner Mutter hörte, daß wir da waren. Er kam uns holen und fuhr mit uns heim nach Pécs.

In Auschwitz forderten Mengeles Experimente unterdessen ihre letzten Opfer. Ruthie Rosenbaum war den größten Teil ihrer Lagerzeit über todkrank gewesen.[32] Nur den unerhörten Anstrengungen ihrer Schwester Judith und ihrer Mutter war es zu verdanken, daß sie überhaupt noch lebte. Als die Russen kamen, lag das Mädchen im Sterben. Russische Ärzte wollten sie retten und behandelten sie mit sehr starken Medikamenten.[33] Doch trotz aller Bemühungen starb Ruthie Rosenbaum am 3. März 1945 im Alter von sechs Jahren – zerstört von Mengeles Versuchen, von Angst, Hunger und Schmerzen – und von der russischen Medizin, die sie nicht vertrug.[34]

Frau Rosenbaum machte sich mit Judith auf den Weg in ihre Heimatstadt Cluj.[35] Monatelang zogen die beiden durch das verwüstete Osteuropa, wo Tausende sich wie sie nach Hause durchzuschlagen versuchten. Doch die Hoffnung auf ein glückliches Wiedersehen mit ihren Angehörigen gab den Rosenbaums Kraft.

Judith Yagudah Als wir nach Cluj kamen, fanden wir am Bahnhof eine Liste mit den Namen der zurückgekehrten Juden. Von unserer ganzen Familie hatte nur ein Onkel es geschafft. Er hatte erfahren, daß wir da waren und von uns Zwillingsschwestern nur eine überlebt hatte. Aber er wußte nicht, welche – ob ich oder Ruthie. Als er meine arme Mutter sah, war seine erste Frage: «Welche ist zurückgekommen, Judith oder Ruthie?»

Von ihm erfuhren wir, daß der größte Teil unserer Familie im Krieg umgekommen war und die meisten Juden von Cluj nicht überlebt hatten.

Peter Somogyi Wir kamen nach Hause und mußten feststellen, daß es kein Zuhause mehr gab. Wir erfuhren sehr bald, daß kein einziger Jude aus unserer Stadt zurückgekehrt war: Sie waren alle in den Konzentrationslagern umgekommen.

Das Haus unserer Familie war geplündert worden, unsere Möbel hatten die Leute aus der Stadt oder die Soldaten verheizt. Aber ich hatte so viel Zerstörung gesehen, daß ich die Zerstörung meines eigenen Hauses sehr gelassen aufnahm. Als wir mit dem Zwillingsvater von Auschwitz nach Kraków zogen, waren wir durch Städte gekommen, in denen kein einziges Haus mehr stand. Wenn man eine ganze Stadt in Schutt und Asche liegen sieht, was soll man dann dazu sagen, daß das eigene Häuschen nicht mehr existiert?

Zwillingsvater Als ich endlich in Munkács angekommen war, ging ich sofort zu meinem alten Haus. Aber dort wohnten jetzt fremde

Leute. Die neuen Bewohner bekamen einen Schreck, als sie mich sahen. Wissen Sie, sie hatten sich einfach reingesetzt, nachdem die Familie deportiert worden war. Sie gaben sich die größte Mühe, nett zu mir zu sein. Sie hatten sogar meine Post für mich aufgehoben. Briefe von mehreren Zwillingen, die mir schrieben, daß sie gut heimgekommen waren. Manche erstatteten mir regelrecht «Meldung», daß sie die ihnen anvertrauten jüngeren Kinder ohne irgendwelche Vorkommnisse nach Hause gebracht hatten.
Im Haus fand ich kaum noch welche von unseren alten Möbeln. Nur einen großen Spiegel, der uns gehört hatte.
Es war schrecklich – schrecklich – einfach schrecklich. Ich blieb genau einen Tag und eine Nacht in Munkács. Dann bin ich geflüchtet. Ich konnte einfach nicht in meiner Vaterstadt bleiben.

Die Zwillinge, die sich noch in russischer Obhut in Auschwitz befanden oder in dem Kloster in Katowice geblieben waren, hatten nur einen Wunsch – sie wollten schnellstens nach Hause und ihre Verwandten wiedersehen. Manche machten sich allein auf den Weg.[36] Andere fanden Erwachsene, die bereit waren, sie ein Stück mitzunehmen. Für die meisten endete die langersehnte Heimkehr mit einer bitteren Enttäuschung. Sie waren fast alle Waisen, und viele hatten als einzige ihrer Familie, mitunter sogar des ganzen Dorfes, überlebt.

Eva Mozes Fast ein Jahr lang hatten wir nur darauf hingelebt, endlich wieder nach Hause zu können.
Im Kloster sagte man uns, wir könnten rüber nach Palästina. Aber meine Schwester Miriam und ich wollten heim nach Rumänien und sehen, wer überlebt hatte. Wir dachten, daß wir daheim erwartet würden – daß noch jemand außer uns den Krieg überlebt hätte.
Durch unsere abenteuerlichen Straßenbahnfahrten wußten wir, daß es in Katowice ein Lager für Vertriebene gab, wo mehrere Leute waren, die wir aus Auschwitz kannten. Dort fanden wir die Mutter eines Zwillingspärchens aus unserer Heimatstadt.
Sie willigte ein, mit uns ins Kloster zu kommen und unsere Entlassungspapiere zu unterschreiben. Dann machte sie sich mit uns und ihren Töchtern auf die Reise.

Als wir zu unserem alten Haus kamen, hoffte ich wider besseres Wissen, daß jemand da wäre. Wir kamen zum Gartentor. Das Haus sah vernachlässigt aus. Ringsherum hohe Unkrautstauden. Es sah ganz anders aus als in meiner Erinnerung.
Nur Lilly, unser alter Hund, war noch da. Das einzige vertraute Gesicht weit und breit. Jüdische Hunde haben die Deutschen wohl nicht deportiert.
Unsere Heimkehr war so anders, als wir sie uns vorgestellt hatten. Ich war völlig am Boden. Miriam und ich rannten weg. Wir haben beide ganz hysterisch geweint.

Während seine Zwillinge befreit wurden, hatte Mengele sich nach Oberschlesien ins KZ Groß-Rosen durchgeschlagen.[38] Dort, ein paar hundert Kilometer von Auschwitz entfernt, wollte er sich verkriechen, solange die Russen noch nicht da waren. In Groß-Rosen schlüpfte Mengele rasch in die ihm vertraute Rolle des Lagerarztes.[39] Er war mit seinen vierunddreißig Jahren bereits ein alter Hase auf dem Gebiet der Todeslager-Medizin. Er ging umher, untersuchte Häftlinge und stellte Totenscheine aus. Zu seinem Bedauern hatte er hier keine Möglichkeit, Experimente oder Selektionen durchzuführen. Als er hörte, daß die Russen kurz vor Groß-Rosen standen, setzte Mengele sich erneut ab. Er verließ Groß-Rosen am 11. Februar 1945, unmittelbar vor dem Eintreffen der Russen.[40] Von da an ist sein Fluchtweg unklar. Allerdings wollen mehrere Zwillinge ihn im Todeslager Mauthausen beziehungsweise im Niemandsland zwischen Österreich und der Tschechoslowakei gesehen haben.[41]

Mauthausen lag im letzten deutschen Frontabschnitt. Dort endete der Todesmarsch, den auch mehrere Zwillinge miterlebt hatten. Mindestens zwei von ihnen behaupten, sie hätten «Onkel Mengele» sofort erkannt.[42] Falls er sie gesehen oder sich an sie erinnert haben sollte, hat er es sich nicht anmerken lassen.

Moshe Offer Nach dem Todesmarsch war ich zwei, drei Wochen lang in Mauthausen. Dann wurde ich mit anderen Überlebenden in einen Zug gesteckt, dessen Bestimmungsort wir nicht kannten. Der Zug war sehr voll. Ich bekam einen Stoß und fiel hinaus. Ich weiß bis heute nicht, ob das kam, weil ich so mager war, oder ob

jemand mich retten wollte. Jedenfalls landete ich auf einem Feld. Ich hatte mir bei dem Sturz die Hand gebrochen.
Ich kroch über das Feld, und plötzlich sah ich vor mir einen dicken Deutschen in Uniform. Ich fing an zu weinen und bat ihn, mich zu töten. Ich sagte dem Nazi, daß ich Jude war. «Ich bin aus dem Zug gefallen, ich kann nicht mehr weiter, na los schon, töten Sie mich.» Aber der alte deutsche Soldat sagte: «Ich töte dich nicht – ich werde dich verstecken.» Und dann brachte er mich auf einen Speicher, wo Mais und Getreide lagerten.
Dieser alte deutsche Soldat war sehr nett. Jeden Tag brachte er mir Zwiebäcke und Wasser. Vom Speicherfenster aus sah ich, wie der Krieg zu Ende ging. Ich sah Züge mit Munition vorbeifahren. Ich beobachtete, wie deutsche Flugzeuge abgeschossen wurden und Fallschirmspringer absprangen und auch erschossen wurden.
Einmal, mitten in der Nacht, hörte ich Artilleriefeuer. Nach dieser Nacht kam der Deutsche nicht mehr. Niemand brachte mir mehr Essen und Wasser. Und da fing ich an, von dem Mais zu essen.
Vier Tage war ich ohne Nahrung und ohne Wasser. Ich hatte großen Hunger und Durst. Aber ich blieb auf dem Speicher, weil ich mich auch schrecklich fürchtete.
Dann, eines Tages, schaute ich aus dem Fenster und sah einen Jeep mit amerikanischen Soldaten. Ich war so schwach, daß ich gar nicht laufen konnte. Ich kroch auf allen vieren vom Speicher und rüber zu dem Jeep.
Die amerikanischen GIs haben mich bemerkt und mich gerettet. Sie haben mich zu ihrem Jeep getragen und mir Süßigkeiten und Schokolade geschenkt. Aber mir war so schlecht, daß ich nichts essen konnte.
Die GIs brachten mich zu einem ihrer Ärzte in der Nähe von Linz in Österreich. Dort wurde ich behandelt. Dann gaben sie mir eine kleine Uniform – eine amerikanische GI-Uniform.
Ich wurde ihr Maskottchen. Ich stellte mich wie die anderen Soldaten nach Essen an. Aber sie ließen mich vor. Sie gaben mir Dollars, Spielzeug, ganze Koffer voll Süßigkeiten.
Ich erzählte ihnen, was mit mir passiert war, daß ich in Auschwitz gewesen war und man meine ganze Familie umgebracht hatte. Ein paar amerikanische Soldaten aus der Gruppe wollten mich mit nach Amerika nehmen. Aber dann wurde ich schwer krank, und

sie mußten mich zurücklassen. Ich kriegte hohes Fieber, und man stellte fest, daß ich Typhus hatte. Ich wurde in Linz in ein christliches Krankenhaus gebracht, wo ich vier Monate das Bett hüten mußte. Ich konnte nicht einmal die Augen aufmachen.
Die amerikanischen Soldaten habe ich nie mehr wiedergesehen. Den Leuten im Krankenhaus sagte ich, daß ich nach Hause will – nach Ungarn.

Als die Russen im Mai 1945 auf Mauthausen marschierten, zerriß Mengele schnell seine SS-Uniform und besorgte sich eine einfache Wehrmachtsuniform.[43] Er ging in ein deutsches Feldlazarett und gesellte sich zu den unzähligen verbitterten Soldaten der besiegten Armee.[44] Seine Einheit wanderte zwischen den von den Amerikanern und den von den Russen besetzten Gebieten hin und her. Schließlich kapitulierte sie vor den Amerikanern, und Mengele und seine Kameraden kamen in Kriegsgefangenschaft.[45]

Hedvah und Leah Stern Wir wurden viel später als die anderen Zwillinge befreit. Als wir hörten, daß der Krieg zu Ende sei, konnten wir es gar nicht glauben.
Nach dem Todesmarsch waren wir in einer deutschen Kleinstadt namens Pritzberg gelandet, wo alles sehr chaotisch war, ein einziges Durcheinander. Einige riefen: «Der Krieg ist aus», und wir dachten, sie machen Spaß. Dann bekamen wir mit, daß es wahr war, und wußten überhaupt nicht, wohin wir jetzt gehen, was wir tun sollten. Weinend liefen wir in unseren zerlumpten, schmutzigen Kleidern durch die Straßen von Pritzberg.
Ein paar französische Soldaten in der Stadt bemerkten uns. Wir taten ihnen leid – zwei vierzehnjährige Mädchen, die offenkundig Kriegswaisen waren. Sie luden uns in ihren Jeep und fuhren mit uns zu ihrem Hauptquartier. Dort bekamen wir zu essen – unser erstes richtiges Mittagessen seit vor dem Krieg.
Wir hatten Mühe, uns mit den französischen Soldaten zu verständigen. Wir sprachen weder Französisch noch Deutsch – nur Ungarisch. Aber sie waren sehr nett. Wir konnten ihnen klarmachen, daß wir unbedingt nach Hause wollten – nach Ungarn in unsere Heimatstadt. Sie gaben uns zwei Koffer und ein paar Dosen Ölsardinen und setzten uns in den Zug nach Ungarn. Aber der Zug

brachte uns nicht heim, sondern fuhr in die entgegengesetzte Richtung, in die Tschechoslowakei. Schließlich fanden wir einen Zug, der in unsere Heimatstadt fuhr. Dort wurden wir von zwei verwitweten Onkeln abgeholt – die einzigen aus unserer Familie, die überlebt hatten.
Wir erzählten ihnen, daß man uns am Leben gelassen hatte, weil wir Zwillinge waren.
Sie brachten uns in unser altes Haus. Alles war geplündert worden – die Sachen, die unserer Familie gehört hatten, waren alle weg. Es war so traurig. Wir konnten gar nicht aufhören zu weinen.

Schenkt man Mengeles Aufzeichnungen aus dieser Zeit Glauben, dann litt er in seinem Kriegsgefangenenlager irgendwo in der Nähe von München an so starken Depressionen, daß er sogar Selbstmordgedanken hatte.[43] Er vertraute sich einem Mitgefangenen an, dem Arzt Dr. Fritz Ulmann. Dieser besaß einen zweiten Paß, den er Mengele anbot und den dieser dankend annahm. Sorgfältig änderte er den Namen in den Papieren und verwandelte sich in Fritz Hollmann. In seiner Lage war ein falscher Paß in der Tat Gold wert. Immerhin machte die amerikanische Besatzungsmacht seit Juni 1945 Jagd auf NS-Funktionäre und steckte sie in Gefängnisse und Internierungslager.[44] Über fünfzigtausend Menschen, die als Nazis verdächtigt wurden, saßen bereits in Haft, darunter die führenden Köpfe von Gestapo, Hitlerjugend und Reichsnährstand sowie etliche namhafte SS-Offiziere.

Wenn die Amerikaner über Mengeles wahre Identität im Bilde gewesen wären, hätten sie ihn natürlich auf der Stelle verhaftet. Die US-Soldaten bildeten sich ein, ehemalige SS-Mitglieder unfehlbar an der unter der Achsel eintätowierten Blutgruppenbezeichnung erkennen zu können. Da die Tätowierung für alle SS-Offiziere Pflicht gewesen war, meinten die Amerikaner, sie müßten bloß nach diesem Erkennungsmerkmal suchen beziehungsweise nach Spuren, die darauf hindeuteten, daß es entfernt worden war.[45] Doch als Mengele 1940 in die Waffen-SS eintrat, hatte er sich aus ästhetischen Gründen gegen die Brandmarkung gewehrt, und so rettete seine Eitelkeit ihm jetzt das Leben.[46] Am 18. August 1945 wurde er aus der Kriegsgefangenschaft entlassen, da niemand in ihm ein ehemaliges Mitglied der SS vermutete.[47]

Mengeles Sohn Rolf gibt an, sein Vater sei in jenem Sommer in sein Elternhaus nach Günzburg zurückgekehrt, wo er sich allerdings nur kurz aufgehalten habe, weil es ihm zu riskant gewesen sei, länger zu bleiben. Er habe sich dann in den Wäldern versteckt gehalten, wo die Familie ihn reichlich mit Essen versorgt habe. Da die amerikanische Besatzungsmacht jedoch in ganz Deutschland ihre Stützpunkte einrichtete, war Mengele, wie er in seinem Jahre nach dem Krieg verfaßten autobiographischen «Roman» schreibt, genötigt, sich ein anderes Versteck zu suchen.* Dieser «Roman» befand sich bei den Unterlagen, die Rolf Mengele 1985 der Zeitschrift *Bunte* aushändigte. Die *Bunte* reichte das Material an die deutschen Strafverfolgungsbehörden weiter, und diese übergaben sie dem Justizministerium der Vereinigten Staaten. Das Manuskript, das vorgibt, eine fiktive Schilderung der Abenteuer eines Veteranen des zweiten Weltkriegs zu sein, ist so getreulich an Mengeles reale Nachkriegsbiographie angelehnt, daß das amerikanische Justizministerium es zu Rate zog, als es darum ging, Mengeles Schritte nach seinem Verschwinden aus Auschwitz weiterzuverfolgen.[48] Mengele nahm vermutlich Kontakt zu Ulmanns Schwager auf, der in der Nähe von München eine Arztpraxis hatte. Dieser Schwager taucht in dem «Roman» unter einem Pseudonym auf. Er hatte Mitleid mit dem bedrängten Kriegsverbrecher und verwies ihn an einen Bauern, der ihm für eine Zeit Unterschlupf gewähren sollte.

An dem Dörfchen Mangolding, das vor den Toren von München lag, war der Krieg spurlos vorübergegangen. Als Mengele auf dem Bauernhof jenes Georg Fischer eintraf, zu dem Ulmanns Schwager ihn geschickt hatte, gab er sich als arbeitsuchender Flüchtling aus. Fischer hat 1985 in einem Interview mit der *Bunten* zugegeben, daß er einverstanden war, Mengele als Knecht zu nehmen, falls dieser sich anstellig zeigte. Als erstes sollte er die Kartoffelernte nach Speise- und Futterkartoffeln sortieren. Mengele sollte zwei Haufen machen: rechts die guten und links die schlechten. Fischer ermahnte ihn, ja sorgfältig zu arbeiten, denn Kartoffeln waren bei der herrschenden Nahrungsmittelknappheit sehr kostbar.

* Die Figur Andreas findet sich in einem autobiographischen Roman von Josef Mengele, der nach dem Krieg entstanden ist. Die Authentizität dieses Dokuments ist nicht unumstritten (Anm. d. Red.)

Mengele stürzte sich in seine neue Arbeit und strengte sich an, sie gut zu machen. Er bewährte sich als ausgezeichneter Kartoffelsortierer und bekam die Stelle. Als Knecht war er nicht nur sicher vor den Amerikanern, sondern hatte auch inmitten von Chaos, Hunger und Armut, die überall in Deutschland herrschten, ein festes Dach überm Kopf und reichlich zu essen. Sogar für seine Lieblingsbeschäftigung, das Lesen, blieb ihm Zeit. Er las wie ein Besessener, blieb bis spät in die Nacht auf, um ein Buch auszulesen, stand am nächsten Morgen in aller Frühe auf und ging an die Arbeit.

In Mangolding gab Mengele sich ganz als der liebenswürdige Beppo, der er früher in Günzburg gewesen war. Er heiterte die Familie mit seinem Geplauder auf und war bei allen beliebt, besonders bei den Kindern. An Heiligabend spielte er für sie den Weihnachtsmann, und die Familie erinnert sich noch heute daran, wie komisch er als brummiger Knecht Ruprecht war. Damit hatte er sein schauspielerisches Talent unter Beweis gestellt und wurde fortan oft gebeten, bei den Fischers für Unterhaltung zu sorgen.

Der einzige, der ihm mißtraute, war Georg Fischers Bruder Alois. Er hatte beobachtet, daß Mengele sich nach jeder Arbeit die Hände wusch, und daraus geschlossen, daß dieser Mann nie im Leben Landarbeiter oder Soldat gewesen war. Alois kam zu dem Schluß, daß sich bei seinem ahnungslosen Bruder ein gesuchter Nazi-Bonze eingenistet hatte. Aber er verriet Mengele nicht. Und so konnte dieser über drei Jahre relativ friedlich in Mangolding leben. Natürlich empfand er es als unter seiner Würde, als Knecht arbeiten zu müssen, doch tröstete er sich, wie aus seinen Aufzeichnungen zu ersehen ist, mit dem Gedanken, eines Tages wieder in die Wissenschaft zurückkehren und seine Experimente fortsetzen zu können. Seine größte Sorge war in dieser Zeit, daß er nichts von seiner Familie hörte. Er wagte nicht, selber nach Günzburg zu fahren, hatte aber, wie alle Flüchtlinge, nach diesem langen, verheerenden Krieg den dringenden Wunsch, zu wissen, wie es den Eltern und Brüdern, seiner Frau und dem Sohn ging.

Menashe Lorinczi Lea und ich wußten nach dem Krieg nicht, daß unser Vater am Leben war. Nachdem die Russen uns mehrere Monate lang im Lazarett in Auschwitz gepflegt hatten, verließen Lea

und ich das Konzentrationslager und wollten uns nach Hause durchschlagen, nach Cluj.
Noch immer irrten Überlebende zu Tausenden durch Europa und versuchten, wieder nach Hause zu kommen. Das war sehr schwierig. Ein großer Teil des osteuropäischen Eisenbahnnetzes war durch schwere Bombenschäden zerstört. Noch Monate nach der Befreiung funktionierte es nicht richtig. Wir bestiegen einen Zug, und ein paar Kilometer weiter waren wir an einem Fluß, und der Zug blieb stehen und konnte nicht weiterfahren, weil die Brücke bombardiert worden war. Alle mußten aussteigen, durch den Fluß waten, zu Fuß ins nächste Dorf gehen und tagelang warten, bis wieder ein Zug kam.
Es dauerte Monate, bis wir in Cluj waren. Dort fanden wir einen Onkel – den einzigen Verwandten, der überlebt hatte.
Lea und ich hatten natürlich keine Ahnung, daß unser Vater den Krieg in einem russischen Arbeitslager überlebt hatte, wo er einigermaßen sicher gewesen war. Die ganzen letzten Kriegsmonate und auch noch nach der Befreiung hatte er um seine Familie getrauert, weil er überzeugt war, daß die Nazis uns alle umgebracht hatten.
Wie es der Zufall wollte, bekam er eine Zeitung aus den Tagen der Befreiung in die Hand, in der ich zitiert wurde, und hat so erfahren, daß wir am Leben waren. Die Interviews, die ich den Presseleuten, die nach der Befreiung des Lagers nach Auschwitz gekommen waren, gegeben hatte, waren in aller Welt veröffentlicht worden. Selbst eine im Lager meines Vaters vielgelesene russische Zeitung hatte einen Bericht über meine Erlebnisse mit Dr. Mengele gebracht, in dem nicht nur meine Zwillingsschwester und ich, sondern auch unser Vater namentlich genannt waren. Und so hat er also erfahren, daß meine Schwester und ich noch lebten.

Lea Lorinczi Unser Vater tat alles, um uns zu finden. Er hatte keine Ahnung, wohin man unsere Mutter gebracht hatte. Schließlich erfuhr er, daß wir wieder in unserer alten Heimatstadt Cluj waren. Er stellte ein Entlassungsgesuch bei den Russen, und sie willigten ein, ihn aus dem Arbeitslager zu entlassen. Er kam auf einen Krankentransport und machte sich auf den langen Weg nach Cluj.

Eines Tages stand er vor unserer Tür.
Das Wiedersehen war herzzerreißend. Er wußte nicht, was mit unserer Mutter geschehen war. «Wo ist Mami?» fragte er immer wieder.

Menashe Lorinczi Diesen Tag werde ich mein ganzes Leben nicht vergessen. Wir lachten und weinten zugleich.
Vater schloß meine Schwester und mich in die Arme. Dann setzten wir uns hin. Er nahm mich auf sein eines Knie und Lea auf das andere. Er mußte uns immerzu küssen, und wir mußten immerzu weinen.
Wir brachten es nicht über uns, ihm unsere Vermutung zu sagen, daß Mutter in den Gaskammern von Auschwitz umgekommen war.
Es dauerte lange, bis wir unserem Vater erzählen konnten, wie wir sie zum letzten Mal gesehen hatten. In der Zwischenzeit wohnte er wieder bei uns, und wir hatten neu angefangen zu leben. Wir waren so glücklich, daß wir ihn bei uns hatten – aber wir waren auch traurig, weil Mutter nicht bei uns war.
Alle heimkehrenden Flüchtlinge fragten wir, ob sie etwas über unsere Mutter wüßten – was mit ihr geschehen war, ob sie sie gesehen hätten. Ihr Schicksal war absolut rätselhaft. Und die Antwort lautete jedesmal: «Wir wissen nichts.»

Mengele dürstete nach Nachrichten von seiner Frau und seiner Familie; er bat Ulmanns Schwager, auf seiner Ferienreise einen Abstecher nach Günzburg zu machen, was dieser ihm auch versprach. Der hilfsbereite Schwager traf sich heimlich mit mehreren von Mengeles Angehörigen und teilte allen mit, daß ihr geliebter Beppo wohlauf war.[50]

Die einst so stolze Familie Mengele hatte inzwischen auch ihre Probleme. Die unbeugsame Walburga war todkrank. Sie starb kurz nach Neujahr 1946. Mengeles Vater hatten die Amerikaner wegen seiner Verstrickung mit den Nazis während des Krieges unter die Lupe genommen und schließlich in einem Lager interniert.[51] Lolo, der jüngste Bruder, war als Soldat in Frankreich gewesen und in Gefangenschaft geraten: Er darbte in einem Lager in Jugoslawien. Irene und Rolf hatten nach Kriegsende der blanke Hunger aus dem heimatlichen Freiburg in die Günzburger Gegend getrieben, wo sie von Mengeles Familie unterstützt wurden. Die reichen angeheirateten Verwandten konnten zwar dafür sorgen, daß sie und der kleine Rolf genug zu essen hatten, aber es war ihr dennoch nicht leichtgefallen, Freiburg mit seinem reichen kulturellen Leben gegen das stickige Provinznest Günzburg einzutauschen. Sie ließ sich auch nicht direkt in der Vaterstadt ihres Mannes nieder, sondern mietete sich zusammen mit ihren Eltern, die sie nach Bayern begleitet hatten, ein Haus im nahegelegenen Autenried.[52]

Irene hatte zwar erfahren, daß Mengele am Leben war, wußte aber wenig darüber, wie es ihm in diesen schwierigen Zeiten ging. Die amerikanische Militärstaatsanwaltschaft hatte ihre Leute nach Günzburg geschickt, um Erkundigungen über seinen Verbleib einzuziehen. Die Suche nach NS-Kriegsverbrechern lief seit Ende 1945 auf Hochtouren, denn die Alliierten waren dabei, die Nürnberger Kriegsverbrecherprozesse vorzubereiten. Neben vielen anderen Einheiten und Einrichtungen beteiligten sich auch Spezialisten der amerikanischen Militärspionageabwehr, deren regionales Hauptquartier sich eine halbe Stunde von Günzburg entfernt in Augsburg befand, an der Suche nach Josef Mengele.[53]

Als sich nach und nach Überlebende zu Wort meldeten und über Auschwitz zu sprechen begannen, tauchte immer öfter der Name Dr. Mengele auf.[54] Obwohl Mengele keineswegs der einzige Arzt an der Selektionsrampe von Auschwitz gewesen war, schienen sich die Opfer an Josef Mengele deutlicher als an jeden anderen zu erinnern, und vielleicht ist das auch der Grund, weshalb man ihn später den Todesengel nannte: Das Bild des eleganten jungen SS-Doktors, der die Menschen pfeifend und lächelnd in den Tod schickte, hat sich den Überlebenden unauslöschlich eingeprägt.

Nur die Zwillinge schwiegen. Mehrere von ihnen hatten sich nach Hause durchgeschlagen und wohnten jetzt bei irgendwelchen entfernten Verwandten. Sie waren froh, nach dem Martyrium, das die Nazis ihnen auferlegt hatten, endlich wieder in der Heimat zu sein – einer Heimat freilich, in der sich vieles verändert hatte und die jetzt unter kommunistischer Herrschaft stand. Manche waren in Flüchtlingslagern und Waisenhäusern über ganz Europa verstreut und warteten darauf, nach Palästina gebracht zu werden. Und wieder andere befanden sich zusammen mit anderen Kriegswaisen in katholischen Klöstern in der Obhut von Nonnen.

Allein die Trauer war allen Mengele-Zwillingen gemeinsam. Sie trauerten nicht nur um ihre nächsten Angehörigen, sondern auch um ihre Kindheit, um die man sie so brutal gebracht hatte und die unwiederbringlich verloren war.

Zvi der Seemann Als Kinder, vor dem Krieg, haben mein Bruder und ich uns andauernd gerauft. Unsere Mutter hat immer gesagt: «Eines Tages werdet ihr weinen, und dann ist es zu spät.»

Ich habe nie geweint. Ich wußte, daß ich nach all den Jahren, die ich in Lagern verbracht habe, in Flüchtlingslagern und in Konzentrationslagern, kein Kind mehr sein konnte. Denn wenn ich mich damals nur ein einziges Mal wie ein Kind verhalten hätte, wäre ich gestorben.

Nach der Befreiung fragten mich viele verschiedene Flüchtlingsorganisationen, wo ich hingehen, was ich machen wollte. Ich beschloß, daß ich versuchen mußte, wieder in mein Heimatdorf zu kommen. Ich hoffte, ich würde meine Eltern dort finden, oder jemanden – irgend jemanden –, den ich kannte.

Nach sechs, sieben Monaten war ich endlich wieder zu Hause und traf dort meinen Bruder. Wir stellten sehr bald fest, daß wir beide von den Hunderten, ja Tausenden Juden, die vor dem Krieg dort gelebt hatten, als einzige zurückgekehrt waren.

Und von unserer Familie war kein einziger wiedergekommen – weder unsere Eltern noch eines von unseren sechs Geschwistern. Wir waren die einzigen Überlebenden.

Mein Zwillingsbruder und ich standen vor unserem Haus und weinten – wir weinten und weinten.

Da fiel mir wieder ein, was meine Mutter uns vor so vielen Jahren gesagt hatte: «Ihr werdet weinen, und dann wird es zu spät sein.»

5. Der Prozeß, der nie stattfand

Judith Yagudah Die Jahre von 1945 bis 1950 waren einfach schrecklich.

Mutter und ich siedelten uns in unserer alten Heimatstadt an. Mutter fand sogar noch ein paar alte Bekannte von vor dem Krieg wieder. Lauter Überlebende, die alle pausenlos von Auschwitz redeten.

Sie sprachen von den Verwandten, die zurückgekommen waren und von denen, die sie verloren hatten. Jede Familie hatte ihre Wunden. Jede Familie zählte ihre Toten. Es war schrecklich für mich, ihnen zuzuhören.

Ich war ein junges Mädchen, aber ich war viel ernster, viel bedrückter als andere Mädchen in meinem Alter. Ich war nicht wie die anderen. Es fiel mir schwer, mich in der Schule zu konzentrieren. Das Lernen bereitete mir große Mühe.

Anfangs dachte ich oft an meine Schwester Ruthie. Aber dann immer weniger. Anscheinend ist es wirklich so, daß das Leben weitergehen muß.

Aber Mutter konnte Ruthies Tod nur sehr schwer verwinden. Sie hatte ihre Zwillinge abgöttisch geliebt. Jetzt war ihr nur noch ein Kind geblieben: Das brach ihr das Herz. Ein ganzes Jahr lang ist sie überhaupt nicht ausgegangen. Bei Kriegsende war Mutter eine junge Frau, aber sie hat nie wieder geheiratet.

Die große, schlanke Irene Mengele erregte nicht wenig Aufsehen, wenn sie mit kummervoller Miene durch die Straßen von Günzburg ging und ihr blondes Haar sich dekorativ vom Schwarz ihres Trauerkleides abhob. Zeitzeugen erinnern sich, wie gut sie die Rolle der Kriegerwitwe spielte, wie überzeugend sie ihre Trauer zur Schau trug.[1]

Noch keine dreißig war sie damals, die attraktive Blondine, die der rassenbewußte Dr. Mengele begehrenswert genug gefunden hatte, um sie zur Frau zu nehmen. Wenn sie mit dem kleinen Rolf an der Hand durch das bayrische Städtchen spazierte, verrenkte sich so mancher junge Bursche den Hals nach ihr. Irene aber gefiel es in Autenried so wenig wie in Günzburg, und obwohl die Mengeles bestens für sie und ihren Jungen sorgten, während ringsherum noch immer Hungersnot herrschte, sehnte sie sich zurück nach Freiburg.

Die Mengeles wußten seit dem Spätsommer 1945, daß Josef am Leben war, hatten sich aber geeinigt, ihn für vermißt auszugeben und zu behaupten, daß er wahrscheinlich tot sei.[2] Ihnen war klar, daß sie ihn so am ehesten vor unwillkommenen Nachforschungen schützen konnten. Und sie hatten allen Grund, sich Sorgen zu machen, denn die amerikanischen Besatzer forschten noch immer nach Kriegsverbrechern.[3] Auf den Fahndungslisten standen Tausende von Nazis, davon viele, die weit bekannter waren als ihr Beppo. Die Mengeles hofften darauf, daß die Ermittler froh wären, einen Namen als vermißt oder tot streichen zu können.

Josef zu schützen war für die Familie Mengele eine Art Spiel, aber eines, das sich regelrecht zur Obsession verselbständigte. Wie es der Zufall wollte, beschlossen die Amerikaner irgendwann 1945, sich ausgerechnet in Mengeles Elternhaus einzuquartieren. Unter dem Vorwand, irgendwelche Wertgegenstände abholen zu wollen, eilte darauf die Familie herbei und raffte sämtliche in der Villa vorhandenen Fotos von Josef zusammen.[4] Das waren nicht wenige, denn der strahlende junge Arzt war ihr ganzer Stolz gewesen.

Etwa vierzig Jahre später ermittelte das amerikanische Justizministerium, daß sich damals zwischen den Besatzern und der Hausverwaltung sowie dem Günzburger Mengele-Clan ein geradezu freundschaftliches Verhältnis entwickelt hatte.[5] Auf den Gedanken, die Familie zu verhören oder nach Hinweisen auf den Verbleib des untergetauchten Massenmörders zu forschen, scheint damals niemand gekommen zu sein. Der Historiker David Marwell, der die Ermittlungen des amerikanischen Justizministeriums leitete, vermutet, daß die in Günzburg stationierten US-Behörden nicht wußten, wer Mengele war.[6] Als es in den Mengele-Werken brannte, kam der amerikanische Kommandant persönlich löschen helfen.[7]

Doch wir wollen nicht ungerecht sein: Der Mann, der später der meistgesuchte Nazimörder der Welt wurde, galt direkt nach dem Krieg als kleiner Fisch.[8] Zunächst einmal wollten die Briten, Amerikaner, Polen und Russen diejenigen bestrafen, die in ihren Augen die Verantwortung für den Krieg trugen.[9] Einige der bekanntesten Gefolgsleute Adolf Hitlers, darunter Heinrich Himmler, der Chef der Gestapo und der Waffen-SS, dessen Stellvertreter Reinhard Heydrich und Propagandaminister Josef Goebbels, waren bereits tot. Doch selbst im Vergleich zu den überlebenden Hauptstützen des Naziregimes, wie etwa Albert Speer, dem Minister für Kriegswirtschaft, oder Außenminister Joachim von Ribbentrop, war der KZ-Arzt von Auschwitz eher ein kleines Licht.[10]

Bei den ersten großen Kriegsverbrecherprozessen sollte es zunächst einmal der ersten Garnitur des Hitlerstaates an den Kragen gehen, nicht denen, die als Handlanger des Regimes in den Lagern gearbeitet hatten, sondern denen, die für die Errichtung dieser Lager verantwortlich waren. Die Prozesse sollten im November 1945 in Nürnberg stattfinden, am selben Ort also, wo zehn Jahre zuvor die von Mengele so geschätzten Rassengesetze erlassen worden waren. Das für die Anklageerhebungen zuständige OSI* schickte seine eigenen Ermittler los, die die deutschen Lande nach gesuchten Nazis durchkämmten.[11] Da man unter Zeitdruck stand und sich noch immer eine unabsehbar große Zahl von Kriegsverbrechern auf freiem Fuß befand, ging die Jagd hastig und relativ unsystematisch vonstatten.[12] Hinzu kam, daß sich in den Wirren der Nachkriegszeit – das wußten die Ermittler so gut wie jeder andere – etliche Hauptkriegsverbrecher ins Ausland flüchten konnten.[13]

Vor allem habe es schnell gehen müssen, erinnert sich Benjamin Ferencz, der, damals fünfundzwanzigjährig, das Berliner Büro des U. S. Chief Counsel for War Crimes leitete.[14] War ein Nazi ins Netz gegangen, dann wurde in aller Eile die Anklageschrift aufgesetzt, damit das Verfahren eingeleitet werden konnte.[15]

Die Eröffnung des Internationalen Militärtribunals erregte weltweit Interesse. Zwei Jahre dauerten die Nürnberger Kriegsverbrecherprozesse. Zwölf Nazis, die sehr viel mächtiger gewesen waren

* Office of the U.S. Chief Counsel for War Crimes beim Justizministerium der Vereinigten Staaten

als Josef Mengele, wurden in ihrem Verlauf wegen Verbrechen gegen die Menschlichkeit zum Tode verurteilt.[16] Drei bekamen lebenslange Freiheitsstrafen, gegen vier weitere wurden Zuchthausstrafen zwischen zehn und zwanzig Jahren verhängt, und drei wurden freigesprochen.[17] Martin Bormann, einer von Hitlers berüchtigsten Gefolgsleuten, wurde in Abwesenheit zum Tode verurteilt. Und so überstürzt und unsystematisch die jungen, häufig unerfahrenen Ankläger auch vorgegangen waren, sie hatten dennoch ihr Ziel erreicht: die Bestrafung der führenden Köpfe des Dritten Reichs. Einige der Angeklagten erhoben sich steif und erklärten, sie hätten «doch nur Befehle ausgeführt». Andere, wie etwa Hermann Göring, zogen es vor, Selbstmord zu begehen, um nicht öffentlich für ihre Verbrechen zur Rechenschaft gezogen zu werden.[18]

Moshe Offer Als ich aus dem Lager kam, wollte ich nicht mehr leben. Ich konnte den Gedanken nicht ertragen, daß meine ganze Familie umgekommen war.

Nach der Befreiung bekam ich alle möglichen Nervenleiden. Ich hatte Anfälle. Ich hatte Schlafstörungen. Ich konnte mich nicht konzentrieren. Die Ärzte sagten, das käme von den ganzen Experimenten, die Mengele mit mir gemacht hatte.

Auch mit meinem Gedächtnis hatte ich Probleme. Es gab so vieles, woran ich mich nicht erinnern konnte – so vieles, woran ich mich nicht erinnern wollte, nehme ich an.

Ich war völlig am Boden, durch und durch krank. Mir fehlte der Mut zum Weiterleben. Ich dachte immerzu an Tibi, daran, wie er gestorben war, an die furchtbaren Versuche und Operationen, die Mengele an ihm vorgenommen hatte. Ich kam nicht darüber hinweg, was sie mit Tibi gemacht hatten, daß sie ihn mir genommen hatten. Ich kam nicht über den Tod meines Zwillingsbruders hinweg.

Ich konnte das, was Mengele getan hatte, nicht aus meinem Gedächtnis verdrängen.

Mengele saß inzwischen sicher in seinem Versteck in Mangolding und verfolgte die Ereignisse in Nürnberg mit unverhohlenem Mißfallen.[19] Die Prozesse seien «politisches Theater» sagt Andreas, der Held seines «Romans», den er zunächst als Autobiographie konzipiert und dann durch Änderung der Namen «literarisiert» hatte.[20] Nürnberg sei eine «Farce», an der die Welt, die Deutschland in die Knie zwingen wolle, ihr Mütchen kühle.[21] Der ehemalige Lagerarzt Dr. Josef Mengele sah offenbar keinen Grund, die Hauptkriegsverbrecher des Naziregimes zu bestrafen; ihr einziges Vergehen bestand in seinen Augen darin, daß sie den Krieg verloren hatten.[22] In einem seiner zahlreichen das Tribunal betreffenden Monologe rechtfertigt Andreas Hitlers Verbrechen, indem er erklärt, jener habe schließlich nichts anderes getan als das, was andere vor ihm getan hätten.[23]

Der Name Mengele fiel in Nürnberg mehr als einmal. Der ehemalige Lagerkommandant von Auschwitz, Rudolf Höss, äußerte sich kurz zu Mengeles dortiger Tätigkeit und berichtete in diesem Zusammenhang auch von den Experimenten an Zwillingen.[24] Marie-Vaillant Claude Couturier, die selbst Häftling in Auschwitz gewesen war, berichtete, wie fröhlich und unbeschwert Mengele bei den Selektionen gewirkt hatte, sie erzählte, wie er beim Selektieren klassische Melodien pfiff, und ging natürlich auch auf sein auffällig großes Interesse an Zwillingen ein.[25]

Aus Mengeles schriftlichem Nachlaß (neben dem bereits erwähnten «Roman» gibt es Tagebücher und andere Notizen) geht klar hervor, daß er bis an sein Lebensende ein überzeugter Nazi war und nie Reue empfunden hat.[26] Er war Zeit seines Lebens davon überzeugt, daß das, was die Deutschen getan haben, notwendig und richtig war. Verbittert und empört über die Niederlage seines Vaterlandes, erwog er sogar, eine Widerstandsbewegung zu gründen, die die amerikanische Besatzungsmacht vertreiben sollte.[27] Aber er wußte, daß eine solche Bewegung keine Chance hatte. Das deutsche Volk mochte das Dritte Reich unterstützt haben, solange es bestand, aber es war nicht bereit, noch mehr Tod und Verwüstung in Kauf zu nehmen, um dieses Reich zu restaurieren.

Mengele ging auch nicht in sich, als während der Prozesse das ganze Ausmaß der an den Juden begangenen Verbrechen ans Tageslicht kam. Im Gegenteil: Er distanzierte sich von dem Entsetzen, mit dem die Weltöffentlichkeit reagierte, als Einzelheiten über die Durchführung der Endlösung bekannt wurden, und rechtfertigte die Existenz der Todeslager. Mengele war der Ansicht, daß die Schuld am Krieg und also auch an dem grausamen Schicksal, das die Juden später erlitten, bei diesen selbst gelegen habe.[28] Der Held seines «Romans» behauptet, die Juden hätten die Alliierten durch Verbreitung falscher Propaganda über die Nazis dazu gebracht, gegen Deutschland zu kämpfen.[29] Hitler habe die Juden in einer Rede im Jahre 1939 davor gewarnt, das Volk zum Krieg gegen Deutschland aufzustacheln, weil das ein böses Ende nehmen könnte, läßt Mengele seinen Protagonisten Andreas sagen.[30] Im Rückgriff auf die klassischen Dogmen des Antisemitismus geißelt er den jüdischen «Internationalismus» und behauptet, die Juden hätten den Geheimdiensten anderer Länder in die Hände gearbeitet. Allein schon aus diesem Grunde, schlußfolgert er, sei es notwendig gewesen, Konzentrationslager und dergleichen zu errichten.[31] Man habe die Juden als potentielle Staatsfeinde töten müssen.[32]

Peter Somogy Das kommunistische Regime in Ungarn verhielt sich in zunehmendem Maße ablehnend gegen die Juden: Man betrachtete uns als «Klassenfeinde». Die Regierung wußte, daß der Antisemitismus im Vormarsch war, aber sie tat nichts, um ihn aufzuhalten. Die neuen Herren hatten einfach nichts übrig für die Juden.

In den ersten Monaten nach dem Krieg glaubten mein Zwillingsbruder und ich, unser Vater sei tot. Wir hatten keine Ahnung, was mit ihm passiert war, daß er in Dachau gewesen war.

Im Juli bekamen wir dann die Nachricht, daß er lebte. Nachdem er aus Dachau freigekommen war, hatte er nicht nach Ungarn zurückkehren wollen. Er war überzeugt, daß seine ganze Familie tot war. Aber dann sagte ihm jemand, daß seine Söhne überlebt hatten, und da kam er heim in unsere Stadt.

Vater kam im August 1945 nach Pécs. Wir sind uns um den Hals gefallen und haben uns geküßt. Er hat uns viele Fragen gestellt, aber wir haben ihm ausweichend geantwortet. Wir wollten ihm nicht sagen, was mit unserer Mutter und unserer Schwester geschehen war.

Trotz allem begannen wir wieder zu leben. Zu dritt zogen wir in unser altes Haus ein. Wir machten alles sauber und kauften neue Möbel. Mein Vater machte ein Geschäft für Autoersatzteile auf –

genau wie vor dem Krieg. Mit anderen Worten, wir versuchten, auf den Trümmern aufzubauen.

Doch die politischen Unruhen rings um uns her trübten unser Leben. In Ungarn ging es sehr turbulent zu. Eine Regierung löste die andere ab. Und dann kamen die Kommunisten an die Macht. Damit kehrte Stabilität ein – aber für die Juden war es sehr, sehr schwierig.

Vater war sehr geschickt und schaffte es, das Geschäft in kurzer Zeit in Schwung zu bringen. Doch dann befand eine kommunistische Gruppe bei uns in der Schule, daß wir zu reich wären. Das roch verdammt nach dem alten Antisemitismus. Wieder einmal hatten die Juden zuviel Geld. Wir mußten mehr Schulgeld zahlen als die anderen Schüler.

Die anderen Kinder verbündeten sich gegen meinen Bruder und mich. Sie nannten uns «Kapitalisten» – die neue Beleidigung. Die Kinder hatten die antijüdischen Gefühle von ihren Eltern übernommen. Sie waren in dem Glauben erzogen worden, daß die Juden schlecht seien.

Ich wurde vors Schulgericht gestellt. Man sagte mir, ich sei kein echtes Mitglied der Arbeiterklasse. Man beschuldigte mich, ein kapitalistischer Grundbesitzer zu sein – obwohl mein Vater überhaupt keinen Grund und Boden besaß.

Und dann bekamen wir sogar wieder das alte Schimpfwort aus Vorkriegszeiten zu hören: «Dreckiger Jude.»

Eva Mozes Nachdem uns klar war, daß niemand aus unserer Familie überlebt hatte, gingen Miriam und ich nach Cluj und wohnten dort bei einer Tante.

Diese Tante hatte im Krieg ihren Mann und ihren sechsundzwanzigjährigen Sohn verloren. Sie ging ganz und gar in der Trauer um ihren Sohn auf. Den konnten wir ihr nicht ersetzen. Sie hat uns nicht ein einziges Mal in den Arm genommen oder geküßt.

Miriam und ich stürzten uns aufs Lernen und versuchten zu vergessen.

Als die Kommunisten in Rumänien ans Ruder kamen, schlossen wir uns der kommunistischen Bewegung an. Wir traten den Jungen Pionieren bei, und weil Miriam und ich ziemlich gute Kommu-

nisten waren, bekamen wir in der Schule eine Funktion. Wir wurden «Pionierleiter».
Bei den Kommunisten kamen wir uns sehr wichtig vor. Sie redeten von Freiheit und Unabhängigkeit. Sie redeten von den schrecklichen Deutschen, von den Verbrechen der Faschisten. Und das hörte sich alles ganz wunderbar an. Ich fand die Kommunisten richtig toll.
Aber plötzlich machten in Cluj Gerüchte von einem jüdischen Vampir die Runde, der angeblich den Christenkindern das Blut aussaugte.
Von da an wurde das Leben in Rumänien sehr, sehr kompliziert.

Lea Lorinczi Wir fühlten uns überhaupt nicht wohl unter den Kommunisten.
Wir waren gläubig, und die Kommunisten waren gegen die Religion.
Mein Zwillingsbruder und ich gingen auf eine jüdische Schule, genau wie vor dem Krieg. Wir gaben uns große Mühe beim Lernen.
Aber die Kommunisten schlossen die jüdische Schule. Sie zwangen uns, am Sabbat zum Unterricht zu kommen.
Das war schrecklich. Es erinnerte uns an die furchtbaren Jahre vor dem Krieg, als der Antisemitismus so stark gewesen war.

Judith Yagudah Ich habe den Antisemitismus sehr kraß zu spüren bekommen. Anfangs besuchte ich eine jüdische Schule und war geschützt. Dann setzten die Kommunisten ihre sogenannte «Schulreform» durch. Die jüdischen Schulen wurden geschlossen.
In meiner neuen Schule wollte niemand mit mir befreundet sein. Die christlichen Jungen und Mädchen wollten nichts mit mir zu tun haben.
Ich war sehr einsam.

Das Internationale Militärtribunal in Nürnberg erfüllte noch immer seine traurige Pflicht, Überlebende der Todeslager traten aus dem Schatten und sagten als Zeugen aus, und immer mehr Länder setzten Josef Mengele auf ihre Fahndungslisten.[33] Aber er blieb unauffindbar, und vielleicht wäre Nürnberg, wo gegen Politiker und

Generäle verhandelt wurde, auch wirklich nicht der rechte Ort für einen Prozeß gegen Mengele gewesen. Anders verhielt es sich mit dem von den Briten geführten Bergen-Belsen-Prozeß, der zur selben Zeit, also Ende 1945, in Lüneburg abgehalten wurde, wo sich noch vor kurzem das KZ Bergen-Belsen befunden hatte.[34]

Viele der in Lüneburg Angeklagten hatten sowohl in Auschwitz als auch in Bergen-Belsen gedient, etliche waren alte Bekannte von Mengele, darunter auch einige SS-Ärzte.[35] Einer von ihnen, Dr. Josef Kramer, war leitender Arzt in Auschwitz-Birkenau gewesen.[36] Mehrere ehemalige Häftlinge haben übereinstimmend ausgesagt, daß Kramer einer der wenigen, ja vielleicht der einzige in Auschwitz gewesen sei, vor dem Dr. Mengele Angst gehabt habe.[37] Der «Star» unter den Angeklagten des Bergen-Belsen-Prozesses aber war nicht Kramer, sondern Irma Grese, Mengeles ehemalige Hilfskraft.

Nach der Befreiung von Auschwitz war Irma Grese nach Bergen-Belsen gegangen.[38] Auch dort tat sie sich durch ihre grausame Willkür hervor. Sie hat Gefangene so lange geschlagen, bis sie bewußtlos oder tot zu Boden sanken.[39] Doch am Schluß, als jeder wußte, daß die britischen Truppen jeden Tag dasein konnten, vollzog sie plötzlich eine Kehrtwendung und war den Häftlingen gegenüber die Freundlichkeit in Person.[40] Sie hatte sogar die Stirn, die Gefangenen zu bitten, ein gutes Wort für sie einzulegen. Aber sie bettelte vergeblich. Als die Briten in Bergen-Belsen einmarschierten und die Leichenberge und die vielen vom Tod gezeichneten Menschen sahen, nahmen sie Grese zusammen mit den anderen Nazis fest.

Beim Prozeß konnten die Ankläger kaum glauben, daß ein so «blutjunges Mädchen» Taten von «so unerhörter Roheit und Grausamkeit» begangen haben sollte.[41] Als Irma in den Zeugenstand trat, wirkte sie seltsam gedämpft. Bereitwillig bekannte sie sich zu vielen der gegen sie erhobenen Anklagepunkte schuldig. Zu ihrer Verteidigung sagte sie lediglich, sie habe mit Billigung ihrer Vorgesetzten gehandelt, insbesondere von Dr. Josef Mengele.[42] Sie habe Mengele «immer» begleitet: Er sei ihr Chef gewesen.[43]

Mengeles hübsche Gefährtin endete am Galgen, genau wie Dr. Kramer.

Der Bergen-Belsen-Prozeß war der erste, wenn auch keineswegs der letzte, in einer ganzen Reihe von Kriegsverbrecherprozessen, bei denen Mengele durch Abwesenheit glänzte.[44] Aus diesen Prozessen ergab sich eine erste Bilanz der Verbrechen, die er in Auschwitz begangen hatte. Als in Lüneburg das letzte Wort gesprochen wurde, war bereits einiges über Mengeles Wirken als Lagerarzt bekannt.[45] Er ragte allein schon quantitativ aus der Masse der Naziverbrecher heraus.

Zwillingsvater Als ich meine Zwillingsschwester Magda wiedersah, war ich entsetzt. Wir trafen uns, nachdem ich aus Munkács fortgegangen war und mich in einer anderen Stadt in Rumänien niedergelassen hatte. Ich arbeitete als Buchhalter, und irgendwer hatte meinem Schwager gesagt, wo ich war.

Meine Zwillingsschwester war vor dem Krieg so ein schönes Mädchen gewesen. Aber sie war völlig verändert und furchtbar entstellt. Sie hatte überall im Gesicht Bartwuchs – einen richtigen Männerbart.

Es war grausig, sie anzusehen und sich daran zu erinnern, wie sie früher gewesen war, so strahlend und glücklich über ihr Söhnchen – den kleinen Jungen, den Mengele ins Gas geschickt hatte.

Magda Spiegel Ich hatte einen schlimmen Zusammenbruch nach dem Krieg, ich war sehr krank.

Es gelang mir, meinen Mann zu finden, und wir kamen bald wieder zusammen. Er hatte den Krieg in Arbeitslagern quer durch Rußland verbracht. Wir beschlossen, in die Tschechoslowakei zu ziehen.

Mein Sohn fehlte mir. Ich wünschte mir so sehr ein Kind. Aber ich bekam meine Regel nicht mehr. Ich war sehr beunruhigt. Ich wußte nicht, was sie in Auschwitz mit mir gemacht hatten – niemand wußte es.

Ich lief von einem Arzt zum anderen. Alle sagten mir: «Warten Sie ab.»

Es dauerte lange, bis sich mein Zyklus wieder normalisierte. Ich wurde schwanger und bekam noch einmal einen Sohn.

Aber ich konnte nicht aufhören, an Auschwitz zu denken. Ich hatte ständig Alpträume, die mit dem Lager zusammenhingen.

Nach dem Nürnberger Tribunal und dem Bergen-Belsen-Prozeß waren die Alliierten noch fester entschlossen, nicht zuzulassen, daß die Verbrechen des Dritten Reichs ungesühnt blieben. Die Jagd auf Kriegsverbrecher wurde verstärkt und ausgedehnt, und Mengele, der sich jetzt Fritz Hollmann nannte, mußte sich weiter versteckt halten.[46] Auf dem Bauernhof in Mangolding war er zwar sicher, aber von Grund auf unzufrieden. Die ungewohnte körperliche Arbeit war nicht nur fad, sondern nahm ihn auch gesundheitlich ziemlich mit. Seine Schulter machte ihm zu schaffen. Nach wie vor war Lesen seine wichtigste Zerstreuung. Und sooft es sich einrichten ließ, besuchte er seinen Freund und Kollegen, Dr. Ulmanns Schwager, und unterhielt sich mit ihm über Medizin und über die Tagespolitik – zum Beispiel über die Nürnberger Prozesse – aber auch über seine Zukunftsvorstellungen.[47] Denn irgendwie glaubte er tatsächlich immer noch, er könnte eines Tages wieder ins normale Leben zurückkehren und Universitätsprofessor werden wie sein alter Doktorvater von Verschuer.

Im Berliner Büro des *U. S. Chief Counsel for War Crimes* war ein junger Ermittler namens Manfred Wolfson damit beauftragt, Licht in das Dunkel der eigentümlichen Beziehungen zwischen Mengele und Verschuer zu bringen.[48] Trotz der Masse der anstehenden Fälle begann Wolfson, Informationen über die Vergangenheit der beiden Männer zusammenzutragen. Er führte Gespräche mit ihren ehemaligen Kollegen vom Kaiser-Wilhelm-Institut und kam bald zu dem Schluß, daß Verschuer für die Ermittlungsbehörden nicht weniger interessant war als der bekanntere Auschwitz-Doktor Josef Mengele.[49] Wolfson durchforschte Verschuers Vergangenheit und stellte fest, daß der Professor seine Stellung als Rassenkundler kontinuierlich dazu benutzt hatte, seine Beziehungen zu den Nazis zu festigen.[50] Er registrierte auch, daß Verschuers Publikationen aus den dreißiger und frühen vierziger Jahren voll waren von antisemitischen Äußerungen und Hitlers Ideen darin ausdrücklich befürwortet wurden.[51]

1946 legte Wolfson seinen Vorgesetzten einen ausführlichen Bericht vor, in dem er nachwies, daß Mengele die Greueltaten, die seinen traurigen Ruhm begründet haben, zum großen Teil unter Verschuers Einfluß begangen hat.[52] Auch Mengeles Leidenschaft, an menschlichen Augen zu experimentieren, geht nach

Wolfsons Erkenntnissen auf Verschuer zurück.[53] Dieser hatte Studien zur Pigmentierung der Iris betrieben und sich dabei speziell für das Phänomen der Heterochromie, der unterschiedlichen Färbung von rechter und linker Iris, interessiert.[54] Um Verschuers wissenschaftliche Neugier zu befriedigen, ließ Mengele Häftlinge, bei denen dieses seltene Phänomen gegeben war, vergasen und schickte seinem alten Professor in Berlin die Augen der Ermordeten.[55]

Diese furchtbaren Entdeckungen veranlaßten Wolfson zu der Empfehlung, Verschuer zu vernehmen und vor Gericht zu stellen.[56] Erst nachdem er seinen Vorgesetzten die Akte Verschuer präsentiert hatte, wandte er sich Mengele selber zu. Er zitierte Zeugen, die von Mengeles pseudomedizinischen Versuchen an Häftlingen berichteten.[57] Er verwies darauf, daß Mengele persönlich Sterilisationen an weiblichen Gefangenen vorgenommen hatte.[58] Und natürlich spielten auch die Zwillinge in Wolfsons Material eine wichtige Rolle. «Zwillinge und Drillinge, vor allem im Kindesalter, waren im Interesse der Experimente in einem extra Block untergebracht», hatte Wolfson von einem Überlebenden erfahren.[59] Der Zeuge hatte erzählt, wie seine eigenen Zwillinge bei der Ankunft in Auschwitz im Juli 1944 zu Mengele gebracht wurden.[60] Er hatte ihn gefragt, ob er seine Kinder wiedersehen werde. «Natürlich!» habe Mengele aufgeräumt erwidert.[61] «Aber ich habe sie bis heute nicht wiedergesehen und auch nie mehr etwas von ihnen gehört», hatte der Vater geklagt.[62]

Menashe Lorinczi Nach dem Krieg hatten wir ein volles Jahr lang keine Ahnung, was mit unserer Mutter geschehen war. Wir fragten alle Flüchtlinge, die kamen, nach ihr, ob sie sie gesehen hätten, ob sie dort oder da gewesen sei? Wir fragten Dutzende Leute, und schließlich konnten wir ihr Schicksal rekapitulieren.

Mutter war in einer Gruppe von Zwangsarbeiterinnen gewesen. Sie hatte eine Zeitlang in Auschwitz gearbeitet und war dann quer durch ganz Polen in mehreren anderen Arbeitslagern gewesen.

Zuletzt kam sie nach Riga in ein Todeslager. Was die Nazis in Auschwitz nicht geschafft hatten, das schafften die in Riga: Sie haben einfach alle umgebracht.

Sie haben die ganzen Frauen und Kinder auf ein Schiff verfrachtet und es mitten in der Ostsee versenkt. Alle sind ertrunken.
Meine Schwester konnte sich nicht damit abfinden, daß Mutter tot war. Lea klammerte sich an die Hoffnung, daß Mutter irgendwie überlebt hatte. Eigentlich glaubten wir das beide.
«Vielleicht ist sie ja noch in Rußland», dachten wir.

Lea Lorinczi In den ersten Jahren nach dem Krieg habe ich mich jede Nacht in den Schlaf geweint und an meine Mutter gedacht. Ich träumte oft, daß Mutter wieder zu Hause ist.
Dann stand ich auf und sah, daß es nur ein Traum war, und mußte wieder weinen.
Das war eine sehr traurige Zeit für mich. Ich wollte nicht mit anderen Menschen zusammensein. Auch mein Vater war immer traurig. Meine Mutter hat ihm sehr gefehlt, er wollte pausenlos von ihr sprechen.

Menashe Lorinczi Meine Schwester war sehr unglücklich; sie hat sich in die kommunistische Bewegung gestürzt, um ihren Kummer zu vergessen. Sie wurde eine enorm aktive Kommunistin. Sie war nie sehr willensstark gewesen – sie war leicht zu beeinflussen; die Kommunisten haben sie einer Gehirnwäsche unterzogen.
Lea wollte, daß ich auch eintrete, aber ich wußte, daß die Kommunisten nicht gut waren. Ich wußte, daß sie die Juden haßten.
Sie behaupteten immer, sie wären nur gegen die «Zionisten». Aber was waren denn die «Zionisten»? Die Juden. Ganz einfach die Juden.
Ich mußte meine Schwester schließlich mit Gewalt von den Kommunisten losreißen.
Danach war mir klar, daß wir weg mußten aus Ungarn. Wir mußten nach Palästina auswandern.
Aber die Kommunisten ließen uns nicht gehen.

Am Ende des Berichts, den der junge Ermittler im November 1946 seinen Vorgesetzten vorlegte und der als Wolfson-Report bekannt geworden ist, sprach er sich dafür aus, den SS-Hauptsturmführer Dr. Josef Mengele auf die Fahndungsliste zu setzen und ihn als Kriegsverbrecher anzuklagen.[63]

Doch Mengele saß in seinem Versteck in Mangolding und hatte nicht die geringste Ahnung davon, was sich gegen ihn zusammenbraute. Er lebte bei den Fischers und wußte nichts von Wolfson und seinem Report. Sein größter Kummer war, daß er seine Familie nicht um sich haben konnte.

Im Oktober 1946 bekam Mengele Besuch von seinem Bruder Karl, was sein Heimweh ein wenig linderte.[64] Allerdings war die Wiedersehensfreude durch zwei traurige Nachrichten getrübt: Die Mutter war gestorben, und der Vater saß in Haft.[65] Karl hatte Josefs alten Schulfreund Hans Sedlmeier mitgebracht, den die Familie als Geschäftsführer der Landmaschinenfabrik eingesetzt hatte, um der von den Amerikanern beschlossenen Liquidation sämtlicher im Besitz ehemaliger Nazis befindlicher Unternehmen zu entgehen. Sedlmeier, der den Mengeles treu ergeben war und keine Nazi-Vergangenheit hatte, war der ideale Strohmann.

Der Besuch der beiden riß Mengele aus seiner Isolation. Er bekam den neusten Günzburger Klatsch zu hören und erfuhr, wie es um die Firma stand.[66] Von da an bekam er regelmäßig Besuch aus Günzburg. Eines Tages erschien sogar Irene. Das Wiedersehen der Eheleute war von einer Mischung aus zärtlicher Anziehung und Entfremdung geprägt.

Irene gab Mengele den Rat, schnellstens außer Landes zu gehen. Es sei viel zu riskant für ihn, in Deutschland zu bleiben, fand sie. Sie erzählte ihm, daß vor ein paar Monaten ein amerikanischer Offizier mit seinem Dolmetscher bei ihr gewesen sei und nach Mengele gefragt habe. Sie sei sehr aufgeregt gewesen, habe es aber geschafft, äußerlich gelassen zu wirken. Mit ihrem reizendsten Lächeln hatte Irene den beiden Männern erzählt, was sie schon überall verbreitet hatte: Josef Mengele sei seit dem Rußlandfeldzug «vermißt» und wahrscheinlich tot.

Der Offizier hatte der hübschen jungen Frau, die mit ihrem kleinen Sohn auf dem Arm vor ihm stand, voller Mitgefühl zugehört, der Dolmetscher aber, ein jüdischer Soldat, war skeptischer gewesen. Er hatte ihr rundheraus gesagt, daß Mengele für den Tod von Millionen Juden verantwortlich war. Die beiden Amerikaner waren schließlich weggefahren, aber Irene hatte ihre ganze Kraft gebraucht, um sie davon zu überzeugen, daß sie wirklich nichts über den Verbleib ihres Mannes wisse.

Irene war nicht glücklich in ihrer Ehe. Es machte ihr schwer zu schaffen, daß sie ihren Mann, der ein Kriegsverbrecher war, dekken mußte. Einen Mann, überdies, mit dem sie, seit sie ihn wenige Wochen vor Kriegsausbruch geheiratet hatte, nie längere Zeit zusammengelebt hatte. Von Rolf Mengele haben wir später erfahren, daß Irene den gegen seinen Vater erhobenen Anschuldigungen zwar keinen Glauben schenkte, aber darunter litt, nicht mit dem geliebten Mann zusammensein zu können, sondern allein leben und auf das ersehnte Familienglück verzichten zu müssen.

Zwillingsvater Nach dem Krieg wollten alle Überlebenden heiraten, Häuser bauen, den Holocaust und das, was man ihnen angetan hatte, vergessen.

Ich habe meine Frau sieben Monate nach der Befreiung kennengelernt. Sie kam aus einem kleinen Dorf in der Tschechoslowakei. Sie war auch im Lager gewesen.

Unser Brautstand dauerte ganze vier Wochen. Am 27. Januar 1946 – genau ein Jahr nach der Befreiung – haben wir geheiratet. Ein knappes Jahr später wurde mein erstes Kind geboren.

Wir wohnten in einer schönen Stadt. Ich hatte gute Arbeit, und wir hatten eine sehr hübsche Wohnung. Und doch fühlten wir uns beide nicht richtig zu Hause.

Vera Grossman Als Mutter nach dem Krieg in ihre Heimatstadt zurückkehrte, erfuhr sie, daß keiner ihrer Angehörigen überlebt hatte. Ihre Eltern und ihre sieben Geschwister waren alle ins Gas gegangen. Sie stand ganz allein da mit zwei siebenjährigen Töchtern, für die sie sorgen mußte.

So gingen wir drei zu unserem alten Haus, aber die Leute, die inzwischen dort eingezogen waren, drohten, uns umzubringen. Also flüchteten wir in eine andere Stadt.

Mutter lernte eine andere jüdische Frau kennen, auch eine Lagerüberlebende. Sie mieteten sich zusammen eine kleine Zweizimmerwohnung. Sie schafften sich Gänse an und fütterten sie – sie haben sie gemästet –, damit sie sie teurer verkaufen konnten. Die Leute kauften gern fette Gänse, weil die das köstliche Schmalz gaben, wenn man das Fett ausließ.

Mit dem Geld, das ihr die Gänsemast gebracht hatte, konnte Mutter schließlich eine Kuh kaufen. Sie war davon überzeugt, daß wir, solange sie nur Milch für uns Zwillinge hatte, nie wieder Hunger leiden müßten.

Aber sie war immer sehr nervös. Sie machte sich Sorgen, wer sich um uns kümmern würde, wenn ihr etwas zustieße.

Eines Tages stand ein Mann, den sie in Auschwitz kennengelernt hatte, vor unserer Tür. Nach der Befreiung hatte er sich auf die Suche nach seiner Familie gemacht. Er war durch ganz Europa gezogen, war nach Ungarn, nach Polen, in die Tschechoslowakei gereist, um nach Überlebenden zu suchen. Als er sicher war, daß niemand von seinen Leuten überlebt hatte, kam er zu uns und bat Mutter um ihre Hand.

Sie haben sehr bald geheiratet. Mutter gab ihm ihr Jawort, weil sie spürte, daß er zu Olga und mir gut sein und sich um uns kümmern würde. Und das hat er auch getan. Ihm fehlte die eigene Familie; er war sehr lieb zu uns.

Wir zogen um in eine andere Stadt. Dort mieteten wir uns eine große Wohnung. Mutter hörte auf zu arbeiten und bekam ein Kind. Kurz danach kriegte sie noch ein zweites Baby. Wir waren wieder eine Familie.

Aber in der neuen Wohnung gab es viele Ratten. Das erinnerte mich an Auschwitz. Immer, wenn ich eine Ratte sah, mußte ich an Auschwitz denken.

Zwillingsvater Ich spürte, daß ich mich nirgendwo in Osteuropa sicher fühlen konnte – nach allem, was geschehen war.

Ich hatte einfach kein Vertrauen zu dem Land, in dem ich lebte. Ich hatte das Gefühl, daß ich nirgendwo in Osteuropa wirklich daheim sein und mich verwurzeln könnte. Meine Frau und ich sehnten uns nach einem Ort, den wir unser Zuhause nennen konnten. Wir wollten nach Palästina auswandern.

Wir konnten uns nichts anderes vorstellen, als wegzugehen aus Europa, davonzulaufen vor all den Erinnerungen, die sich damit verbanden.

Wir wollten weg.

Bei ihrem Besuch in Mangolding überraschte Irene ihren Mann mit der für ihn schockierenden Mitteilung, daß sie sich scheiden lassen wollte. Offenbar hatte sie sich das reiflich überlegt. Die Scheidung entband sie von den vielen Nachteilen, denen sie als Dr. Mengeles Frau ausgesetzt war und für die sie die Ehe kaum entschädigte.

Mengele war außer sich. In seinem «Roman» liest sich die Szene so, als hätte Irene ihn verlassen wollen, weil er – das reinste Unschuldslamm – nach dem Krieg nicht, wie andere Ehemänner, heimkehren durfte. Er hatte kein Verständnis für die Unzufriedenheit seiner Frau. Der Herr Doktor, der sich als Knecht hatte verdingen müssen, hatte wahrlich genug eigene Sorgen. Andreas, Mengeles literarisches Ego, beschimpft denn auch seine Irmgard und erinnert sie mit strengen Worten an die vielen tausend Frauen, deren Männer in Gefangenschaft seien und deren Los auch nicht leichter sei als das ihre.

Nach diesem Wiedersehen mit Irene fühlte sich Mengele deprimiert und hilflos. Jahrzehnte später schreibt er in seinen Aufzeichnungen von seiner Trauer über den nahezu gleichzeitigen Verlust von Mutter und Ehefrau. Allerdings ist unverkennbar, daß ihn vor allem Walburgas Tod schmerzte. Niemand könne einem die Mutter ersetzen, bemerkt er an einer Stelle. Doch der Gedanke, Irene zu verlieren, war kaum weniger bedrückend, denn schließlich hatte er die ganze Zeit davon geträumt, irgendwann wieder ein normales Familienleben zu haben, wenn auch eines, das den landläufigen Vorstellungen von einer gutbürgerlichen Ehe kaum entsprach.

Angesichts der Unerbittlichkeit, mit der damals Jagd auf alte Nazis gemacht und Kriegsverbrecherprozesse geführt wurden, hatte Irenes Vorschlag, Mengele solle Deutschland verlassen, viel für sich. Doch er fühlte sich auf Fischers Bauernhof sicher und dachte nicht daran, sich von der Stelle zu rühren. Vielleicht glaubte er allen Ernstes, daß Gras über seine Vergangenheit wachsen würde. Vielleicht dachte er wirklich, die Alliierten würden aus Deutschland abziehen und ihn einfach vergessen. Dem einstigen Dandy von Günzburg möchte man solche Illusionen in der Tat zutrauen. Gut möglich, daß er immer noch hoffte, er könnte irgendwann aus der Versenkung auftauchen und in seinem

Vaterland weiterleben, als ob nichts geschehen wäre. Fürs erste aber war er pragmatisch genug, auf Nummer Sicher zu gehen und in seinem Versteck zu bleiben.

Hedvah und Leah Stern Das Leben in unserer ungarischen Heimatstadt war sehr enttäuschend, sehr traurig. Wir weinten immerzu.

Von unserer ganzen Familie hatten nur zwei verwitwete Onkel überlebt. Zu ihnen hatte man uns gebracht.

Diese Onkel waren beide sehr fromm und sehr streng. Wir merkten bald, daß wir in Ungarn keine Zukunft hatten; es gab dort keine jungen Menschen mehr. Es gab keine jüdische Gemeinde. Es gab nichts – absolut nichts.

Wir träumten davon, nach Palästina zu gehen, aber unsere Onkel erlaubten nicht, daß wir uns der Zionistischen Bewegung Bnei Akiva anschlossen. Sie wollten nicht, daß wir in eine Vereinigung eintraten, in der Mädchen und Jungen zusammenkamen. Es gelang uns schließlich, eine andere zionistische Gruppe zu finden, die nur für Mädchen war. Dagegen hatten unsere Onkel nichts.

Wir beschlossen, uns eines Tages eine neue Zukunft aufzubauen – in Palästina.

Die Nürnberger Folgeprozesse dauerten an. Besonders wurde gegen mehrere KZ-Ärzte verhandelt, und eigentlich hätte Mengele sich in höchster Bedrängnis fühlen müssen. Im Herbst 1946 wurden dreiundzwanzig führende NS-Mediziner unter Anklage gestellt. Zwanzig von ihnen waren Ärzte gewesen, neunzehn hatten hohe Posten in der Administration oder der Wehrmacht bekleidet.[67] Auch dieser Prozeß, der vom 25. Oktober 1946 bis zum 20. April 1947 in Nürnberg abgehalten wurde und bei dem Mengele eigentlich der Hauptangeklagte hätte sein müssen, fand absurderweise ohne ihn statt.[68] Und das, obwohl Wolfson in seinem vor Prozeßbeginn eingereichten Report die Verbrechen, die Mengele und Verschuer in ihrer Eigenschaft als Mediziner begangen hatten, im einzelnen nachgewiesen und dringend gefordert hatte, beide vor Gericht zu stellen.[69]

Doch der Wolfson-Report ging irgendwie verloren. Wo und wie, weiß kein Mensch, nicht einmal Wolfson selber, der heute an der amerikanischen Westküste lebt und als Fremdsprachenlehrer bei der U. S. Army tätig ist.[70]

Daß Mengele der Verurteilung entging, daß er beim Nürnberger Ärzteprozeß nicht einmal in Abwesenheit verurteilt wurde, ist und bleibt eines der großen Rätsel der Nachkriegszeit. Mehr als irgendein anderer steht er für die Exzesse der NS-Medizin. Der Todesengel von Auschwitz war einer der wenigen NS-Ärzte, die sowohl Selektionen als auch Experimente an Menschen durchgeführt hatten.

«Wenn man Mengele gehabt hätte, wäre er zweifellos vor Gericht gestellt und zum Tode verurteilt worden», schreibt John Mendelsohn, der bei den Nürnberger Prozessen eine wichtige Rolle spielte und danach bis zu seinem Tod im Jahre 1986 im amerikanischen Nationalarchiv in Washington gearbeitet hat.[71] Nach Mendelsohns Überzeugung war Mengeles Fall sowohl qualitativ als auch quantitativ so hervorstechend, daß er zusammen mit den Politikern und Generälen des Dritten Reichs vor das Internationale Militärtribunal gehört hätte.[72]

Die Gutachter beim Ärzteprozeß mußten auf die griechische Mythologie zurückgreifen, um ein Wort für die Pervertierung der deutschen Naturwissenschaft im Dritten Reich zu finden. Dieses Wort hieß «Thanatologie» – die Wissenschaft vom Tod. Es leitet sich her von Thanatos, der für die alten Griechen die Verkörperung des Todes war. In dem Verfahren wurde nachgewiesen, daß über zweihundert deutsche Ärzte direkt an Verbrechen im Namen der «Wissenschaft» beteiligt gewesen waren und Hunderte, vielleicht sogar Tausende schweigend zugeschaut hatten.[73]

Doch seltsamerweise fiel bei dem Prozeß kein einziges Mal der Name des obersten Thanatologen, des Todesengels Dr. Josef Mengele.[74] Warum das so war, ist ein Rätsel.

Die Lösung könnte darin liegen, daß die Nürnberger Anklagebehörde durch das ungeheuerliche Ausmaß medizinischer Verbrechen ganz einfach überfordert war. Neal Sher, der Leiter des OSI, meint dazu: «Daß ein Mann, der so viel Blut an den Händen hatte wie Mengele, nicht die Nummer eins auf der Liste der Anklagebehörden war, sagt etwas aus über die Dimensionen der Nazibarbarei. Allein schon daran erkennt man den unglaublichen Umfang der Schreckenstaten.»[75]

Dr. Robert Wolfe, der Leiter der Abteilung für beschlagnahmte NS-Akten im Nationalarchiv der USA, auch er ein Holocaust-Experte, hat eine einfachere Erklärung parat: «Er ist uns durch die Lappen gegangen.»[76] Doch zur Rechtfertigung der Nürnberger Anklagebehörde der Vereinigten Staaten fügt er hinzu: «... es ist ein Wunder, daß wir in dieser chaotischen Situation überhaupt so viele zur Strecke gebracht haben. Es ist sogar ein Wunder, daß wir überhaupt einen Ärzteprozeß hatten, denn die Leute fingen schon an, das Interesse zu verlieren.»[77, 78]

Tatsächlich gerieten die Kriegsverbrecherprozesse Ende 1946, Anfang 1947 im amerikanischen Kongreß unter Beschuß.[79] Die amerikanische Außenpolitik erlebte einen Wandel. Jetzt waren nicht mehr die Schlächter der Hitlerzeit die Feinde, sondern die Kommunisten. Im Kampf gegen die rote Gefahr waren die USA bereit, sich notfalls auch mit ehemaligen Nazis, SS-Leuten, Gestapospitzeln und deutschen Industriellen zu verbünden.[80] Die Mittel für die Strafverfolgung von NS-Verbrechern wurde drastisch gekürzt und das so freigewordene Geld in die Rekrutierung von Agenten investiert, die helfen sollten, den Kommunismus zu bekämpfen.[81]

Eva Mozes Die Juden beobachteten mit großer Sorge, was die Kommunisten taten. Anfangs kam uns das Leben in Osteuropa, verglichen mit Auschwitz, wie das Paradies vor. Es machte uns nichts aus, sechs Stunden nach einem Brot anzustehen. Oder zwei Tage zu warten, wenn wir einen Wintermantel kaufen wollten.

Wenigstens waren wir frei.

Aber dann geschahen seltsame Dinge.

Unsere Wohnung wurde mehrmals durchsucht. Meinen Onkel nahm die Geheimpolizei mit – ohne Erklärung. Auch andere Leute wurden abgeholt und verschwanden.

Die rumänische Regierung sah sich mit einer Unmenge ausreisewilliger Juden konfrontiert und nahm sich des Problems auf ihre Weise an. Sie verbot zionistische Organisationen. Sie schloß jüdische Schulen.

Irgendwann baute meine Tante in unserem Haus einen als Schrank getarnten Verschlag ein – genau wie die Verschläge, die viele Leute im Krieg hatten. Er war sehr unbequem, sehr eng.

Unsere Tante fand, daß wir in Rumänien keine Zukunft hatten. Wir beantragten allesamt Visa für Palästina.

Menashe Lorinczi Bei den Kommunisten waren Juden und Nichtjuden einfach nicht gleichgestellt. Man behandelte uns nicht gleichberechtigt.

Der Staat schloß die jüdischen Schulen. Ich ging in ein zionistisches Landwirtschaftslager in Bukarest. Ich lernte alles, was man als Bauer können muß. Ich lernte Traktorfahren und Ackerbau. Alle, die an dieser Ausbildung teilnahmen, wollten nach Palästina; wir bereiteten uns darauf vor, eines Tages dort zu leben.

Aber nach ein paar Monaten kamen die Kommunisten, lösten das Lager auf und schickten uns nach Hause.

Mir war klar, daß ich schnellstens nach Palästina mußte. Ich wollte unbedingt weg, aber die Kommunisten ließen mich nicht ausreisen.

Als im Dezember 1947 in Polen die zweite Runde der Auschwitz-Prozesse zu Ende ging, gab es wenig Hoffnung, daß noch weitere Kriegsverbrecher vor Gericht gestellt werden würden. Sowohl in Amerika als auch im Europa der Nachkriegszeit war man bestrebt, die Vergangenheit zu begraben und mit ganzer Kraft an den Wiederaufbau zu gehen.

Doch es gab auch Menschen, die nicht bereit waren, den Todesengel und sein Wirken zu vergessen. 1947 veröffentlichte die jüdische Ärztin Gisella Perl, die Assistentin bei Mengele gewesen war, ihren erschütternden Bericht über das Leben in Auschwitz.[82] Nach dem Krieg war Gisella Perl in die USA gegangen und arbeitete dort wieder als Ärztin, doch ihre Erinnerungen an den ehemaligen Lagerarzt ließen ihr keine Ruhe. Sie stellte Mengele in den Mittelpunkt ihres Buches, das voll ist von Geschichten über die Greueltaten, die er in Auschwitz beging. Sie erzählt bildhaft und lebendig von der schönen jungen Jüdin Ibi Hillman, die Mengele einzig und allein ihrer Schönheit wegen zerstört hat.[83] In anrührender Weise schreibt sie über die Frauen in Birkenau, die verzweifelt versuchten, Mengele zu gefallen, und die, weil sie die Selektionen überleben wollten, Ziegelsteine zerschlugen und sich den roten Staub als «Rouge» ins Gesicht schmierten, um ihn über ihre Blässe hinwegzutäuschen. Und sie schreibt auch über seine gnadenlose Brutalität gegen jeden, der sich ihm in den Weg stellte.

Perl nahm damals an, daß der Prozeß gegen Mengele unmittelbar bevorstünde – eine Annahme, die angesichts der Berichte über seine angebliche Ergreifung und Verhaftung, die im Dezember 1946 auf den Titelseiten der Wiener und Budapester Zeitungen gestanden hatten, gar nicht so abwegig war. Sie hoffte, endlich Gelegenheit zu bekommen, die Bestie an den Pranger zu stellen.[84] Im Januar 1947 erbot sie sich in einem Brief an das OSI, in einem Prozeß gegen Mengele als Zeugin aufzutreten. Es sei ihr ein Bedürfnis, schrieb sie, «gegen diesen perversesten Massenmörder des zwanzigsten Jahrhunderts» auszusagen.[85]

Aber sie bekam nicht einmal eine Antwort auf ihren Brief.

Im Herbst 1947 schrieb sie wieder und erneuerte ihr Angebot. «Wie ich erfahren habe, soll in Nürnberg der Prozeß gegen den größten ‹Massenmörder›, Dr. Josef Mengerle [sic!] stattfinden... Ich würde dort sehr gern als Zeugin erscheinen ... und das Gewissen der Weltöffentlichkeit aufrütteln.»[86]

Dr. Perl wäre mit Sicherheit eine beeindruckende Zeugin gewesen. Die wortgewandte junge Frau hatte monatelang an Mengeles Seite gearbeitet. Sie hätte seine ungeheuerlichen Verbrechen überzeugend schildern können. Selbst, wenn in Abwesenheit gegen ihn verhandelt worden wäre, hätte Perls Zeugenaussage mit Sicherheit einen solchen Sturm der Entrüstung ausgelöst, daß man nicht mehr umhingekonnt hätte, die Fahndung nach Mengele mit allen Mitteln zu verstärken.

Doch die zuständigen amerikanischen Behörden waren inkompetent (oder unaufrichtig) genug, nicht nur Gisella Perls Briefe, sondern auch ihr aufsehenerregendes Buch zu ignorieren. Im Herbst 1947 hatte man, abgesehen von ein paar halbherzigen Anläufen, die Verfolgung von NS-Kriegsverbrechern weitgehend ad acta gelegt, und so ging Perls zweiter Brief im Dickicht der Bürokratie unter. Aus den Mengele-Unterlagen der U. S. Army geht hervor, daß ihr Brief vom Oktober 1947 mit dem Stempel «Hold for Final Action» (Zur späteren Erledigung – A. d. Ü.) zu den Akten gelegt wurde.[87] Neben Mengeles Namen steht der leider unzutreffende Vermerk: «von den Polen verurteilt».[88]

Die Nürnberger Anklagebehörde der Vereinigten Staaten hat in Gisella Perls Fall mindestens drei schwerwiegende Fehler begangen und somit dazu beigetragen, daß Mengele entkommen konnte. Erstens: Als sich herausstellte, daß die Berichte über Mengeles Festnahme falsch waren, machte man sich nicht die Mühe, ihr auf ihren ersten Brief zu antworten und sie davon zu unterrichten, daß der Kriegsverbrecher nach wie vor auf freiem Fuß war. Zweitens: Als ihr zweiter Brief eintraf, nahm man fälschlicherweise an, Mengele sei in den Händen der Polen.[89] Und obendrein ging man davon aus, daß die Polen ihn bereits vor Gericht gestellt und abgeurteilt hätten.

Der dritte und skandalöseste Fehler der Anklagebehörde aber sorgte schließlich dafür, daß dem SS-Arzt Dr. Josef Mengele nie der Prozeß gemacht wurde. Nachdem Perls Brief vom Oktober 1947 in Washington von einer Amtsstube zur anderen, von einem Bürokratenschreibtisch auf den anderen gewandert war, schickte man ihn endlich an die zuständigen Stellen nach Nürnberg.[90] Im Dezember landete er bei General Telford Taylor, dem Nürnberger Chefankläger.[91] Im Januar 1948 bat dieser Gisella Perl in einem Brief um Entschuldigung für seine verspätete Antwort.[92] Taylors Brief schloß mit einem höchst überraschenden Bescheid: «Wir möchten Sie davon in Kenntnis setzen, daß Dr. Mengerle [sic!] nach den uns vorliegenden Unterlagen seit Oktober 1946 tot ist.»[93]

Was die Nürnberger Ermittler zu der Annahme gebracht hat, daß Mengele tot sei, und wie sie ausgerechnet auf den Oktober 1946 kamen, das weiß kein Mensch. Nicht einmal die gründliche Untersuchung des Falls, die das Justizministerium der Vereinigten Staaten vierzig Jahre später anstellen ließ, konnte klären, wie dieser Irrtum zustande kam.[94]

Vera Grossman Unser Leben unter den Kommunisten war sehr unsicher.

Eines Tages bekamen meine Eltern Besuch von einem Rabbi aus England. Er hieß Dr. Shlomo Schoenfeld und leitete in England eine bekannte Schule.

Rabbi Schoenfeld reiste durch Osteuropa und suchte jüdische Kinder, die er mit nach England nehmen konnte. Er wollte ihnen ein besseres Leben ermöglichen.

Er überzeugte meine Eltern davon, daß Olga und ich in Osteuropa nicht sicher wären. Wir waren damals neun Jahre alt. Das war gerade einmal zwei Jahre nach Auschwitz.
Mutter willigte schweren Herzens ein. Es fiel ihr sehr schwer, sich von uns zu trennen. Sie nannte uns immer ihre «Wunderzwillinge», weil es, wie sie zu sagen pflegte, ein «Wunder» sei, daß zwei kleine Mädchen Auschwitz und den Dr. Mengele überlebt hatten.
Ich verstand ihre Entscheidung. Ich war zwar erst neun, aber ich fühlte mich wie eine Erwachsene.
Trotzdem war der Abschied von ihr unendlich traurig.
Wir wurden in einen Zug gesetzt, und diesmal ging es nach England. Mit uns reisten viele andere Kriegskinder. Olga und ich feierten auf der Fahrt unseren zehnten Geburtstag.
Ich hatte eine furchtbare Wut.

6. Auf der Suche nach einer neuen Heimat

Zwillingsvater Ende der vierziger Jahre war den meisten überlebenden Juden – nicht nur den Zwillingen – klar, daß sie in Osteuropa keine Zukunft hatten, und sie versuchten verzweifelt, dort wegzukommen. Wir glaubten alle, Palästina wäre unser Zuhause. Aber es war fast unmöglich, auszuwandern – zumindest legal. Vielen meiner Familienangehörigen, auch meiner Zwillingsschwester Magda, gelang es, illegal über Zypern durchzurutschen. Meine Frau und ich wollten legale Visa haben. Aber das war ungeheuer schwierig. Die Kommunisten wollten uns nicht gehen lassen.

Judith Yagudah Ich drängte meine Mutter pausenlos, daß wir gehen sollten. Ich war in der Bnei Akiva, einer zionistisch-jüdischen Bewegung, die mich stark beeinflußt hat. Dort entwickelte ich mich zu einer Gegnerin des Kommunismus und Anhängerin des Zionismus. Dort keimte in mir die Sehnsucht nach Palästina auf.
Das war ein allgemeiner Trend unter den Juden. Außerdem war da diese unterschwellige Angst – daß sie wieder anfangen würden, die Juden zu verfolgen.
Wir wollten nicht, daß das, was geschehen war, sich wiederholte.

Zvi der Seemann Eine jüdische Untergrundorganisation sorgte dafür, daß mein Zwillingsbruder und ich nach Palästina flüchten konnten. Wir fuhren auf einem Schiff, dessen Mannschaft aus jüdischen Soldaten der britischen Armee bestand. Es war ein sehr kleines Schiff, und es hatte mehrere hundert Juden an Bord. Im Hafen von Haifa saßen wir zwei Monate fest. Dann ließen sie uns endlich an Land. Unser Schiff war das letzte mit Juden an Bord, das die Briten nach Palästina ließen; danach haben sie sämtliche Flüchtlinge nach Zypern geschickt.

Eva Mozes Im Mai 1948 wurde Israel ein Staat. Welch herrliches Gefühl. Ich sagte mir: «Wenn das meine Eltern noch erlebt hätten.» Für sie war ein jüdischer Staat nur ein verschwommener Traum gewesen. Mein Vater war ein glühender Zionist, aber er hatte von der Heimat der Juden immer wie von einem Phantasiegebilde gesprochen, das niemals Wirklichkeit werden würde.

Gleichzeitig wurde das Leben in Rumänien so schwierig, daß wir unbedingt versuchen wollten, nach Israel auszuwandern. Wir beantragten Visa.

Aber die israelische Regierung wollte nur meiner Schwester und [mir] die notwendigen Papiere geben – meiner Tante und meinem Onkel, die schon alt waren, wollten sie kein Visum ausstellen. Und die rumänische Regierung wollte Miriam und [mich] nicht ausreisen lassen – aber dafür hatten sie absolut nichts dagegen, daß meine Tante und mein Onkel fortgingen. Junge Leute werden überall gebraucht. Die Alten will keiner haben.

Aber Miriam und ich wollten uns nicht von unseren einzigen lebenden Angehörigen trennen lassen. Wir betrachteten uns inzwischen als eine Familie.

Lea Lorinczi Die Kommunisten wollten mich nicht fortlassen aus Rumänien. Sie bestellten mich in ihr Parteibüro und sagten: «Was willst du in Palästina? Du kannst doch hierbleiben, hier stehen dir alle Türen offen.»

Sie versprachen mir das Blaue vom Himmel – eine strahlende Zukunft unter der Führung der Kommunisten. Aber mein Vater, seine neue Braut und mein Zwillingsbruder Menashe, wir waren entschlossen, nach Israel auszuwandern.

Ich sagte zu den Kommunisten: «Nach dem, was ich durchgemacht habe, würde ich mich niemals von meiner Familie trennen – nie und nimmer.»

Obwohl die Ehe gescheitert war, hatte Mengele die Hoffnung, daß Frau und Sohn ihn nach Südamerika begleiten würden, nicht aufgegeben. Er, der stets dem Erfolg hinterhergejagt war, dem die gefällige Form von jeher wichtiger gewesen war als der Inhalt, konnte sich nicht damit abfinden, daß er als Ehemann versagt hatte. Lieber redete er sich ein, daß Irene offenbar doch glaubte, was man über sein Wirken während des Krieges erzählte. In ihrem Bekanntenkreis gäbe es Leute, die sie von seiner Schuld überzeugen wollten, sagt Mengele als sein «Romanheld» Andreas über seine Frau. Die Lösung sieht er darin, die Gegenwart hinter sich zu lassen und im Ausland neu anzufangen.[1]

Bei Irenes Entscheidung aber spielten ganz andere Dinge eine Rolle als die Frage, ob ihr Mann wirklich ein Massenmörder war. Sie mochte Günzberg nicht, aber sie wußte auch, daß Argentinien ihr noch weniger zu bieten hatte. Die weltoffene Professorentochter Irene, die in ihrer Jugend mehrfach in Paris und Florenz gewesen war, konnte sich einfach nicht vorstellen, Europa zu verlassen. Sie sehnte sich nach kultivierter Gesellschaft, und sie bezweifelte, daß sie die in Südamerika fände. Deshalb lehnte sie es kategorisch ab, Mengele zu begleiten, und begann statt dessen, Vorkehrungen für ihre Rückkehr ins heimatliche Freiburg zu treffen.

Mengele war niedergeschmettert von Irenes eiserner Weigerung, ihn nach Argentinien zu begleiten. Immer wieder versuchte er, sie zu überreden. Der «Roman» reflektiert seine Gefühle. Andreas ist entsetzt und verzweifelt, weil Irmgard beharrlich die Scheidung verlangt, um sich ein neues Leben aufbauen zu können. Mann, Frau und Kind seien eine Einheit, die man nicht zerstören dürfe, hält er ihr entgegen. Aber Irmgard stellt sich taub – genau wie Irene.[2]

Doch auch die Aussicht auf ein Leben ohne die Familie konnte Mengele nicht von seinem Entschluß abbringen, Deutschland zu verlassen. Ihm fehlte seine Arbeit. Er hoffte, in Argentinien wieder in die Wissenschaft einsteigen und vielleicht sogar die Zwillingsforschung weiterführen zu können. Offenbar hatte er seine Auschwitz-Kinder nicht vergessen. Doch seine größte Sorge war, wie er sicher aus Deutschland herauskam.

Peter Somogyi Mein Bruder und ich begannen uns stärker in der zionistischen Bewegung zu engagieren; wir beschlossen, nach Israel auszuwandern. Da es keine Möglichkeit gab, legal aus Ungarn wegzugehen, entschlossen wir uns zu fliehen. Wir sind heimlich mit unserer zionistischen Gruppe über die Grenze gegangen.

Mengele bat die Familie, die stets zu ihm gehalten hatte, ihm bei den Fluchtvorbereitungen behilflich zu sein. Er sagte den Fischers Lebewohl und dankte ihnen für ihre jahrelange Gastfreundschaft.

1948 kehrte Mengele nach Günzburg zurück, um sein Verschwinden vorzubereiten. Allerdings durfte er nicht in der väterlichen Villa wohnen, sondern mußte sich mehrere Monate lang in den nahen Wäldern versteckt halten.[3] Doch die Familie sorgte dafür, daß es ihm an nichts fehlte, und organisierte seine Flucht. Die Mengeles liebten ihren Beppo, aber sie sahen ein, daß er dringend fort mußte. Und außerdem wurde es ihnen allmählich zu gefährlich, einen gesuchten Kriegsverbrecher zu decken.

Josef brauchte Papiere, doch an gefälschte Personaldokumente heranzukommen, war gar nicht so einfach, nicht einmal für die wohlhabende und einflußreiche Familie Mengele. Schließlich konnte Irene auf dem Schwarzmarkt einen Paß besorgen, der jedoch von so schlechter Qualität war, daß er gleich auseinanderfiel. Mengele blieb nichts weiter übrig, als sich ohne Papiere auf den Weg zu machen.[4]

Peter Somogyi Am 4. April 1949 flüchteten mein Zwillingsbruder und ich mit der Zionistengruppe aus Ungarn.

Unsere Flucht war sehr gut organisiert. Wir waren ungefähr zehn junge Männer und ein paar Eltern. Auf jeder Etappe unseres Weges hatten wir Führer. Diese Führer hatten wir gut bezahlt. Eine Menge Leute haben sich damals ihren Lebensunterhalt damit verdient, Menschen aus Europa rauszuschmuggeln.

Die Grenzpolizisten waren bestochen, so daß wir problemlos hinüberkonnten. Aber wir gingen nicht direkt nach Süden, sondern nordwärts durch die Tschechoslowakei und dann nach Wien.

In Wien mußten wir russische Soldaten bestechen, damit sie uns durchließen. Die Stadt war damals unter russischer Verwaltung. Wir übernachteten in einem alten Schulgebäude, wo sich uns eine ganze Menge Juden anschlossen, die auch flüchten wollten.

Wir blieben drei Wochen in Wien und gingen dann weiter nach Salzburg. In Salzburg wohnten wir in einem ehemaligen KZ, ich weiß nicht mehr, wie es hieß. Es war mir nicht wichtig – und er-

staunlicherweise hat es mir auch nicht besonders viel ausgemacht. Wir waren ja auch nicht lange dort.
Nach etwa einer Woche gingen wir nach Bari in Süditalien. Dort war alles ganz einfach. Alle waren bestechlich. Sie ließen uns durch, obwohl keiner von uns einen Paß hatte.
Wir warteten auf das Schiff, das uns nach Israel bringen sollte. Inzwischen waren wir ein paar hundert Leute aus den verschiedensten Ecken Europas, die hinüberwollten ins Gelobte Land.
Wir waren alle sehr aufgeregt. Zum erstenmal würde nicht auf Schritt und Tritt jemand «dreckiger Jude» hinter uns herrufen.

Mengele heuerte mehrere Führer an, die ihm bei seiner Flucht behilflich sein sollten.[5] Zuerst fuhr er mit dem Zug nach Innsbruck.[6] Von dort wollte er über den Brenner nach Italien. Seinen Tagebuchaufzeichnungen zufolge erreichte er am Ostersonntag des Jahres 1949 die Grenze zwischen Österreich und Italien, die er mit Hilfe eines Bergführers im Schutze der Dunkelheit überquerte. Im «Roman» schildert er seine Flucht aus Deutschland und die Mühen dieses heimlichen Grenzübertritts.

Kurz vor der Grenze verabschiedet sich der Bergführer von Andreas und überläßt ihn seinem Schicksal. Andreas geht weiter, bis er auf der italienischen Seite ist; dann nimmt er den Zug nach Sterzing, wo ihn ein anderer Bergführer erwarten soll. Doch er kommt zu früh an und steigt im Gasthof Zum Goldenen Kreuz ab. Nervös hält er Ausschau nach seinem Verbindungsmann. Fortwährend sieht er sich um, ob er etwas Verdächtiges bemerkt, ob ihm vielleicht jemand gefolgt ist. Besonders große Angst hat er vor den Amerikanern. Aber alles läuft nach Plan, und schließlich erscheint der erwartete Italiener mit dem Decknamen «Nino».[7]

Fast einen Monat bleibt der Flüchtling im Goldenen Kreuz. Ein weiterer Verbindungsmann taucht auf, fotografiert ihn und kommt wieder mit einem perfekt gefälschten deutschen Personalausweis. Mit diesem Ausweis in der Tasche kann sich Andreas nun beruhigt auf den Weg nach Genua, der nächsten Etappe seiner Reise, machen, wo er versuchen wird, sich die übrigen Dokumente für seine Ausreise aus Europa zu beschaffen.[8]

Als Mengele den «Roman» seiner Flucht niederschrieb, hatte er ohne Zweifel den Anspruch, ein literarisches Werk zu schaffen.

Allerdings beschränkt sich die Literarisierung seiner authentischen Erfahrungen auf die Umbenennung von Schauplätzen und Personen.[9] Historiker haben seinen Fluchtweg aus Europa zurückverfolgt und festgestellt, daß Mengele in Taormino in Südtirol tatsächlich einen Ausweis bekam.[10] Ausgestellt war er auf den Namen Helmut Gregor, ein Pseudonym, das Mengele von da an viele Jahre lang benutzt hat.[11]

In Tirol, das teils zu Österreich und teils zu Italien gehörte, lebten zahlreiche Deutsche. Lange war die Region ein Zankapfel zwischen Deutschland und Italien gewesen. Als die Nazis Italien 1943 eroberten, fiel Tirol an die Deutschen, die den Einheimischen unverzüglich eigene Personalausweise ausstellten.[12] Nach dem Krieg wurden die Tiroler dann wegen des unentschiedenen Streits um ihre nationale Souveränität vom Internationalen Roten Kreuz als staatenlos eingestuft.[13] Mengele war Nutznießer dieser verworrenen Situation; er konnte sich einfach beim Internationalen Roten Kreuz einen Ausweis besorgen. Dieser Ausweis verhalf ihm später zu einem Schweizer Paß, mit dem er Europa verlassen und gefahrlos und völlig legal südamerikanischen Boden betreten konnte.[14]

Hedvah und Leah Stern Als wir Osteuropa verließen und nach Palästina gingen, kamen wir von einem Krieg in den anderen; den Nazis und den Kommunisten entronnen, liefen wir den Arabern in die Arme.

1948 fuhren wir mit dem Schiff von Marseilles nach Haifa. Aber als wir ankamen, konnten wir nicht von Bord, weil Krieg war. Also mußten wir um ganz Ägypten herum nach Alexandria und Kairo fahren.

In Alexandria bekamen die Araber heraus, daß auf unserem Schiff lauter Juden waren. Da wollten sie an Bord und uns umbringen. Wir mußten uns in unseren Kabinen einschließen und hatten Angst, von den Ägyptern getötet zu werden. Der Kapitän erklärte uns Passagieren, solange wir uns in den Kabinen einschlossen, würde er uns schützen. Aber sobald sich jemand nach draußen wagte – und sei es auch nur bis an Deck –, lehne er jede Verantwortung für unsere Sicherheit ab.

Wir umschifften weiter die Levante. Wir fuhren nach Beirut, dann wieder nach Ägypten und schließlich nach Haifa, und diesmal durften wir an Land.
Wir hatten ein Land erwartet, in dem Milch und Honig fließen, aber es gab weder Milch noch Honig, nur wieder Krieg.
Wir kamen nach Tel Aviv in ein Waisenheim für Mädchen, und dort besorgte man uns Arbeit in einer Fabrik. Wir waren sehr beunruhigt wegen der Kämpfe. Es gab keine Luftschutzräume. Es war eine schwere Zeit.
Natürlich freuten wir uns, daß wir in Palästina waren. Aber in unsere Freude mischte sich ein Gefühl tiefer Traurigkeit, der Trauer um alle, die nicht mit uns hier waren.
Wir zwei waren ganz allein in einem fremden Land. Wir waren sehr niedergeschlagen. Wir sehnten uns nach einer Familie.

Bevor Mengele nach Genua weiterreiste, besuchte ihn sein alter Günzburger Schulkamerad Hans Sedlmeier in Sterzing und brachte ihm Grüße von der Familie. Karl Mengele war endlich aus dem Internierungslager freigekommen und schickte dem verlorenen Sohn Geld für die kommenden schweren Wochen und Monate. Vater Mengele hing sehr an seinem Ältesten. Er wollte nicht, daß der Junge auf seiner Flucht etwas entbehren mußte. Noch jahrelang sorgte er, Sedlmeier als Mittelsmann benutzend, immer wieder dafür, daß es Josef im Exil an nichts fehlte.

Karl Mengele senior war auf seine alten Tage gütig und freigebig geworden.[15] Vielleicht hatte diese Anlage schon immer in ihm geschlummert. Er unterstützte nicht nur Josef, sondern mauserte sich zum größten und großzügigsten Philanthropen von ganz Günzburg.[16] Jetzt, wo seine geizige Frau nicht mehr am Leben war, spendete er Geld für alle möglichen wohltätigen Zwecke. Natürlich hatte sein hohes Ansehen auch etwas damit zu tun, daß er der größte Arbeitgeber von Günzburg war.

Sedlmeier war zwar von klein auf mit Josef befreundet gewesen, doch wenn er jetzt Zeit und Kraft opferte, um den Kriegsverbrecher Mengele zu unterstützen, dann tat er es vor allem dessen altem Vater zuliebe. Noch Jahre nach Karls Tod reiste er regelmäßig nach Südamerika, um sich mit Josef zu treffen und ihm Geld zu bringen.

Als er den alten Freund im Gasthof von Sterzing besuchte, brachte er ihm außer Finanzen und Familiengrüßen noch eine wundervolle Überraschung mit: ein Päckchen mit Dias, die Mengele in Auschwitz im Labor aufgenommen und zur sicheren Verwahrung nach Hause geschickt hatte. Mengele war entzückt. Er hoffte ja, in Argentinien seine wissenschaftliche Arbeit fortsetzen und dann vielleicht auch diese Dias auswerten zu können.

Mit dem Geld und seiner Diaschachtel brach Mengele auf nach Genua, wo ihn der nächste Führer in Empfang nehmen sollte.

Eva Mozes Bevor wir Rumänien verließen, wollten Miriam und ich noch einmal in unser Heimatdorf fahren und den Friedhof besuchen, auf dem unsere Großeltern begraben waren. Aber die Dorfbewohner waren sehr gegen uns eingenommen. Sie griffen die ehemaligen Landbesitzer an – und unsere Familie war eine der reichsten dort unten gewesen. Ich konnte nicht noch ein letztes Mal in mein altes Dorf fahren.

In Genua mußte Mengele zunächst aufs Schweizer Konsulat, um sich einen Paß zu besorgen. Mit dem vom Internationalen Roten Kreuz ausgestellten Ausweis war das kein Problem. Die Schweiz betrachtete diesen als gültiges Personaldokument und stellte jedem Flüchtling, der im Besitz eines solchen Ausweises war, einen legalen Paß aus.[17] Nicht wenige NS-Kriegsverbrecher haben die humanitäre Haltung des IRK und der Schweizer Regierung schamlos für ihre Zwecke ausgenutzt und sich auf diesem Wege die für die Ausreise aus Europa notwendigen Papiere besorgt.[18] Natürlich haben weder das IRK noch die Schweizer Behörden wissentlich dazu beigetragen, daß alte Nazis sich der Bestrafung entziehen konnten.

Judith Yahudah Es war der große Exodus aus Europa.

Schließlich bekamen Mutter und ich unsere Visa. Wir nahmen einen Zug nach dem Schwarzmeerhafen Konstanza und schifften uns dort ein.

Diese Route wurde von Tausenden und Abertausenden von Juden benutzt.

Eva Mozes Es dauerte fast zwei Jahre, aber schließlich bekamen wir doch alle unsere Visa – meine Zwillingsschwester, meine Tante, mein Onkel und ich. Wir trafen in aller Eile Vorbereitungen, um von Konstanza aus mit dem Schiff nach Palästina zu fahren.
Wir packten wie die Wilden. Tische, Betten, Kleider! Wir wollten alles, was wir hatten, einpacken und mitnehmen.
Aber dann erfuhren wir, daß nur 50 Kilo Gepäck erlaubt waren. Alles andere mußten wir dem rumänischen Staat überlassen. Und als wir dann an Bord kamen, sagte man uns, wir dürften nur das mitnehmen, was wir am Leibe hatten. Unser Schiff war für eintausend Passagiere gebaut – und dreitausend haben sie hineingestopft. Ich hatte drei Kleider übereinander an. Miriam auch.
Als wir vor vier Jahren aus dem Lager gekommen waren, hatten wir nichts gehabt, und als wir jetzt gingen, gingen wir auch wieder mit nichts.

Im «Roman» will Andreas dem Beamten, der ihm sein Ausreisevisum ausstellen soll, ungeschickt zwanzigtausend Lire zuschieben. Doch der Mann läßt sich nicht bestechen, sondern fängt an, Andreas unangenehme Fragen zu stellen. Als dieser ihm erzählt, er stamme aus einer Kleinstadt in Südtirol, glaubt er ihm nicht. Er winkt einen Polizisten herbei und läßt Andreas ins Gefängnis stecken.

Mengele saß tatsächlich einige Wochen in einem Genueser Gefängnis, und das war die einzige Strafe, die dieser Massenmörder je für seine Bluttaten bekam.[18] Er, der Tausende zu einem Schicksal verurteilt hatte, gegen das ein italienisches Gefängnis der Himmel auf Erden war, hatte das Gefühl, in der Haft wahnsinnig zu werden. Wie ein wildes Tier sei er in seiner Zelle auf und ab gegangen, schreibt er im «Roman».

Es entbehrt nicht einer gewissen Pikanterie, daß unter Mengeles Mithäftlingen nicht wenige Drogensüchtige und Krüppel und jede Menge andere «Untermenschen» waren, die er damals im Lager auf der Stelle ins Gas geschickt oder in seinem Labor gemartert hätte.

Endlich war der freundliche italienische Beamte, an den der Verbindungsmann sich ursprünglich hatte wenden wollen, aus dem Urlaub zurück. Als er hörte, worum es ging, veranlaßte er umgehend Mengeles Freilassung und entschuldigte sich sogar noch bei dem Kriegsverbrecher. Mengele konnte an Bord gehen, an Bord der *North King*, deren Auslaufen sich verzögert hatte. Der korrupte Beamte hatte sogar dafür gesorgt, daß sein Ticket von der Touristenklasse auf die zweite Klasse umgeschrieben worden war – eine kleine Entschädigung für den bedauerlichen Irrtum, der den italienischen Behörden mit Mengeles Verhaftung unterlaufen war.

Wir können genau rekapitulieren, wie Mengele die Flucht aus Europa gelang. Wir können belegen, daß an keiner der vielen abenteuerlichen Theorien, die über sein Entkommen verbreitet wurden, auch nur ein Fünkchen Wahrheit ist.[20] Es gab keine Naziverschwörung, die ihn in Sicherheit brachte.[21] Weder die amerikanische Regierung noch irgendein Geheimdienst haben ihm bei der Flucht geholfen.[22] Auch dem Vatikan ist nicht nachzuweisen, daß er etwas mit Mengeles Verschwinden zu tun hatte.[23] Josef Mengele hat ganz einfach, wie so viele andere Kriegsverbrecher auch, eine Reihe von Komplizen bezahlt, die offenkundig auf eigene Faust gearbeitet haben, und er hat von den humanitären Maßnahmen des Internationalen Roten Kreuzes profitiert.

Als Mengele das Schiff bestieg, das ihn nach Argentinien bringen sollte, war er nicht mehr ganz so zuversichtlich wie damals, als er den Entschluß gefaßt hatte, Deutschland den Rücken zu kehren. Auf der langen Überfahrt mußte er nach und nach begreifen, daß der Neubeginn nicht einfach werden würde. Mit seinen deutschen Universitätsabschlüssen konnte er in Argentinien nicht als Arzt praktizieren.[24]

Eva Mozes Es war früh am Morgen, als unser Schiff sich Haifa näherte.

Wir sahen, wie über dem Berg Karmel die Sonne aufging. Das war mit das Schönste, was ich je gesehen hatte.

Fast alle auf dem Schiff waren Überlebende des Holocaust. Wir erhoben uns alle gemeinsam und sangen die «Hatikvah», die jüdische Nationalhymne. Wir fielen uns um den Hals und küßten uns. Wir hatten das Gefühl, endlich zu Hause angekommen zu sein.

7. Flüchtlingsalltag

Vera Grossman Nachdem wir uns von unseren Eltern getrennt hatten, kamen Olga und ich in ein Erholungsheim nach Irland. Es befand sich in einem alten Schloß in der Nähe von Dublin. Das Schloß war schön – wirklich schön –, wie im Film. Es hatte sogar einen Graben ringsherum.

Überall Wiesen, meilenweit nur grüne Wiesen. Ich weiß noch, wie ich grüne Äpfel von den Bäumen gepflückt habe und Erdbeeren von den Erdbeerfeldern. Ich hatte vorher noch nie Erdbeeren gegessen.

Wir mußten immerzu essen. Nach dem Krieg waren meine Schwester und ich abgemagert und unterernährt. Wir hatten Probleme mit den Lungen. Ich habe mich mit der Köchin angefreundet. Das war eine große, dicke Frau, und ich weiß noch, wie ich immer mit ihr geschmust und an ihrer Schürze gehangen habe.

Ich war sehr gern in der Küche. Ich mochte die Gerüche. Mein ganzes Leben lang hatte ich gehungert, und plötzlich bekam ich mehr als genug zu essen.

Viele der Kinder dort waren Überlebende des Holocaust. Manche waren den Krieg über versteckt gewesen. Olga und ich waren sehr beliebt. Sie nannten uns nur «die Zwillinge».

Ich war berühmt dafür, daß ich immerzu Streiche machte. Ich war für die anderen Kinder die Anführerin. Nachts haben wir uns Laken über die Köpfe gezogen, sind im Schloß umhergewandert und haben Gespenster gespielt.

Ich kann mich erinnern, daß ich dort sehr glücklich war. Es war eine sorglose, idyllische Zeit.

Mengele erlebte Buenos Aires als eine durch und durch lateinamerikanische Metropole, die sich die größte Mühe gab, europäisch zu sein.

Die breiten Alleen waren wie in Rom und Paris von Cafés gesäumt. Bis tief in die Nacht konnte man durch die Straßen bummeln, und aus der Ferne wehten Jazz- oder Sambarhythmen herüber. In den Varietés drängten sich allabendlich juwelenbehangene junge Damen mit ihren betuchten Begleitern.

Regiert wurde das Land von dem charismatischen Juan Perón, einem Diktator wie er im Buche steht, und er regierte mit Hollywoodlächeln und eiserner Faust. Perón war die Inkarnation des Machismo, und doch gehörte sein Herz nur einer Frau – Evita.

In den sieben Jahren ihrer Ehe traten die beiden stets gemeinsam auf. Evita wurde bewundert, mystifiziert und schon vor ihrem frühen Tod wie eine Heilige verehrt.

Natürlich hatte sie auch ihre Kritiker, zum Beispiel die amerikanischen Diplomaten, die meinten, sie stünde Perón im Wege, sei vielleicht sogar eine Gefahr für seine Macht.[1] Doch der clevere Perón kümmerte sich nicht um die Meinung der Amerikaner. Er stand überhaupt ein wenig auf Kriegsfuß mit den USA, wo man ihn unentwegt verdächtigte, ein heimlicher Nazi zu sein, obwohl Argentinien, wie er ebenso unentwegt betonte, in den vierziger Jahren mehr jüdische Emigranten aufgenommen hatte als die Vereinigten Staaten selber. Daß er auch vielen Nazis Asyl gewährt hatte, bezeichnete Péron als weiteren Beweis für seine humanitäre Gesinnung.[2] Juan Perón wies niemanden ab. Ihm ist es zu verdanken, daß Argentinien jedem Flüchtling – ob Jude oder Nazi –, der Europa Ende der vierziger, Anfang der fünfziger Jahre den Rücken kehrte, Zuflucht bot.

KZ-Aufseher zog es ebenso nach Argentinien wie ihre Opfer, was sicher nicht zuletzt mit dem westlichen Charme, der westlich orientierten Kultur des Landes zusammenhing, vor allem aber wohl mit seiner liberalen Einwanderungspolitik. NS-Kriegsverbrecher flüchteten aus ihrer alten Heimat. Überlebende Juden suchten eine neue Heimat als Ersatz für die alte, die man ihnen genommen hatte. Sie wußten, daß Perón keinen Antisemitismus duldete.[3] So blieb jede der beiden Einwanderungsgruppen im wesentlichen unter sich, wenngleich es mitunter vorkommen konnte, daß Nazis in Geschäften kauften, deren Besitzer Juden waren. Und es gab alteingesessene deutsche und jüdische Kolonien. Schon vor dem Krieg waren zahlreiche Juden nach Argentinien geströmt – eines der wenigen Länder, das ihnen Aufnahme gewährte – und hatten sich hier als starke Gemeinschaft etabliert.

Auch viele Deutsche waren bereits im vorigen Jahrhundert nach Argentinien gekommen, wo sie besser leben und arbeiten konnten als in Europa.[4] Es gab deutsche Clubs, deutsche Schulen, deutsche Geschäfte und – für Mengele die größte Verlockung – sogar ein deutsches Krankenhaus, gleichsam ein Symbol dafür, was die Zukunft ihm bringen konnte, wenn er in der Neuen Welt erfolgreich war.[5] Und es gab etliche Naziorganisationen, die noch Jahre nach dem Krieg die Treue zu Führer und Vaterland hochhielten.[6] Was die deutsche Kolonie vereinte und allen Aktivitäten der deutschen Einwanderer zugrunde lag, war die Nostalgie, die tiefe Sehnsucht nach der Heimat.[7]

Judith Yagudah Mutter ging nicht gern aus Rumänien weg. Israel hat sie vom ersten Moment an gehaßt: Es erinnert sie an Auschwitz, hat sie immer gesagt.

Als wir ankamen, brachte man uns in ein Flüchtlingslager in Atlit. Wir lebten dort nicht in Häusern, sondern in Zelten. Das Land war sehr arm. Alles, was man zum Leben brauchte – Brot, Milch, Eier –, mußte man auf Marken kaufen. Das Leben war sehr schwer.

In unserem Lager waren viele Einwanderer aus Asien und Nordafrika. Die Männer liefen den ganzen Tag im Schlafanzug herum – in gestreiften Schlafanzügen. In Auschwitz hatten die männlichen Häftlinge auch gestreifte Uniformen angehabt, die fast genauso ausgesehen hatten wie diese Schlafanzüge. Deshalb fühlte sich Mutter an das Konzentrationslager erinnert.

«Das ist ja wie in Auschwitz», hat Mutter immer gesagt.

Moshe Offer Als ich in Israel ankam, hatten die anderen Kinder, mit denen ich zusammen gereist war, alle irgendwen, zu dem sie gehen konnten – einen Cousin, einen Onkel oder einen Freund. Ich hatte niemanden.

Ich kam in ein Waisenhaus. Dort war ich das einzige Holocaust-Opfer und hatte es sehr schwer. Am Wochenende gingen die Kinder nach Hause zu ihren Verwandten. Ich blieb ganz allein zurück. Ich habe die anderen Kinder sehr beneidet. Wenn das Wochenende vorbei war, kamen sie zurück und hatten Freßpakete und

Taschengeld von ihren Angehörigen bekommen. Sie konnten sich etwas zu naschen kaufen, ins Kino gehen. Ich aber hatte überhaupt kein Geld.
Ich lebte von der Hand in den Mund. Manchmal schummelte ich mich heimlich ins Kino. Wenn die Platzanweiserinnen oder der Besitzer mich erwischten, bekam ich Prügel und wurde hinausgeworfen.
Es war eine schwere Zeit, und ich war furchtbar bedrückt. Ich fühlte mich vollkommen verlassen.
Mitunter war die Küche zu. Und weil ich immer Hunger hatte, wühlte ich im Müll nach etwas Eßbarem.

In den Restaurants der deutschen Kolonie in Argentinien wurde die einheimische Küche verschmäht, man trank Bier statt Obstsaft, und statt der obligatorischen Steaks bekam man Schnitzel. Ein altmodischer Musikautomat plärrte nostalgische Weisen aus der Zeit vor dem Krieg, beliebte Volkslieder oder vaterländische Gesänge. Angejahrte Männer saßen beisammen und erinnerten sich an die alten Zeiten, als man noch von der deutschen Weltherrschaft träumen konnte. Und alle Gespräche kreisten nur um ein Thema: das verlorene Reich. Solche Unterhaltung linderte die Schwermut der besiegten Soldaten beider Weltkriege. Sie verbrachten ihre Zeit in gemütlichen Lokalen, die den Kneipen und Bierhallen in Frankfurt, München und Berlin zum Verwechseln ähnlich sahen.

Für die wohlhabenderen, eher kosmopolitisch gesinnten Deutschen war Buenos Aires ein Ort der Entspannung. Dort konnten sie sich von ihrem eintönigen Arbeitsalltag im südamerikanischen Hinterland erholen. Auch die einheimische Stadtbevölkerung war kultiviert, und es bestanden gewisse Kontakte zwischen den Deutschen und der argentinischen Oberschicht. Die reichen Argentinier ahmten nicht nur den Geschmack der blasierten Deutschen nach, sondern auch deren dünkelhaftes Gehabe. Überdies war die argentinische Elite von einem tiefverwurzelten, zählebigen Antisemitismus durchdrungen, der sie den deutschen Einwanderern sympathisch machte. Doch solange Juan Perón an der Macht war, hatte dieser Antisemitismus keine Gelegenheit, sich über die Salons der argentinischen Hautevolee hinaus zu manifestieren.[8]

Mengele aber war fürs erste weit davon entfernt, Zugang zur

argentinischen oder deutschen Oberschicht zu haben. Er kam völlig mittellos nach Argentinien, denn das Geld, das sein Vater ihm durch Sedlmeier hatte überbringen lassen, war während seines abenteuerlichen Aufenthalts in Genua draufgegangen.[9] Und der deutsche Verbindungsmann, der ihn im Hafen in Empfang nehmen sollte, war nicht erschienen.

Eva Mozes Als wir in Haifa von Bord gingen, wurden wir von einem Onkel abgeholt. Er umarmte uns. Er sagte, es wäre besser gewesen, wenn unsere Eltern ebenso wie er vor dem Krieg aus Cluj weggegangen und nach Palästina gekommen wären. Dann wären sie nicht in einem deutschen Konzentrationslager vergast worden, und wir hätten sie noch.

Aber Mutter hatte nicht gewollt. Es war uns gutgegangen in Osteuropa. Sie hatte gehört, die Verhältnisse in Palästina seien zu «primitiv», besonders für Leute mit kleinen Kindern. Sie überredete Vater, zu Hause zu bleiben und nicht mit der ganzen Familie auszuwandern.

Miriam und ich weinten in den Armen unseres Onkels um die verlorenen Jahre und den tragischen Irrtum unserer Eltern.

Er brachte uns in ein Durchgangslager für Einwanderer. Eine Woche später zogen wir in eine Jugend-Alija-Siedlung. Das war ein Zentrum für Waisen und Kinder, deren Eltern sich nicht um sie kümmern konnten. Die ersten dieser Zentren waren 1934 eingerichtet worden, um Kinder vor dem Holocaust zu retten. Nach dem Krieg sollten sie Kindern helfen, die die Konzentrationslager überlebt hatten.

Lea Lorinczi Als wir in Israel ankamen, wurden wir von meinem späteren Mann in Empfang genommen – damals wußte ich natürlich noch nicht, daß er und ich einmal heiraten würden. Er war der Bruder meiner Stiefmutter.

Er war sehr nett. Er sorgte dafür, daß wir nicht in ein Flüchtlingslager mußten. Er hatte für uns ein Zimmer in Jerusalem gemietet. Da wohnte ich dann mit meinen Eltern und meinem Zwillingsbruder, alle zusammen in einem Zimmer.

Mengele mußte die ersten paar Wochen in einem engen Zimmer in einem viertklassigen Hotel wohnen, das eigens für die Flüchtlinge gebaut worden war, die Monat für Monat zu Tausenden aus Europa kamen. Der Rassenhygieniker Mengele teilte sich ein Zimmer mit zwei anderen Männern. Er mußte sich mit einer Gemeinschaftstoilette und einem Ausguß am Ende des Korridors begnügen.

Eva Mozes Nie werde ich unseren ersten Freitagabend in der Jugend-Alija-Siedlung vergessen. Ich kam mit Miriam in den Speisesaal, und wir sahen, daß alle weiße Kleider trugen. Auf dem Tisch waren Kerzen und Wein.
Kinder aus vielen verschiedenen Ländern saßen beisammen – doch sie sprachen alle eine Sprache: Hebräisch.
Wir beteten und sangen israelische Lieder. Nach dem Essen führte man uns in einen großen Saal, in dem die ganzen jungen Leute israelische Volkstänze tanzten.
Sie brachten uns die Tänze bei. An jenem Abend lernten Miriam und ich sogar ein paar Worte Hebräisch.
Ich fühlte mich so zu Hause. Am liebsten wäre ich für immer bei der Jugend-Alija geblieben.

Nachdem der Verbindungsmann ihn versetzt hatte, gab es nur noch einen Menschen, an den Mengele sich in Argentinien wenden konnte. Der Mann war ebenfalls Arzt und wird im «Roman» Schott genannt. Mengele besuchte ihn mit hochfliegenden Erwartungen. Die Begegnung war jedoch enttäuschend, denn der andere konnte ihm lediglich anbieten, ihn als Textilarbeiter in seiner Kammgarnfabrik unterzubringen.

Er begriff, daß er keine seiner Qualifikation und seinen Fähigkeiten angemessene Arbeit finden würde. Doch obwohl der Mann ihm versicherte, daß in seiner Firma viele bekannte Ex-Nazis beschäftigt waren, fand Mengele die Vorstellung, dort zu arbeiten, so unerträglich, daß er das Angebot ausschlug und sich zutiefst depriminiert verabschiedete.

Peter Somogyi Als wir in Israel ankamen, hatten wir große Mühe, eine Arbeit zu finden, von der wir uns ernähren konnten.

Mein Vater zum Beispiel, der immer ein sehr erfolgreicher Geschäftsmann gewesen war, brauchte lange, um wieder auf die Beine zu kommen. Er konnte einfach nicht genug zum Leben verdienen. Er war immerhin Ende fünfzig – also kein Jüngling mehr.
Als ich nach meiner Entlassung aus der israelischen Armee Arbeit suchte, fand ich keine. Also beschloß ich, eine Lehre zu machen. Ich wurde Automechaniker. Eine richtige Lehre zu machen, das war nicht sehr jüdisch. Wir waren ja immer für die akademischen Berufe erzogen worden. Aber ich fand es nützlich.
Ich arbeitete drei Jahre als Mechaniker. Ich hatte sehr geschickte Hände.

Zwillingsvater Wir kamen am Geburtstag meiner Frau in Israel an. Zum Glück fand ich schnell Arbeit in meinem Beruf als Buchhalter. Ich arbeitete für eine große Firma. Ich durfte sehr illustre Bücher führen – nämlich die eines der größten israelischen Theater. Ich bewährte mich, und man vertraute mir. Ich habe ihnen ihre Buchhaltung tipptopp in Ordnung gehalten. Sie wollten sich ihre Abrechnungen nur von mir machen lassen.

Moshe Offer Ich war schon fünfzehn und immer noch im Waisenhaus, als ich meinen ersten Job bekam – als Tellerwäscher in einem benachbarten Restaurant. Ich hatte mir überlegt, daß ich Geld verdienen mußte. Ich besuchte die Schule, und das war teuer. Vormittags ging ich zum Unterricht, und nachmittags spülte ich Geschirr, um meine Ausbildung bezahlen zu können.
Spät in der Nacht kam ich aus dem Restaurant nach Hause, legte mich schlafen und stand am frühen Morgen wieder auf, um in die Schule zu gehen.

Durch Zufall lernte Mengele einen Bautischler kennen, der ihm Arbeit und eine Wohnung besorgen konnte. Der Mann wollte gerade seine Stellung kündigen und bot sie Mengele an. Dann führte er ihn zu einer kleinen Pension im Vincente-Lopez-Viertel. Dort konnte er ein fensterloses Kämmerchen haben, das er sich allerdings mit einem Ingenieur teilen mußte. Trotzdem war dieses Quartier erheblich angenehmer als die Absteige, in der er bis dahin gehaust hatte.

1949 begann Mengele als Bautischler zu arbeiten, was sicherlich etwas respektabler und interessanter war als der Job in der Kammgarnfabrik. Und jetzt entdeckte der Dr. med. Dr. phil. Josef Mengele seine Ader für das Baugewerbe und das Reparieren von Möbeln. Dann erkrankte die Tochter seines Zimmergenossen, und Mengele wurde gebeten, sie zu behandeln – heimlich, versteht sich. Die Kleine wohnte zwar bei ihrer Mutter, aber der besorgte Vater brachte sie zu Mengele, der hocherfreut war, sich endlich wieder einmal als Arzt betätigen zu können.

Lea Lorinczi Kurz nach unserer Ankunft faßte ich den Entschluß, Krankenschwester zu werden. Ich wollte kranken Menschen helfen. In Auschwitz hatte mir eine Schwester das Leben gerettet. Sie war jüdischer Häftling und arbeitete im Krankenbau, wo man mich hinbrachte, als ich schwerkrank war. Wenn sie nicht gewesen wäre, hätte ich das Lager nicht überlebt.

Als ich anfing, im Shaare-Zedek-Krankenhaus, einer der führenden medizinischen Einrichtungen in Israel, zu arbeiten, war ich gerade einmal sechzehn Jahre alt. Ich hatte kein Geld. Ich arbeitete sehr schwer, viele Stunden am Tag, und ich sprach kein Wort Hebräisch.

Zu meinen Aufgaben gehörte es, jeden Morgen Waschschüsseln mit Wasser vorzubereiten und die Patienten zu waschen. Einmal schrie eine alte Frau, während ich sie wusch, immerzu «hum, hum, hum». Ich hatte keine Ahnung, was mit ihr war. Und dann begriff ich, daß sie sich beschwerte, weil das Wasser zu heiß war. «Hum» bedeutet auf hebräisch «heiß».

Von da an hatte ich immer ein kleines hebräisch-rumänisches Wörterbuch in der Tasche. Und wenn ein Patient etwas sagte, das ich nicht verstand, schlug ich einfach nach. So habe ich die Sprache gelernt.

Eva Mozes Nach einiger Zeit wurden Miriam und ich zur Armee eingezogen und mußten die Jugend-Alija-Siedlung verlassen. Wir wurden gefragt, was wir mit unserem Leben vorhätten.

Miriam bat sofort darum, als Krankenschwester arbeiten zu dürfen. Ich wollte das gleiche machen, aber unser Onkel meinte, es wäre nicht gut für uns, immer dasselbe zu tun. «Eva, du bist gut in Mathematik», sagte er. «Werde doch technische Zeichnerin.»

Miriam Mozes In Europa hatte ich immer davon geträumt, Ärztin zu werden. Aber in Israel hatte ich nicht das Geld für ein Medizinstudium – also wurde ich Krankenschwester. Ich konnte kostenlos im Krankenhaus wohnen. Für die Ausbildung brauchte ich auch nichts zu bezahlen.

Eva Mozes Im Ausbildungslager waren wir zum erstenmal getrennt. Miriam ging ins Krankenhaus und lernte Krankenschwester. Ich mußte als Sekretärin arbeiten. Die israelische Regierung hatte angeordnet, daß Frauen nicht als technische Zeichnerinnen ausgebildet werden durften, weil sie heiraten und ihre Arbeit aufgeben würden. Deshalb konnte ich nur Stenotypistin werden.
Ich arbeitete in einem Büro in Tel Aviv, und Miriam wohnte mit den anderen Krankenschwestern in ihrer Klinik. Das war eine traumatische Erfahrung. Wir waren vorher noch nie getrennt gewesen.

Miriam Mozes Es war sehr schwer, ohne Eva auskommen zu müssen. Seit Auschwitz hatte ich meine Schwester immer bei mir gehabt. Sie hatte sich um mich gekümmert. Sie war wie meine Mutter.
Am Anfang habe ich immerzu geweint. Ich brauchte ein ganzes Jahr, um mich an das Alleinsein zu gewöhnen. Ich fand Freundinnen unter den Krankenschwestern. Wenn Eva frei hatte, kam sie mich besuchen. Wir gaben uns Mühe, uns wenigstens einmal die Woche zu sehen.
Als ich fertig war mit meiner Ausbildung, ging ich zum Klinikdirektor und sagte ihm, daß ich gern ein Zimmer zusammen mit meiner Schwester haben würde. Ich erzählte ihm, daß ich keine Eltern hatte und außer ihr keine weiteren Geschwister – daß sie meine einzige überlebende Angehörige war. Er hatte nichts dagegen, daß Eva zu mir ins Schwesternwohnheim zog.

Mengele begann seiner Familie in Günzburg und seinem inzwischen sechsjährigen Sohn Briefe zu schreiben.[9] Irene war endlich wieder nach Freiburg gezogen und hatte den kleinen Rolf mitgenommen. 1948 hatte sie den Freiburger Geschäftsmann Alfons Hackenjos kennengelernt, und die beiden hatten sich ineinander verliebt.[10] Diese Romanze kam nicht unerwartet: Irene hatte es satt, als Kriegerwitwe zu leben. Hackenjos, der ein gutgehendes Schuhgeschäft besaß, konnte sie aus ihrer Einsamkeit erlösen und ihr die Geborgenheit geben, nach der sie sich sehnte.[11]

Mengeles Beziehung zu Irene war zu Ende, den Kontakt zu seinem einzigen Kind aber wollte er unbedingt aufrechterhalten. Seine Briefe an Rolf, der zu einem hübschen, aufgeweckten Knaben heranwuchs, unterschrieb er stets mit «Onkel Fritz». Rolf hatte schon früh gesagt bekommen, daß sein Vater im Rußlandfeldzug gefallen sei. Der Junge hatte nicht die geringste Ahnung, daß Mengele am Leben war, geschweige denn, daß er der bewußte «Onkel Fritz» war. Die Briefe zeigen, daß Mengele nichts von seinem Talent, kleine Kinder zu bezaubern, eingebüßt hatte. Er dachte sich spannende Geschichten von Gauchos und südamerikanischen Cowboys aus und erzählte von der Pampa und den Rinderherden und von den Heldentaten, die diese harten Männer dort draußen vollbrachten. Manchmal legte er lustige Zeichnungen bei oder ein Gedicht oder ein Lied, das er extra für Rolf geschrieben hatte. Und immer klebte er große bunte Marken, nicht selten mit dem Konterfei Evita Peróns, auf seine Briefe an Rolf, der gerade angefangen hatte, Briefmarken zu sammeln. So wurde Argentinien in Rolfs kindlicher Vorstellung zu einem wahren Märchenland. Wieviel interessanter mußte es dort sein als in seiner langweiligen Schwarzwaldstadt. In Argentinien waren alle Männer strahlende Helden und zähmten tagein, tagaus wilde Rinder, die über die Pampa galoppierten. Und die Herrscher über dieses Fabelreich waren die schöne blonde Frau auf den Briefmarken und sein lieber «Onkel Fritz». Der Kleine wartete sehnsüchtig auf Post von dem lustigen, aufregenden Onkel, den er noch nie im Leben gesehen zu haben glaubte und der ihn mit solcher Zuneigung verwöhnte, daß er ihm beinahe schon den Vater ersetzte, an den sich Rolf nicht mehr erinnern konnte.[12]

Vera Grossman Als wir ein paar Monate in Irland gewesen waren, kamen nach und nach immer mehr Eltern und wollten ihre Kinder holen. Vielen Familien war es geglückt, Visa zu bekommen, damit sie aus Osteuropa fortgehen konnten nach Kanada und in die Vereinigten Staaten, und nun kamen sie nach Irland und wollten ihre Töchter holen. Unsere Gruppe im Schloß schrumpfte auf weniger als zwanzig Mädchen zusammen.

Unsere Mutter ging mit unserem Stiefvater nach Israel.

Nachdem wir wieder zu Kräften gekommen waren, brachte man Olga und mich und die anderen Mädchen aus Irland fort nach London. Wir kamen zu einem Rabbi und seiner Frau, die mehrere eigene Kinder hatten. Sie hatten ein großes Haus mit vierzehn Zimmern und konnten mehrere von uns aufnehmen. Wir besuchten die Avigdor High School, eine jüdische Schule, deren Direktor derselbe Rabbi Schoenfeld war, der uns von zu Hause aus Osteuropa weggeholt hatte.

Die Schule war wunderbar, aber die Familie, bei der wir wohnten, war sehr häßlich zu uns.

Die Leute hatten Geld dafür bekommen, daß sie uns und die anderen Kinder aufgenommen hatten, aber sie behandelten uns wie ihre Dienstboten.

Meine Schwester und ich hatten große Sehnsucht nach unserer Mutter. Und ich glaube, der Schmerz über die Trennung hatte Folgen – besonders für Olga. Schon in Irland, wo wir sehr gut behandelt worden waren, hatte sie angefangen, sich sonderbar zu benehmen. Sie erzählte immer, daß irgendwer versucht hätte, sie zu hypnotisieren.

Wir gaben uns die größte Mühe, mit unserer Mutter in Briefkontakt zu bleiben. Das war schwierig, denn je fließender unser Englisch wurde, desto mehr vergaßen wir das Tschechische.

Olga Grossman Weil unsere Mutter kein Englisch konnte, mußten wir ihr auf Tschechisch schreiben. Wir brauchten fünf Stunden für einen einzigen Brief.

Ich kann mich erinnern, wie ich einmal mit Vera ins Londoner Westend ging, um ein tschechisch-englisches Wörterbuch zu kaufen. Wir schrieben unsere Briefe Wort für Wort. Wir hatten beide

unsere Muttersprache vergessen. Wir verstanden sie noch, konnten sie aber nicht mehr sprechen und schreiben.
Trotzdem war uns der Briefwechsel mit unserer Mutter sehr wichtig.

Mengele stand in regem Briefwechsel mit seinen Angehörigen in Günzburg, die ihm die traurige Mitteilung machten, daß sein Bruder Karl 1949 mit nur 37 Jahren einer schweren Krankheit erlegen war. Der Vater und Lolo leiteten die Fabrik, und der getreue Sedlmeier ging ihnen dabei kräftig zur Hand.[13] Die Familie hatte ihren Beppo nicht vergessen. Sie unterstützte ihn finanziell, so gut es ging.[14] Der Vater schickte ihm sogar ein paar teure Landmaschinen als Grundstock für ein eigenes Unternehmen. Mengele reiste ins benachbarte Paraguay, wo der Markt lukrativer war, und verkaufte die Maschinen.[15] Außerdem investierte er einen Teil des väterlichen Geldes in eine eigene kleine Tischlerei, die ebenfalls gut lief.

In der fest verschworenen deutschen Kolonie in Buenos Aires fiel es Mengele nicht schwer, Leute kennenzulernen und gesellschaftliche Kontakte zu knüpfen – nicht zuletzt zu alten Nazis. Es war bekannt, daß er aus einer wohlhabenden bayrischen Familie kam, die ihn finanziell unterstützte. Manche wußten auch, daß er ein gesuchter Kriegsverbrecher war und im Dritten Reich als Wissenschaftler und Arzt gearbeitet hatte, und sie bewunderten ihn dafür. So hatte er bald beste Beziehungen zu anderen geflohenen Nazis und zu Leuten, die genauso wie er als Hauptkriegsverbrecher gesucht wurden.

Einer davon war Wilhelm Sassens, nach dem wegen in Belgien begangener Kriegsverbrechen gefahndet wurde und der als Journalist für Nazizeitschriften arbeitete, die in Argentinien erschienen. Sassens war es auch, der Mengele mit dem Mann bekannt machte, der sein bester Freund im Exil werden sollte: Oberst Hans-Ulrich Rudel. Der Starflieger des zweiten Weltkriegs und höchstdekorierter Mann der deutschen Luftwaffe war Hitlers persönlicher Pilot gewesen und den Ideen seines Führers bis weit über das Kriegsende hinaus treu geblieben. Er war auch ein enger Freund Juan Peróns, dem er geholfen hatte, die argentinische Luftwaffe aufzubauen. Rudel verschaffte Mengele endlich Zugang zu dem kleinen elitären

Kreis von Deutschen, die zu den Vertrauten des lateinamerikanischen Diktators zählten.

Was Wunder, daß sich Mengele zu diesen Leuten hingezogen fühlte, die genauso unverbesserliche Nazis waren wie er selbst. Sie glichen den alten Bourbonenkönigen, die nichts gelernt und nichts vergessen hatten. Sie trauerten über Hitlers Niederlage und beklagten den Untergang des Dritten Reichs. Daß Deutschland besiegt und von aller Welt geschmäht am Boden lag, hatte ihrem Glauben an die Rechtschaffenheit und grundsätzliche Überlegenheit des deutschen Volkes nichts anhaben können.

Argentinien war während des zweiten Weltkriegs ein Zentrum für Nazi-Aktivitäten gewesen, so daß die Alliierten schon befürchtet hatten, die Deutschen könnten das Land als Stützpunkt benutzen, um von dort aus ihre Herrschaft auf die westliche Hemisphäre auszuweiten.[16] Tatsächlich waren die Deutschen, seit sie im 19. Jahrhundert ihre ersten Siedlungen in Argentinien errichtet hatten, davon überzeugt, der einheimischen Bevölkerung biologisch und kulturell überlegen zu sein. Der Historiker Ronald Newton, der sich mit der deutschen Kultur in Argentinien beschäftigt hat, bescheinigt den Deutschen ein «kollektives Überlegenheitsgefühl gegenüber der sie umgebenden Kultur».[17] Bei der großen, fest zusammengeschweißten deutschen Kolonie fiel die Nazi-Propaganda auf äußerst fruchtbaren Boden. Hitlers Vorstellungen von Recht, Ordnung, Tradition und Gehorsam gegenüber der Obrigkeit sprachen die deutschen Auswanderer an.

Noch lange nach der Niederlage der deutschen Wehrmacht erschienen in Südamerika zahlreiche Zeitschriften, die nationalsozialistisches Gedankengut verbreiteten.[18] Eine davon, das eklatant antisemitische Blatt *Der Weg*, erfreute sich Anfang der 50er Jahre besonders großer Beliebtheit.[19] Sassens schrieb regelmäßig Beiträge für diese Zeitschrift. 1953 erschien dort ein Artikel über Fragen der Vererbung, der mit «G. Helmut», einer Abwandlung von Mengeles Pseudonym Helmut Gregor, unterzeichnet war.[20] Obwohl er bereits seit drei Jahren in Argentinien lebte, fühlte er sich offenbar immer noch bedroht, und zwar so sehr, daß er ein Pseudonym seines Pseudonyms benutzte.

Der Artikel selbst war nicht gerade bemerkenswert. Er war für Laien geschrieben und erörterte die Grundprinzipien der Vererbung, ohne auf das Thema Rassenhygiene einzugehen. Er war weder rassistisch noch fanatisch oder in irgendeiner Weise politisch. Aber auch Mengeles wissenschaftliche Publikationen hatten sich, selbst auf dem Höhepunkt der Nazizeit, stets dadurch ausgezeichnet, daß sie frei von jeglicher Rhetorik waren. Doch der Artikel erschien im Naziorgan *Der Weg*, und schon das gibt dem an sich unpolitischen Traktat a priori einen braunen Anstrich.

Auf der nördlichen Halbkugel war Verschuer unterdessen seinem ehemaligen Schüler weit vorausgeeilt.[21] Er hatte sich das Wissenschaftsidiom des Nachkriegsestablishments perfekt angeeignet und war damit erfolgreich. Verschuer hatte ein paar Jahre lang kleine Brötchen gebacken, doch 1951 war er an die Universität Münster berufen worden.[22] Mengeles einstiger Doktorvater hielt jetzt vor vollen Hörsälen seine Vorlesungen.

Vera Grossman Olga bekam in der Schule ständig Ohnmachtsanfälle. Wenn ein Lehrer sie etwas fragte, geriet sie in Panik und wurde ohnmächtig.

Ich kam etwas besser zurecht. Ich strengte mich sehr an. Die Lehrer hielten immer meine Hefte hoch und lobten meine ordentliche Handschrift. Ich habe zwei Jahre hintereinander den Wettbewerb um die beste Handschrift gewonnen.

Einmal machte sich ein Geographielehrer, den ich mochte, über eines meiner Hefte lustig. Ich weiß nicht, was ich falsch gemacht hatte, jedenfalls hielt er mein Heft in der Klasse hoch und machte sich darüber lustig. Ein paar von den Kindern lachten.

Ich stand auf und rannte aus dem Klassenraum. Ich kann mich noch erinnern, wie ich rannte, wie ich rennend aus der Schule lief. Ich weinte hysterisch. Ich rannte und rannte, bis ich in einen Park kam, und dort setzte ich mich unter einen Baum und weinte.

Die Schule schickte einen Suchtrupp los, der mich dort fand. Der Geographielehrer kam und entschuldigte sich bei mir.

Ich glaube, das war das erste Mal, daß ich weinte. Ich weinte herzzerreißend, so, wie ich die ganzen Jahre nicht geweint hatte.

Am nächsten Tag ging ich wieder in die Schule. Da fühlte ich mich wieder besser. Von da an habe ich öfter geweint und viel natürlicher. Ich habe die Dinge nicht mehr so in mich reingefressen.

Aber Olgas Schwierigkeiten in der Schule wurden immer größer. Es war sehr demütigend für sie, daß sie die Fragen der Lehrer nicht beantworten konnte. Sie war immer so schwach und bleich, so schüchtern. Sie tat mir furchtbar leid.

Gleich nach seiner Amtseinführung ging Verschuer daran, in Münster das größte Institut für genetische Studien auf deutschem Boden zu gründen.[23] Mit jedem Jahr, das verging, wagte er sich ein Stück weiter hervor; sein alter Ehrgeiz und sein Wunsch nach Anerkennung aus dem Kollegenkreis trieben ihn vorwärts. Allerdings blieb das Thema Rassenkunde in seinen Vorlesungen und Veröffentlichungen ausgespart.[24] Hier konzentrierte er sich ausschließlich auf das unverfängliche und höchst respektable Gebiet der Genetik.

Aber so zurückhaltend war er nicht überall. Er gehörte viele Jahre lang dem internationalen Herausgebergremium des *Mankind Quarterly* an. Diese in Washington, D. C., erscheinende rassistische und antisemitische Zeitschrift wurde 1960 von einer Gruppe von Anthropologen gegründet, die mit den Rassentheorien der Nazis grundsätzlich konform gingen.[25] Außerdem verhalf er mehreren ehemaligen Kollegen aus dem Frankfurter Institut, im wissenschaftlichen Leben wieder Fuß zu fassen.

Man kann sich vorstellen, daß Mengele seine alten Kollegen, die einer nach dem anderen die Posten bekamen, die er so heiß begehrte, glühend beneidet hat. Nach Angaben von Hans Sedlmeier soll sich Mengele Anfang der 50er Jahre noch einmal heimlich in Westdeutschland aufgehalten und bei dieser Gelegenheit auch Verschuer aufgesucht haben.[26] Vielleicht hoffte er, sein einstiger Doktorvater, der so vielen ehemaligen Mitarbeitern angesehene Stellungen verschafft hatte, könnte auch ihm weiterhelfen.

Abgesehen von gelegentlicher Anwandlung von Heimweh ging es Mengele in Argentinien recht gut. Zwar blieb ihm die Rückkehr in die Wissenschaft verwehrt, und auch seinen Arztberuf konnte er nicht mehr legal ausüben, doch als Geschäftsmann war er ziemlich erfolgreich. (Es gibt Hinweise darauf, daß er in Argentinien heimlich Abtreibungen vorgenommen haben soll, aber die Beweislage ist mehr als dürftig.)[27] Der Verkauf von Landmaschinen der Firma Karl Mengele & Söhne, seine Tischlerei und die großzügige Unterstützung, die er von seinem Vater erhielt, gestatteten es ihm, ein immer komfortableres Leben zu führen. Die Nürnberger Ankläger waren längst wieder nach New York und Washington zurückgekehrt. Manche von ihnen hatten unterdessen eigene Anwaltskanzleien und profitierten von dem Ruhm, den sie sich als Nazijäger erworben hatten. Die Israelis hatten alle Hände voll zu tun, ihren neugegründeten Staat aufzubauen und Krieg gegen die Araber zu führen. Es sollten noch Jahre vergehen, bis sie ihre Agententrupps losschickten, um in Südamerika nach Kriegsverbrechern zu forschen, die sich der Bestrafung durch Flucht entzogen hatten. So konnte Mengele mehr oder weniger offen leben. Es gab etliche Leute, die seine wahre Identität kannten. Seine Wohnungen wurden immer eleganter, die Viertel, in denen er sich niederließ, immer exclusiver. Die zahlreichen Umzüge trugen wesentlich dazu bei, seinen gesellschaftlichen Status zu heben, denn Buenos Aires war eine Stadt, in der die Adresse als wesentlicher Gradmesser dafür galt, was einer im Leben erreicht hatte. 1954 kaufte sich der frühere Auschwitz-Doktor ein Haus im Villenvorort Olivos, wo zahlreiche wohlhabende Deutsche wohnten.[28] Kurz darauf erwarb er im selben Vorort eine noch vornehmere Villa.[29] Sie lag direkt neben Peróns früherem Wohnsitz.

Judith Yagudah Nach drei Monaten in einem Flüchtlingslager schlug man Mutter und mir vor, in einen Kibbuz einzutreten. Aber Mutter war dagegen. Sie wollte nicht in einem Kollektiv leben. Sie wollte für sich sein.

Wir zogen zusammen nach Netanya. Der Staat half uns, eine kleine Wohnung zu finden. Aber wir standen vor dem Problem, für unseren Lebensunterhalt aufkommen zu müssen. Mutter hatte nie gearbeitet, und ich ging noch zur Schule.

Das einzige, was Mutter konnte, war Stricken; also fing sie an, damit Geld zu verdienen. Sie strickte Sachen für Babys und kleine Mädchen. Ich half ihr dabei. Jeden Nachmittag, wenn ich aus der Schule kam, half ich Mutter beim Stricken. Davon lebten wir.

Zwillingsvater Ich machte die Theaterbuchhaltung so gut, daß mich die Leitung eines Tages bat, direkt an das Theater zu kommen und dort die Buchhaltung zu übernehmen. Das war eine wunderbare Chance – mehr Geld und die Möglichkeit, für eine sehr angesehene Institution zu arbeiten.

Das Theater hatte drei Bereiche – den künstlerischen, den technischen und den ökonomischen. Ich wurde ökonomischer Leiter und hatte die gesamte finanzielle Seite unter mir.

Ich konnte mir alle neuen Stücke ansehen – das war ein großer Vorteil bei dieser Arbeit.

Ich versuchte den Holocaust zu vergessen. Ich sagte mir immer wieder, was für ein Glück ich doch hatte.

1954 kam Mengeles Vater auf Besuch nach Buenos Aires. Das Wiedersehen war herzlich, und Karl Mengele schenkte Josef Geld, damit er seinen Lebensstil beibehalten konnte. Später erhielt Mengele von seinem Vater eine Million Mark, um sich in das Arzneimittelunternehmen Fadro Farm einzukaufen.

Aber Karl Mengele hatte auch eine schlechte Nachricht mitgebracht: Irene bestand auf der immer noch ausstehenden Scheidung. Sie wollte Alfons Hackenjos heiraten, den Freiburger Geschäftsmann, mit dem sie seit Jahren befreundet war. Inzwischen wurde in Deutschland längst nicht mehr Jagd auf Kriegsverbrecher gemacht, und so war Mengeles Argument, die Familie müsse so tun, als ob er tot wäre, hinfällig. Ihm blieb nichts weiter übrig, als einzuwilligen und die Anwälte der Familie daheim in Bayern mit der Erledigung der Formalitäten zu beauftragen. Die Ehe wurde noch im selben Jahr geschieden.[30]

Lea Lorinczi Während ich noch als Krankenschwester arbeitete, redete meine Familie immerzu von Schiddochim – Partien –, die für mich in Frage kämen. Sie fragten mich dauernd, ob ich nicht heiraten wollte. Aber ich mochte nicht mit den Männern ausgehen, die sie für mich ausgesucht hatten.

Ich wollte einen, der erwachsen war, mit dem ich reden konnte, der mich verstand. Ich brauchte einen Mann, der mir Freund, Vater und Mutter in einem war. Die Jungen in meinem Alter gefielen mir nicht.

So kam es, daß ich anfing, mich für den Bruder meiner Stiefmutter zu interessieren. Er war viel älter als ich, aber ich spürte, daß ich mit ihm reden konnte. Er hielt bei meinem Vater um meine Hand an, und ich war einverstanden.

Der Sturz Juan Peróns im Jahr 1955 versetzte Nazis und Juden gleichermaßen in Panik, denn Perón hatte beiden Gruppen Schutz gewährt.[31] Der Militärputsch, mit dem der Präsident nach über 20 Jahren aus dem Amt verjagt wurde, brachte das ganze Land in Aufruhr. Unmittelbar nach Peróns Absetzung wurden mehrere profaschistische Zeitschriften verboten, darunter auch *Der Weg*. Etliche Kriegsverbrecher waren so beunruhigt, daß sie in andere Länder flüchteten. Viele gingen nach Ägypten, wo der Diktator Gamal Abdel Nasser unterdessen seine Macht konsolidiert hatte.

Doch Mengele fühlte sich auch nach dem Staatsstreich noch sicher in seiner Wahlheimat. Er war überzeugt, daß ihm auch ohne den Schutz, den Perón den nach Argentinien geflüchteten Nazis gewährt hatte, niemand auf die Schliche käme und er nichts zu befürchten hätte.

Und er hatte allen Grund, sich sicher zu fühlen. Zehn Jahre waren seit den Nürnberger Prozessen verstrichen, und weder in Deutschland noch in der übrigen Welt machte inzwischen noch irgend jemand Jagd auf Kriegsverbrecher. Im Gegenteil. Viele alte Nazis hatten es in der westdeutschen Gesellschaft längst wieder zu Rang und Ansehen gebracht.[32]

Eva Mozes Miriam und ich mußten jahrelang kämpfen und hatten sehr wenig Geld. Für ein einziges Kleid mußten wir einen ganzen Monat arbeiten. Wir trugen immer abwechselnd dasselbe Kleid, um uns nicht so oft etwas Neues kaufen zu müssen.

Zum Schluß schaffte ich es dann, von meinem Einkommen als Sekretärin so viel zu sparen, daß ich eine Wohnung kaufen konnte. Miriam zog aus dem Schwesternwohnheim aus und wohnte mit bei mir.

Das war eine gute Zeit. Wir kauften uns ein paar Möbel. Wir hatten Beziehungen mit Männern. Wir kamen uns sehr erwachsen vor, sehr unabhängig.

Ich sagte damals, wer von uns als erste heiratet, kann die Wohnung behalten.

Moshe Offer Als ich zur Armee eingezogen wurde, kam die Erinnerung zurück an alles, was ich zu vergessen versucht hatte – an Auschwitz, an den Krieg, an Tibis Tod. Meine ganze Vergangenheit holte mich wieder ein.

Sie wollten mir beibringen zu kämpfen, aber ich hatte Angst vor den Kugeln. Ich hatte immerzu Angst. Ich bekam ernste psychische Schwierigkeiten.

Ich verstand mich nicht gut mit den anderen Soldaten. Ich war immer für mich, und je mehr Zeit ich mit mir allein verbrachte, desto mehr mußte ich an den Krieg denken.

Zum Schluß hatte ich einen Nervenzusammenbruch.

1956 war für Mengele in mehrfacher Hinsicht ein entscheidendes Jahr. Es war das Jahr seiner «Offenbarung». Er hatte es satt, Helmut Gregor zu spielen; er wollte wieder Dr. Josef Mengele sein. Irgendwann in jenem Jahr ließ er offiziell seinen Namen ändern.[33] Dazu mußte er natürlich zugeben, daß er bisher unter falschem Namen gelebt hatte. Er ging in die deutsche Botschaft und beantragte einen neuen Paß, der auf seinen richtigen Namen ausgestellt werden sollte. Jahre später, als man ernsthaft anfing, nach Mengele zu suchen, war das Paßfoto von 1956 das einzige Bild, anhand dessen sich die Welt eine Vorstellung von der Physiognomie des Todesengels von Auschwitz machen konnte.[34]

Olga Grossman Unsere Mutter hat sehr gelitten in den Jahren, als wir in England waren – sie hatte solche Sehnsucht nach uns. Wir waren fast sechs Jahre getrennt. Dr. Schoenfeld schickte Boten nach Israel, die ihr erzählten, wie wir uns machten, und ihr sagten, daß es uns gutging. Aber das hat ihr wohl nicht genügt.

Wir blieben in England und hofften immer, nächstes Jahr wären wir in Israel. Es verging Jahr um Jahr, und wir warteten und hofften.

Letztes gemeinsames Foto der Familie Mozes 1943 im Garten ihres Hauses in Siebenbürgen. Ein Jahr später wurden die Mozes' in einen Viehwaggon gepfercht und nach Auschwitz verschleppt. Nur die Zwillinge Eva und Miriam – rechts und links von ihrer Mutter in der ersten Reihe – haben überlebt.

Ruthie hat meine Mutter gefragt, ob sie je wieder tanzen könnte. Das war ihre größte Sorge…
Judith Rosenbaum-Yagudah mit ihrer Zwillingsschwester Ruthie und ihrer Mutter Rosie Rosenbaum kurz vor Kriegsausbruch. Ruthie, die nach Judiths Aussage temperamentvollere der beiden Zwillingsschwestern, ist an Mengeles grausamen Experimenten zerbrochen. Sie starb kurz nach der Befreiung des Lagers in einem Lazarett in Auschwitz. Noch im Sterben fragte sie ihre Mutter, ob sie je wieder werde tanzen können.

Ich war ein junges Mädchen, aber ich war viel ernster, viel bedrückter als andere Mädchen in meinem Alter ... Judith mit ihrer Mutter 1946 in Ungarn. Trotz ihrer Trauer um Ruthie versuchten Mutter und Tochter, sich ein neues Leben aufzubauen. Doch Rosie Rosenbaum kam nicht über den Verlust ihres Kindes hinweg. Sie hat nie wieder geheiratet. Judiths Jugend war überschattet von der Erinnerung an ihre tote Zwillingsschwester.

Anfangs dachte ich oft an meine Schwester Ruthie. Aber dann immer weniger. Anscheinend ist es wirklich so, daß das Leben weitergehen muß ... Judith im Alter von 16 Jahren strahlend neben ihrer Mutter. Das Foto wurde 1950 in Israel aufgenommen.

Olga und Vera Grossman als Schülerinnen in London nach dem Krieg. Die Zwillinge litten sehr darunter, daß sie jahrelang von ihrer Mutter getrennt leben mußten. Olga wurde psychisch krank, sie hatte schwere Depressionen und mußte wiederholt in psychiatrischen Kliniken behandelt werden.

Vera Blau und ihre Zwillingsschwester Rachel kurz nach dem Krieg in Israel.

Die Zwillinge Samuel und Mordechai Bash überlebten Mengeles Experimente. Das Foto zeigt sie nach dem Krieg in der Uniform der israelischen Armee. Die Brüder hatten fast alle ihre Angehörigen in Auschwitz verloren. Heute leben sie in der B'nai Brak, einer ultraorthodoxen Sekte in Israel.

Ich bin durch die ganze Welt gekommen ... Aber am Ende war ich immer wieder in Auschwitz. Wohin ich auch ging, ich war in Auschwitz ... Zvi der Seemann 1959 auf einem Schiff. Der rastloseste unter den Mengele-Zwillingen ist den größten Teil seines Lebens zur See gefahren, weil er hoffte, Auschwitz auf diese Weise vergessen zu können.

Familienfoto: Peter Somogyi mit seinem Zwillingsbruder Thomas, seiner Schwester und den Eltern 1936 in Pécs. Somogyis Mutter und Schwester starben in den Gaskammern von Auschwitz.

Peter und Thomas Somogyi 1956 auf dem Trafalgar Square in London, wo sie eine kurze Zeit wohnten, bevor sie endgültig nach Amerika auswanderten.

Wir wurden Mengeles spezielle Schützlinge. Er nannte uns die «Intelligenzler» ... Die Zwillinge Peter und Thomas Somogyi 1945 nach ihrer Rückkehr aus Auschwitz in ihrer ungarischen Heimatstadt Pécs. Die Brüder hatten Auschwitz unter Mitnahme ihrer gesamten irdischen Habe verlassen, die in zwei aus zerlumpten Lagerdecken zusammengenähten Rucksäcken Platz fand. Mengele hatte die beiden besonders gern; er schätzte ihre Intelligenz.

Ich fiel Dr. Mengele sofort auf, weil ich nicht jüdisch aussah … Alex Dekel mit seinem Bruder und seiner Mutter in Cluj 1941. Obwohl der hübsche Junge kein Zwilling war, beeindruckte er Mengele mit seinem «arischen» Aussehen und wurde für die Teilnahme an genetischen Experimenten selektiert. Er verbrachte den Krieg im Zwillingsblock, wo er den gleichen qualvollen Versuchen unterzogen wurde wie die Zwillinge.

Alex Dekel 1948 in Israel, kurz nach seinem Eintritt in die Palmach, eine Elitetruppe, die der Vorläufer der Haganah war.

Menashe und Lea Lorinczi mit ihrer Mutter kurz vor ihrer Deportation ins Todeslager. Die Zwillinge haben überlebt, aber sie haben ihre Mutter nie mehr wiedergesehen und konnten deren Schicksal nicht in Erfahrung bringen.

Wartet auf mich, Kinder, wartet auf mich – wir treffen uns am Tor ... Leah und Hedvah Stern als kleine Mädchen in Osteuropa. Eines der wenigen Fotos aus ihrer Kindheit, die sie retten konnten.

Israel 1990. Die Schwestern Stern sind auch im Alter noch unzertrennlich. Sie denken und reden gleich, sie tragen die gleichen Kleider und die gleichen Accessoires, bis hin zur Brille. Und obwohl sie inzwischen Mütter und sogar Großmütter sind, erinnern sie sich bis heute lebhaft an ihre eigene Mutter, die sie in Auschwitz verloren haben.

Nach dem Krieg fand Magda Spiegel ihren Mann wieder, und beide versuchten von vorn anzufangen. Sie bekam noch einmal ein Kind, das ihr den kleinen Jungen ersetzen sollte, der in den Gaskammern von Auschwitz gestorben war. Die Familie ging schließlich nach Haifa. Ihr Sohn ist heute ein bekannter Arzt und Wissenschaftler.

Zvi Spiegel und seine Zwillingsschwester Magda 1984 in Israel. Der «Zwillingsvater» war für die männlichen Zwillinge in Auschwitz verantwortlich und in dieser Eigenschaft Mengele direkt unterstellt.

Dank seiner guten Beziehungen zu Mengele konnte er viele Kinder retten und den Zwillingen insgesamt das Leben ein wenig erleichtern.

Miriam und Eva Mozes 1936 in Cluj. Wie viele südosteuropäische Juden wuchsen auch Miriam und Eva in einer wohlhabenden Familie auf und wurden als Zwillinge besonders verwöhnt und umsorgt.

Jugend in Israel. Eva und Miriam Mozes 1957 im Alter von 21 Jahren. Sie genossen das Leben im Kibbuz, wo sie endlich ihre schreckliche Vergangenheit hinter sich lassen konnten.

Ich kann mich erinnern, daß ich in Auschwitz Blumen gepflückt habe… Eva Kupas, die an Auschwitz keine anderen Erinnerungen hat als die an einen Ausflug, bei dem sie Feldblumen pflücken durfte, 1948 mit ihrem Zwillingsbruder in Israel.

Eva Kupas 1990 vor ihrem Haus in einem Außenbezirk von Tel Aviv.

Rückkehr nach Auschwitz. Bei ihrem Besuch in Auschwitz im Jahre 1985 entdeckten Eva und Miriam Mozes ein Standfoto aus dem Film, den die sowjetische Armee bei der Befreiung des Lagers gedreht hatte. Die Russen hatten die Zwillinge im Januar 1945 in Häftlingskleidung gesteckt und sie so lange durch das Lagertor gehen lassen, bis die Szene «authentisch» genug ausgesehen hatte. Das Foto zeigt Eva und Miriam Mozes im Vordergrund.

(Die Aufnahme wurde uns freundlicherweise von Dr. Nancy Segal zur Verfügung gestellt.)

Vera Grossman Irgendwann erfuhren wir, daß unsere Mutter sehr krank war. Sie dachte, sie müßte sterben, und wollte uns sehen. Das Geschäft unseres Stiefvaters war pleite gegangen, und Mutter hatte Angst, die Kinder nicht ernähren zu können. Sie hatte vier kleine Nachkömmlinge – zwei waren noch in der Tschechoslowakei geboren und zwei in Israel.

Sie wollte uns sehen – sie wollte ihre Zwillinge noch einmal bei sich haben, das sei ihr letzter Wunsch, bevor sie stirbt, sagte sie. Man teilte uns mit, daß wir nach Israel geschickt werden sollten. Wir waren so aufgeregt. Israel, das hieß Liebe, Geborgenheit – das hieß, wieder mit unserer Mutter vereint zu sein.

Mit der Rückkehr zur alten Identität war auch Mengeles Selbstbewußtsein gestiegen. Er hatte das dringende Bedürfnis, seinen in Deutschland lebenden Sohn wiederzusehen. Rolf war unterdessen zwölf, dreizehn Jahre alt und wußte immer noch nicht, daß sein Vater am Leben war. Die Mengeles, die Josef in den zurückliegenden schwierigen Jahren stets beigestanden hatten, wollten ihm helfen, sich mit Rolf zu treffen. Der treue Sedlmeier organisierte die Begegnung. Er reiste nach Freiburg und holte den Jungen ab zu einem ganz besonderen Winterurlaub in der Schweiz.

In Engelberg, einem kleinen exklusiven Wintersportort in den Schweizer Alpen, traf Rolf seinen Cousin Karl-Heinz und seine schöne Tante Martha, die Witwe von Karl Mengele junior. Und neben den beiden stand «Onkel Fritz».

Die Familie hatte Zimmer im besten Haus am Platz reserviert.

Vera Grossman Als wir nach Hause kamen, stellten wir entsetzt fest, daß nichts zu essen da war – unsere Familie war bettelarm. Ich kann mich noch an das Abendessen an dem Freitag, an dem wir ankamen, erinnern. Mutter machte eine Büchse Sardinen auf – jeder kriegte eine halbe Ölsardine. Und dann gab es eine dünne Bohnensuppe. Das war unser erstes Sabbatmahl daheim.

Es war ein zauberhafter Urlaub. Am schönsten fand Rolf, daß er frühmorgens und abends vor dem Schlafengehen zu seinem «Onkel Fritz» ins Bett schlüpfen durfte. Dann erzählte ihm der gute Onkel vom Rußlandfeldzug und von den Gauchos in Südamerika. Mengele zeigte sich als wunderbarer Gefährte. Er fesselte den Jungen mit seinen Geschichten und präsentierte sich als glänzender Skifahrer. Rolf, dem niemand gesagt hatte, daß der tolle Besuch aus Südamerika sein Vater war, platzte bald vor Stolz.

Nach dem Schweizer Skiurlaub trennten sich die Wege von Vater und Sohn wieder; der eine kehrte zurück nach Buenos Aires, der andere fuhr nach Freiburg, wo die Schule auf ihn wartete. Die rege Korrespondenz der beiden aber ging weiter, und Rolf hatte immer noch nicht die leiseste Ahnung, daß sein Onkel in Argentinien gar nicht sein Onkel war.

Moshe Offer Eines Tages fing ich an, «Heil Hitler! Heil Hitler!» zu rufen. Ich wurde sofort in eine psychiatrische Klinik nach Haifa gebracht, die Blumenthal-Klinik. Die Blumenthal-Klinik war eine ganz besondere Klinik – hier wurden in erster Linie Überlebende des Holocaust behandelt.

Ich brachte fast zwei Jahre in der Blumenthal-Klinik zu. Ich war in einem entsetzlichen Zustand. Ich wurde mit Elektroschocks behandelt. Ich mußte eine Unmenge Medikamente schlucken. Es gab Zeiten, wo ich fünfzehn Tabletten pro Tag einnahm.

Aber sie waren alle sehr nett zu mir dort. Sie haben mir geholfen, wie sie nur konnten.

Als ich aus der Blumenthal-Klinik entlassen wurde, fühlte ich mich sehr einsam. Ich ging allein durch die Straßen. Ich war ein richtiger Penner.

Mengeles Zukunftsaussichten, die noch vor wenigen Jahren so düster gewesen waren, hatten sich erheblich gebessert. Argentinien war für ihn in mehr als einer Hinsicht die reinste Idylle. Dr. Mengele hatte wieder Freunde; er hatte Geld und Ansehen, und er hatte Einfluß.

8. Der Eichmann-Schock

Vera Grossman Wir hatten eine sehr schwere Zeit in Israel. Unsere Familie hatte kein Geld. Wir zogen um in einen entsetzlichen Slum im Araberviertel von Haifa. Eine andere Wohnung konnten meine Eltern sich nicht leisten.

Von meinem Zimmer sah ich auf einen Hof. Ich beobachtete Drogensüchtige, die sich spritzten. Es war schrecklich.

Unsere Eltern hatten vier kleine Kinder zu ernähren, aber es war nichts zu essen da. Das war so ein krasser Gegensatz zu dem Leben, das wir in England kennengelernt hatten. Aber in England hatten wir auch gelitten, aus Sehnsucht nach unserer Mutter.

Olga und ich mußten die Schule abbrechen und arbeiten gehen. Wir waren erst fünfzehn. Die fünf Jahre in England waren unsere ganze Schulbildung.

Mein Traum war gewesen, Zeichnerin zu werden. Und nun mußte ich jeden Job annehmen, den ich kriegen konnte, bloß um Geld zu verdienen. Ich hatte zig Jobs. Was hab ich nicht alles gemacht, um ein bißchen Geld zu verdienen. Ich hab in einer Speiseeisfabrik gearbeitet. Ich war Schneiderin. Olga hatte einen Job als Friseuse. Wir haben unseren ganzen Verdienst unserer Mutter gegeben – jeden Penny. Für uns selber haben wir nie etwas gekauft.

Ich kann mich erinnern, wie ich zu den Läden hingegangen bin und den Essensgeruch eingeatmet habe, weil ich Hunger hatte, aber ich habe mir nichts gekauft. Ich habe mein Geld abgeliefert und zu meiner Mutter gesagt: «Um mich mach dir keine Sorgen, ich brauche nichts.»

Eines Tages kam ein Brautwerber und stellte mir einen amerikanischen Jungen vor, der eine Braut suchte. Der junge Mann war sehr, sehr reich; er wollte mich mitnehmen in die Staaten.

Er mochte mich gern und wollte mich überreden, daß ich ihn heirate. Er versprach mir ein schönes Leben in Amerika, aber ich lehnte ab.

Als er keine Ruhe gab, hab ich zu ihm gesagt: «Hör zu, ich hab so gelitten, als ich von meiner Mutter getrennt war. Da werde ich doch jetzt, wo ich wieder bei ihr bin, nicht mit dir nach Amerika gehen.»

Aber die Lage zu Hause wurde immer schlimmer. Olga war sehr krank. Und keiner hatte eine Ahnung, was mit ihr los war. Sie bekam immer noch diese Ohnmachtsanfälle.

Olga Grossman An Jom Kippur wurde ich in der Synagoge ohnmächtig. Mitten beim Gebet fiel ich um. Meine Mutter war in heller Aufregung und rief: «Bitte, könnte wohl jemand Wasser holen?»

Aus der Menge kam ein Soldat in Uniform und brachte mir ein Glas Wasser. Er hieß Rafael, und er war der einzige in der ganzen Gemeinde, der mir zu Hilfe kam.

Als ich aufwachte, erschien er mir wie ein Traum. Er war so hübsch.

Ich ging hin, um mich bei ihm zu bedanken, und wir lernten uns besser kennen. Ich war sehr schüchtern. Ich hatte Schwierigkeiten, einem Jungen in die Augen zu sehen. Aber ich begriff, daß er alles für mich war. Er war mein Schutzengel – ich nannte ihn meinen Engel Rafael.

Es stellte sich heraus, daß wir ähnliche Biographien hatten. Er war auch in Auschwitz gewesen. Er war als einziger von seiner ganzen Familie mit dem Leben davongekommen. Er hatte seine Eltern, seine beiden Brüder und eine Schwester verloren.

Wir fühlten uns einander sofort verwandt, aber er hat nicht gleich um mich angehalten. Ich war gerade erst siebzehn. Er war zehn Jahre älter. Er war Berufssoldat. Das gefiel mir. Er war sehr männlich, sehr stark. Es machte mir Mut, ihn in seiner Uniform zu sehen.

Als er mich bat, ihn zu heiraten, machten meine Eltern sich Sorgen, weil ich noch so jung war. Er versprach ihnen zu warten – bis ich achtzehn wäre. Im Jahr darauf haben wir geheiratet.

Bei dem Skiurlaub in der Schweiz hatte Mengele nicht nur seinen Sohn um sich, sondern lernte auch seine spätere zweite Frau kennen. Martha Mengele, die hochgewachsene, attraktive Witwe seines Bruders Karl, folgte ihm im Herbst 1956 nach Argentinien, zusammen mit ihrem Sohn Karl-Heinz, und zog mit in die imposante Villa in Olivos. Auf den Fotos, die die Günzburger Verwandtschaft bekam, präsentierten Martha und Josef sich als Traumpaar. Endlich hatte Mengele wieder den ersehnten «Familienverband» aus Mann, Frau und Kind.

Die Verwandtschaft, besonders Karl senior, drängte darauf, daß Josef und Martha heirateten.[1] Wir wissen nicht, wie gut Martha ihren Bräutigam gekannt hat, bevor sie dem Drängen ihres Schwiegervaters nachgab. Jedenfalls kam die beabsichtigte Eheschließung dem Alten in mehr als einer Hinsicht gelegen. Er hatte schon befürchtet, Martha könnte aus dem Mengele-Clan ausheiraten. Diese Wendung der Ereignisse aber garantierte, daß die Firma in der Hand der Familie blieb, und außerdem hatte sein Beppo jemanden, der sich im fernen Südamerika um ihn kümmerte.

Judith Yagudah Als ich ein junges Mädchen war, hat meine Mutter sich so sehr an mich geklammert, daß sie mich nicht mal mit einem Jungen ausgehen lassen wollte. Ich durfte keine Freunde haben. Wenn ein Junge mich ins Kino einlud, sagte sie: «Du willst doch nicht etwa heute abend mit ihm ins Kino gehen und mich hier allein lassen?»

Ich habe ständig alle Jungen versetzt.

Mutter hat pausenlos von Ruthie geredet. Sie hat immer gesagt: «Wenn ich mein anderes Zwillingsmädchen noch hätte, wäre alles viel leichter. Aber ich habe ja nur dich. Meine ganze Liebe ist nur für dich.»

Meine Beziehung zu meiner Mutter war sehr eng – zu eng. Sie ließ mich kein normales Leben führen. Sie hat mich absolut beherrscht. Unsere Beziehung war nicht gesund – besonders ihre Fixierung auf mich.

Die Mädchen, die in Israel geboren waren, die «Sabras», waren so frei, so selbstsicher. Sie hatten jede Menge Freunde. Sie gingen mit Jungen aus, allein und in Gruppen. Ich aber blieb zu Hause bei meiner Mutter.

Einmal lud mich einer, der auch aus Osteuropa kam, zu einer Party ein. Diesmal nahm ich die Einladung an.

So lernte ich meinen Mann kennen. Er kam aus Jugoslawien und war auch Lager-Überlebender. Er war in Bergen-Belsen gewesen. Mit dreizehn hatte er seine Eltern verloren. Die Nazis haben sie vor seinen Augen ermordet. Er hat gesehen, wie sie erschossen wurden, und er konnte sich daran erinnern.
Wir sind zusammen gegangen. Meiner Mutter hat unsere Beziehung natürlich nicht gepaßt, aber ich habe mich weiter mit ihm getroffen. Wir waren drei Jahre zusammen, dann hat er mir einen Heiratsantrag gemacht. Er war der erste und einzige Mann, mit dem ich gegangen bin.
Meine Mutter wollte nicht, daß ich ihn heirate. Sie sagte, daß wir beide viel zu arm seien. «Du hast nichts, und er hat nichts», meinte sie. «Was soll denn aus euch werden?» Sie dachte, ich würde bei ihr bleiben, bis ich eine bessere Partie gefunden hätte.
Ich habe ihn trotzdem geheiratet.

1958 entschlossen sich Martha und Josef zu heiraten. Sie flogen zur Trauung nach Uruguay.[2] In Günzburg wirbelte die Nachricht von der Hochzeit einigen Staub auf. Josefs Freunde aus Jugendtagen staunten, daß Beppo Mengele die Frau seines verstorbenen Bruders geheiratet hatte.[3] Und auch Marthas Bekannte waren verblüfft, aber nicht, weil sie wieder einen Mengele geheiratet hatte, sondern weil sie bereit war, im fernen Südamerika zu leben.[4] Für die Günzburger war Martha immer mehr oder weniger ein leichtes Mädchen gewesen, ein leichtes Mädchen mit Goldgräbermentalität.[5] Vor etlichen Jahren war sie, obwohl noch mit dem Günzburger Geschäftsmann Wilhelm Ensmann verheiratet, von dessen gutem Freund Karl Mengele junior schwanger geworden.[6] Sie hatte sich daraufhin unverzüglich von Ensmann scheiden lassen und Karl geheiratet.[7] Als das Kind Karl-Heinz geboren war, klagte Ensmann um die Vaterschaft, doch das Gericht entschied, daß der Junge Karls Sohn war.[8] Jeder wußte, wie sehr Martha das gute Leben schätzte. Man konnte sich schwer vorstellen, daß sie es lange ohne die Annehmlichkeiten der europäischen Zivilisation aushielte.[9]

Vera Grossman Schmuel, mein Mann, kam aus einer Familie, die noch ärmer als meine war. Ich lernte ihn auch durch einen Brautwerber kennen.

Er wohnte mit seinen Eltern im Araberviertel. Seine Wohnung war so heruntergekommen, daß ich, wenn ich dort übernachtete, immer dachte, das Dach stürzt ein.
Aber er war ein sehr gutaussehender Junge, sehr nett und verständnisvoll. Er war sechs Jahre älter als ich und arbeitete als Rohrleger. Wir mochten uns auf Anhieb, und er machte mir einen Heiratsantrag.
Doch unsere Verlobung war erst amtlich, nachdem mein Stiefvater uns seinen Segen gegeben hatte. Als mein Stiefvater Schmuels Eltern kennenlernte, stellten sie fest, daß sie sich aus Polen kannten, von vor dem Krieg. Mein Stiefvater sagte, die Familie sei sehr gut; er gab sein Einverständnis zu der Verbindung.
Als wir uns drei Monate kannten, heirateten wir. Seine Familie mußte eine Kuh verkaufen, um das Geld für die Hochzeitsfeier zusammenzubringen.
Wir mieteten uns die billigste Wohnung, die wir in Haifa finden konnten. Es war eine winzige, aufs Dach eines fünfstöckigen Hauses im Araberviertel gepappte Bruchbude. Wir hatten ein kleines Zimmer, in das gerade mal ein Bett paßte, nichts weiter – nicht mal eine Frisierkommode oder ein Tisch. Das Bad war praktisch in der Küche. Nicht einmal einen Schrank hatten wir.
An meinem Hochzeitstag ging ich in die Wohnung und richtete sie her. Ich fand eine Stelle in der Wand, wo ich einen behelfsmäßigen Schrank einbauen wollte. Ich nahm einen Hammer, schlug ganz allein die Wand heraus und baute einen kleinen Schrank.
Bei der Hochzeitszeremonie hatte ich Blasen an den Händen.
Eine Hochzeitsreise konnten wir uns nicht leisten, also zogen wir am selben Tag in unsere Wohnung. Aber vorher mußte ich noch mein Brautkleid zurückbringen, das ich mir von einer Freundin geliehen hatte. Nach der Hochzeit ging ich zu Fuß das Kleid zurückbringen – ich mußte zwei oder drei Kilometer laufen, weil ich kein Geld für ein Taxi hatte. Dann bin ich noch mal mehrere Kilometer gelaufen, bis ich wieder in unserer neuen Wohnung war.

Moshe Offer Kurz nach meiner Entlassung aus der Blumenthal-Klinik lernte ich meine erste Frau kennen. Ich war siebzehn, sie achtzehn.

Wir verliebten uns wahnsinnig ineinander und beschlossen, sofort zu heiraten.
Kurz nach der Hochzeit wurde sie schwanger. Ich war sehr glücklich, zum erstenmal seit dem Krieg. Endlich hatte ich jemanden, der sich um mich kümmerte. Ich ahnte nicht, daß es ihr nicht gutging.
Zu spät erfuhr ich, daß sie einen Herzfehler hatte. Sie hätte gar nicht schwanger werden dürfen. Sie starb bei der Geburt. Sie hinterließ mir ein gesundes Baby, unsere Tochter.
Ich war völlig verzweifelt. Ich hatte sie so geliebt. Sie hatte mir das Leben gerettet.
Nach ihrem Tod wußte ich nicht, was ich tun sollte. Schließlich meldete ich mich wieder in der Blumenthal-Klinik, mit unserem Baby im Arm.

Josefs und Marthas Eheglück war kurz. Wenige Monate nach der Hochzeit wurde Mengele von der argentinischen Polizei verhaftet.[10] Vor acht Jahren, kurz nach seiner Ankunft in Buenos Aires, hatte er in der kleinen Pension im Vincente-Lopez-Viertel die kranke Tochter seines damaligen Zimmergenossen behandelt. Jetzt ermittelte man gegen ihn, weil er ohne Zulassung als Arzt praktiziert hatte. Außerdem wurde er mit einer Gruppe von Ärzten in Verbindung gebracht, die illegal Abtreibungen vornahm. Er wurde verhört und ein paar Tage lang festgehalten, aber dann wurde die Anklage offenbar fallengelassen.[11]

1959 starb sein Vater.[12] Das war für Josef ein schwerer Schlag; er hatte seinen treuesten Fürsprecher in der Familie verloren. Karl senior war stets auf Beppos Seite gewesen, auch noch, als die Beweise für die abscheulichen Verbrechen, die dieser während des Krieges begangen hatte, immer massiver wurden.

Hunderte Günzburger folgten dem Sarg ihres prominenten Mitbürgers und erwiesen dem Mann, der dem Namen Mengele wieder zu Ansehen verholfen hatte, die letzte Ehre. Es gibt Hinweise, daß auch Josef zur Beerdigung seines Vaters kurz in Günzburg war.[13]

In Wien lebte der Auschwitz-Überlebende Hermann Langbein, der sich noch sehr genau daran erinnern konnte, wie der Todesengel auf der Rampe gestanden und die Selektionen vorgenommen hatte.[14] Als Generalsekretär des Internationalen Auschwitz-

Komitees korrespondierte Langbein mit anderen Holocaust-Opfern und forschte nach dem Verbleib von Hauptkriegsverbrechern. Daß gerade Mengele der gerichtlichen Verurteilung und damit dem Galgen entgangen war, empörte ihn besonders. Er wollte ermitteln, wo Mengele nach dem Krieg untergetaucht war, stieß aber jahrelang ins Leere. Pikanterweise bekam Langbein ausgerechnet durch Mengeles Scheidung von Irene den so lange gesuchten Anhaltspunkt und stellte fest, daß die Spur des verschwundenen Todesengels nach Südamerika führte.[15]

Bei den 1954 am Freiburger Gericht archivierten Scheidungsakten befand sich glücklicherweise ein Dokument mit Mengeles Adresse in Buenos Aires.[16] Offenbar hatten zu dieser Zeit weder Josef selbst noch seine Angehörigen es für riskant gehalten, eine so verräterische Information preiszugeben. Dies war einer der wenigen Fehler, die der Familie unterliefen. Langbein entdeckte die Scheidungsakten und erfuhr auf diese Weise, daß Mengele am Leben war und sich unter eigenem Namen in Argentinien aufhielt.[17]

Leah Stern Es gab damals Leute, die meinen späteren Mann davon abbringen wollten, mich zu heiraten, weil ich in der Vergangenheit eines von Mengeles Versuchskaninchen gewesen war. Wir beide hatten uns auf dem Schiff nach Israel kennengelernt und waren schon miteinander befreundet, bevor unsere Romanze begann.

Seine Freunde fragten ihn, warum er das Risiko eingehen wollte, ein Opfer von Mengeles Experimenten zur Frau zu nehmen. Sie meinten, ich könnte vielleicht keine Kinder kriegen.

Aber er hatte mich sehr lieb. Er war entschlossen, mich zu heiraten, egal, ob ich Kinder haben könnte oder nicht.

Menashe Lorinczi Meine späteren Schwiegereltern waren sehr besorgt wegen meiner Vergangenheit als Auschwitz-Zwilling; sie hatten Angst, ich könnte nicht «gesund» sein.

Als ich meine Frau Jaffa kennenlernte, fand ich sie so schön, daß ich gar nicht den Blick von ihr lassen konnte. Ich wollte sie auf der Stelle heiraten.

Meine Familie war vor kurzem nach Netanya gezogen. Jaffa war

in Israel geboren und hatte schon immer in dieser Stadt gelebt. Ich fiel ihr auf, weil ich der «neue Junge im Ort» war.
Ich hörte, daß Jaffa mit einem anderen ging, aber das hat mich nicht im mindesten entmutigt. Ich bat einen Freund, sie auf den Kopf zu zu fragen, ob sie es ernst meinte mit diesem Mann. Sie verneinte. Am nächsten Tag verabredete ich mich mit ihr und wir gingen zusammen mit einem anderen Pärchen aus.
Anfangs unternahmen wir viel zu viert oder in der Gruppe. Wir gingen an den Strand, ins Theater, ins Kino. Ich war in sie verliebt, aber Jaffa wußte nicht genau, ob sie mich heiraten wollte. Sie kam aus einer sehr religiösen Familie.
Als ich immer öfter zu ihr nach Hause kam, wollten ihre Eltern wissen, wer ich sei und ob ich ernste Absichten hätte.
Ich machte ihr einen Heiratsantrag – und sie willigte ein, aber danach tauchten neue Probleme auf.
Jaffas Eltern machten sich Sorgen, weil ich so dünn war, sie dachten, ich sei vielleicht krank wegen meiner Zeit in Auschwitz. Ich hatte ihnen nicht viel über meine Erlebnisse im Lager erzählt. Die Überlebenden haben damals nicht über den Krieg geredet.
Irgendwelche Leute hatten den Eltern meiner Frau gesagt, daß ich in Auschwitz gewesen war. Man hatte ihnen geraten, sich genau zu überlegen, ob sie zuließen, daß ihre Tochter mich heiratete – wegen meiner Vergangenheit als Mengele-Zwilling.

Langbein, der erreichen wollte, daß Mengele ausgeliefert und vor Gericht gestellt würde, begann Material über ihn und seine Verbrechen in Auschwitz zu sammeln.[18] Doch als er der westdeutschen Regierung sein Dossier vorlegte, mußte er feststellen, daß die dortige Bürokratie wenig Lust verspürte, den Fall noch einmal aufzurollen. In Westdeutschland hatte man längst aufgehört, NS-Kriegsverbrecher zu verfolgen, und nicht einmal die Aussicht, den berüchtigten Dr. Mengele zu fangen, konnte die zuständigen Stellen in Schwung bringen. Aber Langbein ließ nicht locker. Endlich fand er in Freiburg einen Staatsanwalt, der sich für den Fall interessierte. Am 7. Juni 1959 wurde in Deutschland erstmals Haftbefehl gegen Mengele erlassen.[19] Das Auswärtige Amt der Bundesrepublik Deutschland konnte nicht umhin, Argentinien um Mengeles Auslieferung zu ersuchen.

Mengele sah ein, daß er in Argentinien nicht mehr sicher war und eine andere Bleibe für sich und seine neue Familie suchen mußte. Er ließ sich in Paraguay nieder, wo seine Freunde in der deutschen Kolonie ihm gern Zuflucht gewährten.[20] Aber seine Zukunftsaussichten waren alles andere als rosig, die Ungewißheit war groß, und er fühlte sich unangenehm an frühere Zeiten erinnert. Das argentinische Flüchtlingsidyll war zu Ende. Er war wieder auf der Flucht.

Peter Somogyi Irgendwann fand unser Vater, wir sollten fortgehen aus Israel. Er hatte es dort nie zu dem geschäftlichen Erfolg gebracht, den er in Osteuropa gehabt hatte. Er meinte, anderswo stünden die Chancen besser.

Aber ich wollte nicht aus Israel weg. Mein Vater brauchte eine Menge Überredungskunst, damit ich zustimmte.

Mein Zwillingsbruder und ich gingen nach London. Wir beantragten die Auswanderung in irgendein Land, das bereit wäre, uns alle aufzunehmen, und wo wir uns ein neues Leben aufbauen könnten. Unser Traum war Kanada. Vater meinte, in Kanada hätten wir mehr Möglichkeiten. Wir sollten vorausfahren und uns irgendwo niederlassen, und er wollte dann nachkommen.

In der Zwischenzeit mußten wir arbeiten, damit wir uns in England über Wasser halten konnten. Es war wirklich eine Hilfe, daß ich einen Beruf gelernt hatte. Ich bekam eine Arbeitserlaubnis und fand schnell einen Job als Automechaniker.

Mein Bruder hatte es schwerer. Er ging zur Schule und machte nebenbei alles mögliche, um Geld zu verdienen. Eine Zeitlang hat er sogar bei «Marks and Spencer» Müll eingesammelt.

Wir hofften und beteten beide, daß wir die Papiere bekämen und nach Kanada auswandern könnten.

Eva Mozes Als ich mich entschloß, meinen späteren Mann zu heiraten, Israel zu verlassen und mit ihm nach Amerika zu gehen, kannte ich ihn gerade einmal zehn Tage.

Mickey war auch ein Holocaust-Überlebender. Er hatte wie ich beide Eltern im Lager verloren. Er kam eigentlich aus der Sowjetunion, aus Riga, lebte aber inzwischen in Indiana.

Seinen Bruder, der in Israel in meiner Nachbarschaft wohnte, kannte ich gut. Seine Familie hatte ein Komplott geschmiedet, um uns zusammenzubringen. Sie wollten unbedingt, daß ich Mickey kennenlerne, und hatten mich schon Monate, bevor er nach Israel kam, auf seinen Besuch vorbereitet.
Als wir uns dann trafen, stellte sich heraus, daß wir nicht einmal miteinander reden konnten. Ich sprach kaum Englisch und er kein Wort Hebräisch. Wir verständigten uns mit zwei Wörterbüchern. Aber ich reiste mit ihm durch Israel, und irgendwie hat es Spaß gemacht.
In den zehn Tagen drängte er mich, ich sollte einwilligen, ihn zu heiraten. Ich sagte: «Geh zurück in die USA, und dann schreiben wir uns – so schnell kann ich mich nicht entscheiden.» Aber damit war er nicht einverstanden; wenn ich wollte, daß die Beziehung weitergeht, müßten wir uns verloben.
Meine Schwester Miriam war verheiratet und hatte ein Baby. Alle meine Freundinnen waren verheiratet. Ich war sechsundzwanzig und immer noch allein. Das war für damalige Zeiten ungeheuerlich. Meine Tante setzte mich unter Druck. «Du willst doch keine alter Jungfer werden», sagte sie. «Du kannst dich ja wieder scheiden lassen, aber erst mal mußt du heiraten.»
Ich trauerte noch einer Beziehung nach, die kurz zuvor auseinandergegangen war. Ich konnte machen, was ich wollte, ich war nicht imstande, den Mann zu vergessen. Noch schlimmer wurde die Sache dadurch, daß er sich weiter mit mir traf, obwohl er inzwischen verheiratet war. Er kam andauernd an.
Es war eine große Liebe, aber mir war klar, daß sie keine Zukunft hatte. Der Gedanke, aus Israel fortzugehen, hatte etwas für sich. Wie abenteuerlich, so ein Ortswechsel. Die Vorstellung, nach Amerika zu gehen, fand ich herrlich.
Ich sagte zu Mickey: «Okay, ich komme mit», und dann sind wir nach New York geflogen.

Lea Lorinczi 1959 überredete mich mein Mann, Israel zu verlassen und mit ihm nach Amerika zu gehen. Mein Mann hatte schon immer in den Vereinigten Staaten leben wollen – das war sein großer Traum. Aber das hat er mir erst nach der Hochzeit gesagt.

Anfangs habe ich mich deswegen mit ihm gezankt. Ich wollte nicht von meinem Vater und meinem Zwillingsbruder weg. Aber er gab nicht nach. «Wir können es doch wenigstens versuchen», sagte er. «Wenn es nicht klappt, kommen wir halt wieder nach Israel.»

Zvi der Seemann Als ich nach Israel kam, ging ich zur Marine. So habe ich meine Liebe zum Meer entdeckt und beschlossen, Seemann zu werden.

Am Anfang war die Seefahrt für mich nur ein Mittel zum Zweck. Ich wußte, daß ich in Amerika eine Tante hatte, und ich wollte sie besuchen. Später fuhr ich weiter zur See, weil ich vor Israel davonlaufen wollte und vielleicht auch vor mir selber. Und dann bin ich dabeigeblieben, aus Gewohnheit, und weil es ein angenehmes Leben war.

Als Seemann verdiente ich einen Haufen Geld. Und je mehr ich verdiente, desto mehr gab ich aus. Ich war zwanzig und fühlte mich uralt.

Ich hatte ein gutes Leben – ein Vagabundenleben. In jedem Hafen gab es Frauen. Wir haben uns immer betrunken.

Wenn die Landratten sich von dem Geld, das sie verdienen, einen Stuhl oder einen Tisch kaufen, dann ist das ein Zeichen, daß sie erfolgreich sind.

Aber ich als Seemann habe mein Geld einfach zum Vergnügen ausgegeben. Und das war in Ordnung, weil man ja nie gewußt hat, ob man zurückkommt von der nächsten Fahrt.

Wo sich Mengele zwischen 1958 und 1960 aufgehalten hat, ist unklar. In diesem Punkt sind Historiker, Journalisten, Ermittler und Geheimdienstspezialisten unterschiedlicher Meinung. Sicher ist, daß er sich, als man anfing, ihn ernsthaft zu suchen, aus Argentinien nach Paraguay absetzte, von dort nach Brasilien ging und mehrmals zwischen diesen drei Ländern hin und her reiste, bevor er in 1959 Paraguay eine sichere Zuflucht fand. In Stroessners Paraguay waren alte Nazis noch herzlicher willkommen als weiland unter Perón in Argentinien. Als Mengele im Herbst 1959 die paraguayische Staatsbürgerschaft beantragte, hatte er zwei gute Freunde als Bürgen: Werner Jung, den Vorsitzenden der faschistischen Partei, und den aus Weißrußland stammenden Offizier Alejandro von Eckstein, dessen faschistische Gesinnung bekannt war und den Mengele durch Hans-Ulrich Rudel kennengelernt hatte.[21] Beide bestätigten, daß sich Mengele die für die Einbürgerung erforderlichen fünf Jahre in Paraguay aufgehalten habe. Alejandro von Eckstein, der in den Chacokriegen unter Stroessners Befehl gekämpft hatte, ließ seine Beziehungen zum Diktator spielen und sorgte dafür, daß Mengele die Einbürgerung und einen paraguayischen Paß bekam, ausgestellt auf seinen richtigen Namen. Jetzt war er José Mengele.[22]

Auch nach Erhalt der paraguayischen Staatsbürgerschaft reiste Mengele noch häufig nach Argentinien, wo er nach wie vor wichtige Interessen hatte, unter anderem seine Villa in Olivos und seine Anteile am Arzneimittelunternehmen Fadro. Außerdem mußte er mehrmals hin und her fahren, um seine zahlreichen Holdings zu liquidieren. Er war sogar noch einmal für länger dort und arbeitete bei Fadro. Seine Kollegen in der Firma erinnern sich, daß er in dieser Zeit ziemlich niedergeschlagen wirkte.

Eigentlich hätte es sowohl für die argentinischen als auch für die deutschen Behörden ein leichtes sein müssen, Mengele bei einem dieser Aufenthalte in Argentinien zu schnappen, aber er blieb auf freiem Fuß. Kein Wunder, denn die Argentinier, die ihm jahrelang Unterschlupf gewährt hatten, dürften wohl kaum ein Interesse daran gehabt haben, ihn jetzt auszuweisen. Und die deutschen Diplomaten in Buenos Aires und Asunción, die Bonn mit den gewünschten Informationen über Mengele beliefern sollten, standen der ganzen Fahndungsaktion eher reserviert gegenüber.

Aus den jetzt vom State Department freigegebenen Akten wird ersichtlich, was für Eiertänze Argentinien und Deutschland aufgeführt haben, um dem Todesengel aus der Klemme zu helfen.[23] Mehrere Telegramme, die die amerikanische Botschaft in Buenos Aires im Juni (zu einer Zeit also, als Mengele zwischen Buenos Aires und Asunción pendelte) nach Washington kabelte, belegen, daß die deutsche Regierung Argentinien gebeten hatte, das Auslieferungsverfahren gegen Mengele auf den Weg zu bringen.[24] Die Argentinier wimmelten ab: Es gebe keine Anzeichen dafür, daß die genannte Person in das Land eingereist sei, hieß es.[25] Und das, obwohl Mengele sogar unter dem Namen seiner Frau im Telefonbuch von Buenos Aires stand. Sichtlich gereizt forderten die argentinischen Behörden von den deutschen «weitere Informationen» zur Untermauerung ihrer Behauptung bezüglich angeblich von Mengele begangener Straftaten.[26]

Erst ein halbes Jahr später reagierten die Deutschen darauf, indem sie Mengeles Adresse nach Argentinien schickten.[27] Doch die argentinischen Behörden blieben bei ihrer Hinhaltetaktik.

Irgendwann antworteten die Argentinier dann doch noch, allerdings nur mit dem Bemerken, daß Argentinien und Deutschland kein Auslieferungsabkommen hätten, weshalb sie dem Ersuchen der Deutschen leider nicht stattgeben könnten.[28] Immerhin wollten sie den Fall an ihren Generalstaatsanwalt weiterleiten, der der Regierung «empfehlen» konnte, Mengele auszuweisen.[29] Aber auch dazu kam es erst im Juni 1960, also ein volles Jahr nach dem ersten Auslieferungsantrag der Deutschen.

Doch als man Mengele in Argentinien endlich ausfindig gemacht habe, sei er längst verschwunden gewesen, kabelte die amerikanische Botschaft in Buenos Aires resigniert nach Washington.[30] Die zahlreichen Verzögerungen hatten dem Kriegsverbrecher reichlich Zeit gelassen, um für seine Zukunft vorzusorgen und alle wichtigen geschäftlichen Angelegenheiten zu regeln. Sogar seine Luxusvilla in Olivos soll Mengele nach Aussagen eines damals in Buenos Aires akkreditierten israelischen Diplomaten mit beachtlichem Gewinn verkauft haben.[31]

Judith Yagudah In den ersten fünf Jahren meiner Ehe wohnten mein Mann und ich mit meiner Mutter in einer winzigen Wohnung in Haifa. Es war schrecklich eng, wir drei zusammen unter einem Dach. Aber Mutter hat darauf bestanden.

Wir hätten uns eine andere Wohnung leisten können, aber sie war dagegen. Sie hatte Angst, allein zu leben.

Hinzu kam, daß ich arbeiten mußte, um unseren Lebensunterhalt zu verdienen, während mein Mann an der Universität studierte. Meine Mutter fand es unmöglich, daß eine Frau arbeiten ging. Sie hat mir das Leben sehr schwergemacht.

Für mich war das ein ständiger Konflikt. Ich war zwischen meiner Mutter und meinem Mann hin und her gerissen. Einerseits wollte ich frei sein und mein eigenes Leben leben. Andererseits war ich in dem Glauben erzogen, daß man sich für seine Eltern verantwortlich fühlen müsse. Meinem armen Mann blieb nichts weiter übrig, als sich mit der Situation abzufinden.

Lea Lorinczi Die erste Zeit in den Vereinigten Staaten war nicht leicht. Es fiel uns sehr schwer, finanziell auf die Beine zu kommen. Mein Mann wollte nicht, daß ich arbeiten gehe, aber ich beschloß trotzdem, mir einen Job zu suchen. Da ich kein Englisch sprach, konnte ich nicht als Krankenschwester arbeiten. Aber ich fand eine Stelle in einer Pulloverfabrik. Ich mußte mich sehr anstrengen, daß ich dort zurechtkam.

Ich fühlte mich sehr einsam. Ich hatte mich von meiner Familie getrennt, und mein neues Leben erlegte mir sehr harte Prüfungen auf.

Es dauerte fünf Jahre, bis wir das Geld zusammenhatten, um nach Israel zurückzukehren.

In Paraguay hielt sich Mengele im Hause seines Freundes Alban Krugg versteckt und plante seine nächsten Schritte. Zu dieser Zeit hatte Martha noch die Hoffnung, irgendwann wieder normal mit ihrem Mann leben zu können. Ihr war nicht klar, daß Buenos Aires für ihn ein viel zu heißes Pflaster war. Mengele selber sah die Dinge realistischer. Er war schon immer ein vorsichtiger Mensch gewesen. Er wollte warten, bis seine Verfolger müde wurden oder die Hoffnung aufgaben. Sein Instinkt hatte ihm geraten, unterzutauchen, und das war goldrichtig gewesen.

Und während Mengele von der Bildfläche verschwand, war ein kleines Team von israelischen Top-Agenten damit beschäftigt, das Netz um einen anderen hochkarätigen Nazi zusammenzuziehen: Sie hatten Adolf Eichmann entdeckt, den Hauptverantwortlichen für die Durchführung der «Endlösung». Und sie hofften offenbar, Mengele bei der Gelegenheit auch gleich schnappen zu können.[32]

Im Mai 1960 wurde Adolf Eichmann eines Abends in Buenos Aires auf dem Heimweg von der Arbeit entführt. Er verriet den Mossad-Leuten Mengeles Adresse, aber sie kamen zu spät.[33] Mengele hatte sich bereits nach Paraguay gerettet.

Am 11. Mai 1960 erfuhr die staunende Weltöffentlichkeit von der Verhaftung Adolf Eichmanns, der unter dem Pseudonym Ricardo

Klement in Argentinien gelebt hatte.[34] Dort war der ehemalige SS-Obersturmbannführer Tag für Tag brav mit dem Bus zur Arbeit gefahren, denn im Gegensatz zu Mengele hatte er keine wohlhabende Familie, die ihm das Geld für eine eigene Firma oder einen Skiurlaub in die Schweiz hätte schenken können. Der Mann, der die Vertreibung der Juden aus Europa und ihre Deportation in die Todeslager organisiert hatte, war jetzt ein kleiner Angestellter, der Mühe hatte, seine Frau und seine vier Kinder zu ernähren.[35] Er wohnte nicht, wie Mengele, in einer Villa, sondern in einem winzigen Haus ohne Strom und fließendes Wasser.[36]

Mengele, der großen Wert auf Statussymbole legte, hatte keinen sehr engen Kontakt zu Eichmann gehabt, vermutlich, weil ihm dessen gesellschaftliche Stellung im Zufluchtsland zu gering war. Allerdings trafen sich die beiden regelmäßig im *Kameradenwerk*, der geheimen Hilfsorganisation für ehemalige Nazis. Und außerdem hatten sie mit Wilhelm Sassens, der Mengele in der Anlaufzeit geholfen hatte, in Asunción Fuß zu fassen, einen gemeinsamen Freund.[37]

Nach Eichmanns Entführung hatte Martha genug von den südamerikanischen Abenteuern und kehrte mit dem kleinen Karl-Heinz nach Europa zurück. Ihr war klargeworden, daß ein normales Leben mit einem Mann wie Josef Mengele nicht möglich war, und sie hatte keine Lust, ihm nach Brasilien, in sein nächstes Versteck, zu folgen. In einer kultivierten Weltstadt wie Buenos Aires hätte sie es noch aushalten können, aber nicht in Paraguay und Brasilien. In Günzburg waren Marthas Klagen über ihr hartes Leben in der südamerikanischen Wildnis lange Zeit Stadtgespräch.[38] Noch heute kichern die Einwohner des verträumten Städtchens, wenn sie daran denken, wie Martha über ihr schweres Los als Josef Mengeles Ehefrau jammerte. Sogar den Haushalt hatte sie selber machen müssen.[39] Die Vorstellung, daß die fesche Martha im wilden Argentinien, in Paraguay und Brasilien Fußböden bohnern und Töpfe und Pfannen scheuern mußte, erregte bei den Günzburgern eher Schadenfreude als Mitleid.

Vera Grossman Nach unserer Heirat haben mein Mann und ich weiter unsere Familien unterstützt – obwohl wir selbst kaum genug zum Leben hatten. Ich litt darunter, aber ich habe mich nie beklagt. Ich habe mir gesagt, solange ich nur am Leben bin, ist alles gut. Mein Optimismus half mir, diese schwere Zeit zu überstehen. Das konnte ich nur, weil mein Charakter so ist, wie er ist. «Es macht mir nichts aus, arm zu sein», habe ich immer zu meinem Mann gesagt. Wenn man Hoffnung im Herzen hat, ist man optimistisch, und dann überwindet man alle Schwierigkeiten.

Jetzt müsse er noch vorsichtiger sein, schrieb Mengele in seinem Versteck in Paraguay in sein Tagebuch, als er von Eichmanns Festnahme erfuhr.[40] Die schönen Zeiten, da er einfach in die deutsche Botschaft gehen und sich einen Paß auf seinen richtigen Namen ausstellen lassen konnte, um in Europa Urlaub zu machen, waren ein für allemal vorbei. Im Herbst 1960 setzte sich Mengele nach Brasilien ab. Sein Freund Rudel hatte ihn mit einem Mann bekanntgemacht, der ihm weiterhelfen konnte. Er hieß Wolfgang Gerhard, war Österreicher und ein eingefleischter Nazi.[41] Gerhard entwikkelte einen Plan für die Sicherheit des Auschwitz-Doktors.[42] Mengele tauchte abermals unter, diesmal für immer.

Eichmanns Ergreifung leitete eine neue, aggressivere Ära in der Verfolgung von NS-Verbrechern ein. Männer wie Simon Wiesenthal und Hermann Langbein, die beide von Wien aus operierten, setzten die westdeutsche Regierung unter Druck und versuchten, sie zu verstärktem Einsatz zu bewegen. Ihre Beharrlichkeit und die Welle antifaschistischer Gefühle, die Eichmanns Entführung nach sich zog, rissen Deutschland aus seiner Lethargie. Fünfzehn Jahre waren seit Kriegsende vergangen, und es machte nicht den Eindruck, als ob die Deutschen daran interessiert wären, die für den Holocaust Verantwortlichen zur Rechenschaft zu ziehen.[43] Die 1958 in Ludwigsburg gegründete Zentralstelle für die Aufklärung von Naziverbrechen hatte in den zwei Jahren ihres Bestehens herzlich wenig erreicht.[44]

Aber nun, wenige Monate, nachdem Eichmann gefaßt worden war, entwickelten die Deutschen ganz erstaunliche Fähigkeiten als Nazijäger. Richard Baer, der Nachfolger von Rudolf Höß, dem ehemaligen Lagerkommandanten von Auschwitz, und andere Mitarbeiter Eichmanns wurden festgenommen.[45] Diese Wende hatte nicht zuletzt damit zu tun, daß die Ergreifung Adolf Eichmanns und der Prozeß gegen ihn bei vielen Deutschen schwere Schuldgefühle und tiefe Scham ausgelöst hatten. Gideon Hausner, der israelische Oberstaatsanwalt, erhielt während des Prozesses zahlreiche bewegende Briefe von Menschen aus ganz Deutschland, die um Verzeihung baten.[46] Ein junger Deutscher schrieb, er wolle «sühnen», was die Generation seiner Väter der Menschheit angetan habe.[47] Er bot an, in Israel zu arbeiten, und berichtete, daß auch seine Freunde diesen Wunsch hätten.[48] Für ihn sei nur die Frage: «Wollen Sie uns haben?» Eine deutsche Familie teilte mit, sie sei durch die Enthüllungen über die Greueltaten der Nazis auf den Gedanken gekommen, Dachau zu besichtigen. Tiefbewegt seien sie von ihrem Ausflug ins Todeslager heimgekehrt, und dieser Ausflug habe ihnen klargemacht, daß keine Strafe der Welt Eichmanns Verbrechen sühnen könne.[49]

Menashe Lorinczi Bis zum Eichmann-Prozeß hatten die Überlebenden nie über den Holocaust gesprochen, weil ihnen kein Mensch glaubte. Als ich in der Armee war, versuchte ich den Leuten zu erzählen, was ich in Auschwitz mit Dr. Mengele erlebt habe. «Bist du verrückt?» haben die anderen Soldaten mich gefragt.

Hedvah und Leah Stern Der Eichmann-Prozeß hat uns innerlich kaputtgemacht. Alles kam wieder hoch – die Toten, die sie vor unseren Baracken aufgestapelt haben, Tag und Nacht, Tag und Nacht, Tag und Nacht. Während des Prozesses mußten wir die ganze Zeit daran denken.
Bis dahin hatte niemand davon gesprochen, was im Krieg gewesen war. Wir haben unseren Freunden unsere Geschichte erzählt, und keiner hat uns geglaubt – kein Mensch.

Alex Dekel Ich ging zu Eichmann, in seine Zelle, von Angesicht zu Angesicht, am Tag vor seiner Hinrichtung. Ich fragte ihn, ob er sich an mich erinnert. Er sagte nein. Da habe ich meinen Ärmel aufgekrempelt und ihm die eintätowierte Nummer auf meinem Arm gezeigt. Er wandte sich ab.

Miriam Mozes Nach dem Krieg war es eine Schande, wenn man zugab, Holocaust-Opfer zu sein. Niemand wollte darüber reden. Ich hatte Glück. Ich konnte mich von Anfang an meinem Mann anvertrauen. Er war ein guter Zuhörer. Ich erzählte ihm die ganze Geschichte, wie es mir in Auschwitz ergangen war als Mengele-Zwilling. Er hatte den Krieg nicht selbst erlebt, aber er war sehr interessiert – sogar in den Jahren, als sich niemand darum geschert hat. Er wollte alles über den Holocaust wissen. Er nahm Anteil an dem, was ich durchgemacht hatte.

Er sagte: «Wie hast du es nur geschafft, du als elternloses Kind, wieder zurückzufinden ins Leben, zur Schule zu gehen, zu heiraten und wie ein normaler Mensch zu leben?»

Er gab mir das Gefühl, eine Heldin zu sein.

Aber davor bin ich mir nicht sehr heldenhaft vorgekommen. Kein Mensch wollte meine Geschichte hören. Ich hatte Tanten und Onkel und mehrere Cousins und Cousinen. Sie haben mich nie gefragt, was ich in Auschwitz erlebt hatte. Sie wollten es gar nicht wissen. Und ich hatte das Gefühl, daß niemand es wissen wollte, außer meinem Mann – bis Eichmann.

Während des Eichmann-Prozesses wurde das von Grund auf anders. Es gab ja noch kein Fernsehen, nur Radio und Zeitungen, aber wir haben den Prozeß alle verfolgt. Es gab Überlebende, die die Enthüllungen so aus dem Gleichgewicht gebracht haben, daß sie nach dem Prozeß Selbstmord begingen.

Die Deutschen verzichteten darauf, von Israel Eichmanns Auslieferung zu verlangen. Wahrscheinlich wollten sie sowohl den Israelis als auch sich selber Peinlichkeiten ersparen. Das man in Deutschland die Todesstrafe abgeschafft hatte, war leider nicht auszuschließen, daß ein deutsches Gericht Eichmann mit Samthandschuhen angefaßt hätte.

So war es den meisten Nazis ergangen, die seit Kriegsende in Deutschland geschnappt worden waren.[50] Dr. Otto Hunsche, Eichmanns Rechtsberater, hatte nur fünf Jahre Zuchthaus bekommen. Otto Bradfisch, der als führendes Mitglied der SS-Einsatzgruppen an der Ermordung von fünfzehntausend osteuropäischen Juden beteiligt war, kriegte dreizehn Jahre Zuchthaus.[51] Und Josef Lechthaler, der in Rußland Juden umgebracht hatte, mußte sogar nur für dreieinhalb Jahre hinter Gitter.[52]

Natürlich war die Abrechnung mit der Vergangenheit in Westdeutschland halbherzig, aber es gab zumindest bedeutende Festnahmen. So wurde zum Beispiel Karl Wolff, der ehemalige Chef von Himmlers persönlichem Stab, verhaftet und vor Gericht gestellt.[53] Zeugen haben behauptet, dieser Karl Wolff habe «mit besonderer Freude» die Nachricht begrüßt, daß «nun schon seit 14 Tagen täglich ein Zug mit je 5000 Angehörigen des auserwählten Volkes von Warschau nach Treblinka fährt».[54]

Nachdem Eichmann gefaßt war, zogen die unzähligen im Ausland untergetauchten Nazis noch mehr den Kopf ein. Viele von Hitlers ehemaligen Gefolgsleuten hatten sich wie Eichmann und Mengele nach Südamerika abgesetzt und lebten dort als brave Bürger. Hausner hat nachgewiesen, daß sie mit Hilfe eines Informationssystems, das sich über den gesamten südamerikanischen Kontinent bis in die fernsten Winkel der Pampas und des Urwalds erstreckte, in permanentem Kontakt miteinander standen. Und nun auf einmal hatten sie Angst, daß ihnen ein israelischer Spähtrupp auf den Fersen war, der jederzeit zuschlagen konnte.

Etwa um die Zeit der Eichmann-Entführung und des Prozesses erfuhr Rolf Mengele von seinem Stiefvater Hackenjos, daß jener «Onkel Fritz», mit dem er Briefe gewechselt und den er von fern geliebt hatte, in Wahrheit sein Vater war.[55] Aus den Interviews, die Rolf später gab, wird deutlich, daß diese Mitteilung ihn tief erschüttert hat, zumal sie gleichsam als Echo auf die Zeitungsartikel kam, in denen Mengele als Bestie, als perverser, seelenloser Kriegsverbrecher dargestellt wurde. Die deutschen Zeitungen waren voll von sensationellen Enthüllungen über den Todesengel von Auschwitz, und Rolf, der damals fünfzehn war, wurde jetzt sehr häufig wegen seines Nachnamens angesprochen.

Doch wie er den Journalisten später erklärte, behauptete die Familie ihm gegenüber mit aller Entschiedenheit, daß die Presseberichte nicht der Wahrheit entsprächen.

Dem jungen Rolf fiel es schwer, das Bild, das die Familie von Mengele zeichnete und das, was die übrige Welt über ihn behauptete, zusammenzubringen. Seine schulischen Leistungen ließen nach. Für seine Lehrer war dies eindeutig eine Reaktion auf die schockierende Eröffnung, daß er Josef Mengeles Sohn war. Auch der Tenor seiner Briefe an den Mann, den er stets als «Onkel Fritz» gekannt hatte, veränderte sich. Wie er später in Presseinterviews zugab, schrieb er nur noch unregelmäßig und widerwillig an seinen Vater.[56]

Olga Grossmann Es war mir ganz unheimlich, Kinder zu haben. All die unangenehmen Erinnerungen kamen wieder hoch in mir. Wir hatten gesehen, wie sie kleine Babys in die Öfen geworfen hatten.

Ich war während meiner Schwangerschaft sehr, sehr unruhig. Ich habe die ganze Zeit gelitten. Was wird da aus mir herauskommen, fragte ich mich. Dieses Kind, wird es normal sein?

Ich hatte furchtbare Angst wegen der Dinge, die Dr. Mengele mit mir gemacht hatte. Ich war mir sicher, daß mein Baby nicht normal sein konnte – wegen der ganzen Versuche und Experimente.

Nach der Geburt, als sie mir sagten, daß ich ein schönes, gesundes Baby habe, bin ich zusammengebrochen.

Es war einfach zu schön, um wahr zu sein. Ich hatte einen Nervenzusammenbruch und mußte in eine psychiatrische Klinik eingewiesen werden.

Miriam Mozes Nach der Geburt meines ersten Kindes hatte ich starke Depressionen. Ich sah, wie die anderen Frauen in der Klinik Besuch von ihren Müttern bekamen, und das hat mir sehr weh getan. Denn so glücklich und aufgeregt ich über die Geburt meiner Tochter war, so schrecklich war es für mich, daß meine Mutter nicht da war.

Nur mein Mann hat mich besucht. Und Eva. Meine Zwillingsschwester übernahm die Rolle meiner Mutter. Sie kaufte alles ein für das Kind. Sie kam andauernd. Und trotzdem merkte ich, wie ich die anderen Frauen anstarrte und sie darum beneidete, daß ihre Mütter kamen und sie verwöhnten.

Der Fall Eichmann bedrohte die Sicherheit der Juden überall auf der Welt.[57] Eichmanns Ergreifung hatte die alten Nazis veranlaßt, sich totzustellen. Gleichzeitig aber kamen jetzt deren jüngere Anhänger hervorgekrochen. Eine Welle wütender antisemitischer Gefühle überrollte Lateinamerika. Überall erwachte das Interesse an den Ideen und Idealen der Nazis neu. Damit erhielten auch die Ressentiments zahlreicher südamerikanischer Staaten gegen Israel neue Nahrung. In Lateinamerika betrachtete man die Eichmann-Entführung als widerrechtlichen Akt, als schwere Kränkung für die Argentinier und als Verletzung ihrer Souveränität. Es gab empörte Protestnoten an die Adresse der Vereinten Nationen. Im Juni 1960 legte Argentinien beim Weltsicherheitsrat offiziell Beschwerde gegen Israel ein.[58]

Der israelische Premierminister David Ben-Gurion, der dem Mossad grünes Licht für die Eichmann-Entführung gegeben hatte, erkannte jetzt die negativen Folgen der Operation. Der Prozeß hatte zweifellos das Gewissen der Weltöffentlichkeit aufgerüttelt, doch man mußte damit rechnen, daß antijüdische Kräfte Vergeltung übten. Außerdem hatten einige der verläßlichsten Freunde des Staates Israel, darunter auch General Telford Taylor, das Vorgehen der Israelis gerügt und ihnen vorgeworfen, gegen internationales Recht verstoßen zu haben.[50]

Nach Eichmanns Hinrichtung im Mai 1962 bestätigten sich die schlimmsten Befürchtungen des israelischen Premiers. Weltweit kam es zu antisemitischen Zwischenfällen.[60] Am 24. Juni 1962 wurde eine junge argentinische Jüdin namens Graciella Sirota auf dem Schulweg gekidnappt.[61] Die Entführer ritzten ihr ein Hakenkreuz in die Brust und brachten ihr am ganzen Körper schwere Verbrennungen bei. Das sei die Rache dafür, daß die Juden Eichmann getötet haben, sagte man ihr. Vier Tage später überfielen vier Jugendliche einen Studenten, den Sohn eines katholischen Vaters und einer jüdischen Mutter, peitschten ihm Hakenkreuze auf Wangen und Stirn und schlugen ihn zusammen.[62]

Geheimmemoranden der argentinischen Juden an die großen jüdischen Organisationen in Amerika zeugen von der Angst, die solche antisemitischen Übergriffe verbreiteten.[63] Man fürchtete, Nazis könnten sich in Südamerika neu formieren und den «Wiederaufbau» des Dritten Reichs planen. Es gab Gerüchte, daß Nazis einen Putsch planten, um in Argentinien ein faschistisches Regime zu errichten, dessen Hauptziel die Vernichtung der Juden wäre.

Peróns Sturz hatte die innere Stabilität des Landes erschüttert und die im Volk seit jeher latent bestehenden antisemitischen Vorurteile neu angefacht. Dutzende reaktionär-nationalistischer Gruppierungen schürten den Haß und sprachen sich für Gewalt und andere Formen von Vergeltung aus; es setzte ein Extremismus ein, der an die schwärzesten Zeiten des Hitler-Regimes erinnerte. Die hochgradig sensibilisierte jüdische Kolonie mit ihren zahlreichen Kriegsflüchtlingen fürchtete, daß die Geschichte sich auf schreckliche Weise wiederholen könnte. In einem 1962 verfaßten Memorandum einer Organisation argentinischer Juden heißt es: «Die Lage hat sich zugespitzt, besonders nachdem der Eichmann-Prozeß zu Ende ist. Wir haben den Beweis dafür geliefert bekommen, daß die Nazi-Minderheit sich verschanzt hat. Noch mögen diese Leute keine unmittelbare Gefahr darstellen, doch wenn die Bedingungen sich insgesamt weiter verschärfen, kann es passieren, daß sie an die Oberfläche kommen ...»[64] Die Angst ging um, daß die Nazis zum Gegenschlag ausholen könnten, um Eichmanns Hinrichtung zu rächen.

Für die Israelis erhob sich die Frage, ob es ratsam war, weitere Operationen dieser Art durchzuführen. Ben-Gurion meldete ernste Bedenken an, der Mossad aber war durch seinen Erfolg in Sachen Eichmann erst richtig in Schwung gekommen. Besonders stolz war Isser Harel, der damalige israelische Geheimdienstchef.[65] Die Aktion war reibungslos über die Bühne gegangen.[66] Seine Leute, ein handverlesenes Agententeam, waren unerkannt nach Argentinien eingereist und hatten das Land wieder verlassen, ohne daß irgend jemand ahnte, wen sie mitnahmen. Sie waren bereit gewesen, jeden zu töten, der sich ihnen in den Weg stellte, aber es hatte keine Todesopfer gegeben. Nach dem Erfolg der Operation Eichmann brannte der Mossad darauf, sich nun mit Volldampf auf die Suche nach dem untergetauchten Dr. Josef Mengele zu machen.[67]

Vor allem Harel juckte es in den Fingern, Mengele zu schnappen, der nach seiner persönlichen Meinung noch viel abscheulicher war als der Bürokrat Eichmann.[68] Doch man nimmt an, daß Ben-Gurion den Mossad-Chef aus Angst vor den Konsequenzen, die eine weitere Entführungsaktion für die Juden und für den Staat Israel nach sich ziehen konnte, gebeten hat, die Sache auf sich beruhen zu lassen. Trotzdem wies Harel seine Leute an, die Jagd nach Mengele unauffällig fortzusetzen.

Was über die Jagd durchgesickert ist, gehört größtenteils eher ins Reich der Legende als in das der seriösen Geschichtsschreibung. Die Leute, die als Agenten an den geheimen Operationen beteiligt waren, haben die tatsächlichen Ereignisse mit allerlei frei erfundenen Einzelheiten ausgeschmückt. So ist die Rede von Suchtrupps, die quer durch Europa und Südamerika gezogen sein sollen, und von Überwachungsaktionen im tiefsten paraguayischen Urwald. Etliche Agenten sind «an die Öffentlichkeit» gegangen, darunter auch Harel, Rafael Eitan und Peter Malkin. Diese drei Männer, die auch an der Entführung Adolf Eichmanns beteiligt waren, haben unabhängig voneinander beschrieben, wie der Mossad versuchte, Mengele aufzuspüren. Ihre Berichte widersprechen einander in den meisten Punkten. So behauptet Harel, seine Männer hätten Mengele gefunden, ihn aber nicht fassen können, weil es dazu einer kleinen Armee bedurft hätte. Und selbst dann wären die Erfolgschancen gering gewesen, zumal die Gefahr eines großen Blutbades bestanden hätte.[69] Demgegenüber erklären andere Agenten, der Mossad sei dem Todesengel von Auschwitz nicht einmal annähernd auf die Spur gekommen. Klar ist nur, daß es dem Mossad nicht gelang, Mengele zur Strecke zu bringen.

Ab 1962 verlor der israelische Geheimdienst mehr und mehr das Interesse an der Angelegenheit. Harel hatte inzwischen andere Probleme. Seine Konflikte mit Ben-Gurion und sein Rücktritt im Jahr darauf durchkreuzten die tatsächlichen oder angeblichen Absichten des Mossad im Hinblick auf Josef Mengele. Das Verhältnis zwischen Harel und Ben-Gurion war schon lange angespannt gewesen. Bei ihrer letzten großen Auseinandersetzung im Jahre 1962 ging es um die Nazis in Ägypten, nicht um die in Südamerika.[70] Die Israelis hatten erfahren, daß Ägypten dabei war, mit Hilfe von Nazi-Wissenschaftlern ein Raketenprogramm zu entwickeln.[71] Es war sehr peinlich für den Mossad, daß Israel das erst mitbekam, als der agyptische Staatschef Gamal Abdel Nasser seine Raketen bei einer Militärparade in Kairo öffentlich zur Schau stellte. Harel mußte sich den Vorwurf gefallen lassen, er habe die Aufmerksamkeit seines Geheimdienstes auf den falschen Feind gelenkt.

1963 bot Harel demonstrativ seinen Rücktritt an. Manche Leute glaubten, er habe das in der Überzeugung getan, daß die Regierung dieses Angebot ablehnen würde. Immerhin hatte Harel den Mossad aufgebaut und ihn zu einem der führenden Geheimdienste der Welt gemacht. Doch Ben-Gurion, der offenbar von Harels Selbstherrlichkeit die Nase voll hatte, akzeptierte den Rücktritt.

Wieder einmal war das Schicksal dem Todesengel zu Hilfe gekommen. Isser Harel hatte sich leidenschaftlicher als irgendein anderer für die Verfolgung von NS-Kriegsverbrechern engagiert. Er hatte heimlich eine Akte über Mengele angelegt und alles, was er über dessen Charaktermerkmale und Neigungen in Erfahrung bringen konnte, peinlich genau vermerkt. Mit seinem Rücktritt war der Mann von der Bildfläche verschwunden, der für Mengele das größte Sicherheitsrisiko dargestellt hatte. Seine Nachfolger im Amt waren durchweg hochbegabte Spitzenagenten, doch keiner von ihnen teilte auch nur annähernd Harels Passion, alte Nazis zu jagen und vor Gericht zu bringen. Für diese Leute war ein junger PLO-Marodeur eine viel größere Gefahr als der alternde SS-Doktor.

Nachdem die Israelis seinen Fall ad acta gelegt hatten, lebte Mengele aber noch lange in der Angst, daß ihm der Mossad auf den Fersen sei. Noch Jahre nach Eichmanns Hinrichtung bildete er sich ein, es gäbe eine israelische Verschwörung, die seine Entführung plane. Bis ins hohe Alter glaubte er, er sei am Ziel einer großangelegten Verbrecherjagd. In einem seiner Unterschlüpfe auf einem entlegenen brasilianischen Gut ließ er einen Wachturm errichten, damit von dort aus die Straßen beobachtet und nach Geheimagenten Ausschau gehalten werden konnte, die allerdings niemals kamen.[72]

Hedvah und Leah Stern Richtig zu leben begannen wir erst, als wir unseren Moshav, unsere Genossenschaftssiedlung, bauten. Gemeinsam mit einer Gruppe junger Leute hatten wir uns entschlossen, daß wir einen Ort brauchten, den wir unser Zuhause nennen konnten. Wir waren zwanzig junge Männer und Frauen, und wir kamen alle aus Europa. Wir alle waren Holocaust-Überlebende, und viele von uns waren in Auschwitz gewesen.

Wir suchten uns ein Grundstück in Ashdod aus, nicht weit vom

Meer. Wir stellten uns vor, von der Landwirtschaft und vom Fischfang zu leben. Unsere Kommune nannten wir «Nir Galim», was soviel heißt wie Meer und Wellen.
Anfangs lebten wir in Zelten, später in Hütten. Zuletzt bauten wir uns richtige Häuser. Wir haben hart gearbeitet. Wir machten den Boden urbar. Wir kochten in der Küche das Essen und wuschen die Töpfe und Pfannen ab. Wir waren überglücklich, wenn wir ein Stück Holz fanden, denn dann konnten wir uns einen Tisch bauen. Wir benutzten alles, was wir fanden, um den Moshav auszubauen. Und doch blieb Auschwitz in uns – alles rings um uns her erinnerte uns daran. Von unserem Moshav aus konnten wir die Schornsteine einer Fabrik unten in Ashdod sehen. Das erinnerte uns an die Schornsteine von Auschwitz, besonders nachts, wenn die Flammen loderten.

Zvi der Seemann Ich bin durch die ganze Welt gekommen, und immer wollte ich woanders hin – wollte noch eine fremde Stadt, ein fremdes Land kennenlernen, wo ich noch nicht gewesen war. Cleveland, Chicago, Detroit. Neuschottland, Neufundland, New York, Philadelphia.
Ich war immer auf See. Von einem Schiff aufs andere, von einer Reise zur nächsten. Ich war verheiratet – und meiner Ehe hat das nicht gutgetan –, und trotzdem fuhr ich weiter zur See.
Meine Frau und ich hatten uns eine Wohnung in Ashdod gekauft, nicht weit vom Meer. Vom Fenster aus konnte ich die Schornsteine der Fabrik sehen. Sie erinnerten mich an die Krematorien. Also ließ ich meine Frau wochen- und monatelang allein.
Ich war auf allen Gewässern zu Hause. Ich war auf der Nordsee als Fischer. Als man auf die Großen Seen konnte, war ich auf dem ersten Schiff, das hingefahren ist. Ich wollte wissen, was es auf sich hat mit diesen «Großen Seen». Ich mußte das wissen.
Aber am Ende war ich immer wieder in Auschwitz. Wohin ich auch ging, ich war in Auschwitz.

9. Unterschlupf in Brasilien

Menashe Lorinczi Nach dem Krieg hat es jahrelang geheißen, wir Überlebenden hätten uns von den Deutschen «wie Schafe» zur Schlachtbank führen lassen.

Als ich zum Beispiel in die israelische Armee eintrat, war ich von lauter sogenannten Helden umgeben. Alles harte Burschen. Ständig haben sie sich damit gebrüstet, wie viele Araber sie getötet hatten. Und sie haben mich richtig von oben herab behandelt, weil ich KZ-Opfer war.

Ich habe versucht, ihnen zu erzählen, was ich durchgemacht habe, aber meine Kumpels in der Armee haben bloß gefragt: «Wie konntest du dir das nur gefallen lassen von den Deutschen?»

Ich habe Jahre gebraucht, bis ich die Antwort fand.

Ich kann mich erinnern, daß die Russen, als wir aus Auschwitz befreit wurden, an die fünftausend SS-Leute gefangengenommen haben. Ich habe gesehen, wie zwei «Muselmänner» – jüdische Lagerinsassen, dürr wie Skelette, die man zurückgelassen hatte, daß sie sterben sollten – den SS-Leuten die Gewehre abnahmen und anfingen zu schießen. Von den Nazis hat nicht einer auch nur den Versuch gemacht, fortzulaufen. Ich habe gesehen, wie die Deutschen sitzengeblieben sind und gewartet haben, bis sie an der Reihe waren, getötet zu werden. Diese beiden schwachen kleinen Muselmänner waren ganz allein. Und trotzdem sind die Deutschen sitzengeblieben – wie Schafe.

Als wir Holocaust-Überlebende stärker wurden, fingen wir an, uns zu Wort zu melden. «Was meint ihr damit, wenn ihr sagt, wir sind gegangen ‹wie die Schafe›? Immerhin hat es in Treblinka einen Aufstand gegeben. Und immerhin haben wir im Warschauer Ghetto gekämpft. Und was ist mit den Partisanen?»

Und wenn mir heute einer diese Frage stellt, dann sage ich zu den Leuten, daß es überhaupt nicht zählt, ob einer Ungar, Pole, Jude oder Deutscher ist: Wer kein Gewehr hat, der hat nichts.

Den Juden, die mit Viehwaggons nach Auschwitz gebracht wurden, hat keiner gesagt, daß sie in ein Todeslager kamen: Sie glaubten, sie sollten arbeiten. Sie hatten jahrelang nicht gearbeitet. Sie hatten Hunger, und sie wollten essen. Sie dachten, wenn sie für die Deutschen arbeiten, haben sie zu essen und Geld und können überleben, bis der Krieg zu Ende ist.
Deshalb sind sie ruhig gegangen – deshalb haben sie nicht geweint oder geschrien.
Und dann hat Dr. Mengele ihnen gesagt: «Zieht euch bitte aus, ihr müßt eine Dusche nehmen.» Und da sind sie ins Gas gegangen, ganz ruhig. Alles geschah sehr ruhig. Wann wäre denn Zeit gewesen für einen Aufstand?
Es gab in den Lagern Leute, die es geschafft haben, Briefe an Verwandte und Freunde rauszuschmuggeln. In den Briefen haben sie geschildert, was die Deutschen taten.
Aber kein Mensch hat ihnen geglaubt.

Zvi der Seemann Schließlich hat mich die israelische Regierung ausgewählt, damit ich nach Deutschland fahre und Sachen für die Opfer des Holocaust hole. Die deutsche Regierung hatte beschlossen, eine gewisse Wiedergutmachung zu leisten, und wir sollten die Geschenke abholen und sie nach Israel bringen.
Wir waren sehr aufgeregt; alle auf dem Schiff waren Lager-Überlebende.
Als wir in Bremen anlegten, wurden wir von Offizieren der deutschen Küstenwache begrüßt. Uns fiel sofort auf, daß sie die gleiche Uniform trugen wie die SS. Ganz genau die gleiche – die Jacke, die Hosen, sogar die Mütze.
Sie waren sehr nett zu uns, diese Deutschen – aber wir haßten sie so oder so. Unsere Regierung hätte sich auch etwas Besseres einfallen lassen können, als ausgerechnet einen Haufen Holocaust-Opfer nach Deutschland rüberzuschicken.
Sie begrüßten uns mit «Guten Morgen», aber wir hörten «Dreckiger Jude».
Einen Abend gingen wir in eine Hafenbar. Wir ließen uns vollaufen und fingen eine Rauferei an. Die Polizei kam, nahm uns fest und schleppte uns aufs Revier. Wir waren auf hundertachtzig.

«Na prima», schrien wir, «besetzen wir halt das Polizeirevier.» Dann fingen wir auch noch an, uns mit den Bullen zu prügeln. Wir waren bereit, uns mit der deutschen Polizei eine Schlacht zu liefern, haargenau so, wie wir es in der israelischen Armee gelernt hatten.

Die Deutschen waren total überrumpelt. Sie wußten nicht, was sie machen sollten. Und ich muß ihnen zugute halten, daß sie sich absolut höflich benommen haben. Sie haben sich die größte Mühe gegeben, korrekt zu bleiben. Logisch, mit Juden wollten sie keinen Ärger.

Keiner von uns kam ins Gefängnis, obwohl wir erst in der Bar und nachher auf dem Polizeirevier einen ganz schönen Sachschaden angerichtet hatten. Es gab eine Gerichtsverhandlung, und wir mußten eine hohe Geldstrafe bezahlen.

Fast 20 Jahre nach Kriegsende war Westdeutschland endlich bereit, den Holocaust öffentlich zu bedauern: Die Deutschen hielten eigene Kriegsverbrecherprozesse ab. Fritz Bauer, ein deutscher Jude, der großen Einfluß im westdeutschen Justizwesen hatte, war wesentlich an der Vorbereitung der Frankfurter Prozesse beteiligt.[1] Als Generalstaatsanwalt von Hessen hatte er den Israelis heimlich einen Tip gegeben, wo sie Eichmann finden konnten.[2] Dazu hatte er sich durchgerungen, nachdem er zu dem Schluß gelangt war, daß die Bundesrepublik Deutschland nie einen ernsthaften Versuch unternehmen würde, Eichmann zur Strecke zu bringen.[3] Der couragierte, energische Bauer war seinem deutschen Vaterland gegenüber loyal, hatte aber berechtigte Zweifel daran, daß die Deutschen bereit wären, sich mit ihrer schrecklichen Vergangenheit auseinanderzusetzen.[4]

Doch jetzt sollte es mit Bauers Hilfe zu einer solchen Auseinandersetzung kommen. Der Jurist scharte einige der besten Staatsanwälte des Landes um sich und beauftragte sie offiziell damit, die vielen bislang unbehelligt gebliebenen Kriegsverbrecher ausfindig zu machen und anzuklagen.

Mengele, der auf einem kleinen Landgut in Brasilien lebte, verfolgte empört, was sich in seiner Heimat zusammenbraute. Am 2. Mai 1962 beklagt er sich in seinem Tagebuch, daß in Deutschland eine neue Hexenjagd begonnen habe.

Peter Somogyi Ich ging von England nach Kanada, und dort bekam ich sehr rasch eine gute Stellung – bei einem deutschen Unternehmen. Es war Bosch, und obwohl die Firma vor dem Krieg einer der größten Industriekonzerne gewesen war, hatte sie nie Zwangsarbeiter beschäftigt.

Die deutsche Leitung des Werkes wußte, als sie mich einstellte, daß ich Jude war. Ich hatte es ihnen ohne Umschweife gesagt. Ich sagte ihnen auch, daß ich im Lager gewesen war. Ich zeigte ihnen sogar meine tätowierte Nummer. Es stellte sich heraus, daß noch mehr Juden dort arbeiteten. Die meisten deutschen Beschäftigten legten in unserer Gegenwart jedes Wort auf die Goldwaage. Es waren viele Einwanderer darunter. Wahrscheinlich waren sie Nazis gewesen.

Die Firma war sehr gut zu mir. Ich wurde schnell befördert. Aus der Zweigstelle in Toronto wurde ich nach Montreal versetzt, um die dortige Filiale zu leiten. Ich konnte meinen Vater nachholen, der noch in Israel war. Es war mir sogar möglich, ihn ebenfalls bei Bosch unterzubringen.

Der Mann der Chefsekretärin in Montreal war auch Deutscher. Eines Tages entschuldigte er sich aus heiterem Himmel bei meinem Vater dafür, daß er im Krieg Nazi gewesen war. Er sagte ihm, wie sehr er bereue, was er in der Vergangenheit getan hatte.

Ich rückte immer weiter auf. Mein Chef fand meine Arbeit gut, aber ich wußte, daß ich wahrscheinlich trotzdem nie ganz an die Spitze kommen würde, weil ich kein Deutscher war.

Eines Tages tauchte einer unserer deutschen Stammkunden auf. Wir kamen ins Gespräch. Er erzählte, sein Chef sei Jude und nicht gerade seine Kragenweite. Er beklagte sich, daß der Mann ihm keine Gehaltserhöhung geben wolle.

Er hat sich mir anvertraut, weil er gedacht hat, wenn ich bei Bosch arbeite, muß ich Deutscher sein. Er hatte keine Ahnung, daß ich nicht nur Jude, sondern Holocaust-Überlebender war.

Er redete und redete, und seine Äußerungen wurden immer antisemitischer. Zum Schluß sagte er so was in der Art wie «immer die Juden – ein Jammer, daß Hitler die Sache nicht zu Ende gebracht hat».

Da hat es mir gereicht. Ich packte ihn am Kragen und sagte: «Sie sind bei mir an der falschen Adresse. Verschwinden Sie, und lassen Sie sich nie wieder hier blicken.»

Dann ging ich zu meinem deutschen Chef und erzählte ihm, was ich getan hatte. Ich sagte: «Geschäftskunde oder nicht, ich mußte ihn einfach rausschmeißen – wenn Sie wollen, können Sie mich entlassen.» Aber mein Chef stellte sich hinter mich. Ich kam weiter gut zurecht in der Firma.

Das Leben auf dem entlegenen brasilianischen Bauernhof war einsam und nicht sehr angenehm. Mengele hielt sich dort als Schweizer Einwanderer namens Peter Hochbichler auf.[5] Ein ungarisches Ehepaar, Geza und Gitta Stammer, leistete ihm Gesellschaft. Sein alter Freund Oberst Rudel hatte einen Bekannten, den fanatischen österreichischen Nazi Wolfgang Gerhard, gebeten, Leute zu finden, die Mengele schützen könnten. Gerhard hatte die Stammers empfohlen, beide überzeugte Nazis, die 1956, als die Russen in Ungarn einmarschierten, von dort geflüchtet waren. Gerhard rechnete damit, daß sie, selbst wenn sie die wahre Identität des einsamen SS-Doktors erführen, bei der Stange bleiben würden. Man vereinbarte einen Kuhhandel. Die Stammers sollten sich um «Hochbichler» kümmern, über den man ihnen nicht mehr sagte, als daß er ein Einwanderer aus der Schweiz sei.[6] Mengeles Familie gab das Geld für den Erwerb eines kleinen Bauernhofs, dessen «Eigentümer» die Stammers waren. Mengele half ihnen ohne Bezahlung auf dem Hof – etwa so, wie damals, als er bei Georg Fischer in Mangolding gearbeitet hatte.[7]

1961 zog Mengele zu den Stammers.[8] Sie waren sehr nett zu ihm, besonders Gitta, konnten aber weder gesellschaftlich noch intellektuell seinen Ansprüchen genügen. Nachdem er sich in Argentinien und Paraguay in einem illustren Kreis von alten Nazis bewegt hatte, langweilte es ihn, seine Zeit mit diesen beiden ungebildeten Bauersleuten zu verbringen.

Mengele war in Brasilien nicht glücklich.

Obwohl erst Anfang 50, verwandelte sich der einst so vielversprechende junge Arzt mehr und mehr in einen launischen Hypochonder, der täglich über sein Befinden Buch führte und ständig argwöhnte, er könnte irgendeine schreckliche Krankheit haben. Am 24. Januar 1962 vermerkt er im Tagebuch starke Migräne und einen Anfall von Aphasie. Eine vom Gehirn ausgehende Sprachstörung also, die sowohl die Sprechfähigkeit als auch das Sprachverständnis betreffen kann. Das war für den eloquenten ehemaligen Auschwitz-Doktor freilich ein alarmierendes Symptom. Gut möglich, daß der Schlaganfall, den er einige Jahre später erlitt, hier bereits seine ersten Schatten vorauswarf. Am nächsten Tag schreibt er, er sei sehr müde und habe Ohrenschmerzen. Am 26. Januar fühlt er sich besser, hat aber schlecht geträumt und deshalb nicht gut geschlafen. Er schildert den Traum nicht, gibt aber an, im Schlaf geschrien zu haben.

Miriam Mozes Nachdem ich geheiratet hatte, entdeckte mein Mann, daß ich im Schlaf schrie. Ich hatte furchtbare Träume und schrie so laut, daß mein Mann mich wecken mußte, damit ich aufhörte.

Hedvah und Leah Stern Besonders schlimm waren die Nächte. Wir hatten solche Angst – als ob man uns verfolgte.

Menashe Lorinczi Meine Frau erzählte mir, daß ich jede Nacht schrie – ich schrie und brüllte, daß irgendwer mich töten wollte.

Judith Yagudah Ich habe Alpträume. Mein Mann weckt mich und sagt: «Judith, Judith, du hast im Schlaf geschrien und geweint.»

Vera Blau Die Kinder des Holocaust kamen besser zurecht als die Erwachsenen. Uns war das Entsetzliche nicht bewußt. Wir brauchten nicht einmal zu arbeiten. Wir hatten in Auschwitz nichts weiter zu tun als zu spielen.

Nach dem Krieg machte ich verschiedene Phasen durch. Zuerst war ich sehr lustlos, sehr apathisch. Ich weinte nie.

Dann weinte ich. Ich weinte wie verrückt. Ich konnte nicht aufhören zu weinen.

Peter Somogyi In den ersten Jahren nach dem Lager habe ich nicht sehr oft an Auschwitz gedacht. Ich wollte es aus meinem Gedächtnis auslöschen. Es hat mich nicht tagtäglich begleitet – ich konnte es verdrängen. Zum Beispiel habe ich kein einziges Mal mit meinem Zwillingsbruder darüber geredet. Und so habe ich es geschafft, den Krieg hinter mir zu lassen – vielleicht, weil ich mir meine Gefühle selbst nie eingestanden habe.

Judith Yagudah Die Jahre vergingen, und ich versuchte einfach, nicht an Auschwitz zu denken. Ich habe es weggeschoben und versucht, in der Gegenwart zu leben. Ich wollte vergessen.
Aber es war da, in mir, wie ein sehr schweres Paket, das ich immer mit mir herumschleppen mußte. Ich konnte nicht glücklich sein.
Meine Mutter war immer traurig. Ihr Gesicht sah immer traurig aus.
Sie wollte über Ruthie reden. Sie erinnerte sich an Dinge, die längst vergessen waren. Sie wollte mit mir darüber reden, aber ich wollte nichts hören.

Zwillingsvater Ich habe versucht, den Holocaust zu vergessen. Ich habe mir pausenlos eingeredet, was ich für ein Glück habe. Ich habe nie darüber gesprochen, was mit meiner Familie geschehen ist – nicht einmal mit Magda. Wir sprachen nie darüber, daß sie ihren kleinen Jungen verloren hatte.
Wir wollten einfach vergessen. Ich hatte das Gefühl, daß das, was in Auschwitz geschehen war, ein für allemal erledigt sei.
Trotzdem gab es Phasen, in denen ich sehr depressiv war.

Olga Grossman Heute würde ich sagen, mit den Kindern, die ich bekam, kehrten auch die Erinnerungen zurück. Ich brachte neun Monate in Angst zu. Nach jeder Geburt hatte ich einen Nervenzusammenbruch und mußte in die Klinik.
Einer der Ärzte erinnerte mich an Mengele. Er war hochgewachsen und trug einen weißen Kittel – Mengeles Ebenbild.
Er verordnete mir Elektroschocks. Ich hatte das Gefühl, das Grauen noch einmal zu erleben.

Anstatt sich mit der entscheidenden Periode seines Lebens auseinanderzusetzen, schrieb Mengele seine Notizbücher mit langatmigen Kritiken zu Büchern voll, die er sich massenhaft aus Deutschland schicken ließ. Seinen Briefen nach Hause fügte er lange Listen mit seinen Lesewünschen bei, die von den neuesten medizinischen Fachbüchern bis hin zu Abhandlungen über Genetik und naturwissenschaftlichen Traktaten reichten. Er verschlang komplizierte philosophische Schriften, las alle Historiker, Gesellschafts- und Naturwissenschaftler, die Rang und Namen hatten.

Die nüchternen Mitteilungen, die banalen Bemerkungen, mit denen Mengele seine Tagebücher füllte, künden von seiner tiefen Einsamkeit; sie sprechen von seinem Wunsch, zurückzukehren nach Deutschland, zu seinen noch lebenden Verwandten.

Den Tagebüchern von 1962 ist zu entnehmen, daß sich seine psychische Verfassung im Laufe jenes Jahres permanent verschlechterte. Der Mann, der in der Hölle von Auschwitz fröhliche Weisen gepfiffen hatte, konnte die Einsamkeit seines brasilianischen Verstecks nicht ertragen. Am 13. Februar klagt er über arge Kopfschmerzen, er war nervös und fühlte sich insgesamt von Tag zu Tag schlechter. Wenn er seine Migräne habe, vermerkt er am 31. März, werde ihm selbst sein liebster Zeitvertreib, das Lesen, zur Qual.

Ebenfalls 1962 verkauften die Stammers den Hof und zogen um auf ein Gut in der Nähe von São Paulo.[9] Das neue Anwesen befand sich in der Stadt Serra Negra und war ebenfalls von Mengeles Familie mitfinanziert worden. Dort ließ er sich einen zweieinhalb Meter hohen Anstand bauen, von dem aus er ängstlich die Straßen und Felder beobachtete und nach unliebsamen Besuchern Ausschau hielt.[10]

Miriam Mozes Als meine Tochter klein war und ich mit ihr spazierenging, fürchtete ich mich immer entsetzlich, wenn wir einen Hund sahen. Seit Auschwitz hatte ich furchtbare Angst vor Hunden, und diese Angst habe ich auf meine Tochter übertragen. Sie ist in dem Bewußtsein aufgewachsen, daß Hunde gefährlich seien. Einmal ging mein Mann mit ihr spazieren und sah, wie sie zusammenfuhr, als sie einen Hund sah. Sie verhielt sich genau wie ich. «Das ist nicht gut», sagte er zu mir. «Wir müssen ihr einen Hund kaufen, damit sie ihre Angst überwindet.» Ich war dagegen – und hatte weiter Angst vor Hunden.

Ich träumte von Hunden, die mich anbellten und nachts verfolgten. Das waren schreckliche Träume. Ich habe so laut geschrien, daß mein Mann und die Kinder mich wecken mußten.

Mengele behandelte das ungarische Ehepaar, bei dem er wohnte, von Tag zu Tag unfreundlicher und war oft ausgesprochen jähzornig. Mit der Zeit lernten die Stammers ihren unberechenbaren «Hausgast» regelrecht fürchten.[11]

Geza Stammer war Seemann und viel unterwegs, so daß Gitta oft wochenlang mit Mengele allein war. Sie gab sich die größte Mühe, ihm das Leben so angenehm wie möglich zu machen. Sie war eine ausgezeichnete Köchin und bereitete ihm seine Lieblingsspeisen zu, sie plauderte mit ihm und spielte sogar Klavier zu seiner Unterhaltung. Es wurde gemunkelt, die beiden hätten ein Verhältnis. Doch statt ihr ihre Herzlichkeit zu vergelten und sich über ihre Gesellschaft zu freuen, benahm sich Mengele, wie sie sich später in Presseinterviews beschwerte, nur immer tyrannischer.[12] Auch dem Gesinde gegenüber war er herrisch und jähzornig.

Als Mengeles Verhältnis zu den Stammers sich weiter verschlechterte, suchte er Zuwendung und Hilfe verstärkt bei seinem neuen Freund Wolfgang Gerhard.[13] Gerhard war in den Jahren, die Mengele versteckt in Brasilien zubrachte, sein einziger wirklicher Freund. Er lebte seit dem Ende des zweiten Weltkriegs in Brasilien und konnte Mengele in bezug auf Land und Leute manchen guten Rat geben. Zudem war er ein ebenso fanatischer und überzeugter Nazi wie Mengele.[14] Dies vor allem verband die beiden miteinander, denn außer ihrer glühenden Bewunderung für Hitlers Ideale hatten sie wenig Gemeinsamkeiten. Daheim in Deutschland hätte sich Mengele wohl kaum mit diesem ungehobelten, aus einfachen Verhältnissen stammenden Österreicher befreundet. In der Wildnis des südamerikanischen Exils aber war er froh, überhaupt Freunde zu haben. Und außerdem bewunderte Gerhard ihn abgöttisch, was seinem angeschlagenen Ego wohltat.

Gerhard war schon als Halbwüchsiger ein leidenschaftlicher Hitleranhänger. Nach der Hitlerjugend hatte er sich als junger Mann freiwillig zur Kriegsmarine gemeldet.[15] Er hatte seinen ältesten Sohn Adolf genannt und trauerte dem Dritten Reich noch nach, als der Krieg längst verloren war.[16] Sein Haus war vollgestopft mit

Andenken an die Hitlerzeit, mit Orden und Uniformen. Ruth, seine Frau, teilte seine Gesinnung und seine Begeisterung für Hitler. Einmal schenkte sie ihrer österreichischen Vermieterin zwei Stück Seife in der Originalverpackung von 1943.[17] Das sei «Judenseife», sagte sie stolz – hergestellt aus dem Fett der in den Konzentrationslagern getöteten Juden.[18]

Zu den Schätzen der Familie Gerhard zählte auch ein großes Hakenkreuz, das jedes Jahr die Spitze ihres Weihnachtsbaums zierte.[19] Das Hakenkreuz müsse man hüten wie seinen Augapfel, pflegte der alte Österreicher zu sagen.[20] Mengele hätte wahrlich keinen besseren Beschützer finden können als Wolfgang Gerhard, dem es ein Herzensbedürfnis war, sich um den ehemaligen SS-Arzt zu kümmern.

Gerhard hatte den Stammers ihren «Hausgast» als einen aus der Schweiz kommenden Einwanderer namens Peter Hochbichler vorgestellt, doch irgendwann 1963 entdeckte Gitta Stammer Mengeles wahre Identität.[21] Sie bekam zufällig eine Zeitung in die Hand, in der ein Mann abgebildet war, der verblüffende Ähnlichkeit mit Herrn «Hochbichler» hatte. Frau Stammer erinnert sich, daß ihr «Hausgast», als sie ihm die Fotos zeigte, kreidebleich wurde und schnell aus dem Zimmer ging. Ein paar Stunden später sei er zurückgekommen und habe ihr gestanden, daß er tatsächlich der berüchtigte Doktor Mengele aus Auschwitz sei.[22]

Peter Somogyi Als ich meine erste Frau kennenlernte, bemerkte sie sofort die tätowierte Nummer an meinem Arm. «Warst du in Auschwitz?» hat sie mich gefragt. Ich habe nicht geantwortet. Ich wollte nicht darüber reden.

Ihr Vater war auch Lagerüberlebender, er hatte auch eine Nummer auf dem Arm. Sie kannte die Bedeutung. Ich ließ sie abblitzen; bei diesem ersten Treffen fanden wir beide nicht viel aneinander.

Aber ein paar Wochen später sind wir noch einmal ausgegangen, zusammen mit einem anderen Pärchen. Wir waren in der Oper – «Don Giovanni». Da haben wir festgestellt, daß wir beide klassische Musik lieben. Sie war zehn Jahre jünger als ich, aber sie war sehr reif – vielleicht hing das damit zusammen, was ihr Vater durchgemacht hat.

Trotzdem habe ich es abgelehnt, mit ihr über den Krieg zu reden. Einmal hat mich ihr Vater nach meinen Erlebnissen in Auschwitz gefragt, aber den habe ich auch abblitzen lassen.
Ich habe nicht lange um sie geworben. Im August hatten wir uns kennengelernt, im Dezember war die Verlobung, und im Juni darauf haben wir geheiratet. Ich wollte endlich seßhaft werden. Ich war schon viel zu lange umhergezogen.
Nach der Hochzeitsreise sind wir in unsere neue Wohnung gegangen, und da hat meine Frau zu mir gesagt: «Würdest du mir jetzt bitte von deiner Vergangenheit erzählen? Ich will wissen, was war.»
Also habe ich ihr sehr verkürzt erzählt, was ich als Mengele-Zwilling in Auschwitz erlebt hatte. Aber nur ganz verkürzt.
Da waren wir zwei Wochen verheiratet. Wir haben zusammen ein neues Leben angefangen. Ich sagte zu meiner Frau: «Jetzt habe ich dir erzählt, was mit mir war. Frag mich bitte nie wieder danach. Ich möchte nie wieder darüber reden.»

Nach dem besagten Geständnis lehnte Mengele es ab, mit den Stammers über seine Vergangenheit zu reden.[23] Gitta behauptet, er sei schon ungehalten gewesen, wenn die Rede auf den zweiten Weltkrieg kam. Nachdem sein Geheimnis gelüftet war, litt Mengele mehr und mehr an Verfolgungswahn und begegnete jedem Fremden, der auf den Hof kam, mit größtem Mißtrauen.[24] Er wollte jedesmal genau wissen, wer die Gäste waren und was sie wollten. Diese Gäste, meistens waren es Freunde von den Stammers, fanden den «Hausgast», der ihnen als Señor Pedro vorgestellt wurde, fast durchweg ganz reizend.[25] Fremden gegenüber verhielt sich Mengele immer ungemein höflich, und zu Leuten, denen er trauen zu können meinte, war er freundlich und entgegenkommend. Gitta, die, wenn sie beide allein waren, seine ständige Nörgelei ertragen mußte, hatte dafür nur eine Erklärung. In Gegenwart von Fremden präsentierte er sich offenbar von seiner besten Seite, während er, sobald sie unter sich waren, gleichsam die Maske fallenließ und sein wahres Gesicht zeigte.[26]

Hedvah und Leah Stern Wir sind wie Schauspielerinnen. Wir verbergen beide unsere wahren Gefühle. Nach außen hin lachen und lächeln wir, aber innerlich ist alles kaputt und düster, und das wird so bleiben bis an unser Lebensende.

Gitta hatte den Eindruck, daß Mengele zutiefst gespalten sei. Diese Persönlichkeitsspaltung, die sie sich nicht erklären konnte, machte ihr angst. Für sie war Josef Mengele so etwas wie ein Zwilling, ein Geschöpf, in dessen Brust zwei grundverschiedene und gänzlich unvereinbare Seelen wohnten. Sie konnte nicht wissen, daß er seit jeher so gewesen war. Auch in Auschwitz hatte man immer wieder erlebt, daß der lächelnde, freundliche Doktor bei der kleinsten Provokation plötzlich einen Koller kriegte. Und jetzt, in Brasilien, hatte er zwar seine Macht verloren, nicht aber seinen Wahnsinn.

Doch eines Tages bekam die Günzburger Verwandtschaft die Nachricht, daß die Stammers es gründlich satt hatten, sich um Mengele zu kümmern. Hans Sedlmeier, das bewährte Faktotum, eilte auf der Stelle nach Brasilien, um die Wogen zu glätten.[27] Wieder einmal vertrat Sedlmeier, der übrigens nach wie vor eine Spitzenposition in der Firma Mengele innehatte, die Interessen der Familie, die natürlich wollte, daß alles beim alten blieb. Schließlich kostete die bestehende Regelung die Mengeles nicht allzuviel Geld, und Josef war in Sicherheit. Sedlmeier hörte sich die Beschwerden der Stammers geduldig an und kam zu dem Schluß, daß er die empörten Ungarn nur versöhnen konnte, indem er ihnen finanziell noch weiter entgegenkam. Damit war die Situation fürs erste gerettet. Als Sedlmeier abreiste, herrschte Frieden im Hause. Mengele arbeitete, wie die Tagebucheinträge vom 21. und 24. März, vom 3., 4., 6. und 10. sowie vom 16. bis 20. Arpil 1962 belegen, weiter an seinen Memoiren. Er kam nur langsam voran, was wohl damit zu tun hatte, daß er es mit Blick auf seine düsteren Zukunftsaussichten vorzog, bei der Vergangenheit zu verweilen. Zum Beispiel schildert er am 24. April 1962 seitenlang seine eigene Geburt.

Während der dreijährigen Vorbereitungen zu den Frankfurter Prozessen, die 1964 eröffnet wurden, war den Anklagebehörden das ganze ungeheuerliche Ausmaß von Mengeles Verbrechen klargeworden. Die deutsche Regierung konnte nicht umhin, die Suche nach Mengele zu intensivieren, und um zu zeigen, wie ernst es ihr war, schaltete sie sogar den deutschen Botschafter in Paraguay,

Eckart Briest, ein. Im Februar 1964 ersuchte Briest Präsident Stroessner um eine Audienz.[28] Mit einer Leidenschaft, wie sie auf dem diplomatischen Parkett nur selten anzutreffen ist, verlangte er von Paraguay die Auslieferung des berüchtigten KZ-Arztes.[29] Stroessner kochte vor Wut, wies den Botschafter aus und provozierte damit eine kleine Krise im Verhältnis der beiden Länder.[30] Dank seiner engen Verbindungen zu alten Nazis wie Rudel und von Eckstein dürfte der paraguayische Diktator darüber im Bilde gewesen sein, wo Mengele sich aufhielt, oder hätte es zumindest jederzeit in Erfahrung bringen können. Und da Ausländer in Paraguay strengstens überwacht wurden, wäre es für Stroessner ein leichtes gewesen, sich darüber zu informieren, wann und wie oft Mengele dort ein- und ausgereist war. Doch Stroessner war nicht bereit, einen Nazi ans Messer zu liefern.

Die Deutschen wollten Mengele unter allen Umständen vor Gericht stellen. Das ist ihnen nicht gelungen, aber zumindest kam seine Rolle in Auschwitz bei den Frankfurter Prozessen ausführlich zur Sprache. Die Aussagen ehemaliger Häftlinge, die unter Mengele gearbeitet hatten, machten Schlagzeilen. Fast zwanzig Jahre nach Kriegsende war Mengele in seiner Heimat plötzlich in aller Munde. Jetzt wurde er selbst in seinem geliebten Deutschland als Bestie gesehen, als abscheulicher Verbrecher.

Der israelische Arzt Dr. Mauritius Brenner trat in Frankfurt als Zeuge auf und erzählte von seinen beiden Zwillingen, die Mengele umbringen ließ, weil sie nicht eineiig waren.[31] Viktor Capesius, der in Auschwitz als Apotheker gearbeitet hatte, bestätigte Brenners Aussage.[32] Im Gerichtssaal herrschte Entsetzen, als Capesius beschrieb, wie er die Brenner-Zwillinge zu Mengele brachte. Dieser war gereizt und hatte an diesem Tag keine Lust, sich mit zweieiigen Zwillingen zu beschäftigen. Der Todesengel habe einen Blick auf die verängstigten Kinder geworfen und erklärt, er habe jetzt keine Zeit.[33] Daraufhin wurden die beiden Kinder unverzüglich ins Gas geschickt.[34] Andere Zeugen schilderten Mengeles Verhalten bei den Selektionen und sprachen von seiner Vorliebe für Experimente an Krüppeln, Zwergwüchsigen und vor allem an Zwillingen.

Die deutschen Behörden suchten weiter nach dem flüchtigen Kriegsverbrecher. Es wurde eine Belohnung für seine Ergreifung ausgesetzt.

Während die deutschen Behörden in der Ferne nach Hinweisen auf Mengeles Verbleib forschten, übersahen sie die Spuren und Verbindungen, die sie zum Greifen nah vor sich hatten. Hermann Langbein, der Deutschland Ende der fünfziger Jahre gedrängt hatte, die Ermittlungen im Fall Mengele wiederaufzunehmen, kämpfte jetzt darum, daß die Münchner und die Frankfurter Universität Mengele sämtliche akademische Grade sowie seine Approbation als Arzt aberkannten.[35]

Unter dem Einfluß der Frankfurter Prozesse zeigten sich beide Hochschulen Langbeins Forderungen gegenüber aufgeschlossen. Ein Mann, der für den Tod von mehreren hunderttausend Menschen verantwortlich war, hatte in der Tat das Recht verwirkt, sich Arzt zu nennen. Die Frankfurter Universität, die sich ihrer faschistischen Vergangenheit schämte, ging sofort auf Langbeins Forderung ein, und in München war man bereit, dem Frankfurter Beispiel zu folgen.[36]

Doch während in Frankfurt das Titelaberkennungsverfahren gegen Mengele eingeleitet wurde, legte Martha, die de jure nach wie vor mit Josef verheiratet war, formal Protest ein, so daß sich die beiden Universitäten mit den Anwälten der Familie Mengele auseinandersetzen mußten. Vermutlich hat Mengele selbst damals die Familie auf den Plan gerufen und Martha unter Druck gesetzt, die wohl, obgleich die Ehe noch nicht geschieden war, nie und nimmer von sich aus eingeschritten wäre. Der eigentliche Skandal besteht jedoch darin, daß die deutschen Behörden seinerzeit nicht auf die Idee kamen, Martha oder die anderen Verwandten nach Mengeles Aufenthaltsort zu befragen.

Unter eleganter Umgehung der Frage, ob der Beschuldigte tot oder lebendig war, verlangten Martha und die Familienanwälte hartnäckig, daß sämtliche Diplome ihre Gültigkeit behalten müßten. Es sei gar nicht möglich, Mengele seine akademischen Grade abzuerkennen, argumentierten sie, da diese ihm vor dem Krieg verliehen worden seien, also bevor Mengele die ihm zur Last gelegten Kriegsverbrechen beging. Doch die Frankfurter Universität blieb bei ihrer Auffassung und setzte sich zu guter Letzt auch damit durch.

Es muß für Mengele ein harter Schlag gewesen sein, daß man seine akademischen Titel aberkannt hatte.

Moshe Offer Nachdem ich zum zweitenmal aus der Blumenthal-Klinik entlassen worden war, drückte ich wieder die Schulbank und beschloß, mein Leben zu ändern.
Ich beschloß, Chemiker zu werden. Ich studierte ungeheuer fleißig. Ich heiratete auch wieder, eine Irakerin. Ich wollte unbedingt ein richtiges Zuhause haben. Wir richteten uns ein und bekamen sehr bald Kinder. Wir bekamen nacheinander fünf Töchter und dann endlich den Sohn, den ich mir immer gewünscht hatte. Ich nannte ihn Shai, was auf Hebräisch Geschenk bedeutet.
Der Knoten ist bei mir geplatzt, als ich eine Stelle in einem Forschungslabor für Filme in Tel Aviv angeboten bekam. In diesem Labor wurde Filmmaterial entwickelt.
Ich war noch ganz unerfahren, aber der ältere deutsche Professor, der dort arbeitete, nahm mich unter seine Fittiche. Er leitete das Labor und war führend auf seinem Fachgebiet. Von ihm habe ich Tag und Nacht gelernt. Er gab mir Hunderte Seiten mit Aufzeichnungen und Formeln, die ich studierte.
Aber dann stellte sich heraus, daß der Professor korrupt war. Er hatte Silber gestohlen, das zur Herstellung von Filmen verwendet wurde. Die Besitzer des Labors haben das rausgekriegt. Sie haben ihn so lange weiterstehlen lassen, bis sie genug Beweise für eine Anklage beisammen hatten. Eines Tages erschien die Polizei und hat ihn mit sechs Kilo Silber erwischt.
Er wurde entlassen, und ich bekam seinen Posten. Ich mußte das Labor leiten. Ich hatte eine Menge Angestellte. Und Leute aus dem ganzen Land fragten mich um Rat. Ich war schließlich Fachmann – der alte Deutsche hatte all sein Wissen an mich weitergegeben.
Durch meine Sachkenntnis wurde ich in ganz Israel bekannt. Ich bekam viele Posten angeboten. Einmal wollte das israelische Fernsehen mich haben. Sie boten mir eine Menge Geld an. Da habe ich im Labor aufgehört und bin zum Fernsehen gegangen.

Judith Yagudah Nach jahrelangem Kampf beschloß mein Mann, sich selbständig zu machen. Mein Onkel half uns, eine Wohnung für meine Mutter zu kaufen – im selben Haus. Sie wohnte im Erdgeschoß, wir im zweiten Stock. Aber wenigstens waren wir für uns. Es war herrlich.

Ich habe meinem Mann viel geholfen in seinem neuen Geschäft, einer Elektronik-Firma. Ich habe ihm Mut gemacht. Ich habe ihm sogar seine Briefe getippt, denn er hatte ja noch gar nichts damals, keine Sekretärin, nicht einmal ein eigenes Büro. Und nach und nach hat sich der Erfolg eingestellt. Es ging aufwärts. Wir konnten uns sogar ein Haus kaufen.
Wir ließen meine Mutter in ihrer Wohnung in Netanya zurück und zogen in eine andere Stadt. Ich wollte mich von ihrem Einfluß frei machen. Ich wollte nicht mehr in der Vergangenheit leben.

Mit den Frankfurter Prozessen tat Deutschland vor der Weltöffentlichkeit Buße für seine Sünden. Als die Verfahren abgeschlossen waren, ließen die Deutschen auch die Suche nach Mengele und anderen Kriegsverbrechern im Sande verlaufen. Mengele hat selbst darauf hingewiesen, daß noch immer viele bekannte Nazis rehabilitiert wurden und manche von ihnen wichtige Posten bekommen hatten. Sein alter Doktorvater von Verschuer war 14 Jahre an der Münsteraner Universität in Amt und Würden, und als er 1965 emeritierte, entließ man ihn mit höchsten Ehren in den Ruhestand.[37] Es war ihm gelungen, eines der größten Genetik-Institute in Westdeutschland aufzubauen.[38] Wenn er sich öffentlich über die Nazizeit äußerte, brachte er es stets fertig, die Dinge so darzustellen, als sei er nur eine Randfigur gewesen, die sich nichts zuschulden kommen lassen hatte.

Und während Verschuer sich in der Ehre sonnte, die ihm zuteil wurde, verbrachte sein einstiger Schützling schlaflose Nächte über seinen Memoiren. Zudem verfaßte er seitenlange Briefe an die Verwandten in Deutschland, damit sie ihn nur ja nicht vergaßen. Besonders niedergeschlagen war er, wie sein Tagebucheintrag vom 16. März 1975 belegt, weil seine Verwandten ihm nicht einmal zum Geburtstag gratulierten. Schon vier Jahre zuvor hatte er sich in einem Brief an Sedlmeier darüber beklagt, daß ihm zum Sechzigsten niemand außer Karl-Heinz eine Glückwunschkarte geschickt hatte.

Peter Somogyi Jedes Jahr am 16. Dezember dachte ich an den Geburtstag meiner Schwester. Ich sagte mir immer, jetzt wäre sie so und so alt. Ich stellte mir vor, was aus ihr geworden wäre, wenn sie

Auschwitz überlebt hätte. Ich stellte mir vor, wie es wäre, wenn sie noch am Leben wäre, wenn unsere Familie noch intakt wäre. Aber ich habe keinem erzählt, was ich dachte, nicht einmal meiner Frau.

Am meisten enttäuscht war Mengele von Alois, der früher einmal sein Lieblingsbruder gewesen war. In der Nachkriegszeit hatte Lolo sehr hart gearbeitet, um die Fabrik zu erhalten, die der Vater ihm vererbt hatte.[39] Er hatte es geschafft, das Familienunternehmen mit redlichen Mitteln wieder in Schwung zu bringen, und war seitdem allenthalben als umgänglicher, grundanständiger Geschäftsmann geachtet.[40] Weit über Günzburg hinaus schätzte man ihn wegen seiner Großzügigkeit und Tüchtigkeit.

Auch nachdem Josef Mengele sich ins Ausland abgesetzt hatte, bestand die herzliche Beziehung zwischen den Brüdern zunächst noch etliche Jahre weiter. Alois war sogar nach Argentinien geflogen, um Josef zu besuchen. Später aber hatte er sich bewußt von seinem Bruder distanziert und den Kontakt zu ihm fast völlig einschlafen lassen. Aus den Briefen, die Mengele an Alois schrieb, geht hervor, daß dieser den großen Bruder finanziell ziemlich knapp hielt, obwohl das Geld eindeutig da war. Alois, der die Familienkasse verwaltete, brachte Mengele in die demütigende Lage, um sein Taschengeld betteln zu müssen.

In der Öffentlichkeit hielt Lolo nach wie vor zu seinem Bruder, doch reagierte er, wie von den Günzburgern zu erfahren ist, mit den Jahren immer betroffener auf die anhaltenden Berichte von den grausamen, sadistischen Verbrechen, die Josef in Auschwitz begangen haben sollte.[41] Er scheint dem Bruder von seinem wachsenden Argwohn berichtet zu haben. Der Bürgermeister von Günzburg behauptet sogar, Lolo habe selbst Nachforschungen angestellt und versucht, Zeugen zu finden, die das, was Josef Mengele über seine Tätigkeit während des Krieges erzählte, bestätigen konnten.[42] Aber für Mengele war allein schon die Tatsache, daß der eigene Bruder seine Version der Ereignisse anzweifelte, ein Schlag ins Gesicht. Aus ihren Briefen wird deutlich, daß sich zwischen den beiden ehedem unzertrennlichen Brüdern mit den Jahren eine tiefe Kluft aufgetan hatte.

Zvi der Seemann Ein paar Jahre nach dem Krieg kam es so weit, daß mein Zwillingsbruder und ich nicht mehr miteinander geredet haben. Schon als Kinder hatten wir uns immerzu gezankt. Wir haben uns sogar in Auschwitz gezankt – und nach dem Lager haben wir uns weitergezankt. Wir waren in zig Sachen unterschiedlicher Meinung. Zum Beispiel konnte er meine Frau nicht leiden. Er hat sie nie akzeptiert. Er ist dann nach Amerika gegangen, und ich habe nie wieder was von ihm gehört.

Ich habe ihm Geld geschickt, Briefe – aber er hat nie geantwortet. Ich weiß, daß er meine Post bekommen hat, weil ich immer alles per Einschreiben geschickt habe. Ich habe nie eine Antwort gekriegt.

Eines Tages steht plötzlich aus heiterem Himmel seine Frau bei mir vor der Tür, die oft in Israel ist. «Trenn dich von deiner Frau», hat sie gesagt. «Komm rüber in die Staaten. Wir helfen dir.»

«Bist du meschugge?» hab ich sie gefragt. «Du kommst nach all den Jahren hier an und sagst, ich soll mich von meiner Frau trennen?»

In Amerika, da machen's die Männer so – da verlassen viele ihre Frauen. One-Way-Ticket, oder wie dieser Schlager heißt. Von dem Mann, der alles stehen und liegen läßt und einfach verschwindet. Oder dem Sohn, der verspricht, daß er sich bald meldet, und dann schreibt er seinen Eltern nicht mal eine Postkarte. In Israel ist die Familie viel wichtiger.

Ja, ich bin auch andauernd weggegangen aus Israel, aber ich bin trotzdem immer, immer wiedergekommen.

Menashe Lorinczi Meine Schwester und ich hatten nach dem Krieg ein sehr enges Verhältnis, aber nachdem sie geheiratet hat, haben wir uns entfremdet. Ihr Mann war Chassid – und da wurde sie auch sehr religiös. Ich konnte nicht mehr mit ihr reden. Sie hat alle Ansichten ihres Mannes übernommen.

Als sie nach Amerika ging, wurde die Entfremdung noch größer. Ich habe ihr Briefe geschrieben – und sie hat überhaupt nicht geantwortet.

Vera Blau Meine Zwillingsschwester ist meine einzige lebende Angehörige – und ich liebe sie, aber mit den Jahren mußte ich feststellen, daß wir vollkommen verschieden sind.
Wenn ich Depressionen kriege, habe ich einen «Schalter» und kann das ausknipsen. Ich knipse das einfach aus, und dann bin ich nicht mehr traurig.
Aber meine Schwester denkt pausenlos an den Holocaust. Sie lebt ganz und gar in der Vergangenheit. Ich ertrage sie einfach nicht, wie sie jetzt ist.
Im Schauspiel gibt es zwei Grundcharaktere – den komischen und den tragischen. Ich bin der komische Charakter, und meine Schwester ist der tragische. Nicht mal, wenn wir uns Mickymaus anschauen, kann sie lachen.
Wir wohnen in derselben Stadt, aber wir sehen uns fast nie.

Moshe Offer Mit den Jahren merkte ich, daß ich immer öfter an meinen Bruder Tibi dachte. Ich sah Mengele vor mir, wie er ihn zu den Experimenten abholte. Ich erinnerte mich, wie traurig er zuletzt gewesen war, als er nicht mehr laufen konnte. Ich fragte mich: Warum bin ich am Leben geblieben, und er mußte sterben?
Ein Zwillingsbruder ist etwas ganz Besonderes. Ich habe eine sehr schöne Familie, wunderbare Kinder. Aber ich habe niemanden, dem ich mich anvertrauen kann. Ich habe das Gefühl, Dinge sagen zu wollen, die ich nur meinem Zwilling erzählen könnte. Weil das nicht geht, behalte ich vieles für mich.
Je älter ich werde, desto mehr fehlt mir Tibi. Immer wieder habe ich mir gewünscht, er wäre am Leben, damit ich ihm meine Kinder zeigen könnte. Gern habe ich mir vorgestellt, wie seine Hochzeit gewesen wäre; ich habe mir so sehr gewünscht, zu erleben, daß er glücklich verheiratet ist. Ich dachte daran, was er wohl für Kinder gehabt hätte.
Am meisten wünschte ich mir, ihm meinen Sohn Shai zu zeigen, der ihm so ähnlich ist.
In meiner Phantasie beschäftige ich mich immerzu mit diesen Dingen.

Endlich fand Mengele neue Freunde. Das linderte sein Gefühl, total vereinsamt zu sein. Gerhard machte ihn mit dem österreichischen Ehepaar Wolfram und Liselotte Bossert bekannt. Die beiden waren ebenfalls überzeugte Nazis.[43] Wolfram war im Krieg Hitlerjugend-Führer gewesen und hatte sich seine Verehrung für Adolf Hitler ein Leben lang bewahrt. Er war von Beruf Schlosser, hielt sich aber für einen Philosophen und bewunderte den Herrn Dr. Mengele aus tiefster Seele.

Die Kinder der Bosserts liebten Mengele «abgöttisch», erzählte Liselotte später den Reportern, die zu Dutzenden kamen und alles über Mengele und die Zeit, in der er versteckt gelebt hatte, wissen wollten.[44] Und natürlich verstand sich der alte SS-Doktor hervorragend mit Bosserts Sohn und Tochter – schließlich war er mit kleinen Kindern schon immer gut ausgekommen. Das neurotische, vereinnahmende Moment, das seine Beziehung zu Erwachsenen charakterisierte, schien wie weggeblasen, wenn er mit Kindern zusammen war. Die Bossert-Kinder nannten ihn zärtlich *Titio*, Onkelchen – fast so, wie damals die Zwillinge und die kleinen Zigeuner in Auschwitz.[45]

Die neue Freundschaft mit den Bosserts brachte Mengele den dringend benötigten sozialen Kontakt. Er war mit dem österreichischen Ehepaar auf du und du und verbrachte ganze Wochenenden in ihrem Ferienhaus am Meer oder fuhr mit ihnen ins Grüne. Abends saßen er und Wolfram Bossert zusammen und plauderten, und mitunter gesellte sich auch Gerhard zu ihnen. Sie redeten über Politik, Geschichte und die Zustände im «neuen» Deutschland, das, darin waren sie sich einig, dem mächtigen Dritten Reich nicht das Wasser reichen konnte. Mengeles Freunde waren geblendet von dessen umfassender Allgemeinbildung, davon, daß er griechische und lateinische Texte zitieren konnte und früher einmal ein bedeutender Arzt gewesen war.

Olga Grossman Ich war monatelang in der Klinik – aber ich haßte die Ärzte in ihren weißen Kitteln so sehr, daß es mir immer schlechter ging – ich lehnte es ab, mich behandeln zu lassen. Ich wollte sterben.

Meine Kinder fehlten mir; sie durften mich nicht besuchen kom-

men. Ich wäre am liebsten durch die Wände gegangen und losgerannt, um meine Kleinen zu suchen.
Die Ärzte hatten ein bißchen Angst vor mir. Sie wußten nicht, wie sie mit mir umgehen sollten. Manchmal schlug ich nach ihnen.
Ich kam in eine andere Klinik, und dort traf ich Dr. Stern. Sie war noch jung, selbst eine Lager-Überlebende.
Sie war sehr nett zu mir. Bei ihr hatte ich nicht das Gefühl, nur eine Patientin von vielen zu sein. Ich spürte, daß sie sich wirklich um mich sorgte. Als ich sie kennenlernte, war ich 25 und kam mir vor wie ein kleines Mädchen. Ihr habe ich geglaubt, daß sie sich um mich kümmern will. Sie war wie eine Mutter zu mir.
Meine eigene Mutter war eine kranke Frau. Sie war überfordert mit meinen Problemen. Sie hatte noch vier Kinder zu Hause; sie hatte keine Zeit für mich. Sie konnte mich auch nicht so oft in der Klinik besuchen kommen, wie ich mir gewünscht hätte.
Dr. Stern ging ganz und gar auf meine Gefühle ein. Zum Beispiel hat sie, bevor sie zu mir kam, immer ihren weißen Kittel ausgezogen und war einfach in Alltagskleidung. Sie hat sich mir nie in Weiß gezeigt, weil sie wußte, daß ich Angst hatte vor weißen Kitteln. Dr. Mengele hat immer einen weißen Kittel angehabt, wenn er zu mir kam.
Unter der Obhut von Dr. Stern begann ich mich zu verändern. Ich fing an, draußen spazierenzugehen. Durch die vielen Beruhigungsmittel hatte ich sehr abgenommen. Jetzt aß ich mehr und legte sogar ein paar Pfund zu. Das wurde als Zeichen dafür gewertet, daß es aufwärtsging.
Ich hatte immer entsetzliche Angst davor gehabt, unter die Dusche zu gehen. Unter der Dusche wurde ich jedesmal ohnmächtig. Jetzt aber lehnte ich es ab, mir von den Schwestern helfen zu lassen: «Ich gehe allein duschen», erklärte ich.
Schließlich bat ich Dr. Stern um etwas: Sie sollte mich nach Hause lassen, damit ich meine Kinder sehen konnte. «Ich verspreche Ihnen, daß ich wieder in die Klinik komme», sagte ich. «Ich laufe nicht weg.» Es war wie ein Wunder: Sie hat ja gesagt. Sie hat gesagt, sie vertraut mir, daß ich gehe und zu einer bestimmten Zeit wieder da bin.
Ich durfte einen Tag lang nach Hause. Und ich merkte, daß ich wieder zurück wollte. Ich fragte Dr. Stern, ob ich je so gesund wer-

den würde, daß ich die Klinik auf Dauer verlassen könnte. «Ja, ja – ich verspreche Ihnen, daß Sie eines Tages für immer nach Hause gehen werden», hat sie gesagt.
Da beschloß ich, gesund zu werden. Ich sagte mir, ich werde hier rauskommen. Mit Dr. Sterns Hilfe werde ich wieder gesund. In der anderen Klinik wollte ich mir das Leben nehmen. Hier wollte ich wiederkommen, einfach, um Dr. Stern zu sehen. Ich habe gespürt, daß sie mich liebt – ich habe gespürt, daß ich ihr wichtig bin. Nach und nach hat sie mich dazu gebracht, daß ich mich geöffnet habe und erzählen konnte, was in Auschwitz geschehen war.

10. Von Söhnen und Töchtern

Judith Yagudah Ich mag es nicht, in der Vergangenheit zu leben. Ich bin nicht gern mit anderen Überlebenden zusammen. Sie sind mit ihren Gedanken immer in der Vergangenheit. «Weißt du noch dies? Weißt du noch jenes?» O nein, das mag ich überhaupt nicht. Ich will die alten Wunden nicht wieder aufreißen.
Einmal bin ich noch in meine alte Heimatstadt Cluj zurückgekehrt. Es war mein erster Besuch seit dem Krieg.
Ich verbrachte mit meinem Mann ein paar Tage dort. Ich lief umher. Ich ging zu dem Haus, in dem Ruthie und ich aufgewachsen waren. Ich fand die Wohnung, in der wir zuletzt gewohnt hatten, ehe wir nach Auschwitz deportiert wurden. Das war sehr traurig. Aber nach der Vergangenheit zu suchen, ist immer traurig, nicht wahr? Weil wir suchen und nichts finden – nichts als Erinnerungen und Schatten ...

Die Münchener Olympiade 1972 wurde überschattet von dem gemeinen Mordanschlag der PLO auf die israelische Nationalmannschaft.

Mengele konnte nach diesem Mordanschlag sicher sein, daß der Mossad ihn vorerst in Ruhe ließ, denn jetzt brauchte der israelische Geheimdienst buchstäblich jeden Mann, um die terroristischen Gruppierungen der Araber zu infiltrieren und zu zerschlagen. Der jüdische Staat war weder willens noch in der Lage, sich mit den alten Nazis in Südamerika zu befassen; dies um so weniger, als Israel gerade im Begriff war, diplomatische Beziehungen mit zahlreichen lateinamerikanischen Staaten herzustellen und Militärpakte mit ihnen abzuschließen, auch mit solchen, die Altnazis Unterschlupf gewährten. Länder wie Bolivien, Uruguay, Brasilien, Argentinien und Paraguay boten sich als lukrative Absatzmärkte für die israelische Rüstungsindustrie an. Und sie konnten sich als zuverlässige Verbündete bei den Vereinten Nationen erweisen, wo eine Gruppe mit den Arabern sympathisierender Staaten Israels Existenz bedrohte.

Am meisten aber schreckte die Israelis die Erinnerung an die Entführung Adolf Eichmanns, die Übergriffe und Racheakte gegen die jüdischen Gemeinden in ganz Lateinamerika nach sich gezogen hatte. Es war klar, daß jede neue Operation die lateinamerikanischen Juden gefährden würde.[1] In Paraguay beispielsweise erklärte General Stroessner seine Bereitschaft, jüdische Familien zu schützen, verbat sich aber, nach Mengele gefragt zu werden.[2] Er ließ keine Gelegenheit aus, Israel daran zu erinnern, daß Paraguay dessen standhaftester Verbündeter in der UNO war.

So krähte in den 70er Jahren im Grunde kein Hahn mehr nach Josef Mengele. Ausgenommen natürlich ein paar alte Nazijäger, allen voran Simon Wiesenthal, der die Verfolgung von Kriegsverbrechern zu seiner Lebensaufgabe gemacht hatte und dem Auschwitz-Doktor seit Jahrzehnten auf den Fersen war. Wiesenthal saß in Wien in seinem muffigen, mit Akten vollgestopften und von einem mürrischen österreichischen Polizisten bewachten Büro und träumte davon, den Todesengel eines Tages zur Strecke zu bringen und mit ihm abzurechnen. In regelmäßigen Abständen verkündete er auf seinen häufigen Pressekonferenzen, man sei bei der Suche nach Mengele erneut ein Stück vorangekommen.[3] Er hielt die Journalisten mit Meldungen in Atem, denen zufolge Mengele mal hier, mal dort gesehen worden sein sollte. In einem seiner Bulletins lieferte er eine lange «aktualisierte» Liste der vermutlichen Aufenthaltsorte Mengeles.[4] Es sei nur eine Frage der Zeit, erklärte Wiesenthal ein ums andere Mal voller Zuversicht, bis man den berüchtigten Nazi der deutschen Justiz übergeben werde.[5]

Diese Berichte verhinderten zwar, daß der ehemalige Auschwitz-Doktor vollends in Vergessenheit geriet, konnten aber Mengele und seiner Familie kaum etwas anhaben. In der Regel waren Wiesenthals angebliche Erkenntnisse über Mengeles Verbleib so weit von der Realität entfernt, daß der alte Nazijäger Mengele sogar wider Willen half, unentdeckt zu bleiben. Im Grunde hat Wiesenthal, wenn auch ungewollt, entscheidenden Anteil an der Glorifizierung Josef Mengeles, denn mit seinen Bulletins und Pressemeldungen hat er ihn regelrecht zu dem schillernden Flüchtling aufgebaut, der über den Erdball jagt, zwischen Argentinien, Brasilien und Paraguay pendelt, gelegentlich einen Abstecher nach Europa macht und jeden vernichtet, der ihm nahe kommt. Wiesenthal war es auch, der die Geschichte von Nora Eldoc verbreitet und ausgeschmückt hat, einer israelischen Spionin, die sich angeblich in einem seiner südamerikanischen Verstecke mit Mengele angefreundet hat und einem mysteriösen «Unfall» zum Opfer fiel. Die Frau wurde von einer Klippe gestoßen.[6] Diese wahrscheinlich meisterzählte Mengele-Story hat unzähligen Leuten Angst eingejagt, die darauf brannten, den alten SS-Doktor zu fassen.

In Wirklichkeit war Mengeles Leben im Exil keineswegs glorreich oder schillernd, sondern im großen und ganzen einfach nur jämmerlich. Abgesehen von der Olympiade war 1972 für ihn kein gutes Jahr. Die meiste Zeit verbrachte er mit Briefeschreiben.

Mengele empfing und verschickte seine Briefe nach einem streng geheimen, eigens für ihn ausgearbeiteten System.[7] Auch dabei war Hans Sedlmeier Vertrauensperson und Mittelsmann in einem. Er sorgte dafür, daß die für den alten Mann lebenswichtige Verbindung zu seiner Familie nicht völlig abriß. Mengele schickte seine Briefe an ein Postfach in der Schweiz, und Sedlmeier holte sie regelmäßig dort ab und leitete sie an die jeweiligen Adressaten weiter.[8] Auch die für Mengele bestimmten Sendungen gingen über Sedlmeier, der sie an ein Postfach in Brasilien schickte. Allerdings dachten die Günzburger Neffen und Nichten nicht daran, seine seitenlangen Briefe zu beantworten. Sie folgten mehr und mehr Lolos Beispiel und stellten sich taub. Mengele litt darunter, daß er so selten Post von daheim bekam.

Moshe Offer Die schlimmsten Tage im Jahr sind für mich die Familienfeste. Anstatt mich zu freuen, fühle ich mich einsam, wenn ich an all die Menschen denke, die nicht mehr bei mir sind.

Ich bin unendlich traurig, und plötzlich ertappe ich mich bei dem Gedanken, daß es besser wäre, wenn ich zusammen mit meinem Bruder in Auschwitz gestorben wäre.

Als mein Sohn Bar Mitzwah hatte, das war für mich wie ein Trauertag. Es war wie ein Begräbnis.

Ich dachte immerzu nur an meinen toten Bruder, an meine ganze

Familie. Ich mußte immer denken, warum sind sie jetzt nicht bei mir. Warum bin ich allein übriggeblieben?

Peter Somogyi Als mein Sohn Bar Mizwa hatte, das hätte doch ein sehr glücklicher Tag für mich sein müssen – er war immerhin mein Erstgeborener. Aber ich mußte immerzu weinen.
Wir haben alle geweint.

Judith Yagudah Am schlimmsten sind die Feiertage und die Familienfeste. Hier in Israel hat jeder eine große Familie zum Feiern. Aber wir haben keine weitverzweigte Verwandtschaft.
Keines von den Geschwistern meines Mannes hat überlebt. Und meine Ruthie lebt auch nicht mehr.
Meine Kinder fragen oft: «Warum haben wir eigentlich keine Cousins und Cousinen?»

Hedvah und Leah Stern Bei Familienfesten sind wir immer traurig. Wenn eine Bar Mizwa ist oder eines unserer Kinder heiratet, müssen wir an unsere Mutter denken. Dann erinnern wir uns daran, wie sie uns Lebewohl gesagt hat, und das macht uns sehr traurig.

Das Jahr 1975 brachte für Mengele einen ganzen Berg eigener Probleme, so daß er kaum noch dazu kam, sich für die Vorgänge im fernen Günzburg zu interessieren. Gitta Stammer erklärte ihm, er müsse sich nach einer anderen Bleibe umsehen. Und Wolfgang Gerhard, sein treuer Freund und Beschützer, beschloß, wieder nach Österreich zurückzugehen, wo er hoffte, eine bessere medizinische Betreuung für seine schwer krebskranke Frau und seinen ebenfalls an Krebs erkrankten Sohn zu finden. Vor der Übersiedlung machte Gerhard seinem alten Freund Mengele ein sehr kostbares Geschenk: seinen Paß. So wurde aus dem 64jährigen Josef Mengele alias Peter Hochbichler der 50jährige Wolfgang Gerhard.[9]

Die Stammers bewiesen weniger Nächstenliebe. Am 18. Januar 1975 berichtet er im Tagebuch von einem Streit mit Gitta. Er habe kein Recht, sie herumzukommandieren, hatte sie aufgemuckt und ihn daran erinnert, daß er immerhin steckbrieflich gesucht wurde. Sie hatte schon mehrmals gedroht, daß sie ihn, wenn sie wollte, ans Messer liefern könnte. Bisher war es bei Drohungen geblieben, aber jetzt erklärte sie klipp und klar, daß ihre Wege sich trennen würden. Sie und ihr Mann wollten den Hof abstoßen und sich ein eigenes Haus kaufen. Sie waren bereit, Mengele eine Unterkunft zu besorgen.[10] Aber Gitta Stammer war es endgültig leid, für den alten KZ-Doktor das Dienstmädchen zu spielen.

So verließ Mengele in jenem Jahr die Stammers und bezog ein eigenes Häuschen.[11] Das neue Heim des Günzburger Fabrikantensohns war eine bessere Gartenlaube in einer ziemlich heruntergekommenen Gegend von São Paulo. Die Stammers hatten es eigens für Mengele ausgesucht, es gekauft und an ihn vermietet.[12] Von dem Gewinn, den ihnen der Verkauf des – ursprünglich vom Geld der Familie Mengele erworbenen – Hofes eingebracht hatte, kauften sie sich eine Villa in einem eleganten Stadtviertel. Eine vergleichsweise bescheidene Abfindung für all die Jahre, die sie den launischen Dr. Mengele bei sich beherbergt hatten.

Jetzt mußte Mengele allein leben, und unter diesen Bedingungen verstärkten sich seine psychotischen Ängste noch mehr. 1976 erlitt er einen leichten Schlaganfall. Danach fühlte er sich noch hilfloser.[13] Er war für kurze Zeit gelähmt, erlangte aber seine Bewegungsfähigkeit fast vollständig wieder.

Etwa um diese Zeit bemühte er sich, seine wechselvolle, sporadische Beziehung zu seinem Sohn zu verbessern. Rolf Mengele verhielt sich, seit er die wahre Identität seines Vaters erfahren hatte, diesem gegenüber noch weitaus kühler als der Rest der Familie. Einmal, als Rolf noch ein Junge war, beklagte sich Mengele nach Weihnachten über den himmelweiten Unterschied zwischen seinem eigenen Sohn und seinem Stiefsohn. Während Karl-Heinz ihm einen sehr lieben Brief geschrieben habe, sei der von Rolf doch allzu sachlich ausgefallen. Auch als Rolf längst erwachsen war, blieb sein Verhältnis zu seinem Vater eher ambivalent.

Moshe Offer Manchmal bin ich so wütend, daß ich meinen Sohn schlage. Ich bin so in Rage, daß ich nicht mehr weiß, was ich tue. Ich habe mich nicht mehr in der Gewalt. Ich werfe mit Sachen und

zerschlage Möbel. Ich schlage auf jeden ein, der in meine Nähe kommt.
Alles mögliche kann so einen Wutanfall auslösen – die kleinste Kleinigkeit, zum Beispiel, wenn ein Zimmer in der Wohnung nicht aufgeräumt ist.
Miriam, meine zweite Frau, wußte nichts über meine Vergangenheit, als sie mich geheiratet hat. Sonst hätte sie mich vielleicht gar nicht geheiratet.
Ich habe sie oft geschlagen. Sie hatte schreckliche Angst, wenn ich sie oder die Kinder schlug. Aber sie hat gewußt, ich kann nichts dafür.
Wenn ich mich dann beruhige, geht es mir immer sehr schlecht. Dann sage ich meiner Frau und den Kindern, daß es mir leid tut. Ich bitte sie um Verzeihung. Ich bitte sie um Verständnis.

Trotz der großen Entfernung brachte Mengele es fertig, ein vereinnahmender, krittelnder Vater zu sein. Er mischte sich in Rolfs Privatangelegenheiten ein und ging sogar so weit, dem Sohn Vorhaltungen darüber zu machen, mit welchem Mädchen er ausgehen und was für eine Frau er heiraten sollte. In einem Brief verlangte er, Rolf solle sich in seinen Beziehungen zu Frauen von seinem Verstand leiten lassen. Nicht das Gefühl dürfe bei der Partnerwahl entscheiden, sondern rationale Erwägungen. Bei der Aufzählung einiger Dinge, auf die Rolf bei einer Frau achten müsse, ging der alte Rassenhygieniker auch kurz auf genetische Aspekte ein. Wie nicht anders zu erwarten, nannte er an erster Stelle gute Erbanlagen. Rolf solle sich unbedingt darüber informieren, aus was für einer Familie das Mädchen komme und was diese Familie für einen Ruf habe. Und natürlich müsse man sich auch hinsichtlich ihrer finanziellen Verhältnisse orientieren.

Doch Mengele mischte sich nicht nur in die Herzensangelegenheiten seines Sohnes ein, er ließ Rolf auch wissen, was er von dessen Arbeit und seiner beruflichen Perspektive hielt, und dies zumeist in mißbilligendem Ton. Den Briefen nach hielt er seinen Sohn für einen oberflächlichen, hohlen Burschen. Rolf und seine Generation seien nun mal nicht zum Durchhalten geboren, schreibt er an einer Stelle. Er wirft ihm vor, zu materiell eingestellt zu sein, nichts als Geld, Autos und andere Annehmlichkeiten im Sinn zu haben.

Doch zwischen all den Ermahnungen und Ratschlägen, den ständigen Forderungen und harschen Zurechtweisungen finden sich immer wieder auch Passagen, die von Mengeles tiefer Liebe zu Rolf zeugen.

Hedvah und Leah Stern Als wir Mütter wurden, waren wir so übertrieben besorgt um unsere Kinder, daß wir sie keinen Moment aus den Augen ließen. Unser ganzes Leben drehte sich nur um sie.

Wenn sie zum Beispiel aus der Schule kamen, setzten sie sich an den Tisch und kriegten auf der Stelle ihr Essen – auf der Stelle.

Hin und wieder luden Freunde uns in ein Restaurant ein oder ins Kino. Aber wir hätten es niemals über uns gebracht, zusammen mit unseren Männern aus dem Haus zu gehen und unsere Kinder einem Babysitter zu überlassen. Entweder sind wir Frauen gegangen oder unsere Männer, aber daß wir zusammen etwas unternahmen, kam nicht in Frage.

Hevah Stern Eines Tages sagte mein Sohn: «Hör mal, Mama, du kannst ruhig mit Daddy ausgehen und mich allein lassen – ich bin schließlich schon groß. Ich passe auf die anderen Kinder auf.» Da war er zehn. Aber ich konnte den Gedanken einfach nicht ertragen, mit meinem Mann wegzugehen und die Kinder zu Hause allein zu lassen. Das hab ich nicht fertiggebracht. Ich bin dann doch gegangen, aber ich habe mich den ganzen Abend geängstigt.

Olga Grossman Als meine Kinder klein waren, ließ ich sie keinen Augenblick allein. Ich mußte sie immer bei mir haben. Ich war regelrecht abhängig von ihnen. Ich mußte sie bei mir haben, damit ich atmen konnte. Wenn ich sie morgens zur Schule gebracht hatte, bin ich jedesmal zusammengebrochen.

Es gab Tage, da ließ ich sie nicht zur Schule gehen. Ich verlangte, daß sie zu Hause blieben, bei mir. Das war ihnen peinlich. «Mami, uns fällt schon keine Entschuldigung mehr ein», sagten sie. «Was sollen wir denn den Lehrern erzählen?» Aber das war mir egal.

Vielleicht hatte ich Schuldgefühle, weil ich sie so lange alleingelassen hatte, als sie klein waren und ich in die Klinik mußte.

Judith Yagudah Ich habe zwei Kinder – einen Jungen und ein Mädchen. Ich mache mir immerzu Sorgen um sie. Ich habe ständig Angst um sie. Ich weiß genau, daß ich sie damit belaste.

Peter Somogyi Ich habe mir ständig Sorgen um meine Kinder gemacht. Als sie aus dem Haus waren, habe ich verlangt, daß sie jeden Tag anrufen. Ich mußte ihre Stundenpläne haben – in der Schule –, ich mußte immer genau wissen, wo sie waren.
Wenn sie ein paar Tage nicht angerufen hatten, sagte ich zu meiner Frau, was ist nur mit den Kindern los – komm, wir rufen sie an.
Ich hatte immer furchtbare Angst, daß ich von ihnen getrennt werden könnte.

Mengele ließ seine Frustration über sein eigenes berufliches Scheitern an seinem Sohn aus, der darum kämpfte, wenigstens nach außen hin ein normales Leben zu führen. Als Rolf seinem Vater mitteilte, daß er seine Doktorarbeit nicht zu Ende schreiben wollte, wurde Mengele fuchsteufelswild. Es genügte ihm nicht, daß Rolf bereits als Anwalt praktizierte und sich eine gesicherte Zukunft geschaffen hatte. Er selbst war zweifacher Doktor gewesen, er hatte die Demütigung ertragen müssen, seine Titel aberkannt zu bekommen. Jetzt wollte er unter allen Umständen durchsetzen, daß sein Sohn sich den beruflichen Rang erwarb, den man ihm, dem Vater, streitig gemacht hatte. Es kam zu einem heftigen Zerwürfnis zwischen den beiden. Rolf versuchte vergeblich, Mengele zu erklären, aus welchen Gründen er die Dissertation aufgegeben hatte. Einerseits habe er nicht das Geld, um die Arbeit fertigzuschreiben, andererseits interessiere ihn das Thema nicht mehr, und außerdem sei er erschöpft, teilte er dem Vater mit.

Mengele reagierte mit einem vernichtenden Brief. Er akzeptiere, daß seinem Sohn das Interesse und die Lust zum Arbeiten fehlten, schrieb er, nicht aber, daß er nicht genug Geld habe. Offenbar hatte er vergessen, daß Rolf am Vermögen der Familie nicht beteiligt war, da sein Vater nach dem Krieg schriftlich erklärt hatte, daß er auf seinen Anteil am Familienbesitz verzichte. Er hielt Rolf vor, wie töricht es sei, so kurz vor dem Ziel die Flinte ins Korn zu werfen, zumal nach so vielen Semestern und wo er doch schon drei Jahre

Praxis habe. Für so etwas fehlten ihm einfach die Worte, schrieb er aufgebracht. Die Nachricht habe ihn schwer gekränkt. Es sei immer sein Herzenswunsch gewesen, daß Rolf promovieren sollte.

1976 verlobte sich Rolf, worauf sich das Verhältnis zwischen ihm und seinem Vater schlagartig verbesserte.[14] Seine erste Ehe mit seiner hübschen brünetten Kinderliebe war nach einem knappen Jahr geschieden worden. Nun wollte er ein zweites Mal heiraten. Dr. Mengele war hocherfreut über die Wahl, die sein Sohn diesmal getroffen hatte.[15] Almuth Jenkel war eine langhaarige, flachsblonde Schönheit mit großen blauen Augen.

Am schönsten aber fand Josef Mengele, daß sie ein Zwilling war. Sein Vater sei fasziniert gewesen und habe sich sehr darüber gefreut, daß sein Sohn einen Zwilling geheiratet hatte, erinnerte Rolf sich später. Der alte Genetiker wollte genauestens über den Stammbaum seiner Schwiegertochter informiert werden. Er hoffe, die neue Schwiegertochter werde ihn zum Großvater eines Zwillingspärchens machen, gestand er dem Sohn.

Olga Grossman Meine Tochter verliebte sich in einen Jungen aus Kanada und beschloß, ihn zu heiraten und nach Kanada zu gehen. Sie zog nach Calgary, unweit des Nordpols.

Mir war damals sofort klar, daß sie vor mir davonlief – vor meiner Vergangenheit. Sie hatte damit leben müssen, seit sie ein Baby war. Das war sehr schwer für sie, und darum denke ich, sie hat getan, was sie konnte, um sich zu retten. Sie zog so weit weg von mir, wie es ging.

Aber als sie fort war, wurde ihr klar, daß die Bindung, die wir als Familie hatten, ihr viel zu wichtig war. Sie wollte Kinder haben – aber der Gedanke, daß ihre Eltern die eigenen Enkelkinder nicht kennen würden, war ihr unerträglich. Und darunter litt ihre Ehe.

Mengele äußerte erneut den Wunsch, seinen Sohn zu sehen. Seit dem gemeinsamen Urlaub 1956 in der Schweiz, bei dem Rolf noch nicht gewußt hatte, daß «Onkel Fritz» in Wirklichkeit sein Vater war, hatten sich die beiden nicht mehr getroffen. Rolf zögerte. Er wollte es zuerst gern bei Briefen und Fotos bewenden lassen. Doch dann siegten Mitleid und Neugier, und er entschoß sich, nach Brasilien zu fahren.

Die Reisevorbereitungen zogen sich in die Länge, weil beide, Vater und Sohn, der Begegnung mit gemischten Gefühlen entgegensahen. Josef bestand auf der Einhaltung aller möglichen spitzfindigen Sicherheitsvorkehrungen, und Rolf verschob fortwährend den Reisetermin. Und wie schon so oft, wenn die Familie Mengele Probleme mit ihrem fernen Verwandten hatte, mußte Hans Sedlmeier eingreifen. Mit dem ihm eigenen diplomatischen Spürsinn redete er Rolf gut zu, endlich seinen Entschluß in die Tat umzusetzen. Er erinnerte ihn daran, daß Mengele die Folgen des kürzlich erlittenen Schlaganfalls noch keineswegs überwunden hatte. Es sei sein letzter Wunsch, den Sohn noch einmal zu sehen. Dem alten Mengele schrieb Sedlmeier, er solle nicht vergessen, daß Rolf einer anderen Generation angehöre; er dürfe nicht zuviel von ihm erwarten.

Peter Somogyi Eines Tages blätterte ich das *Life Magazine* durch und war auf einmal wie vor den Kopf geschlagen. Da war der Zwillingsvater – sein Bild und ein Artikel über ihn. Außerdem gab es ein altes Foto von meinem Bruder und [mir], das aufgenommen worden war, als wir nach dem Krieg wieder in Ungarn waren. Wir hatten es dem Zwillingsvater geschickt, um ihm mitzuteilen, daß wir heil angekommen waren.

Meine Frau und ich lebten damals in Amerika. Wir waren in der stürmischen Zeit, als in Quebec die separatistische Bewegung war, aus Kanada weggegangen und in die USA übergesiedelt. Viele kanadische Juden hatten damals Angst bekommen und waren aus Montreal geflüchtet – unter ihnen die Familie meiner Frau. Ihre Leute fanden, wir sollten unbedingt auch weggehen.

Ich las den Artikel und wurde immer aufgeregter. Es verschlug mir glatt den Atem.

Am nächsten Morgen rief ich in der Redaktion an. Ich fragte nach der Adresse des Zwillingsvaters. Sie hatten sie nicht. Ich rief die israelische Botschaft in Washington an. «Können Sie mir nicht seine Adresse geben?» bettelte ich. Man teilte mir mit, daß es in Tel Aviv fünf Männer mit dem Namen Zvi Spiegel gab. «Dann nennen Sie mir eben alle fünf», sagte ich.

Ich schrieb an alle fünf. Und er hat mir natürlich geantwortet. Er schrieb, daß seine Tochter in Brookline, Massachusetts wohne und er vorhabe, sie zu besuchen. Da haben wir ein Wiedersehen organisiert.

Olga Grossman Als meine Tochter sich von ihrem Mann trennte, fand ich, daß ich ihr während der Scheidung beistehen mußte. Ich beschloß, nach Kanada zu gehen und eine Zeit bei ihr zu bleiben und ihr zu helfen, über ihre Depressionen hinwegzukommen.
Als ich losfuhr nach Kanada, hatte ich schreckliche Angst. Es fiel mir furchtbar schwer, fortzugehen von meinem Mann, von meinem Sohn und von Dr. Stern. Aber ich sagte mir, mein Kind braucht mich: Jetzt ist der Moment gekommen, wo ich ihr meine Hilfe anbieten kann.
Ich ließ meine Familie drei Monate allein und blieb so lange bei meiner Tochter.

Schließlich stand der Termin für die Abreise fest, die Flugtickets waren gekauft. Um seinen Vater nicht in Gefahr zu bringen, reiste Rolf mit falschem Paß.[16] Im Mai 1977 flog er von Deutschland nach Rio de Janeiro und fuhr von dort weiter nach São Paulo. Trotz des Decknamens – sein Paß gehörte eigentlich einem Freund – hatte er ständig Angst, verfolgt zu werden und die Behörden ungewollt zu seinem Vater zu führen.[17]

Olga Grossman Ich kam zur schlimmsten Jahreszeit in Kanada an. So viel Schnee. Es war schön – aber es erinnerte mich an Auschwitz. Ich zog in die Wohnung meiner Tochter. Wenn sie morgens zur Arbeit ging, erledigte ich die Einkäufe.
Einmal geriet ich in einen furchtbaren Schneesturm. Ich hatte große Angst. Da sagte ich mir, ich werde meine Tochter mit nach Hause nehmen, wo sie hingehört.
Und genau das habe ich getan. Ich habe sie zurückgeholt nach Israel.

Peter Somogyi An dem Tag, als der Zwillingsvater ankam, rief er mich an, um einen Termin für unser Treffen zu verabreden. Ich arbeitete und konnte schlecht weg. Wir verabredeten, daß ich am

Wochenende raufkommen sollte nach Boston – aber ich war ungeheuer aufgeregt. «Ich gehe jetzt von der Arbeit weg und komme sofort zu Ihnen», sagte ich ihm.
Ich erklärte meinem Chef, daß ich weg muß, rannte aus dem Büro, setzte mich ins Auto und fuhr los nach Massachusetts.
Als ich bei seiner Tochter in Brookline eintraf, wurde ich draußen vor der Haustür von einer Meute von Reportern erwartet. Die Nachbarn hatten gemeint, das würde bestimmt ein interessantes Wiedersehen, und hatten die Presse verständigt. Aber ich ging einfach an den Kameras vorbei, direkt ins Haus.
Wir haben kein Wort gesprochen – kein einziges Wort. Wir haben uns nur umarmt.
Er hatte sich verändert. Es waren so viele Jahre vergangen. Seine Frau saß in der einen Ecke und weinte – in der anderen Ecke saß seine Tochter und weinte.

Rolf beschreibt das Wiedersehen mit seinem Vater als zärtlich und sentimental. Mengeles «Kind» war 33 Jahre alt, und Mengele selbst war 66. Er war gebrechlich und wirkte viel älter. In Interviews, die Rolf Mengele später gegeben hat, schilderte er seinen Vater als warmherzig und liebevoll. «Du glaubst doch nicht etwa, was über mich erzählt wird?» habe der alte Mann geantwortet, als er ihn nach Auschwitz fragte. Dr. Mengele schwor beim Augenlicht seiner Mutter, daß er «persönlich» nie einen Menschen getötet habe.

In den zwei Wochen, die sie gemeinsam verbrachten, unternahmen sie etliche Ausflüge, erzählten sich Familienklatsch und führten hin und wieder sogar auch politische Diskussionen. Einmal stritten sie sich über die Todesstrafe, die der Alte befürwortete, während Rolf sie entschieden ablehnte.

Dr. Mengele war sichtlich darauf bedacht, sich von seiner besten Seite zu zeigen.

Am letzten Tag unternahmen sie einen Ausflug zum Strand von Bertioga, wo die Bosserts ihr Sommerhäuschen hatten. Es war herrliches Wetter, und Vater und Sohn genossen ihre letzten gemeinsamen Stunden in vollen Zügen. Beide ahnten, daß sie sich nicht mehr wiedersehen würden. Am nächsten Morgen bestand Mengele trotz aller Risiken darauf, Rolf zum Flughafen zu begleiten. Doch weil sie kein Aufsehen erregen wollten, fiel die Abschiedszeremonie kurz und etwas kühl aus.

Leah Stern Ich war zu einer Hochzeit nach Amerika eingeladen. Eine liebe Freundin von mir heiratete, und ich fand, ich sollte hinfahren.

Meine Tochter brachte mich zum Flughafen. Sie ging die ganze Zeit neben mir her, aber dann waren wir am Flugsteig angelangt, und die Sicherheitsbeamten ließen sie nicht weiter mitkommen.

Meine Tochter winkte und rief: «Mami, Mami.» Und da wurde ich ohnmächtig. In dem Moment fiel mir alles wieder ein.

Ich hörte meine Mutter sagen: «Wartet auf mich, wartet auf mich», als sie von uns getrennt wurde in Auschwitz.

Rolf kehrte zurück nach Deutschland; sein Vater hatte ihm seinen Segen für die Hochzeit mit Almuth gegeben.

Um diese Zeit – Mengeles Leben war im wesentlichen von Krankheit und Altersbeschwerden geprägt – passierte etwas Entscheidendes: Er verliebte sich. Seine Angebetete war ein hübsches brasilianisches Dienstmädchen, das fast 40 Jahre jünger war als er.[18] Elsa Gulpian, die er 1976 als Haushälterin bei sich einstellte, war das ganze Gegenteil seiner ersten Frau Irene. Auch Marthas Eleganz und deren mondäner Stil lagen ihr fern. Sie war jung und ärmlich und verkörperte einen Frauentyp, den Josef in jüngeren Jahren gar nicht zur Kenntnis genommen hätte. Aber sie war lieb und anmutig und sehr devot. Und sie gehörte zu den wenigen Menschen, die ihn zu nehmen wußten.

Elsa, die streng katholisch erzogen war, hat die Hoffnung, daß Mengele um ihre Hand anhalten werde, lange nicht aufgegeben. Doch als ihr klar wurde, daß sie vergeblich wartete, war sie vernünftig genug, sich mit einem anderen zu verloben.[19] Das war für Mengele ein vernichtender Schlag.[20] Obwohl er die Trennung durch seine Weigerung, sie zu heiraten, selbst herausgefordert hatte, betrachtete er Elsas Schritt als Verrat.

Mit dem Alter spitzten sich auch seine neurotischen Züge immer weiter zu, was selbst Leute wie die Bosserts abstieß, die ihn ehrlich bewunderten. Wolfram Bossert gab später in einem Brief an die Günzburger Familie zu, er und seine Frau hätten sich mit der Zeit mehr und mehr von Mengele distanziert, obwohl sie ihn mochten. Und obwohl er sich bei den Bosserts immer noch von seiner besten Seite zeigte. Die beiden hatten Angst, daß der tyrannische, neurotische alte Mann ihnen ihr Familienleben kaputt machte. Mengele habe verlangt, daß jeder sich ihm unterordne, schrieb Bossert. Wer es nicht schaffte, sich gegen ihn zu behaupten, den habe er so sehr vereinnahmt, daß von dem anderen praktisch nichts mehr übriggeblieben sei. Deshalb, fügte er entschuldigend hinzu, sei ein ständiger Kontakt nicht möglich gewesen. Er und seine Frau hätten einfach ein wenig auf Distanz gehen müssen.

Nachdem Gerhard fort war und die Bosserts sich spürbar zurückgezogen hatten, sehnte sich Mengele mehr denn ja nach seiner Heimat.

Selten findet man in Mengeles Tagebüchern, vor allem in denen der späteren Jahre, ein Wort der Freude. In seinen Briefen nach Hause fehlen sie ganz. Der wehleidige Ton dieser Briefe wirkt wie ein Buhlen um das Mitleid der Verwandten. Doch die vergaßen nach wie vor regelmäßig, ihm zum Geburtstag zu gratulieren. Am 16. März 1975 vermerkt er im Tagebuch kryptisch, ein Besucher habe diesen traurigen Tag viel erträglicher gemacht. Vier Tage später hält er fest, daß Bossert ihn an dem bewußten Tag mit einem Kuchen und einem kräftigen Mahl überraschte, aber leider keine Briefe mitbrachte.

Er gab sich alle Mühe, ein gutes Verhältnis zu seinen Neffen und deren Familien aufzubauen. Seine Beziehung zu Karl-Heinz war seit jeher sehr herzlich, zu Lolos Sohn Dieter hingegen hatte er gar keinen Kontakt. Er fürchtete, die jungen Mengeles könnten glauben, was über seine Vergangenheit behauptet wurde. Und weil er nicht selbst nach Deutschland kommen konnte, überließ er es seinen bewährten Vertrauten, die jüngeren Familienmitglieder bei der Stange zu halten. So schreibt er am 24. Februar 1974 an Wolfgang Gerhard, dieser möge doch einmal in Günzburg vorbeischauen und den dortigen Mengeles erzahlen, was ihr Onkel in Brasilien für ein feiner Kerl sei. Es sei ohnehin sein Wunsch, daß die Familie seinen Freund kennenlerne, damit sie aus Gerhards Mund von Mengeles guten und schlechten Seiten erfahre, erklärt er Gerhard vor der geplanten Begegnung in einem Brief. Auf diese Weise ließen sich Mißverständnisse, Unkenntnis, Fehler und Ablehnung schließlich am besten ausräumen. Josef Mengele war sich durchaus darüber im klaren, daß ihn die ganze Welt haßte und verabscheute. Doch im Alter hatte er das Bedürfnis, sich zumindest in den Augen seiner wenigen Besucher in Brasilien und seiner Günzburger Verwandten reinzuwaschen. Er wollte bemitleidet werden. Darum stellte er sich als den armen Ausgestoßenen dar, der dazu verdammt war, sein Leben in Armut und Einsamkeit zu verbringen. Er sah sich nicht als Bestie, als grausamer Mörder, sondern als Opfer.

Moshe Offer Ich schlafe sehr wenig – zweieinhalb bis drei Stunden sind schon viel für mich. Oft laufe ich mitten in der Nacht durchs Haus, wenn alle anderen schlafen.
Ich stehe auf und gehe in ein anderes Zimmer, damit ich meine Frau nicht störe. Morgens um vier muß ich raus, damit ich um fünf auf der Arbeit bin. Ich arbeite sehr viel – zwölf, dreizehn, vierzehn Stunden am Tag. Ich arbeite gern viel – weil ich mich dann so sehr verausgabe, daß ich fast am Zusammenbrechen bin, und dann kann ich ein bißchen schlafen.
Ich hab furchtbaren Ärger mit meinen Nerven. Wenn ich auf der Arbeit das kleinste Problem habe, kann ich überhaupt nicht schlafen. Ich kann nur schlafen, wenn ich vollkommen erschöpft bin.

Hedvah und Leah Stern Wir schlafen schlecht. Wir können nicht einschlafen und sind auf Pillen angewiesen. Normalerweise helfen ein oder zwei Tabletten Valium.

Miriam Mozes Ich nehme ein Mittel zum Einschlafen. Sonst würde ich aufstehen und weinen.

Hedvah Stern Ich letzter Zeit muß ich oft an meine Mutter denken.
Ich denke: Wenn Mutter da wäre, hätte ich es leichter.
Ich denke immerzu an sie.

Leah Stern Besonders schlimm ist es in der Erdbeerzeit. Jedes Jahr, wenn ich Erdbeeren sehe, muß ich an das Kleid denken, das meine

Mutter anhatte, als sie von uns ging. Es war schwarz und mit Erdbeeren bedruckt. In der Erdbeerzeit denke ich immerzu an sie.

Zvi der Seemann Der Mensch, an den ich am meisten denke, ist meine Mutter. An die anderen Familienmitglieder kann ich mich, ehrlich gesagt, gar nicht erinnern. Ich glaube, ich weiß nicht einmal mehr die Namen meiner toten Geschwister. Ich kann mich nicht erinnern, wie sie ausgesehen haben. Aber meine Mutter habe ich immer vor Augen.

Ich glaube, das kommt, weil sie es war, die die Familie zusammengehalten hat. Als ich klein war, ging mein Vater in den Krieg. Sie war es, die sich um uns alle gekümmert hat.

Kurz nachdem ich nach Israel gekommen war, entdeckte ich in Tel Aviv einen Onkel, einen Bruder meiner Mutter. Er erzählte mir von einer Frau in Netanya, die eng mit meiner Mutter befreundet gewesen war. In den ersten Jahren bin ich diese Frau andauernd besuchen gefahren. Sie hatte ein Foto von meiner Mutter als junges Mädchen. Ich habe sie andauernd besucht und mich mit ihr unterhalten, sie ausgefragt, das Foto betrachtet.

Lea Lorinczi Ich habe ständig meine Mutter gesucht – in Osteuropa, in Israel, sogar in Amerika. Ich bin durch die Straßen gelaufen und habe mir die Leute angesehen. Ich habe jede ältere Frau angestarrt, und manchmal entdeckte ich eine, bei der ich einen Moment lang glaubte, daß sie aussieht wie sie. Vielleicht ist sie das, dachte ich.

Man liest ja immer wieder davon, daß irgend jemand, der den Krieg überlebt hat, nach Jahren wieder auftaucht.

Menashe Lorinczi Vor kurzem hörten wir von einem Paar, das sich nach vierzig Jahren wiedergefunden hat. Sie trafen sich zufällig in einem Hotel in Tiberias. Jeder hatte den anderen fur tot gehalten.

Alex Dekel Einmal bin ich mit meiner amerikanischen Verlobten durch Jaffa gebummelt; wir kamen an einem arabischen Friedhof vorbei. Plötzlich bückte ich mich und fing an, das Unkraut auszureißen. Sie wollte wissen, warum ich das tat – warum ich so sinnlos und wild das Unkraut ausgerissen habe. «Vielleicht, damit das auf dem Grab meiner Mutter auch jemand tut», habe ich geantwortet. Jedesmal, wenn ich ein verwildertes Grab sehe, muß ich an mich halten, damit ich nicht anfange, das Unkraut auszureißen.

Miriam Mozes Nach dem Krieg dachte ich immer, vielleicht lebt meine Mutter noch. Ich wußte ja nicht, was mit ihr geschehen war. Es gibt keine Unterlagen darüber, wann sie oder mein Vater gestorben sind. Ich habe immer weiter gehofft. Ich habe mir vorgestellt, sie hat irgendwie überlebt. Und das ging über Jahre.
Wenn ich in Tel Aviv eine Frau mittleren Alters auf der Straße sah, dachte ich, vielleicht ist das meine Mutter.

An einem Wochenende im Februar 1979 hatten die Bosserts Mengele in ihr Sommerhäuschen eingeladen. Doch obwohl ihn dort ein paar angenehme, entspannte Stunden erwarteten, zögerte er die Abfahrt hinaus. Offenbar war er an jenem Tag besonders zerstreut und hatte Mühe, die einfachsten Dinge zu erledigen. Um drei Uhr früh verließ er schließlich seine Wohnung in São Paulo, um zu den Bosserts nach Bertioga zu fahren. In einem undatierten Brief an Mengeles Familie in Deutschland, der die Überschrift *Der letzte Tag* trägt, schildert Wolfram Bossert, was dann geschah.

Mengele kam an, und das schöne Wochenende, auf das er und seine Gastgeber sich gefreut hatten, gestaltete sich zu einem wahren Alptraum. Das Ehepaar hat später in Briefen an die Günzburger Verwandtschaft und in Presseinterviews berichtet, Mengele habe in einem fort über sein schreckliches Schicksal gejammert. Wolfram Bossert versuchte, ihn zu besänftigen, aber der alte Mann gab keine Ruhe. Er beklagte sich darüber, daß er im Exil leben mußte, schimpfte auf die faulen Dienstboten, auf das primitive Brasilien, das seinem geliebten Deutschland nicht das Wasser reichen könne, auf die ungebildeten Bauern, die hier lebten. Bossert hatte das alles schon zigmal gehört, aber wohl noch nie in einem so verzweifelten Ton.

Am nächsten Morgen schien Mengele sich etwas beruhigt zu haben. Doch beim Frühstück zitterten ihm die Hände, und er verschüttete den Kaffee.

Bossert erinnert sich, daß er ihm dringend riet, einen Arzt aufzusuchen. Das sah Mengele als Beleidigung an. Doch nach dem Mittagessen hatte sich seine Stimmung erheblich verbessert, und die beiden Männer redeten entspannt miteinander.

Bossert gibt an, daß Mengele am selben Nachmittag beim Schwimmen einen Schlaganfall erlitt. Es habe ziemlicher Seegang geherrscht, und der alte Mann habe nur noch einen Arm bewegen können. Bosserts Sohn sah als erster, daß Mengele in Not war. Entsetzt mußten die Kinder zugucken, wie ihr *Titio* kämpfte und nach Luft rang. Bosserts Wiederbelebungsversuche blieben ohne Erfolg. Dr. Mengele war tot.

11. Die Rückkehr nach Auschwitz

Eva Mozes Als ich im Januar 1984 wieder nach Auschwitz kam, suchte ich nach Schlüsseln – nach irgend etwas, das mir verstehen helfen konnte, wie meine Eltern gestorben waren. Ich hatte das tiefe Bedürfnis zu erfahren, was geschehen war.

Ich ging durch das Lager, und endlich verstand ich. Ich sah den Weg von den Bahnschienen zur Gaskammer und verstand, wie ein Mensch vom Erdboden verschwinden konnte.

Wenn ein geliebter Mensch stirbt, und man geht hin und begräbt ihn auf einem Friedhof, dann weiß man, daß man wiederkommen und ihn besuchen kann. Aber für Miriam und mich – für alle Auschwitz-Zwillinge – gab es keinen Friedhof. Es gab nur die Erinnerung an das letzte Mal, daß wir unsere Mutter, unseren Vater, unsere Schwestern gesehen hatten.

In Auschwitz hatte ich endlich das Gefühl, an ihrem Grab zu stehen.

Im Dezember 1979, berichtet Rolf Mengele, sei er noch einmal nach Brasilien gefahren, um seinem Vater die letzte Ehre zu erweisen. Er hatte monatelang sparen müssen, um das Geld für die Reise zusammenzubekommen. Rolf besuchte den Friedhof in Embu, auf dem Mengele als Wolfgang Gerhard begraben lag, unter dem Namen des Mannes also, dessen Identität er vier Jahre zuvor angenommen hatte. Rolf erinnert sich, wie er dachte, welche Ironie des Schicksals es doch sei, daß sein Vater, der so große Stücke auf die arische Rasse gehalten hatte, jetzt auf einem einsamen kleinen Friedhof neben irgendeinem Orientalen begraben lag.

Rolf hat später erklärt, daß er in erster Linie um den schriftlichen Nachlaß seines Vaters besorgt war, um die vielen hundert Seiten Notiz- und Tagebücher, die Taschenkalender, die vielen nahezu unleserlichen Briefe. Wieder daheim, machte Rolf sich an die Durchsicht dieser Aufzeichnungen. In seinen Mußestunden las er darin, immer auf der Suche nach irgendeiner eigens für ihn bestimmten Botschaft, einem Brief, er mochte noch so kurz sein, mit dem Vermerk «Für meinen Sohn», doch seine Suche nach einer solchen Mitteilung war ebenso vergebens wie sein Forschen nach Hinweisen, die das Lebensgeheimnis des Vaters hätten lüften können. Der schriftliche Nachlaß Josef Mengeles enthielt enttäuschend wenig Persönliches.

Rolf und andere Familienangehörige sagten, sie hätten Mengeles Tod geheimgehalten und nur die nächsten Verwandten und eine Handvoll sehr enger Freunde davon in Kenntnis gesetzt, daß der frühere Auschwitz-Doktor an einem brasilianischen Strand ertrunken war.[1] Warum hat die Familie Mengeles Ableben so lange verschwiegen? Dafür gibt es verschiedene Erklärungen. Manche meinen, die Verwandtschaft habe den Eklat vermeiden wollen, den das Bekanntwerden von Mengeles Tod schließlich in der Tat ausgelöst hat. Rolf Mengele hingegen behauptet, daß die Familie lediglich die vielen Deutschen, Österreicher, Ungarn, Italiener, Brasilianer und all die anderen Menschen schützen wollte, die ihrerseits über Jahre hinweg seinen Vater geschützt hatten.[2]

Für die Mengeles ging das Leben weiter. Martha Mengele zog sich zurück nach Meran, wo sie in Ruhe ihren Lebensabend verbringt. Irene Schoenbein, Mengeles erste – und vielleicht einzige – Liebe, lebt ähnlich zurückgezogen in ihrer Heimatstadt Freiburg. Vor einigen Jahren ließ sie sich von Alfons Hackenjos scheiden. Hackenjos ist inzwischen verstorben. Irene hat nie ein böses Wort über Mengele gesagt und Journalisten gegenüber wiederholt erklärt, daß sie als junges Mädchen bis über beide Ohren in ihn verliebt war.[3] Schwer zu sagen, ob sie den Behauptungen über seine Tätigkeit während des Krieges Glauben schenkt; in der Öffentlichkeit hat sie sich dazu nie geäußert. In den siebziger Jahren hatte sie einen Autounfall. Seitdem ist sie schwerbeschädigt und geht kaum noch aus. Sie lebt allein in einem großen, abgelegenen Haus, dessen hoher Zaun Eindringlinge abhalten soll.

Rolf berichtet, daß er sich nach dem Tod seines Vaters seltsam erleichtert gefühlt habe. Mengeles Sohn konnte endlich anfangen, sein eigenes Leben zu leben, ein Leben ohne die emotionalen Übergriffe und Erpressungen, mit denen der alte Mann ihn all die Jahre in Schach gehalten hatte.

Seit den achtziger Jahren hatte auch das öffentliche Interesse am Holocaust wieder zugenommen. An der ersten nationalen Konferenz der Überlebenden des Holocaust, die 1983 in Washington stattfand, nahmen etwa fünfzehntausend Menschen teil, die Hitlers Vernichtungslager überlebt hatten.[4] Sie kamen zusammen, um nach dem Schicksal ihrer Angehörigen und Freunde zu forschen und um die Erinnerung an das Grauen wachzuhalten. Für viele von ihnen war dies das erste Mal, daß sie über ihre Erlebnisse sprachen. In der Hoffnung, seit damals vermißte Verwandte wiederzufinden, drängten sie sich um die eigens installierten Computer mit den Namen von Überlebenden. Drei Tage dauerte das Treffen, bei dem auch der damalige Präsident der Vereinigten Staaten, Ronald Reagan, auftrat. Er hielt eine bewegende Rede, in der er daran erinnerte, daß auch Amerika seinen Beitrag leisten müsse, um den Massenmord der Nazis an den Juden im Gedächtnis der Menschheit lebendig zu halten.

Einer der Teilnehmer dieser Konferenz war Alex Dekel, der als Kind zu Mengeles Opfern gezählt hatte und jetzt nach Washington gekommen war, um die Kongreßabgeordneten für dessen Fall zu interessieren. Er wollte den Kongreß bitten, die Regierung Paraguays unter Druck zu setzen, damit sie Mengele auslieferte. Aber wenige Wochen nach dem Treffen starb Alex Dekel, und nun schien niemand mehr ernsthaft an der Ergreifung des Todesengels von Auschwitz interessiert zu sein.

Doch im Jahr darauf griff Eva Mozes, die als Zwilling Auschwitz überlebt und ebenfalls an der Konferenz in Washington teilgenommen hatte, Dekels Forderung wieder auf. Gemeinsam mit ihrer Schwester Miriam beschloß sie, es sei an der Zeit, die Geschichte der Kinder von Auschwitz an die Öffentlichkeit zu bringen. Aus ihrer Heimatstadt Terre Haute im amerikanischen Bundesstaat Indiana verschickte Eva Mozes rund fünfhundert Briefe an bekannte amerikanische Journalisten und Zeitungsredaktionen und bat sie, über den verschwundenen Arzt von Auschwitz und die Zwillinge, die seine Opfer wurden, zu schreiben. Monatelang wartete sie vergebens auf Antwort. Doch dann landete eine Fotokopie ihres Briefes auf dem Schreibtisch des bei einer nationalen Presseagentur tätigen Journalisten Jack Anderson. Der Kolumnist Anderson, dessen Artikel in zahlreichen Zeitungen erscheinen, erhält jede Woche

Tausende Leserbriefe, die er von seinem Recherchen-Team bearbeiten läßt. Seine Mitarbeiterin Lucette Lagnado erkannte die Bedeutung dessen, was Eva Mozes der Presse mitzuteilen hatte, und beschloß, sich mit der Schreiberin in Verbindung zu setzen.[5] In mehreren bewegenden Telefonaten erfuhr die Journalistin Näheres über Eva Mozes' Kindheit in Auschwitz, über die grausame Trennung von ihren Eltern und Geschwistern, die in den Gaskammern von Auschwitz umgebracht worden waren, und über die Zeit mit Dr. Mengele.

Eva Mozes In all den Jahren habe ich so oft Alpträume von Auschwitz gehabt. Immerzu mußte ich an Mengele denken, an das Lager und an die anderen Zwillinge.

Ich hatte viele Bücher über Auschwitz gelesen und war sehr bestürzt, weil Mengele und die Zwillinge darin allenfalls am Rande erwähnt wurden.

Es war mein ganz persönliches Bedürfnis, nach den Zwillingen zu forschen. Ich wollte verstehen, was man Miriam und mir angetan hatte – wollte wissen, warum sie so oft krank war, warum ich so viele Probleme hatte.

Ich dachte, wenn es mir gelänge, die Zwillinge ausfindig zu machen, könnten wir uns vielleicht gemeinsam hinsetzen und zusammentragen, was im Konzentrationslager mit uns passiert war.

Und dann kam ich eines Tages auf den Gedanken, daß es einen gab, der ganz genau wußte, was mit uns gemacht worden war – Dr. Mengele. Ich erfuhr, daß Mengele seit Kriegsende auf freiem Fuß war. Das kann doch nicht wahr sein, dachte ich.

Evas Schwester Miriam, die in Israel lebte, bemühte sich ihrerseits darum, ehemalige Auschwitz-Zwillinge ausfindig zu machen. Ein Verwandter, der bei *Ma'Ariv*, einer der führenden israelischen Tageszeitungen, arbeitete, half ihr, eine kleine Anzeige in das Blatt zu bringen, mit der sie alle, die als Kinder Mengeles Experimente überlebt hatten, bat, sich mit ihr in Verbindung zu setzen.[6] Innerhalb weniger Tage erhielt Miriam Mozes eine Flut von Anrufen und Briefen überlebender Zwillinge, die wie sie den Wunsch nach einem Wiedersehen hatten. Schnell wurde ein Treffen organisiert.

Hedvah Stern Auf diesen Augenblick hatte ich gewartet – darauf, daß jemand zur Sprache bringt, was geschehen war. Die Wunde war da, sie öffnete sich von neuem.

Leah Stern Ich habe geweint – geschrien und geweint. «Warum, warum, warum hat das nicht längst jemand getan?» Ich habe die Welt angeklagt, weil nie jemand Notiz von uns genommen hatte.

Moshe Offer Es gab noch so viele von uns – bei manchen waren die Verletzungen kleiner, bei anderen größer. Ich ging zu dem Treffen und dachte, daß alle Zwillinge, an denen Mengele Experimente durchgeführt hatte, leiden. Und daß ihre Kinder leiden. Und daß dieses Leiden noch über Generationen fortdauern wird.

Wir wollten wissen, was man mit uns gemacht hatte. Wir fanden, die Welt müsse nachforschen, was man uns gespritzt, was für Operationen man an uns vorgenommen hatte.

Zvi der Seemann Ich ging hin und dachte mir, ich müßte die Hälfte der Leute in diesem Raum kennen. Ein Zwillingspaar kam sofort auf mich zu und begrüßte mich.

«Wie hätten wir dich vergessen können – du und dein Bruder, ihr habt euch doch dauernd gezankt.» Und der eine von den beiden hatte nicht nur meinen Namen behalten, sondern auch meine Nummer – und sogar die Nummer meines Zwillingsbruders. Ich sah nach auf meinem Arm, und er hatte sie tatsächlich richtig in Erinnerung gehabt.

Judith Yagudah Im Laufe der Jahre hatte ich versucht, gar nicht mehr an Auschwitz zu denken. Ich versuchte, das wegzudrängen und in der Gegenwart zu leben.

Auschwitz war in mir – wie ein schweres Paket, das ich immer mit mir herumschleppen mußte.

Nach dem Treffen war ich sehr traurig. Ich hatte eine sehr schwere Woche. Ich dachte oft an Ruthie. Ich sprach mit meiner Mutter über sie. Ich erzählte meinen Kindern von ihr. Ich zündete eine Kerze für sie an.

Glücklich, daß sie es geschafft hatten, annähernd einhundert überlebende Zwillinge ausfindig zu machen, beschlossen Eva und Miriam Mozes, die CANDLES zu gründen, eine Organisation, die ausschließlich dem Zweck dienen sollte, das Leiden derjenigen, die als Kinder Opfer Josef Mengeles geworden waren, ins Bewußtsein der Weltöffentlichkeit zu bringen. Im September 1984 publizierte Anderson in der Zeitschrift *Parade* eine Reportage über die Auschwitz-Zwillinge, die wesentlich dazu beitrug, die CANDLES bekannt zu machen.[7] Tausende Leser überall in den Vereinigten Staaten reagierten auf diesen Artikel. Auch andere Journalisten wurden dazu angeregt, über die ungewöhnliche Organisation zu berichten. Angesichts des großen öffentlichen Interesses kamen Eva und Miriam Mozes auf den Gedanken, daß die überlebenden Zwillinge eine gemeinsame Reise nach Auschwitz unternehmen müßten – eine Reise, die für jeden ehemaligen Lagerinsassen mit schrecklichen, traumatischen Ängsten belastet sein mußte.

Im Januar 1985, anläßlich des 40. Jahrestages der Befreiung des Lagers von den Nazis, fuhren die CANDLES nach Auschwitz. Angeführt von den Mozes-Schwestern trotzten Zwillinge aus Israel und Amerika noch einmal dem strengen polnischen Winter und ihren eigenen inneren Widerständen und besichtigten den Ort ihres Martyriums. Journalisten aus aller Welt stürzten sich auf sie, um endlich, nach 40 Jahren, zu hören, was der abscheuliche Dr. Mengele an diesen Kindern verbrochen hatte. Die Zwillinge weinten und beteten auf ihrem Gang durch das ehemalige Lager und versuchten, sich hier an Ort und Stelle an Begebenheiten aus ihrer furchtbaren Kindheit zu erinnern, einer Kindheit, die sie ihr ganzes Erwachsenenleben hindurch hatten vergessen wollen.

Miriam Mozes Es fiel mir entsetzlich schwer, noch einmal dorthin zu fahren. Mir war, als wenn ich zu einer Beerdigung ginge. In Auschwitz hatte ich meine Mutter, meinen Vater und meine älteren Schwestern zum letztenmal gesehen.

Eva Mozes Wir gingen zu der Stelle, wo die Zwillingsbaracke gestanden hatte. Nur die Grundmauern waren übriggeblieben. Wir

hörten, daß die Polen die Baracke abgerissen und als Feuerholz benutzt hatten.
Aber alles um die Zwillingsbaracke herum war noch genau so, wie ich es in Erinnerung gehabt hatte.
Da war der Wachturm. Und hier waren die Backsteinbaracken, in denen die Toten gelagert wurden – alles noch genau so, wie ich es vor 40 Jahren verlassen hatte.

Menashe Lorinczi Ich beschloß, allein zum Krematorium zu gehen. Ich verließ die Gruppe und ging hinein. Ich begann, die Psalmen Davids zu beten.
Ich weine nie – ich wollte oft weinen, aber ich konnte nie. Doch hier im Krematorium habe ich plötzlich geweint. Ich habe gebetet, und dann habe ich geweint.

Miriam Mozes Wenn ein gläubiger Jude stirbt, dann ist es sehr wichtig, ihn schnell zu begraben. Dann soll man «schiwe sitzen», das heißt, ihn betrauern. Aber die Trauerzeit ist streng begrenzt.
In all den Jahren habe ich meine Eltern nie begraben können. Es hat nie ein Begräbnis gegeben. Ich habe ihnen nie die letzte Ehre erwiesen, ihrer nicht einmal mit einem Gebet gedacht.
Statt dessen habe ich jahrelang um ihren Verlust getrauert.
Es ist merkwürdig, aber in Auschwitz fühlte ich mich auf eine seltsame Weise befreit. Endlich hatte ich die letzte Ruhestätte meiner Mutter gefunden. Dort konnte ich zu meiner Mutter sprechen. Es war der einzige Ort auf der Welt, an dem ich mich ihr nah fühlte. Unsere Befreiung war 1945 gewesen, aber meine persönliche Befreiung spürte ich zum erstenmal 1985. Ich spürte, daß ich aufhören konnte, meine Mutter zu suchen. Ich wußte, daß ich ihre letzte Ruhestätte gefunden hatte.

Schließlich gingen die Zwillinge noch einmal auf den Spuren des Todesmarsches, bei dem sich, wenige Tage vor dem Eintreffen der Sowjetarmee, Tausende Gefangene durch den Schnee hatten schleppen müssen. Und auf diesem Weg begannen Mengeles Kinder zu singen – laut und ausgelassen sangen sie hebräische Lieder.

Eva Mozes Ein Reporter fragte mich: «Warum singen Sie?» Ich sagte ihm, daß mir merkwürdig fröhlich zumute war. Zum erstenmal ging ich als freier Mensch auf diesem Boden. Vor 40 Jahren war ich ein abgemagertes Kind gewesen, halbtot, eine Waise. Damals hätten wir wie die Fliegen sterben können, es hätte niemanden interessiert. Und jetzt war ich hier, und um mich herum die internationale Presse.

Seit dem Holocaust hatte ich immer geglaubt, wenn die Welt unsere Geschichte kennen würde, dann wäre sie nicht so gleichgültig. In Auschwitz, inmitten all der Reporter, spürte ich, daß die Menschen nicht gleichgültig sind.

Damals in Auschwitz hatte ich die ganze Zeit das wunderbare Gefühl, daß meine Mutter auch dort war, daß sie mir zuhörte, über mich wachte. Wenn ich könnte, würde ich jedes Jahr nach Auschwitz zurückkehren.

Nach der Auschwitzreise fuhren die Zwillinge nach Israel und hielten in Yad Vashem, der Gedenkstätte für die sechs Millionen von den Nazis ermordeten Juden in Jerusalem, einen symbolischen Prozeß gegen Dr. Mengele ab.[8] Fast 30 Zwillinge und Zwergwüchsige sagten vor dem internationalen Tribunal aus, das von sechs Persönlichkeiten des öffentlichen Lebens geleitet wurde. General Telford Taylor, dessen Nürnberger Anklagebehörde Mengele entkommen lassen hatte, war dabei.[9] Ebenso Gideon Hausner, der erfolgreiche Ankläger im Prozeß gegen Adolf Eichmann.[10] Simon Wiesenthal, der verhindert hat, daß die Welt Mengele und so viele andere Kriegsverbrecher gnädig vergessen konnte, hatte einen Ehrenplatz im Präsidium.[11]

Schüchtern trat ein Mengele-Zwilling nach dem anderen ins Scheinwerferlicht der Fernsehkameras und erzählte von seinem Martyrium. Moshe Offer sprach hinter einem Vorhang zum Gericht. Mit stockender Stimme berichtete er von den Qualen, die sein Bruder Tibi durch Dr. Mengele hatte erleiden müssen, von den vielen aufeinanderfolgenden Operationen, die Mengele an ihm vorgenommen hatte und deren grausiger Höhepunkt die Kastration war, an der Tibi schließlich starb. Zvi Spiegel, der allen nur als Zwillingsvater bekannt war, erzählte, wie er, obwohl er sich vor

Mengeles Zorn fürchtete, versucht hatte, die männlichen Zwillinge zu pflegen und zu beschützen. Eine Frau, die in Auschwitz als Krankenschwester gearbeitet hatte, bezeugte, daß sie gesehen hatte, wie Mengele zwei Zwillinge «zusammennähte», um sie zu siamesischen Zwillingen zu machen. Zwei zwergwüchsige Zwillingsschwestern weinten, als sie sich daran erinnerten, wie Mengele sie gezwungen hatte, sich nackt vor ihm zu produzieren. Sie waren vor dem Krieg Zirkusartisten gewesen. Mengele war entzückt, als man ihm die beiden brachte! «Jetzt habe ich für zwanzig Jahre Arbeit», hatte er lachend erklärt.[12]

Im Saal saßen Dutzende Zwillinge aus Israel, den Vereinigten Staaten und von überall auf der Welt und hörten sich schweigend, konzentriert und nicht selten weinend die Zeugenaussagen an. Ob Mengeles Verwandte in Günzburg den «Prozeß» gegen den Mann, den sie sein ganzes Leben lang so erfolgreich abgeschirmt hatten, verfolgt haben, ist nicht bekannt. Keiner von ihnen hat sich je dazu geäußert. War Rolf schockiert über Moshe Offers Geschichte von seinem Zwillingsbruder, den Mengele brutal ermordet hatte? War Karl-Heinz in seinem Büro in der Günzburger Landmaschinenfabrik Mengele & Söhne entsetzt über die Verstümmelungen, die sein Stiefvater Kindern beigebracht, die grotesken Experimente, die er an ihnen durchgeführt hatte? Empfand Dieter Mengele Scham? Oder Irene? Oder Martha? Wir wissen es nicht, und nichts deutet darauf hin. Kein einziges Mitglied der Familie Mengele, weder der Sohn Rolf noch die Neffen oder die beiden Ehefrauen, hat je sein Bedauern über all das ausgedrückt oder gar den Wunsch geäußert, Wiedergutmachung zu leisten für das schwere Leid, das Josef Mengele, der berüchtigte Auschwitz-Doktor, über andere Menschen gebracht hat. Nicht einmal Rolf, der in der Öffentlichkeit bekannteste und wohl noch am ehesten zur Reue bereite Angehörige Josef Mengeles, hat sich der Presse gegenüber jemals eindeutig und entschieden geäußert.

Am Ende des drei Tage dauernden «Prozesses» erklärte das Gericht: «Das existierende Beweismaterial reicht aus, um den SS-Hauptsturmführer Josef Mengele wegen Kriegsverbrechen und Verbrechen gegen die Menschlichkeit zu verurteilen.»[13] Was Taylor und die anderen Ankläger in Nürnberg nicht geschafft hatten, das wollten sie jetzt nachholen.

Nachdem die Suche nach Mengele vierzig Jahre lang so ziemlich im Sande verlaufen war, brachten die Pilgerfahrt der CANDLES nach Auschwitz und der symbolische Prozeß gegen Mengele schlagartig Schwung in die Angelegenheit. Bis 1984 hatte kein einziger Staat gezielte Anstrengungen unternommen, um Mengele ausfindig zu machen. Jetzt aber, nachdem die Zwillinge erzählt hatten, was ihnen in Mengeles Baracken widerfahren war, überschlugen sich die Regierungen und die im eigenen Auftrag handelnden Mengele-Jäger buchstäblich, um den ehemaligen SS-Doktor aufzuspüren. Es wurden hohe Prämien für seine Ergreifung ausgesetzt. Die westdeutsche Regierung, die sich nach den Frankfurter Prozessen von 1964 herzlich wenig um den Fall Mengele gekümmert hatte, bot jetzt eine Belohnung von 300 000 Dollar für Informationen über den Verbleib des Gesuchten. Das Simon Wiesenthal Center in Kalifornien und die Redaktion der *Washington Times* wollten jeweils eine Million Dollar zahlen. Im Mai gesellte sich die israelische Regierung mit einer weiteren Million hinzu, so daß sich die auf Mengeles Kopf ausgesetzte Prämie im Frühjahr 1985 auf annähernd vier Millionen Dollar belief.

Das verlockte natürlich zahlreiche Abenteurer, sich in die südamerikanischen Urwälder zu schlagen und Josef Mengele zu suchen. Bis in die entlegensten Winkel von Paraguay und Brasilien drangen Kamerateams und Fernsehkorrespondenten vor.

Die Regierungen Westdeutschlands und Israels, die einander stets mit Argwohn begegnet waren, schickten sich an, mit vereinten Kräften nach Mengele zu forschen.[14] Allerdings war keine von beiden bereit, der anderen ihre Erkenntnisse zu verraten, und so mußten die Vereinigten Staaten sich als Vermittler einschalten.[15] Als die Beamten des amerikanischen Justizministeriums das in deutschen und israelischen Archiven vorhandene «Material» unter die Lupe nahmen, mußten sie jedoch feststellen, daß von «Erkenntnissen» kaum die Rede sein konnte. Auch die Akten des CIA gaben nicht viel her.[16] Seit über zwanzig Jahren war Mengele kein einziges Mal nachweislich gesehen worden. Es existierte kein einziges neueres und auf Echtheit geprüftes Foto von ihm.[17] Und obwohl man allgemein davon ausging, daß er sich in Paraguay aufhielt, waren sich die Experten einig, daß er im Grunde überall und nirgends sein konnte.[18] Die sporadischen Suchaktionen, die einzelne Mengele-jäger in den zurückliegenden vierzig Jahren immer wieder gestartet hatten, waren durchweg ergebnislos geblieben und hatten allenfalls der Legendenbildung gedient. Letzten Endes hatte jede dieser Aktionen in eine Sackgasse geführt. Mengele war zum Fabelwesen geworden, um das sich die fantastischsten Geschichten rankten, über das mit schöner Regelmäßigkeit irgendwelche «neuen Fakten» bekannt wurden.

Angesichts der spärlichen Faktenlage kamen die deutschen, israelischen und amerikanischen Ermittlungsbehörden überein, daß Mengele wohl am ehesten mit Hilfe seiner Familie zu finden wäre. Jahrelang hatte Hans Sedlmeier, der vertraute Freund und Helfer der Mengeles, im Verdacht gestanden, die Kontakte zwischen dem Kriegsverbrecher und seinen Angehörigen zu vermitteln. Und obwohl Sedlmeier Anfang der siebziger Jahre in einem von der Nachrichtenagentur der New York Times veröffentlichten Interview mit der amerikanischen Journalistin Flora Rheta Schreiber zugab, Mengele geholfen zu haben, lebte er weiter unbehelligt in Günzburg. Sedlmeiers Geständnis fand seinerzeit nirgendwo Beachtung, niemand kümmerte sich darum.

Als die deutschen Behörden im Frühjahr 1985 überraschend eine Hausdurchsuchung bei Sedlmeier vornahmen, entdeckten sie Dutzende eindeutig von Mengele stammende Briefe.[19] Frau Sedlmeier hatte ohne Wissen ihres Mannes jahrelang Kopien von Mengeles Briefen aufgehoben. Die Beamten fanden auch ein Notizbuch mit den Namen und den brasilianischen Adressen der Bosserts und der Stammers.[20] Sie ordneten sofort an, die beiden Ehepaare aufzusuchen und zu vernehmen. Bei dem nachfolgenden Verhör erklärte Liselotte Bossert ohne Umschweife, daß Mengele tot sei, und führte die Ermittler zu seinem Grab.

Im Juni 1985 versammelte sich ein internationales Team von Gerichtsmedizinern an dem verwilderten Grab auf dem Friedhof von Embu, in dem angeblich die sterblichen Überreste von Wolfgang Gerhard ruhten. Unter den aufmerksamen Blicken zahlreicher Reporter und Kameraleute öffneten die Experten den Sarg, und hatten ein modriges Skelett vor sich. Die Wissenschaftler holten mehrere Knochen, etliche Zähne, ein paar Haarbüschel und eine fahle, halbverfaulte Hose heraus und packten das Ganze zusammen. Die Exhumierung gestaltete sich zu einem Medienspektakel von ungeheurem Ausmaß. Unter dem Druck der neugierigen Journalisten, die schnelle Antworten wollten, und im Wettstreit um die Aufmerksamkeit der Fernsehkameras verstiegen sich die Experten zu Aussagen, die auf oberflächlichen Untersuchungen und unvollständigen Befunden basierten.[21] Nach nur drei Tagen gaben sie bekannt, es sei «wissenschaftlich erwiesen», daß die gefundenen Gebeine die sterblichen Überreste des Dr. Josef Mengele seien.[22]

Kurz darauf meldeten sich das Ehepaar Bossert und Gitta Stammer erstmals in der Presse zu Wort und gaben zu, dem ehemaligen Auschwitz-Doktor jahrelang geholfen zu haben. Die Bosserts legten mehrere in ihrem Besitz befindliche Fotos von Mengele vor; sogar Mengeles Burberry-Trenchcoat zeigten sie den Presseleuten. Leute, die in São Paulo in Mengeles Nachbarschaft gewohnt hatten, erzählten von dem zurückgezogen lebenden, eleganten alten Herrn, der oft stundenlang allein in dem verfallenen Stadtviertel spazierengegangen sei.

Auch Elsa Gulpian produzierte sich vor den Kameras; sie trug das weiche weiße Schultertuch, das Mengele ihr geschenkt hatte, und erinnerte sich versonnen an ihre Zeit mit dem freundlichen alten Mann.[23] Sie erzählte Anekdoten von damals, als Mengele und sie ineinander verliebt waren und er sie trotzdem nicht heiraten wollte. Unterdessen war auch Rolf Mengele an die Öffentlichkeit gegangen und hatte erklärt, daß sein Vater tatsächlich 1979 gestorben sei. Rolf übergab der Zeitschrift *Bunte* einen Berg von Papieren, Tagebüchern, Notizbüchern und Fotos zur Veröffentlichung. Es wird behauptet, daß Mengeles Sohn aus dem öffentlichen Interesse, das der Tod seines Vaters hervorrief, Profit schlagen wollte.[24] Er soll einen Buchvertrag abgeschlossen und sogar versucht haben, Hollywood die Rechte für einen Film über den Todesengel von Auschwitz zu verkaufen.[25]

Die mit der Untersuchung des Skeletts beauftragten amerikanischen Gerichtsmediziner wurden vor den Kongreß geladen, um über die Ergebnisse ihrer Untersuchungen zu berichten. Die Wissenschaftler erklärten, es handele sich in der Tat um Mengeles Gebeine. Die in Embu gefundenen Skeletteile, erklärten sie unter Eid, stimmten in jedem Punkt mit den Daten aus Mengeles Militärakten und Krankenblättern überein, es gäbe keine Unstimmigkeiten.[26] Doch der Jurist Eli Rosenbaum, der seinerzeit beim Jüdischen Weltkongreß beschäftigt war und inzwischen am OSI tätig ist, meldete Zweifel an den Erkenntnissen der sachverständigen Ärzte an.[27] Es sei allgemein bekannt, erklärte Rosenbaum, daß Mengele als Jugendlicher Osteomyelitis gehabt habe; das gehe auch aus seinen Militärakten hervor. Spuren dieser schweren Erkrankung müßten sich am Skelett nachweisen lassen. Die Tatsache, daß die Wissenschaftler keine entsprechenden Anhaltspunkte gefunden hatten, stellte in Rosenbaums Augen sehr wohl eine «Unstimmigkeit» dar, und zwar eine, von der sie den Kongreß hätten unterrichten müssen.[28]

Doch mit der Zeit erklärten die Nazijäger von Simon Wiesenthal bis hin zu Serge und Beate Klarsfeld sich mit den Untersuchungsergebnissen zufrieden. Darauf bliesen die deutschen, amerikanischen und israelischen Behörden die Fahndung ab. Der damalige Generalstaatsanwalt der Vereinigten Staaten, Edwin Meese, gab in Washington bekannt, daß Amerika die Suche nach Dr. Mengele eingestellt habe.[29]

Allerdings zögerten die Ermittler aller drei Staaten zunächst noch eine ganze Weile, den Fall Mengele endgültig zu den Akten zu legen.[30] Die Angehörigen des Gesuchten hatten um Rückgabe der Krankenblätter und Röntgenaufnahmen gebeten, die zur Identifizierung des Skeletts von Embu benötigt worden waren. Sie haben sie bis heute nicht wiederbekommen. In Deutschland ließ sich kein einziges Röntgenbild aus Mengeles Jugend auftreiben, mit dessen Hilfe die Wissenschaftler schlüssig hätten beweisen können, daß es sich bei dem gefundenen Skelett tatsächlich um die sterblichen Überreste Josef Mengeles handelt.[31] Die Osteomyelitis beschäftigte weiterhin die Experten in Washington, Frankfurt und Jerusalem.[32] Immer wieder wurden die Gerichtsmediziner aufgefordert, nach Spuren der überstandenen Knochenmarkentzündung zu suchen, die in jedem Fall auch noch nach Jahren am Skelett nachzuweisen ist.

Das amerikanische Justizministerium, das daran interessiert war, das Problem ein für allemal zu klären, beauftragte 1986 sogar einen Sachverständigen des Smithsonian Institute, nach Brasilien zu fliegen und das Skelett abermals nach etwaigen Hinweisen auf Osteomyelitis zu untersuchen.[33] Doch auch er fand keine entsprechenden Anzeichen.[34]

Mit Ausnahme des Gerichtsdentologen Dr. Lowell Levine hat keiner der dem amerikanischen Expertenteam angehörenden Pathologen jemals einen Abschlußbericht über die festgestellten Befunde vorgelegt. Es gibt keine umfassende Studie mit eindeutigen Beweisen für die Identität des gefundenen Skeletts mit dem Josef Mengeles.[35] So eilig die Wissenschaftler anfangs bei der Hand gewesen waren, vor laufenden Fernsehkameras zu verkünden, daß es sich bei dem Skelett von Embu um Josef Mengeles sterbliche Überreste handele, so zurückhaltend waren sie, als es darum ging, ihre Erkenntnisse zu Papier zu bringen. Erst als fast ein Jahr später zahnärztliche Röntgenaufnahmen in Brasilien entdeckt wurden, die angeblich von Mengeles Gebiß stammten, übergab wenigstens Dr. Levine dem Justizministerium der Vereinigten Staaten seinen Bericht.[36] Aber da der Fall abgeschlossen war, blieb dieses Papier unveröffentlicht.

Die Zeit ist schnellebig, die Menschen haben ein kurzes Gedächtnis, und das gilt auch für die Presse. So kam es, daß die Tatsache, daß nie ein Bericht über die Mengele-Untersuchung erschienen war, einfach unterging. Trotz der Unsummen, trotz all der Zeit und Kraft, die in die Jagd nach Mengele geflossen waren, kam keine umfassende Dokumentation über die vom amerikanischen Justizministerium zusammengetragenen Informationen zustande. Die Ermittler waren sich untereinander einig, daß Mengele tot sein müsse, doch öffentlich hat keiner von ihnen das je bestätigt. Hinzu kam, daß die zuständigen Stellen in den USA keinen Alleingang unternehmen wollten, da Frankfurt, Tel Aviv und Washington zu Beginn der 1985 gestarteten Suchaktion vereinbart hatten, daß alle drei Regierungen ihre Mengele-Berichte gleichzeitig veröffentlichen sollten.[37]

Doch in Israel gab es einen Mann, der unter keinen Umständen zulassen wollte, daß der Fall von amtlicher Seite ad acta gelegt wurde. Menachem Russek, einer der unnachgiebigsten und ältesten Nazijäger, hatte nach dem Skelettfund auf eigene Faust ermittelt.[38] Der hohe israelische Polizeibeamte und Auschwitz-Überlebende Russek war zutiefst beunruhigt darüber, daß man es in anderen Ländern so eilig hatte, die Mengele-Akten zu schließen.[39] Er flog nach Brasilien und Deutschland und redete mit Menschen, die in irgendeiner Verbindung zu dem Fall standen. Monatelang beschäftigte er sich mit den Tagebüchern und Aufzeichnungen, von denen es heißt, sie stammten aus Mengeles Nachlaß.[40] Russek kam zu dem Schluß, daß das Skelett Teil eines ausgeklügelten Plans zur Irreführung der Weltöffentlichkeit sei.[41]

Er verfaßte einen vernichtenden Bericht, in dem er erklärte, es sei noch nicht an der Zeit, den Todesengel Dr. Josef Mengele zu begraben.[42] Russek fand die sechs Jahre alte Geschichte von Mengeles «Tod durch Ertrinken» allzu stimmig, allzu paßgerecht. Und obwohl man in Israel auf höchster Ebene bereit war zu glauben, daß es sich bei dem Skelett von Embu um Mengeles Gebeine handelte, bestand Russek hartnäckig darauf, daß der Fall nicht abgeschlossen werden dürfe. Hinter seinem Rücken machte man sich lustig über den alten Nazijäger, der sich nicht damit abfinden wollte, daß Mengele tot war. Die israelische Regierung verbot ihm sogar, seinen Bericht zu veröffentlichen. Später drängte man ihn aus seinem Amt und zwang ihn, in den Ruhestand zu gehen.

Mengeles Zwillinge glauben bis heute nicht daran, daß ihre Nemesis tot ist. Für sie steht fest, daß der Todesengel von Auschwitz es ein weiteres Mal geschafft hat, die Welt zu täuschen. Sie sind bestürzt und fühlen sich verraten; sie können nicht verstehen, warum die Suche nach Mengele eingestellt wurde.

Moshe Offer Dr. Mengele war ein sehr schlauer, gerissener Mann. Ich habe das Gefühl, daß man ihn nie schnappen wird. Ein Mann, der Kindern erst Süßigkeiten gibt und dann schreckliche Spritzen – glauben Sie wirklich, daß so ein Mann sich schnappen läßt?

1987 erhielten die Auschwitz-Zwillinge etliche tausend Dollar Wiedergutmachung von der deutschen Regierung – ein kleiner, verspäteter Versuch, sie für das Leid zu entschädigen, das sie erdulden mußten, ein Versuch, die Vergangenheit auszulöschen.[43] Natürlich wird keines von Mengeles Kindern je in der Lage sein, das Geschehene zu vergessen. Ihre Erinnerungen an den Todesarzt von Auschwitz sind heute noch genauso lebendig wie vor Jahrzehnten. Doch der Schritt der deutschen Regierung und die Tatsache, daß die Öffentlichkeit seit dem symbolischen Prozeß gegen Mengele und der weltweiten Suchaktion Anteil an ihrem Unglück nimmt, haben es möglich gemacht, daß einige von ihnen nach und nach imstande sind, zu verzeihen. Und mit dem Verzeihen kommt zaghafter Optimismus auf, kommt so etwas wie Seelenfrieden, den die Mengele-Zwillinge so lange nicht finden konnten.

Vera Grossman Im Frühjahr 1987 lud mich ein deutscher Pastor ein, nach Frankfurt in seine Kirche zu kommen und einen Vortrag zu halten. Ich sollte als Vertreterin der Mengele-Zwillinge kommen und darüber sprechen, wie wir zwischen Israel und Deutschland, zwischen Opfern und Schuldigen «Brücken bauen» können. Ich sagte zu, weil ich es aufregend fand, daß ich Gelegenheit haben sollte, Deutschen von meiner Holocaust-Erfahrung zu erzählen.

In der Kirche stellte sich dann heraus, daß ich nur eine von mehreren Rednerinnen war – die anderen waren fast durchweg Deutsche. Ich hielt meinen Vortrag auf Englisch; man lobte mich und klatschte Beifall.

Danach ging ich zu einem Empfang, der mir zu Ehren im Vorraum der Kirche gegeben wurde. Als ich dastand und Leute begrüßte, kamen zwei Frauen mittleren Alters auf mich zu. Sie fragten mich sehr höflich, ob ich «Fräulein Grossman» sei. Ich bejahte. Und da sagten sie mir, daß sie die Töchter von Professor Otmar von Verschuer waren.

Ich wäre fast ohnmächtig geworden – ich spürte, wie mir die Knie weich wurden. Ich betete, daß ich nicht ohnmächtig werde – in dieser Kirche betete ich zu meinem jüdischen Gott, daß er mir helfen sollte, Haltung zu bewahren.

Wir kamen ins Gespräch. Wir setzten uns auf eine Kirchenbank. Sie wollten wissen, was ihr Vater getan hatte. Ich erzählte ihnen, was ich wußte: daß Verschuer der Vorgesetzte und Doktorvater von Mengele gewesen war. Wir redeten fast zwei Stunden.

Sie haben mir ihre Geschichte erzählt. Sie haben mir erzählt, daß sie als kleine Mädchen von zehn und zwölf Jahren mehrmals dabei waren, wenn Mengele ihren Vater besuchte. Sie erinnerten sich, daß die beiden sich immer stundenlang über Musik und Wissenschaft unterhalten hatten.

Mengele brachte ihnen oft Süßigkeiten und Spielzeug mit. Sie liebten ihn! Sie nannten ihn sogar Onkel Mengele.

Dann fingen sie an zu weinen. Sie sagten, wie sehr sie bedauerten, was ihr Vater getan hatte. Sie baten mich, ihnen zu verzeihen.
Ich erklärte ihnen, daß sie mich nicht um Verzeihung bitten mußten. Ich sagte ihnen, daß ich sie verstehen konnte – wir alle waren als kleine Mädchen dem Grauen ausgeliefert gewesen, keine von uns hat verstanden, was um uns herum geschah.
Aber Verschuers Töchter weinten weiter. Sie weinten und weinten. Sie konnten nicht aufhören zu weinen.

Die handelnden Personen heute

Am 27. Januar 1945 marschierte die russische Armee in Auschwitz ein. Die Befreier kamen in die kalten, verlassenen Baracken und fanden dort an die 160 verängstigte Mengele-Zwillinge vor. Später entdeckten sie weitere 30 bis 40 Zwillinge, die es geschafft hatten zu überleben. Noch später stellten israelische und polnische Wissenschaftler fest, daß insgesamt 3000 Zwillinge durch Mengeles Versuchslabore gegangen waren. Die Überlebensrate lag unter zehn Prozent. Die grausige historische Wahrheit ist, daß die Befreiung im kalten Winter 1945 für 2800 von ihnen zu spät kam.

Heute sind die überlebenden Zwillinge über vier Erdteile und mindestens zehn Länder verstreut. Sie sind erwachsen, aber noch immer sind ihre Wunden nicht verheilt; das Gefühl, Mengeles Versuchskaninchen gewesen zu sein, begleitet sie bis zum heutigen Tag. In diesem Gefühl bleiben sie einander bis an ihr Lebensende verbunden, auch wenn sie in alle Winde verstreut sind. Sie leben in Brooklyn, New York, Sydney. Man begegnet ihnen von Skokie im amerikanischen Bundesstaat Illinois bis nach Zürich, von Jerusalem bis nach Budapest, von Tel Aviv bis nach Brüssel.

Doch egal, wo sie wohnen, wohin sie gehen, sie sind und bleiben gebrannte Kinder, die ihr Leben lang bei Nacht aus dem Schlaf hochschrecken werden, weil sie glauben, Mengeles Schritte zu hören oder meinen, ein SS-Mann habe beim Appell in Auschwitz ihren Namen gebrüllt:

Zvi der Seemann

Zvi Klein hat noch immer mit der Seefahrt zu tun, wenn auch nicht mehr auf fernen Meeren. Der Rastloseste der Mengele-Zwillinge arbeitet heute bei einer Schiffahrtsgesellschaft in seiner israelischen Heimatstadt Ashdod. Mit den abenteuerlichen Reisen in ferne Länder ist es vorbei, aber noch heute schafft er es, hin und wieder ein paar Tage auf See zu sein. Der korpulente Zvi, der inzwischen 63 Jahre alt ist, behauptet, er habe immer noch das Stehvermögen eines jungen Matrosen. Er ist verheiratet und hat den Sohn, der aus der ersten Ehe seiner Frau stammt, wie einen eigenen geliebt und aufgezogen. Der alte Vagabund ist heute Großvater und hat vier Enkel. Traurig macht ihn nur, daß er und sein Zwillingsbruder einander gänzlich aus den Augen verloren haben.

Die Stern-Schwestern

Auch jenseits der 60 sind Hedvah und Leah Stern noch immer unzertrennlich. Ihre optimistische Haltung und ihren Humor, der ihnen half, Auschwitz zu überstehen, haben sich beide bewahrt. Im Krieg haben sich die Stern-Schwestern immer gefreut, wenn die Rotkreuzwagen, die sie in Mengeles Labor bringen sollten, nicht kommen konnten und sie durch das Lager laufen mußten. Ein Spaziergang durch Auschwitz war gewiß kein Vergnügen, doch den beiden war selbst diese Art von Bewegung im Freien willkommen.

Heute wohnen die Schwestern, die ein so unstillbares Verlangen nach frischer Luft haben, daß sie sogar die Luft von Auschwitz liebten, in Ashdod im Kibbuz *Moshav*, den sie mitaufgebaut haben, und können an der Luft sein, so oft sie wollen. Beide arbeiten immer noch auf dem Feld. Und beide sind verheiratet, haben Kinder und Enkelkinder und freuen sich schon auf ihre Urenkel. Manchmal denken sie an ihre Kindheit in Osteuropa, an die Zeit, als ihre geliebte Mutter noch bei ihnen war, und sie davon träumten, eines Tages eine Schneiderei zu haben, einen Laden mit einem Schild darüber, auf dem stehen sollte: SCHWESTERN STERN.

Moshe Offer

Moshe hat eine führende Position beim israelischen Fernsehen. Doch die Bilder, die er mitunter während der Arbeit sieht, haben nichts mit der täglichen Programmgestaltung zu tun. Manchmal im Tagesprogramm, bei der trivialsten Seifenoper, sieht «Miki» plötzlich seinen blassen, kranken Zwillingsbruder «Tibi» vor sich, der ihn flehend anschaut – wie er ihn angeschaut hat, wenn er aus Mengeles Labor kam. Dann verschwimmen die Bilder auf der Mattscheibe vor seinen Augen.

An manchen Tagen muß Moshe Offer während der Nachrichtensendung oder bei irgendeinem alten Spielfilm plötzlich an sein Elternhaus in Siebenbürgen denken, an die schöne Zeit vor dem

Krieg, als er und Tibi in Geborgenheit lebten und mit Geschenken verwöhnt wurden. Dann sieht er einen lächelnden Tibi vor sich, der fröhlich in der Pferdekutsche sitzt, die ihnen, den Zwillingen, ganz allein gehörte. Er erinnert sich daran, wie er und Tibi heimlich von dem süßen, sirupartigen Likör naschten, den ihr Vater herstellte. Und die Bilder auf der Mattscheibe gewinnen wieder klare Konturen.

Heute, mit 61 Jahren, hat der kleine Junge, der den Verlust seiner Eltern und Geschwister und schließlich sogar seines Zwillingsbruders überlebte und mehrere Nervenzusammenbrüche hatte, sich ein neues Leben aufgebaut. Und so sehr er seine im Irak geborene Frau und seine vielen schwarzäugigen Töchter auch liebt, sein ganzer Stolz ist Shai, der einzige Sohn, der ihn an Tibi erinnert.

Zwillingsvater

Zvi Spiegel, der ältere der Mengele-Zwillinge, ist heute 78 Jahre alt. Der Mann, der die Zwillinge aus Auschwitz herausführte, tritt mittlerweile etwas kürzer. Vor ein paar Jahren ging der ehemalige Buchhalter in den Ruhestand, und nun verbringt er den größten Teil seiner Zeit in seinem Heim in Tel Aviv mit seiner Frau, den beiden Kindern und den fünf Enkeln. Ab und zu bekommt er Anrufe oder Briefe von seinen anderen Kindern, den Zwillingen. Dann läßt er alles stehen und liegen und ist wieder der «Zwillingsvater», dem sie ihre Sorgen erzählen können und der für sie da ist.

Magda Spiegel

Zvis Schwester wohnt mit Nahman, ihrem Mann in Haifa. Magda, deren siebenjährigen Sohn Mengele ins Gas geschickt hatte, ist heute Mutter zweier Kinder und hat vier Enkel. Besonders stolz ist sie auf ihren Sohn, der Arzt geworden ist und viele Auszeichnungen für seine wissenschaftliche Arbeit erhalten hat.

Aber wenn Magda allein in ihrer Wohnung in Haifa ist, holt sie verstohlen die Fotos von dem zarten kleinen Blondschopf hervor, der ihr genommen wurde. Und dann denkt sie an die vielen, vielen Juden, die zu Tode erschöpft über die Rampe gingen. Und sie erinnert sich an den schicksalhaften Augenblick, als Dr. Mengele auf sie zukam und ihr die Frage stellte, die für sie Rettung und Verhängnis in einem bedeutete: ob sie ein Zwilling sei. Denn es vergeht kein

Tag, an dem Magda, die von Gewissensbissen geplagt ist und keinen Trost finden kann, nicht an ihren toten Sohn denkt.

Eva und Miriam Mozes

Eva Mozes heißt heute Eva Kor und wohnt in Terre Haute im amerikanischen Bundesstaat Indiana, wo sie als erfolgreiche Immobilienmaklerin tätig ist. Ihr Mann ist Apotheker, sie haben zwei Kinder, einen Jungen und ein Mädchen. Ein enges Zimmerchen in ihrem Haus in Terre Haute ist die Zentrale der CANDLES. Ihre Schwester Miriam lebt mit ihrem Mann in einem kleinen Haus im malerischen Ashkelon, einer alten israelischen Stadt am Meer, wo Archäologen kürzlich das biblische Goldene Kalb ausgegraben haben. Miriam hat drei Töchter und fünf Enkelkinder. Obwohl sie gerade eine schwere Krankheit überstanden hat, arbeitet sie weiterhin als Krankenschwester in einer nahegelegenen Herz-Lungen-Klinik. Dank ihrer ruhigen Art und ihrer großen fachlichen Kompetenz wurde sie dort Oberschwester.

Aber vor kurzem brauchte Miriam, bei der man eine seltene Form von Krebs festgestellt hat, selber Pflege. Natürlich wandte sie sich an Eva, die prompt aus Amerika anreiste, um sich um ihre Zwillingsschwester zu kümmern. Und als die Ärzte erklärten, Miriam könne nur durch eine Nierentransplantation gerettet werden, gab Eva ohne zu zögern eine ihrer Nieren her. Dutzende Mengele-Zwillinge haben die Mozes-Schwestern vor der Operation besucht. Heute sind beide gesund und munter und leben jede mit einer Niere. Sie haben vor kurzem ihren 58. Geburtstag gefeiert.

Judith Yagudah

Nach jahrelangen finanziellen Schwierigkeiten hat Judith es als einzige von den Mengele-Zwillingen zur Millionärin gebracht. Sie wohnt mit ihrem Mann in einer prächtigen Villa in Tel Avivs höchst elegantem Vorort Savyon. Bis heute hat sie eine sehr enge Beziehung zu ihrer Mutter. Obwohl beide nicht mehr im selben Haus wohnen, sehen sie sich oft und denken gemeinsam an Ruthie und die Zeit vor dem Krieg. Auch mit dem Schwiegersohn, den Judith ihr bescherte, hat sich die Mutter endlich abgefunden. Judith ist jetzt 59.

Peter Somogyi
Peter wohnt in Pleasantville, New York, im wohlhabenden Westchester County. Er führt dort einen gutgehenden Werkzeugladen. Er ist verheiratet und hat zwei Kinder, eine Tochter und einen Sohn. Er ist 60 Jahre alt.

Lea und Menashe Lorinczi
Lea Lorinczi, die inzwischen Lea Gluck heißt, besitzt zwei prosperierende Damenmodegeschäfte in Manhattans Lower East Side. Sie und ihr Mann sind strenggläubige Chassiden und wohnen in Williamsburg, Brooklyn. Sie haben zwei Kinder und mehrere Enkel. Ihr Zwillingsbruder Menashe wohnt mit seiner Frau Yaffa in Netanya, wo sie den größten Teil ihrer Zeit damit verbringen, sich um ihre drei Kinder und die sechs Enkel zu kümmern. Die Lorinczi-Zwillinge sind 59 Jahre alt.

Vera Grossman
Vera ist die «Zigeunerin» unter den Mengele-Zwillingen. Mit ihren 55 Jahren zieht sie durch Europa, die Vereinigten Staaten und Israel und hält Vorträge. Zugleich ist sie ihrer Tochter Iri, und ihrem Sohn und den drei Enkelkindern eine liebevolle Mutter und Großmutter. Und oft fährt sie nach Haifa und besucht ihre Zwillingsschwester Olga.

Olga Grossman
Heute, da sie jenseits der 50 ist, findet Olga allmählich den Seelenfrieden, der ihr in der Jugend versagt geblieben ist. Ihre Depressionen haben sich so weit gegeben, daß sie nicht mehr zu Dr. Stern zu gehen braucht und ein normales Leben führen kann. Sie ist noch immer glücklich verheiratet mit ihrem Armee-Oberst; die beiden wohnen in einem sonnendurchfluteten Apartment hoch oben in den Bergen von Haifa. Sie haben zwei Kinder. Als Olga vor einigen Jahren Großmutter wurde, freute sie sich riesig und hoffte inständig, daß ihr die Großmutterschaft weniger Qualen bereiten werde als das Muttersein.

Eva Kupas
Eva ist Hausfrau und Mutter und wohnt in Tel Aviv. Sie ist sehr zurückhaltend mit persönlichen Auskünften.

Vera Blau
Die 59jährige Vera lebt als Malerin in Tel Aviv. Ihr Zeichenlehrer ist davon überzeugt, daß seine agile, sensible Schülerin einen bedeutenden Beitrag zur Darstellung des Holocaust in der Kunst leisten könnte. Er drängt sie, Bilder zu malen, die mit dem Dasein im Lager zu tun haben. Aber Vera, die Auschwitz, Theresienstadt und Bergen-Belsen überlebt hat, mag sich nicht mehr mit der Vergangenheit beschäftigen. Sie will in ihrer Malerei die Gegenwart widerspiegeln. Ihre Gemälde sind hell und farbenfroh und zeigen fröhliche Alltagsszenen. Sie malt heitere, warme Bilder, und das ist vielleicht auch ganz natürlich. Denn in dieser Frau lebt immer noch das kleine Mädchen von damals weiter. Trotz allem, was sie gesehen und gehört hat, glaubt sie bis heute daran, daß Dr. Josef Mengele kinderlieb war.

Dr. Josef Mengele
Der einstige Auschwitz-Doktor ist viel in der Welt herumgekommen. Er war in Polen, Rußland, Jugoslawien, Österreich, Italien, Argentinien, der Schweiz, in Paraguay und Uruguay und schließlich in Brasilien. Er hat bis heute keine Ruhe gefunden, auch nicht, nachdem seine sterblichen Überreste, wenn es denn die seinen sind, 1989 in sein Vaterland überführt wurden. 1990, 45 Jahre nach der Befreiung, haben die Alliierten den Todesengel endlich zu fassen gekriegt. Nachdem er ein Leben lang auf der Flucht war, unternahm er abermals eine Reise, diesmal nach England. Die Knochen, die zu seinem Skelett gehören sollen, wurden vor kurzem mit dem Schiff über den Ärmelkanal nach Leicester befördert, um von den Gerichtsmedizinern der dortigen Universität erneut untersucht zu werden. Es fällt schwer zu glauben, daß die unendliche Geschichte auf den britischen Inseln ihr Ende finden soll.

Wie bei allem, was mit Dr. Mengele zu tun hat, erweist sich die Analyse als schwierig, sind die Resultate vorläufig.

Nachwort I: Spurensuche

von Michael Wörle*

«Vergeben und vergessen heißt:
kostbare Erfahrungen zum Fenster hinauswerfen.»
Arthur Schopenhauer

Als wir gemeinsam in Auschwitz-Birkenau durch das Tor die Gleise entlang zur Rampe zogen, war es drückend heiß; eigentlich eine wunderschöne Sommeridylle: Blumen blühten, Bienen summten, eine unübersehbar große Wiese, wären da nicht die Wachtürme, die Baracken und der Stacheldraht mit den makabren Hinweisschildern: Vorsicht Lebensgefahr.

Es war der Tag einer sonderbaren Begegnung: Die überlebenden Zwillinge des Dr. Mengele, ihre Kinder und ich als Enkel des Professors von Verschuer. Sein Assistent war dieser Dr. Dr. Josef Mengele gewesen. Hier in Auschwitz-Birkenau hatte er sie gepeinigt und für seine Experimente und Zwillingsforschung mißbraucht. Sie hatten ihn gefürchtet und sonderbarerweise auch gemocht, obwohl er ihre Eltern an dieser Rampe in den Tod, ins Gas geschickt hatte.

Mengeles Beschäftigung mit der Zwillingsforschung begann Mitte der dreißiger Jahre in Frankfurt. 1939 promovierte er dort bei meinem Großvater Professor von Verschuer, dem damals bekanntesten deutschen Zwillingsforscher und Erbpathologen, zum Doktor der Medizin. Mengele war bis 1942 einer seiner Assistenten in Frankfurt (und hielt auch später Kontakt zu ihm). Ab Juni 1943 war Mengele dann Lagerarzt in Auschwitz, während mein Großvater Direktor des damaligen Kaiser-Wilhelm-Instituts für Anthropologie, menschliche Erblehre und Eugenik in Berlin war. Hierhin wollte er auch seinen Mitarbeiter Mengele mitnehmen. Der jedoch war in

* Michael Wörle, Jahrgang 1959, Diplom-Volkswirt, ist ein Enkel von Mengeles Doktorvater Prof. von Verschuer. Er lebt in Hamburg.

Auschwitz und hatte dort die einzigartige Möglichkeit, seine Forschung auch am Menschen fortzusetzen und – wie wir heute wissen – seine «Versuchskaninchen», wie er seine Opfer nannte, zu töten und zu sezieren. Das, was im Kaiser-Wilhelm-Institut in einer eigenen Außenstelle an Kaninchen gemacht wurde, war nun auch am Menschen möglich.

Neben den Möglichkeiten durch die Einrichtungen der SS wurde Mengeles Forschung in Auschwitz vor allem durch zwei Forschungsprojekte unterstützt und (offenbar auch zu einem wesentlichen Teil) finanziert. Mein Großvater hatte sie bei der Deutschen Forschungsgemeinschaft beantragt; sie wurden im August und September 1943 von Professor Sauerbruch bewilligt. Mengeles Beziehung zu meinem Großvater scheint also von zentraler Wichtigkeit für seinen wissenschaftlichen Weg. Seltsamerweise erwähnt er ihn jedoch in seinen Tagebüchern kein einziges Mal. Mengeles Opfer, seine «Versuchskaninchen», waren in ihrer Mehrzahl etwa so alt, wie die Kinder meines Großvaters: wie meine Mutter, mein Onkel, meine Tante. Das wurde mir auf der Auschwitzreise deutlich.

Mein Besuch in Auschwitz im Sommer 1989 zusammen mit den überlebenden Zwillingen des Dr. Mengele hat eine merkwürdige Vorgeschichte: Eine Woche vor dieser Begegnung hatte bei mir zu Hause spät am Abend das Telefon geklingelt: ein Anruf aus Israel. Vera Krigel (geb. Grossmann) rief an: Sie sei nächste Woche in Polen, und ich solle kommen. Sie und eine Gruppe von Mengele-Zwillingen aus Israel und den USA wollten ihren Kindern Auschwitz zeigen – den Ort, an dem sie einen großen Teil ihrer Kindheit verbracht hatten. Und sie wollten mich dabeihaben.

Ich war überrascht und freute mich über die Einladung. Besonders überraschte mich, daß ich auf diese Weise so unerwartet die Antwort auf den Brief erhielt, den ich vor drei Jahren an den Vorsitzenden der Jüdischen Gemeinde in Berlin geschrieben hatte. Damals bereiste Vera Krigel Deutschland; ich hatte davon aus der Zeitung erfahren. In dem Bericht stand, Frau Krigel wolle endlich mehr über die Versuche erfahren, die Mengele mit ihnen in Auschwitz gemacht hatte: «Sie will das wissenschaftliche Material, die Präparate, die Mengele an das damalige Kaiser-Wilhelm-Institut für Rassenbiologie in Berlin-Dahlem geschickt hat.»

Der Direktor dieses Instituts war mein Großvater gewesen, und ich war ebenfalls auf der Suche. Ich versuchte seit Jahren herauszufinden, was für ein Mensch dieser von verschiedenen Seiten so widersprüchlich dargestellte Wissenschaftler in Wirklichkeit gewesen war: Einerseits war er der Doktorvater Mengeles und andererseits aktives Mitglied der Bekennenden Kirche, die in Opposition zum NS-Regime stand.

Trotz der Unterschiedlichkeit unserer Herkunft, dachte ich mir, hätten wir doch ein gemeinsames Interesse: Also versuchte ich über die Jüdische Gemeinde in Berlin mit Vera Krigel Kontakt aufzunehmen. Ich schrieb ihr, daß ich am Ergebnis ihrer Dokumentensuche persönlich interessiert wäre, aber vollstes Verständnis hätte, wenn sie mit dem Nachkommen eines damaligen Täters nichts zu tun haben wollte.

Lange Zeit bekam ich keine Antwort. Daß der Brief an Vera Krigel weitergeleitet worden war, erfuhr ich erst später. Ein Jahr danach richtete mir meine Mutter Grüße von ihr aus. Sie hatte sie auf dem Frankfurter Kirchentag kennengelernt und angesprochen. Die Szene hat Vera Grossmann (Krigel) in diesem Buch geschildert. Frau Krigel erinnerte sich sofort an meinen Brief. «Sagen Sie Michael», ließ sie mich durch meine Mutter wissen, «in meinem Herzen ist kein Platz für Haß.»

Nach diesem Anruf glaubte ich, so kurzfristig nicht in der Lage zu sein, meine Arbeit liegenzulassen, alle Termine abzusagen und mal eben nach Polen zu reisen. Abgesehen von meinen beruflichen Schwierigkeiten war es damals (1989) überhaupt nicht möglich, kurzfristig in den Ostblock zu reisen. Aber das wußte ich zu diesem Zeitpunkt noch nicht.

Vera Krigel versuchte mir meine Bedenken auszureden: «Wenn ich es unbedingt wollte, würde ich auch auf den Mond fliegen», meinte sie lakonisch, und ich versprach, es wenigstens zu probieren.

Meine Kollegen hatten viel Verständnis und halfen mir nach Kräften. Doch die Beschaffung des Visums gestaltete sich schwierig: eine Woche Vorbereitung für eine Reise in den Ostblock – das könne ich vergessen, sagte man mir in mehreren Reisebüros. Trotz massiver Schwierigkeiten gelang es – durch die Hilfe eines Bekannten von Vera Krigel – buchstäblich in letzter Minute, ein Visum zu bekommen. So saß ich schließlich tatsächlich im Flugzeug gen Warschau. Dort angekommen, mußte ich – nach all der Hektik – eineinhalb Tage auf die Ankunft meiner Reisebegleiter warten.

Endlich war es dann soweit: Die ersehnte Reisegruppe traf im Hotel ein. Vera Krigel allerdings fehlte. Ich wandte mich an den Leiter der Gruppe, der mich unfreundlich abfertigte: Vera Krigel wohne in einem anderen Hotel. Heute abend würde sie aber vermutlich noch eintreffen. Später traf ich sie dann endlich: Vera Krigel, geb. Grossmann, eine kleine, zierliche und energische Frau im Alter meiner Mutter. Sie begrüßte mich sehr herzlich; mein drei Jahre alter Brief, der diese Begegnung und gemeinsame Reise ausgelöst hatte, lag ganz oben auf dem Stapel ihrer Unterlagen.

Nach kurzem Kennenlernen und dem Abendbrot begann eine Pressekonferenz fast ohne Presse: Die geladenen polnischen und deutschen Medienvertreter waren nicht erschienen – weil die polnische Regierungskrise die Medienwirksamkeit dieses Ereignisses überlagerte. Die Konferenz begann mit einer Vorstellungsrunde aller Beteiligten auf hebräisch, von der ich nichts verstand. Als die Reihe an mich kam, stellte mir ein israelischer Rundfunkreporter derart inquisitorische Fragen, daß ich plötzlich den Eindruck bekam, unerwünscht zu sein. Hinterher jedoch sagten mir etwa ein halbes Dutzend der Zwillinge, daß sie es sehr mutig fänden, daß ich hier sei, daß ich mich allein in eine Gruppe jüdischer Naziopfer wagte. Dieses Gefühl, willkommen zu sein, vermittelten mir die Teilnehmer der Gruppe im Verlauf der Reise immer wieder. Frau Krigel hatte alle auf mein Erscheinen vorbereitet, niemand hätte etwas dagegen einzuwenden gehabt, erzählte man mir. Und tatsächlich ließ mich kaum jemand Ablehnung spüren, im Gegenteil, die meisten begegneten mir mit Wohlwollen und ohne Mißtrauen; allerdings schienen mich alle sehr genau zu beobachten.

Einen allerdings, der später zur Reisegruppe dazustieß, störte meine Anwesenheit sehr. Ich merkte, daß es darüber zu heftigen Auseinandersetzungen zwischen ihm und einigen aus der Gruppe kam. Aber er ließ mich in Ruhe, umging ein direktes Gespräch. Im Positiven wie im Negativen half mir dabei die Sprachbarriere: Ich verstand vieles nicht. Deutsch war die Sprache, die die meisten Mitreisenden nur als die Sprache ihrer Peiniger und Bewacher kannten. Man verständigte sich in englisch oder auf hebräisch.

Während unseres sechstägigen Zusammenseins gab es viele interessante Begegnungen. So mit Eva Mozes-Kor, mit der sich eine dauerhafte Freundschaft entwickelt hat. Ich habe sie seither noch einige Male getroffen, und sie hat mich auch in Hamburg besucht. Bei einem ihrer Besuche gab sie mir die amerikanische Originalausgabe dieses Buches. Einen deutschen Verleger zu finden, war bis dato nicht gelungen. Ich versprach ihr zu helfen.

Eva Mozes-Kor, humorvoll, selbstironisch und völlig unsentimental, erzählte mir von ihrer Diskriminierung als Jüdin in den USA, ihren körperlichen Schmerzen, die sie so lange verdrängte, bis ihre Tochter sie fragte, warum nicht alle Mamis Nummern auf den Arm trügen. Sie fing dann an, Vorträge über ihre eigene Geschichte an Schulen zu halten, sie initiierte einen Zeitungsartikel, der dazu führte, daß sich weitere Mengele-Zwillinge bei ihr meldeten, und so baute sie die heutige Organisation der Mengele-Zwillinge auf: CANDLES – Children of Auschwitz Nazi Deadly Lab Experiments Survivors. Sie war es, die nach einigen Tagen beim Mittagessen plötzlich aufstand und mir einen Button mit einem blauen Stern anheftete, den alle trugen. Dabei bemerkte sie lachend: «Nachdem dein Großvater uns den gelben Stern verpaßt hat, würde ich dir gerne diesen blauen Stern anheften.» Als Zeichen der Freundschaft.

Leider hatte ich zu den israelischen Gruppenmitgliedern von Frau Krigel, ihrer Tochter und ihrem Sohn nicht so einen intensiven Kontakt. Sie fuhren in dem zweiten Bus, und mit einigen von ihnen gab es ohne Übersetzer keine Verständigungsmöglichkeiten. Dennoch kam es eines Abends zu einem ausführlichen und intensiven Austausch. Auch Ryvka, eine der überlebenden Mengele-Zwillinge aus Israel, erzählte mir dabei ihre Geschichte: Als sie aus dem Getto von Lodz im August 1944 nach Auschwitz kam, war sie 21 Jahre alt. Ihre Schwester war Tbc-krank und spuckte Blut. Mengele («er sah gut aus») kam immer zusammen mit Dr. König («er war wie ein Monster»). Zu diesen Untersuchungen mußten sie vom großen Lager Birkenau ins Stammlager Auschwitz, eine ehemalige Kaserne, die aus festen Häusern bestand. Dort wurde ihr Blut von ihrer Schwester injiziert, es wurden Intelligenztests gemacht und wieder Blut abgenommen. Mengele hat sie nie selbst angefaßt, das machten seine Häftlingsärzte. Für sie war es ein Glück, ein Zwilling zu sein.

Zwillinge wurden nicht getötet, egal wie krank sie waren. Nach einiger Zeit wurden die Experimente gestoppt, sie kamen in den Krankenblock. Im Dezember 1944 hat Ryvka Mengele zum letztenmal gesehen.

In Auschwitz angekommen, sahen wir anfangs das, was alle Touristen hier zu sehen bekommen: Über dem Tor zum Eingang der Spruch «Arbeit macht frei», im Museum Berge von Menschenhaaren, Schuhen, Brillen, Koffern mit Namen und Ortsbezeichnungen.

Das Lager wird eingefaßt mit einem doppelten Stacheldrahtzaun zwischen dem hindurch die Kinder in Häftlingskleidung nach der Befreiung geleitet worden waren, damit russische Kameraleute ihren Film über die Befreiung drehen konnten. Wenn auch die Szenerie gestellt war, weil die Kinder z. B. niemals die gestreifte Häftlingskleidung getragen haben, so waren dies doch die ersten Aufnahmen von ihnen im KZ. Vielen der Zwillinge ist dieses Gestern im Heute immer noch völlig präsent.

Nach der Besichtigung blieb noch etwas Zeit, im Archiv und der umfangreichen Namenskartei nach Überlebenden zu forschen. Und so erfuhr Peter (Somogyi, wenn ich mich recht erinnere) mit vierzig Jahren Verspätung, daß seine Schwester das Lager überlebt hatte. Ich sehe noch die Szene vor mir, als wir zur Abfahrt bereit vor dem Lagereingang warteten und Peter mit seinem steifen Bein voller Aufregung über diese Entdeckung den Weg entlang hinkte, hüpfte und sprang – die ganze Meute Journalisten und Kameraleute vermochte ihm kaum zu folgen.

Im Archiv von Auschwitz hörte ich in meiner Nähe die Unterhaltung einer Gruppe Berliner Studenten, die über die Zusammenhänge zwischen Auschwitz und dem Kaiser-Wilhelm-Institut recherchierten. Einer fragte: «Was sagt denn die Familie Verschuer dazu?» Ein anderer antwortete: «Die mauert...»

Vom Stammlager Auschwitz aus fuhren wir nach Birkenau. Dort zogen wir durch das Tor die Gleise entlang zur Rampe. Und der Marsch der überlebenden Mengele-Zwillinge und ihrer Begleiter, der so triumphierend mit Fahnen und Transparenten begonnen hatte, endete nicht mit den vorgesehenen feierlichen Reden für die Öffentlichkeit – sondern mit Tränen.

Das Lager war gigantisch, es erstreckte sich bis zum Horizont;

das Ausmaß der Verbrechen, die hier verübt worden waren, stand im irritierenden Kontrast zur Schönheit dieser sommerlichen Wiese. Ein unwirklicher Kontrast. Von den vier großen Krematorien liegen einige in Trümmern. Zwischen Sträuchern und Blumen bemerkten wir merkwürdig kahle Stellen. Wir griffen in die Erde, und wir fanden viele, viele kleine Knochenstücke.

Manche Einzelheit über die, die ich bei dieser Reise begleiten durfte, habe ich erst aus diesem Buch erfahren. Und ich freue mich, daß mit diesem Buch erstmals die Mengele-Zwillinge selbst in Deutschland zu Wort kommen. Denn über den Täter Mengele wurde viel geschrieben; auch viel Zweifelhaftes. Dazu zähle ich auch die angeblichen Mengele-Tagebücher. Es wären nicht die ersten Tagebücher, die gefälscht waren und deren angebliche Echtheit von Experten bestätigt ist. Viele Veröffentlichungen tragen auch zur Wahrheitsfindung nichts bei – vor allem, wenn die ohnehin oft spärliche Quellenlage durch Erfindungen der Autoren vermehrt wird; viele Menschen glauben, die Täter müßten Ungeheuer sein, und deshalb blasen sie sie in ihren Büchern dazu auf, auch wenn die Quellen dies nicht hergeben.

Ich wurde gerade auf dieser Reise immer wieder gefragt, ob mein Großvater ein Nazi gewesen sei. Diese Frage war zwar auch der Ausgangspunkt meiner Recherchen. Heute halte ich jedoch gerade diese Frage für weitgehend bedeutungslos. Um Verbrechen zu begehen oder dem nationalsozialistischen Regime nützlich zu sein, mußte man nicht unbedingt ein überzeugter Nazi oder ein Monster sein. Umgekehrt gab es auch unter Nazis anständige Menschen. Viel spannender ist doch die Frage, wie Menschen zu Verbrechern werden konnten!

Als mein Großvater 1969 starb, war ich zehn. Ich habe mich oft gefragt, wie er reagiert hätte, wenn ich ihn gefragt hätte:

Was waren das für Beziehungen zwischen deinem Institut und dem Konzentrationslager Auschwitz?

Wußtest du, was dein von dir sehr geschätzter Assistent Mengele dort mit kleinen Kindern machte?

Warum hast du in deinen Schriften deine Wissenschaft in den Dienst der nationalsozialistischen Diktatur gestellt?

Wie hast du das alles mit deinem Engagement für die Bekennende Kirche vereinbart?

Und warum hast du dich nach 1945 niemals offen und deutlich zu deinen Fehlern in dieser Zeit bekannt?

Ich hatte schon früh dumpfe Zweifel an den Schilderungen meiner Großmutter, aber ich konnte sie lange nicht konkretisieren. Und es dauerte lange, bis ich loszog, sie zu ergründen. Daß mein Großvater als Humangenetiker (wie man heute sagt) in der Zeit des Nationalsozialismus den Menschen nur geholfen hatte, wie meine Großmutter erzählte, erschien mir merkwürdig.

1980 begann ich, intensiver zu recherchieren. Meine Großmutter war meine allererste Quelle. Sie erzählte mir das Leben meines Großvaters. Ihr machte es Freude, daß ihr Enkel sich so für Familiengeschichte interessierte. Ich hatte damals schon gehört, daß mein Großvater nicht unumstritten war. Aber es war schwer, von ihr etwas über seine Gegner zu erfahren. *Sie habe ihnen vergeben, sagte sie.* Deshalb wollte sie mir nicht einmal deren Namen verraten. *Vergeben und vergessen.* Danach lebte sie.

Während meines Studiums beschaffte ich mir die Schriften meines Großvaters in der Bibliothek und las sie: Ich war schockiert. Seitdem hielt mich das Thema in seinem Bann – bis heute. Ich befragte viele Zeitgenossen meines Großvaters, Freunde und Feinde. Ich stöberte in Archiven. Und ich bin bis heute nicht fertig. Ich schwankte zwischen Haß und Bewunderung. Aber ich habe viel gelernt. Inzwischen ist das Thema keine Last mehr. Nur das eindeutige Ergebnis, das ich suchte, fand ich bis heute nicht.

Betrachtet man besonders die früheren Schriften meines Großvaters, so fällt es aus heutiger Sicht nicht schwer, ihn für einen Rassisten zu halten. So propagierte er bereits 1924, daß der Zeitpunkt für die Anwendung rassenhygienischer Maßnahmen gekommen sei, «wo wir vor übereilten Schritten gesichert sind, die Durchführung aber auch keinen weiteren Aufschub erlaubt». Die Rassenhygiene stelle «das Glück der Ganzheit, des Volkes, über das Einzelglück», bemerkte er 1927, sie finde aber nur dann den Weg zum ganzen Volk, wenn sie ihren Widerhall «in einer ihr entsprechenden Weltanschauung» finde. Wenig später bedauerte er öffentlich, «daß bei dem derzeitigen parlamentarisch-demokratischen System die Stimmen nur der Zahl und nicht dem Werte nach in Rechnung gestellt werden: die wachsende Zahl der Minderwertigen müßte somit zu deren Herrschaft, also zum Untergang des Staates führen». Ein Demokrat also war er sicher nicht.

Nach der Machtübernahme der Nazis machte er in seinen wichtigsten Schriften immer wieder eine Verbeugung vor dem Regime durch vielzitierte Äußerungen wie diese: «Die Geschichte unserer Wissenschaft ist aufs engste verknüpft mit der deutschen Geschichte der jüngsten Vergangenheit. Der Führer des Deutschen Reiches ist der erste Staatsmann, der die Erkenntnisse der Erbbiologie und Rassenhygiene zu einem leitenden Prinzip in der Staatsführung gemacht hat.» Später betonte er in einer gerade auch von den Nazis beachteten Rede vor der Preußischen Akademie der Wissenschaften 1943 die sich bedingenden Einflüsse von Erbe *und* Umwelt. Und er bestritt im Gegensatz zu dem damals sehr bekannten Rassenfanatiker H. F. K. Günther das Vorhandensein einer einheitlichen nordischen Rasse. Er engagierte sich zudem sehr für die gegen die deutschen Christen stehende Bekennende Kirche und veröffentlichte 1933 einen Beitrag in dem von den Nationalsozialisten später verbotenen Buch «Die Nation vor Gott» von Künneth und Schreiner, der von einem der beiden Herausgeber (Walter Künneth) als «höchst wichtig» bezeichnet wurde. Ein widersprüchliches Bild.

Wie er in Parteikreisen gesehen wurde, wird in einer außerordentlich interessanten Beurteilung des Leiters des Berliner Rassenpolitischen Amtes, Dr. Gross, deutlich:

«Es ist richtig, daß Professor von Verschuer nicht als Nationalsozialist, überhaupt nicht als politischer Mensch angesprochen werden kann. Vom politischen Standpunkt aus würde seine Berufung keine Verstärkung des nationalsozialistischen Elements in Frankfurt bedeuten... Trotzdem würde ich aber eine Berufung sachlich für völlig gerechtfertigt halten. Das wissenschaftliche Ansehen und seine Leistung auf diesem Gebiete sind unbestritten, und ebenso ist selbstverständlich, daß die Gesamtarbeit Verschuers zur Festigung wichtigster Grundlagen der nationalsozialistischen Gedankenwelt beiträgt. Ich kann mir außerdem denken, daß die sachliche und vorwiegend wissenschaftliche unpolitische Art Verschuers in der dortigen Gegend auch auf weite zweifelnde Kreise vielleicht gerade besonders überzeugend wirken kann, so daß auch im propagandistischen und werbenden Sinne seine Berufung wertvoll sein könnte.»

Um dem Regime nützlich zu sein, mußte man also nicht unbedingt ein Nazi sein.

Nach dem Krieg war mein Großvater uneinsichtig. So behauptete er im Mai 1945: «An dem Inhalt dessen, was ich unter Eugenik (Rassenhygiene) verstanden und vertreten habe, brauche ich jedoch wenig zu ändern, da ich nur immer so weit gegangen bin, als ich es mit meinem wissenschaftlichen Gewissen verantworten konnte.» Damit lag er jedoch neben der sich abzeichnenden neuen Realität, so daß ihm ein Kollege im selben Jahr wohlmeinend empfahl: «Ihr Fach wird man zweckmäßig als ‹Genetik› bezeichnen, da das den Amerikanern geläufig ist, da sie andererseits die Bezeichnung Rassenhygiene geradezu aufreizt.»

Die Auseinandersetzung mit der Vergangenheit seines Fachs fiel ihm zeitlebens schwer. Während er kurz nach der nationalsozialistischen Machtübernahme noch die Erb- und Rassenlehre als «von so großer Bedeutung für die nationalsozialistische Weltanschauung» hielt, für die er und seine Kollegen «die wissenschaftlichen Unterlagen für die praktische Durchführung» zu liefern versprachen, so machte er nach dem Krieg lediglich mehr oder weniger nebulöse Andeutungen über diese Zeit. Wenn er von der Vergangenheit sprach, sprach er von der *Dämonie* dieser Zeit. Wenngleich auch diese Bezeichnung wenig erklärt, so deutet sich doch immerhin eines darin an: die große Versuchung, die in dem Machtwechsel für einen jungen, damals gerade 37jährigen Wissenschaftler lag, der erst im Dritten Reich zum Professor berufen wurde in einem Fach, das vor der Machtübernahme der Nazis reichsweit erst über *einen* Lehrstuhl verfügte! Ganz abgesehen von der Versuchung des «Labors Auschwitz» (wie es *Die Zeit* nannte).

Die Frage seiner Integrität machte sich vor allem an dem Verhältnis zu seinem Assistenten Mengele fest. Was wußte er von dem, was in Auschwitz vor sich ging? Was wußte er davon, wie die Präparate, die an sein Institut geschickt wurden, zustande kamen? Wußte er, daß die Menschen erst mit Krankheitserregern infiziert und später ermordet wurden? Was davon hat ihm Mengele erzählt, der ihn nachweislich während seiner KZ-Zeit in Berlin besuchte?

Diese Fragen können bis heute nicht eindeutig beantwortet werden. Zwar gibt es eine ganze Reihe von Indizien und Vermutungen. Doch fehlen bis heute Dokumente, die die letztendliche Klarheit bringen.

Ich persönlich kann mir nicht vorstellen, daß er über einige Einzelheiten und Möglichkeiten von Mengeles Arbeit *nicht* Bescheid wußte. Daß er ein hohes Interesse am Ausgang zumindest eines der Forschungsprojekte hatte, die er für Mengele bei der Deutschen Forschungsgemeinschaft beantragt hat, ist belegbar. Er wollte wissen, ob und wie der Erbeinfluß bei bestimmten Infektionskrankheiten wirkt. Die Versuche wurden an den Zwillingen und an Menschen verschiedener Rassen durchgeführt.

Selbstverständlich fiel ihm die Auseinandersetzung mit seiner eigenen Vergangenheit nicht leicht. Man könne ja seiner eigenen Zeit nicht böse sein, ohne selbst Schaden zu nehmen, meinte Robert Musil einmal zweideutig. Zwar gibt es deutliche Zeichen dafür, daß meinem Großvater ab 1943 oder früher die nationalsozialistische Rassenpolitik zunehmend mißfiel.

Nach dem Krieg dagegen wies er erst einmal alle Mitverantwortung von sich: «Ich bin froh, daß mich keine Mitverantwortung an den rassenhygienischen Gesetzen trifft, da von politischen Stellen mein Rat nie vorher eingeholt worden ist.» Spätere Äußerungen klingen nachdenklicher. 1965 erklärte er in einem Vortrag: «Von der nationalsozialistischen Ideologie war ich – schon als Mitglied der Bekennenden Kirche – durch einen breiten Graben getrennt. Als beamteter Professor meinte ich, in dem Rahmen der vorliegenden Gesetze der staatlichen Obrigkeit verpflichtet zu sein. Als Sachverständiger in eugenischen Fragen habe ich vielen einzelnen Menschen in ihrer damaligen Not helfen können. Gegenüber dem Mißbrauch meiner Wissenschaft habe ich – das bedauere ich sehr – nicht genügend Widerstand geleistet; die Dämonie in ihren furchtbaren Auswirkungen ist mir zu spät bewußt geworden. So liegt also auch auf mir – wie auf allen Eugenikern der damaligen Zeit – ein Anteil von Schuld.»

In der veröffentlichten Fassung dieses Vortrags fehlt dieses Bekenntnis.

Wenn es auch im Vergleich zu anderen durchaus bemerkenswert sein mag, daß sich ein hochrangiger Wissenschaftler überhaupt so äußerte, so kam dies doch spät. Und die Berufung auf die Dämonie, also etwas Übermenschliches, wie auch die Betonung der Gesamtschuld der Vertreter seines Fachs leugnet jede persönliche Beihilfe zum Mord, die gerade in seinen Beziehungen zu Mengele deutlich wird. So gesehen bleiben auch solche Bekenntnisse schal, lassen sie doch jeden Beitrag zur Klärung der hier gestellten Fragen vermissen.

Und Gelegenheiten zur Aufklärung gab es schon damals. So befragte ihn der ehemalige Auschwitz-Häftling und «Nazi-Jäger» Hermann Langbein 1960 in Münster zu den an das Berliner Kaiser-Wilhelm-Institut übersandten Präparaten. Langbein sagte ihm, daß die Menschen, deren verschiedenfarbige Augen dem Institut übersandt worden waren, nicht eines natürlichen Todes gestorben waren, sondern extra dafür getötet worden waren: «Als ich das dem Professor mitteilte, zeigte er sich überrascht und bestürzt», berichtet Langbein. «Sollte er sich nie darüber Gedanken gemacht haben, woher sein Schüler diese Präparate genommen hat?» Zweifel an dieser Überraschung kommen auch auf, wenn man weiß, daß seine Mitarbeiterin Frau Magnussen, die die Verschiedenfarbigkeit der Augen erforschte, einen wissenschaftlichen Beitrag zum Thema vor Kriegsende nicht mehr veröffentlichen konnte. Der Bearbeiter dieses Zeitschriftenbeitrags vermutete schon damals den unnatürlichen Tod der achtköpfigen Familie.

Für mich ist dieses Gespräch eine Schlüsselszene. Hier stellt sich die Frage nach seiner Glaubwürdigkeit: Wie also stand er nach dem Krieg zu Mengele, den er mochte, nachdem er bis 1960 auch aus der Presse viel Negatives über ihn erfahren konnte? In einem Brief schrieb mir Langbein, er habe meinen Großvater in diesem Gespräch gefragt, was er tun würde, wenn Mengele heute an seiner Türe läuten würde. Würde er die Polizei verständigen? Langbein: «Er fand nicht leicht eine Antwort; und als er schließlich sagte... daß er das wohl tun müßte, nachdem er nun erfahren habe, was Mengele verbrochen hat, so erhielt ich nicht den – freilich nur subjektiv zu wertenden – Eindruck, daß er dabei völlig aufrichtig war.» Es bleibt also ein großer Zweifel an seiner Aufrichtigkeit.

So hat mich die Spurensuche weit geführt. Und doch bleiben viele Fragen unbeantwortet.

Nachwort II: Ein anderer Mengele?

von Ella Lingens *

Gab es einen anderen Mengele als den fanatischen SS-Arzt, den Hauptsturmführer, den überzeugten Rassisten, den tausendfachen Folterer und Mörder aus Überzeugung, der mit sadistischer Lust die Opfer seiner Experimente quälte und tötete? Wenn Mengele auch reagieren und sich so verhalten konnte, daß man einen anderen Eindruck von ihm bekam, war das ein Akt bewußter Täuschung oder war es Ausdruck einer schizoiden Persönlichkeitsspaltung?

Auch die Überlebenden seiner Zwillingsforschung, die in diesem Buch Zeugnis ablegen, wunderten sich manchmal, daß dieser Teufel in der eleganten schwarzen Uniform und den blank geputzten Stiefeln gelegentlich wie ein guter Onkel mit den Kindern scherzte und mit seinen Händen in den weißen Handschuhen Süßigkeiten an sie verteilte, ehe er sie quälte. Wäre sein Bild klarer und durchschaubarer geworden, hätte er sich je vor einem Gericht verantworten müssen? Hätten sachverständige Psychiater und Psychologen uns sagen können, was er für ein Mensch war?

Auf der Fahrt von Wien nach Auschwitz und auch später, im Lager, wurde ich von verschiedenen SS-Leuten immer wieder gefragt: «Warum bist denn du da?» Meine Antwort («Weil ich versucht habe, Juden zur Flucht in die Schweiz zu verhelfen») erregte regelmäßig extreme Abscheu: «So eine wie du gehört mit einem nassen Strick erschlagen!» oder «Was, diesen Kerlen, die den Krieg gegen uns angefangen haben, diesen elenden Hunden wolltest du Hur' helfen?!» – und schlimmeres. Hätte ich Wehrkraftzersetzung betrieben, wäre ich eine gefährliche Feindin gewesen, aber eine solche Mißachtung hätte ich nicht hervorgerufen.

* Dr. jur. Dr. med. Ella Lingens, geboren 1908, war von Februar 1943 bis Dezember 1944 Häftlingsärztin im A-Lager Auschwitz-Birkenau/Frauenrevier. Sie lebt in Wien.

Nicht so Mengele. Als einzige nichtjüdische deutsche Ärztin im Frauen-KZ Birkenau war ich den wechselnden SS-Ärzten immer wieder aufgefallen, so auch ihm, als er unser Krankenrevier übernahm. Er winkte mich gleich zu sich heran und fragte mich: «Warum sind Sie hier im KZ?» Auf meine übliche Antwort, daß ich versucht hätte... sagte er ganz ruhig: «Wie konnten Sie denn glauben, daß Ihnen das gelingen kann?» Ich erwiderte, es hätte schon Fälle gegeben, wo so etwas durch Bestechung der Gestapo gelungen wäre. Worauf er sachlich meinte: «Ja, natürlich verkaufen wir Juden. Wir wären dumm, wenn wir das nicht täten. Aber warum geben Sie sich mit solchen Sachen ab? Was haben Sie davon? Jetzt sind Sie hier!»

Keine Beschimpfung, kein Vorwurf, nicht einmal Mißbilligung. Es war ein ziviles, kollegiales Gespräch, so als hätte ich ihm von einem Therapieversuch an einer Patientin berichtet, der seiner Meinung nach sinnlos war, weil sie ohnehin keine Heilungschance hatte. Ein soignierter, höflicher Kollege, der eine flüchtig bekannte Ärztin selbstverständlich mit «Sie» anredete, gleichgültig ob Häftling oder nicht. Beinahe hätte er «Frau Kollegin» zu mir gesagt, als unterhielten wir uns miteinander in einer Klinik und als verstünde er nicht mein materielles Desinteresse.

Mir erschien Mengele nie als der fanatische Nazi, der nach der SS-Devise lebte, «Meine Ehre ist Treue», sondern als der kälteste Zyniker, der mir je begegnet ist. Er sah in den Juden keineswegs die physisch und moralisch degenerierten Geschäftemacher, als die sie von Streicher & Co. gezeichnet wurden, sondern ganz im Gegenteil, hochbegabte und darum gefährliche Gegner im Kampf um die Macht, um die Weltherrschaft, was immer er sich darunter vorgestellt haben mag. Er sagte, daß er wolle, daß die Nation, der er angehörte, die Deutschen, das mächtigste Volk der Welt sein sollten, und offenbar wollte er teilhaben an dieser Macht. Deshalb beteiligte er sich, anscheinend völlig emotionslos, an der totalen Vernichtung der aussichtsreichsten Konkurrenten in diesem Machtkampf, der Juden.

Andere SS-Lagerärzte, wie Rohde oder König, litten unter ihrem Dienst, die Selektionen unter den Ankommenden auf der Rampe, die Auswahl unter den Kranken für die Gaskammern durchführen zu müssen. Meist betranken sie sich vor solchen Aktionen, um überhaupt dazu imstande zu sein. Das hatte Mengele in seinem vollen Einverständnis mit diesen Maßnahmen nicht nötig. Ob sie ihm allerdings direkt Lust bereiteten, kann wohl niemand wissen. Ich hatte diesen Eindruck nicht.

Durch die einzelnen Krankenblocks zu gehen auf der Suche nach den elendsten Gestalten, die von den Pflegerinnen möglichst versteckt wurden, schien ihm eher lästig zu sein. So verlangte er einmal, daß die verantwortliche Ärztin jedes einzelnen Krankenblocks eine Liste aller ihrer Patientinnen schreiben sollte, mit der Diagnose und der Prognose, wie lange sie voraussichtlich noch im Revier bleiben müßten. Ein in normalen Spitälern nicht ungewöhnliches Verlangen. Dr. Adelheid Hautval, eine großartige Französin aus dem Elsaß, die auch wegen Judenbegünstigung in Auschwitz war, weigerte sich, Entlassungstermine festzulegen. «Ich bin nicht bereit, für Mengele zu selektieren», sagte sie und machte kurzerhand zu «Prognose» lauter Fragezeichen.

Tatsächlich machte Mengele es sich einfach. Wenn eine Prognose auf drei oder mehr Wochen lautete, bestimmte er die Kranke fürs Gas. Hatte eine Ärztin in kluger Voraussicht überall kürzere Termine angegeben, machte er Stichproben. «Was, diese Jammergestalt wollen Sie schon in acht Tagen entlassen? Sie wollen eine Ärztin sein?» fuhr er sie an und ergänzte die Gruppe der Selektierten. Im Block von Doktor Hautval selektierte er achselzuckend selbst. Angeblich bekam sie keine Konsequenzen ihrer Sabotage zu spüren, er hätte eher amüsiert darauf reagiert. Immerhin hatte er sich so den größten Teil der Selektionsarbeit erspart.

Im Verlauf des Jahres 1944 machte sich der Mangel an Arbeitskräften in den Rüstungsbetrieben immer stärker bemerkbar. Man achtete also darauf, daß die Häftlinge nicht vorzeitig verreckten, sondern ihre Arbeitskraft voll ausgenutzt wurde, ehe sie total entkräftet starben – oder vergast wurden, wenn das zu lange dauerte. Arbeitstaugliche Frauen wurden in kleinen Gruppen auf der Lagerstraße aufgestellt und leitenden Angestellten vorgeführt, die eine bestimmte Zahl für ein Arbeitskommando in ihrem Betrieb aussuchten. Es ging zu wie auf einem Viehmarkt, auf dem die Bauern nach der Kuh Ausschau halten, von der die beste Milchleistung zu erwarten ist.

Außer unter den Neuankömmlingen fanden sich aber nicht viele kräftige Arbeiterinnen, denn Hunger und vor allem Seuchen hatten alle Insassinnen geschwächt. In erster Linie war es das Fleckfieber, dem fast niemand entkam. Wir nannten es «die Lagerkrankheit». Ich sah eine einzige Frau, eine Russin, die nicht davon befallen wurde. Sie hatte es schon als Kind durchgemacht und dauernde Immunität erworben. Wir anderen mußten 14 Tage lang 40 bis 41 Grad Fieber durchstehen und waren anschließend Wochen und Monate hindurch geschwächt und absolut arbeitsunfähig. Obwohl Auschwitz als Vernichtungslager geführt wurde, bekam die SS nun ein gewisses Interesse daran, das Fleckfieber, das auch auf einige Frauen der Wachmannschaft übergegriffen hatte, zu besiegen. Mengele war genau der richtige Mann für einen solchen Feldzug. Er setzte seinen Ehrgeiz darein, unser Frauen-KZ raschestens fleckfieberfrei zu machen. Wir hatten immer wieder eine Desinfektion des Lagers verlangt, und es gab auch wiederholt solche Aktionen. Sie brachten keinen Erfolg. Man kann finstere, überfüllte Pferdeställe, in denen die Frauen ihre mühsam «organisierten» warmen Kleider und Decken verstecken und mit Holzwolle gefüllte Strohsäcke lagern, nicht von den Überträgern des Fleckfiebers, den Läusen, befreien. Besonders im Winter war drei Wochen nach jeder Desinfektion alles wieder verlaust wie zuvor. Jeder Block hatte täglich bis zu 20 Fleckfiebertote.

So konnte es nicht weitergehen, fand Mengele im Frühjahr 1944. Er ließ eines Tages einen ganzen jüdischen Krankenblock mit etwa 400 Patientinnen ohne jede Selektion ins Gas abtransportieren. Dann ließ er die Strohsäcke verbrennen und den Stall mit allen darin verbliebenen Textilien mit Blausäure ausräuchern. Zwischen dem gereinigten Krankenblock und dem nächsten ließ er eine volle Badewanne mit einer Desinfektionslösung aufstellen. Die Patientinnen des Nachbarblocks wurden nackt aus diesem herausgeführt, in die Badewanne getaucht, bekamen ein frisches Nachthemd aus der Wäscherei und wurden in dem desinfizierten Block einquartiert. Der zweite, jetzt leere Block wurde ebenso gereinigt, und so ging es reihum durch alle Blöcke des Krankenreviers, bis diese durchweg läusefrei waren.

Bis 1. Dezember 1944, als ich nach Dachau überstellt wurde, hatten wir tatsächlich fast keine neuen Fleckfieberfälle mehr. Mengele war es aber offenbar gar nicht in den Sinn gekommen, die Kranken des ersten Blocks vorübergehend irgendwie unterzubringen. Daß er diese an sich sinnvolle Aktion kaltblütig mit dem Mord an 400 Frauen begonnen hatte, war Ausdruck seiner erschütternden *moral insanity*. Es war, als wäre er sich gar nicht bewußt darüber, daß er ein Massenmörder war.

Wir wußten von Mengeles Interesse an anthropologischer Forschung, besonders an den Zwillingen, die für ihn aus den ankommenden Kolonnen herausgesucht werden mußten. Ich selbst habe die Baracke mit den Zwillingen nie gesehen. Man sprach über Experimente entsetzliche Dinge, aber wir wußten nichts Genaues. Überlastet mit Arbeit, wußte man kaum je, was in anderen Blöcken vorging. Ich habe vieles erst durch dieses Buch erfahren.

Mengele interessierte sich nicht nur für Zwillinge. Einmal kam eine Zirkusfamilie, die aus Liliputanern und normal gewachsenen Mitgliedern bestand. Für diese Familie ließ er eigens eine der Kutscherstuben räumen, die von privilegierten Häftlingen bewohnt wurden. Die Verwandtschaftsverhältnisse dieser Zirkusfamilie interessierten Mengele ungeheuer. Er bestellte sie mehr als zehn Tage lang täglich zu sich und ließ sie von einer Anthropologin, der polnischen Prinzessin Pusina, vermessen. Das Oberhaupt der Familie war ein fröhlicher Zwerg, der immer lachend von diesen Untersuchungen zurückkam, eine Stange Wurst in der Hand oder ein Säckchen mit Süßigkeiten. «Ein sehr freundlicher Mann», erzählte er uns strahlend, voll Optimismus für seine weitere Zukunft. Offenbar ließ Mengele da nur vermessen und machte keine Experimente mit den Zirkusleuten. Als genug festgestellt war, verschwand die ganze Gruppe wieder aus der Kutscherstube. Wir vermuteten, sie wäre vergast worden – zu Unrecht. Bei dem Mengele-Symposium in Jerusalem traf ich einige von diesen Zirkusleuten wieder. Sie erzählten mir, sie hätten weiter für die Führung der Bewachungsmannschaft «gastiert» und wären dann irgendwie davongekommen. Entertainer waren rar in Auschwitz und Umgebung, die konnten also mit Schonung rechnen.

Mengele hatte den fanatischen Ehrgeiz, wissenschaftliche Leistungen zu vollbringen. Es war Mitte September 1944. Ich ging über die

Lagerstraße und begegnete Mengele. Er begrüßte mich freundlich: «Sagen Sie, Frau Kollegin, kennen Sie eigentlich die Ergebnisse meiner wissenschaftlichen Forschung?» Ich verneinte. «Kommen Sie, ich zeige sie Ihnen.» Er bat mich in sein Arbeitszimmer in der kleinen Holzbaracke, in der unsere Ambulanz untergebracht war, und legte ein paar dicke Aktenordner vor mich auf den Tisch. Sie enthielten Blätter, auf denen die polnische Anthropologin auf seinen Befehl Zeichnungen von einzelnen Häftlingen angefertigt hatte, mit genauen Angaben von deren Maßen, Größe, Sitzhöhe, Brustumfang, Armlänge etc., exakt vermessen und dokumentiert. Es waren tadellose Arbeiten, nichts deutete auf Unkorrektheiten oder Manipulationen an den beschriebenen Untersuchungsobjekten hin. Mengele gab mir keinerlei Arbeitsauftrag. Als ich alles mit mäßigem Interesse durchgeblättert hatte, fragte er mich, so als würde er auf mein fachliches Urteil Wert legen, ob das nicht ein schönes wissenschaftliches Material sei. Dann fügte er halb lachend, halb resigniert hinzu: «Na, ist das nicht schade, daß das jetzt alles den Bolschewiken in die Hände fallen wird?» So als wäre deren Einmarsch in Kürze zu erwarten. Dies zu einer Zeit, als die SS uns versicherte, es wäre gut, den Feind etwas näher hereinzulassen, um ihn massiert vernichten zu können. Aber Mengele hielt eben nicht viel von der Intelligenz seiner Leute. Als ich bei einer Arbeitsbesprechung einmal meinte, eine bestimmte Anordnung könnte von einer intelligenten Aufseherin kontrolliert werden, fragte er geringschätzig: «Haben Sie schon einmal eine intelligente Aufseherin gesehen? Ich nicht.»

Nachdem er mich wieder weggeschickt hatte, überlegte ich, wozu er mir wohl seine Ordner vorgeführt hatte. Ging es ihm nur darum, Anerkennung zu erhalten von jemandem, dem er ein Urteil darüber zutraute, weil er gar nicht mehr hoffte, diese Arbeiten je in Fachzeitschriften oder in einem Buch publizieren zu können? Aber warum, wenn diese Blätter ihm so am Herzen lagen, wollte er sie nicht retten? Warum schickte er diese Schätze nicht rechtzeitig nach Berlin oder heim nach Günzburg? Oder, wenn er das Material den Russen nicht gönnte, warum verbrannte er es dann nicht? Sollte er gewünscht haben, daß es gefunden wird, weil es mit viel Mühe und Zeitaufwand und ohne Verletzung der Menschenwürde aller Untersuchten gesammelt und fachmännisch zusammengestellt war? Ergänzend wäre ich noch als völlig unverfängliche, glaubhafte Zeugin gut gewesen. Ich hätte ihm unter Wahrheitspflicht bestätigen müssen, daß er mir freiwillig seine wissenschaftlichen Arbeiten, die Ergebnisse seiner einwandfreien Forschungskonzepte gezeigt hatte und daß man ihm aus diesen nicht den geringsten Vorwurf einer Verletzung ärztlicher Ethik hätte machen können? Dieses Motiv wäre eine merkwürdige Mischung aus kühler Kalkulation und Realitätsverlust gewesen. Allerdings hätte das nur für den äußersten Notfall gegolten, wenn man ihn noch einmal gestellt hätte. Aber er war ein so kaltblütiger, intelligenter Organisator, daß es ihm immer wieder gelingen mußte, zu entkommen.

Im Umgang mit den Häftlingen wirkte Mengele auf mich wie ein Bankkassierer, der den Kunden Geldscheine herzählt, ganz unbeteiligt und ohne daran zu denken, welchen Wert jeder einzelne Schein hat. Bekommt er dann sein Gehalt und schiebt die Scheine in seine Brieftasche, dann überlegt er, daß er damit seine Lebenskosten dekken, sie auf ein Sparbuch legen oder sich etwas Schönes kaufen, einen Wunsch erfüllen könnte. Dem war die Einstellung Mengeles zu den Häftlingen, vielleicht zu den Menschen überhaupt ähnlich. Die einen waren das Material, das für ihn abgezählt, selektiert und, wenn unbrauchbar, weggeschafft, verbrannt gehörte. Daneben gab es die kleine Gruppe derer, die für ihn Menschen waren, zu denen er eine Beziehung entwickelte. Dazu gehörten offenbar die Menschen, die irgendwie mit seinem wissenschaftlich-medizinischen Ehrgeiz zu tun hatten, vor allem die Kollegen, die Ärzte. Fast sah es so aus, als gäbe es für ihn überhaupt nur zwei Kategorien von Menschen – die Ärzte und die Nichtärzte. Kollegen und Kolleginnen waren sozusagen bessere Menschen, die unter seinem persönlichen Schutz standen, gleich, welcher Nation sie angehörten. Mit der Pathologin, Doktor Kowalcikowa, Dozentin an der Universität Krakau, die erst im Lager entdeckt hatte, daß sie schwanger war, und die das Glück hatte, zusammen mit anderen schwangeren Frauen entlassen zu werden, besprach er eine weitere Zusammenarbeit zur wissenschaftlichen Auswertung der ihn interessierenden Leichen aus dem KZ. Er soll ihr auch, hörte ich, zur Geburt ihres Söhnchens einen Strauß Rosen geschickt haben.

Man sollte es kaum glauben, aber diese sozusagen professionelle Solidarität erstreckte sich auch auf jüdische Kollegen. Doktor Heller aus Prag war Häftlingsarzt im Familienlager. Seine Frau Jana und Tochter Suse lebten dort mit ihm. Am Abend, bevor alle Insassen dieses Lagerabschnitts, die man veranlaßt hatte, vordatierte Karten mit dem Text «Es geht uns hier gut» abzusenden, vergast wurden, sagte Mengele zu Heller: «Nehmen Sie Ihre Sachen, ich versetze Sie in einen anderen Lagerabschnitt.» Heller, der richtig voraussah, was bevorstand, bat, bleiben zu dürfen. Er wolle das Schicksal von Frau und Kind teilen. «Schön», sagte Mengele und schickte Doktor Heller in das Männer-Krankenrevier im Lagerabschnitt Birkenau F, wo er bis zur Räumung des KZ als Arzt weiterarbeitete. Die beiden Frauen brachte er zu mir in den deutschen Krankenblock, wo es weder unter dem Pflegepersonal noch unter den Patientinnen Jüdinnen gab. «Nehmen Sie diese Frau als Verbandsschwester und das Mädchen als Putzerin», sagte er zu mir. Heller starb nach der Evakuierung an Typhus in Buchenwald, Jana und Suse überlebten.

Ich selbst habe Mengele mir gegenüber zwar immer sehr freundlich und höflich, gelegentlich ironisch erlebt, sonst aber war er eisig distanziert zu allen und allem um ihn herum. Nur ein einziges Mal konnte ich eine Gemütsbewegung an Mengele beobachten:

Nach dem von der russischen Armee nicht unterstützten Aufstand in Warschau wurde eine große Gruppe von Frauen aus der Stadt evakuiert und kam zu uns nach Auschwitz. Ich hatte den Eindruck, daß sie nicht eigentliche Häftlinge waren, sondern daß man sie hergebracht hatte, weil das KZ schon ziemlich leer war. Damals lag auch eine «privilegierte» Patientin bei mir, eine sogenannte «geschützte Jüdin». Es war Luise, die Witwe von Karl Kautsky, die wir wegen ihres hohen Alters in meinem etwas besser ausgestatteten deutschen Block unterbringen und versorgen konnten. Mengele unterhielt sich oft lange und interessiert mit ihr. Nun kamen auch die alten Damen aus Warschau dazu, die es irgendwie geschafft hatten, Medikamente, an die sie gewöhnt waren, ins Lager zu schmuggeln. Sie baten mich, ihnen die Ampullen zu spritzen. Um einen Überblick zu behalten, vermerkte ich die Injektionen in den Krankenblättern. Bei einer Visite kontrollierte Mengele diese und geriet plötzlich in Wut. Zum erstenmal brüllte er mich wild an: «So was», schrie er, «draußen an der Front haben wir schon keine Medikamente mehr für unsere Verwundeten, und Sie spritzen darauf los, Cardiazol,

Campher, Strophantin! Was wollen Sie denn von diesen alten Weibern?» Ich hatte ihn nur einmal derartig zornig erlebt, als ein polnischer Häftling, der in unserer Baracke eine Elektroleitung reparieren sollte, mit einer Landsmännin geplaudert hatte, woraufhin Mengele einen seiner weißen Handschuhe ausgezogen und dem Mann mit der Faust ins Gesicht geschlagen hatte. Nun fürchtete ich, daß er plötzlich ebenso unbeherrscht auf mich losgehen würde, und bemühte mich, seine Anschuldigungen abzuwehren. Von der starken Bindung an seine Mutter habe ich erst aus diesem Buch erfahren, aber ich hielt ihn ein wenig für ein Muttersöhnchen. Darum versuchte ich, ganz ruhig zu antworten: «Ich will gar nichts von diesen alten Frauen, Herr Hauptsturmführer. Aber ich dachte, vielleicht hat die eine oder die andere von ihnen einen Sohn in Ihrem Alter, der seine Mutter noch einmal sehen möchte.» Ich hatte richtig geraten. Zum ersten und einzigen Mal sah ich, wie in diesem Gesicht mit den eisigen Augen eine dunkle Röte aufstieg. Mit bewegter Stimme sagte er, ohne auf die Zuhörerinnen ringsum zu achten: «Ich weiß auch nicht, ob ich meine Mutter noch einmal wiedersehe», drehte sich um und verließ den Block. Er hat mir nie mehr dreingeredet.

Mengele als Retter der Häftlinge vor den Fleckfieberläusen? Mengel als Retter einer jüdischen Arztfamilie? Mengele, dem man menschliche Worte entlocken konnte, wenn man ihn an seine Mutter erinnerte? Will ich ein besseres Bild entwerfen, als es die Welt von ihm hat? Ganz im Gegenteil.

SS-Hauptsturmführer Mengele, den die Juden in Auschwitz als den schlimmsten Sadisten erlebten, war sicher kein Sadomasochist im klinischen Sinn, ausgeliefert seinen unbeherrschbaren Impulsen. Er war nicht mißgebildet oder unscheinbar, so daß ihm der Rassenwahn, der Kult des hochgewachsenen, schönen, blonden Germanen nicht als phantasierter Ersatz für persönliche Mißerfolge dienen mußte. Mengele sah gut aus, hatte Erfolg bei Frauen und war wohlhabend. Er hatte nicht jahrelang arbeitslos in Not und Elend gelebt, so daß er meinen konnte, Hitler habe ihm eine neue Existenz geschenkt und gesichert. Auch hatte er keinen Grund, die Konkurrenz begabterer oder tüchtigerer Akademiker zu fürchten, sondern jede Chance, die akademische Karriere zu machen, die er anstrebte.

Ganz gleich, wie groß seine wissenschaftliche Begabung und Leistung waren, als Mitarbeiter des anerkannten Professors von Verschuer hatte er sichere Chancen auf eine Professur. Ich hörte ihn auch nie fasziniert von seinem «Führer» sprechen.

Er war ein Verführer – kein Verführter –, der verlernt hatte, zwischen Gut und Böse zu unterscheiden. Dieser Mann war weder einem äußeren Druck noch irgendeiner Manipulation ausgesetzt gewesen. Wenn es überhaupt einen freien Willen gibt, dann konnte er über diesen verfügen. Er hat es nicht nötig gehabt, ein Nazi zu werden. Bei jedem Menschen gibt es einen Punkt, jenseits dessen er nicht mehr rational erklären kann, warum er dieses Wertesystem gewählt hat oder jenes. Mengele hatte diesen irrationalen Punkt nach vorne verschoben. Dahinter lag ein Abgrund, in dem man nichts unterscheiden oder begreifen konnte. Dem entsproß das absolute Böse.

Anhang

Danksagung

Über sechs Jahre haben mich die Recherchen für dieses Buch und seine Niederschrift beschäftigt – ein Buch, das ich ohne die Hilfe all der vielen Experten und Historiker, die sich mit Josef Mengele befassen, seiner Opfer und seiner «Freunde» (ja, er hatte auch ein paar Freunde) in Washington, Warschau, Asunción, Auschwitz, Günzburg, Jerusalem und anderswo auf der Welt nicht hätte schreiben können.

Der Gedanke, es zu schreiben, kam mir während eines Gesprächs mit Larry Smith von der Zeitschrift *Parade*, der sofort begeistert war, als ich ihm vorschlug, die vergessenen Zwillinge von Auschwitz aufzusuchen. Larry schickte mich nach Israel, damit ich Zwillinge ausfindig machte, die Mengeles Experimente überlebt hatten. Er druckte meine Reportage als Aufmacher in *Parade* und sorgte so dafür, daß sie in ganz Amerika und im Ausland Beachtung fand.

Ich hätte dieses Buch nicht schreiben können ohne die Unterstützung meines früheren Chefs, des Agenturjournalisten Jack Anderson, und seines ehemaligen Partners Leslie H. Whitten Junior. Ein Jahr bevor die Jagd nach Mengele weltweit zum beherrschenden Thema in den Medien wurde, hatte Jack den Instinkt, mich auf die Fährte der Zwillinge zu setzen. Aber Leslie verdanke ich das Selbstvertrauen, das ich brauchte, um mein Buch zu schreiben, er hat mich ermutigt und mir über alle Zweifel hinweggeholfen. Dafür werde ich ihm immer dankbar sein.

Danken möchte ich auch dem *Office of Special Investigations* (OSI) beim Justizministerium der Vereinigten Staaten, dessen Mitarbeiter mich von den Früchten ihrer Arbeit profitieren ließen. Besonders hat mich Neal Sher, der Direktor des OSI, geholfen, der auch seinen Mitarbeitern die Erlaubnis gab, mir auf jede erdenkliche Weise zu unterstützen. Der leitende Historiker des OSI, mein

Freund David Marwell, wurde in diesen sechs aufregenden Jahren nicht müde, mir mit Rat und Tat zur Seite zu stehen. Er leitete die Ermittlungen des OSI im Fall Mengele und war Tag und Nacht bereit, mir jede meiner Fragen über Auschwitz, den Holocaust, den zweiten Weltkrieg und natürlich über Dr. Mengele selbst ausführlich zu beantworten. Heute ist er Direktor des *Berlin Document Center* und nach wie vor zur Stelle, wenn ich ihn anrufe und nach Mengele ausfrage. Seine Frau Judy hat große Teile meines Manuskripts überarbeitet und mir dabei geholfen, den Text mit dem «antiken Chor» der Zwillinge zu verquicken. Beiden danke ich von ganzem Herzen.

Die erfreulichste Überraschung während meiner Arbeit an diesem Buch habe ich in Deutschland erlebt. Unzählige Professoren, Studenten, Historiker und Journalisten haben ihr Möglichstes getan, um mir behilflich zu sein bei meiner Aufgabe, die auch für sie alles andere als leicht oder angenehm war. Meine Zusammenarbeit mit diesen Menschen, die das «neue» Deutschland verkörpern, hat mich zu der festen Überzeugung gelangen lassen, daß es so etwas wie Wandel und Erlösung wirklich gibt.

Ich möchte mich auch bei den Redaktionen der *Bunten* und des *Stern* bedanken, die mir die ihnen von der Familie überlassenen Aufzeichnungen Mengeles zur Verfügung stellten. Der *Stern* war so freundlich, mir Tausende Seiten Tagebuchaufzeichnungen und Notizen von Mengeles Hand zu übergeben, die vor mir kein amerikanischer Journalist zu sehen bekommen hat. Auch der Chefredakteur der *Bunten* hat mir sehr geholfen und mich bei meinem Unternehmen ermutigt. Die fünfteilige Mengele-Serie der *Bunten* war für mich eine Quelle von unschätzbarem Wert, zumal, nachdem Mengeles Familie sich entschieden geweigert hatte, das Material der internationalen Öffentlichkeit zugänglich zu machen.

Auch mehrere deutsche Forscher und Journalisten gewährten mir ihre kritische Unterstützung. An erster Stelle ist hier Dr. Zdenek Zofka zu nennen, der aus eigenem Antrieb die Geschichte von Günzburg schreibt und mir sechs Jahre lang geduldig und freundlich meine zahllosen Fragen über Mengeles Kindheit und Jugend in Bayern beantwortet hat. Großen Dank schulde ich Dr. Klaus Dieter Thomann, dessen Studien über die Wissenschaft im Dritten Reich, insbesondere über Mengeles Doktorvater Dr. Otmar von Verschuer, mir unendlich hilfreich waren.

Zwei junge Amerikanerinnen deutscher Herkunft, Charlotte Hebebrandt vom Holocaust Museum in Washington und Elizabeth Bergmann, halfen mir, Tausende Seiten deutschsprachiger Dokumente zu übersetzen. Ich danke ihnen für ihre Geduld beim Entziffern von Mengeles oft unleserlicher Handschrift und bei der Durchsicht der zahlreichen Tagebücher und Notizhefte. Mehrere Briefe und Notizhefte wurden von Maria Guitard übersetzt.

Eine Reihe von Archiven und Museen in aller Welt stellten mir Material zur Verfügung, das in dieses Buch eingeflossen ist. Dazu gehören das Nationalarchiv der Vereinigten Staaten, das Berlin Document Center und das Auschwitz-Museum in Polen. Die polnische Regierung hat mir dankenswerterweise Zugang zu den Akten ihres inzwischen aufgelösten Militärausschusses zur Untersuchung von Kriegsverbrechen gewährt.

Ganz besonders möchte ich mich bei Dr. Robert Wolfe, dem Direktor der Abteilung Captured German Records beim Nationalarchiv der Vereinigten Staaten bedanken, der mir die unglaublichsten Dokumente zum Fall Mengele zugänglich gemacht hat. Auch sein verstorbener Kollege Dr. John Mendelsohn hat mir sehr geholfen. Ich bedaure zutiefst, daß er das Erscheinen dieses Buches nicht mehr erleben konnte.

In Paris haben mich Serge und Beate Klarsfeld mit Hinweisen unterstützt, die mir halfen, die Lebensgeschichte von Josef Mengele zurückzuverfolgen.

In Wien gab mir Dr. Ella Lingens, eine Überlebende von Auschwitz, die als Ärztin unter Mengele gearbeitet hat, hochinteressante Einblicke in seinen Charakter und seine Persönlichkeit.

In Frankfurt schenkte mir Hans Eberhard Klein, der Leiter der Ermittlungen im Fall Mengele, viele Stunden seiner Zeit, indem er mit mir gemeinsam die Dokumente durchsah, die seine Regierung im Laufe der Jahre gesammelt hatte.

In New York öffnete mir Eliot Welles von der Anti-Defamation League der B'nai B'rith die Türen zu den umfangreichen Archiven seiner Organisation und erlaubte mir, die Akten gründlich zu durchforsten.

In Washington gab mir Opal Ginn, die persönliche Assistentin von Jack Anderson, monatelang bezahlten Urlaub, damit ich die Recherchen für dieses Buch vorantreiben konnte.

In Tel Aviv berichtete mir Menachem Russek, einer der Veteranen unter den Mengele-Jägern, geduldig über die Suchaktion und ihre Ergebnisse und vertraute mir an, wie zweifelhaft die Resultate der weltweit geführten Ermittlungen in seinen Augen sind. Mein Dank gilt auch Isser Harel, dem früheren Chef des Mossad, der mir die Geschichte aus seiner Perspektive erzählt hat.

In Asunción widersetzten sich Mitglieder der bedrohten und dennoch unerhört lebendigen jüdischen Gemeinde unter großen persönlichen Gefahren dem Stroessner-Regime und berichteten mir alles, was sie über Mengele wußten, ahnten und vermuteten.

Natürlich hätte dieses Buch nicht geschrieben werden können ohne die «Kinder» selbst – die überlebenden Zwillinge von Auschwitz. Meine Begegnung mit diesen Zwillingen war schicksalhaft und hat mein Leben für alle Zeiten verändert. Sie haben mich mit offenen Armen empfangen, haben mir nicht nur ihre Häuser, sondern auch ihre Herzen und Seelen geöffnet und mir mit ganzer Kraft bei der Arbeit an diesem Buch geholfen. Die Geschichte dieser Zwillinge hat mich tiefer bewegt als irgend etwas auf der Welt.

Eine besonders große Hilfe war mir Eva Mozes-Kor; ihr vor allem verdanke ich die Anregung, der Biographie Josef Mengeles nachzugehen und die Spur der Zwillinge, die seine Opfer waren, zu verfolgen. Sie hat ihr Haus in Terre Haute zu einer Art Kommandozentrale für Hunderte von überlebenden Zwillingen in aller Welt gemacht. Dieses Buch wäre nicht möglich gewesen ohne die Informationen über den Verbleib der Zwillinge, die Eva Mozes mir zur Verfügung gestellt hat. Danken möchte ich auch Vera Grossman, die mich mit allen in Israel lebenden Zwillingen bekannt gemacht hat und der es gelungen ist, diese Menschen davon zu überzeugen, daß sie mir vertrauen und sich mir öffnen können. Es muß sehr schwer für sie gewesen sein, nicht nur all den Gesprächen, die ich mit den Zwillingen führte, beizuwohnen, sondern mir all die furchtbaren Geschichten, die sie erzählten, aus dem Hebräischen zu übersetzen.

Mehrere Freunde unterstützten mich bei der Überarbeitung des Manuskripts. Mein Dank gilt der in Washington lebenden Juristin Elaine Deering, die mir half, den Text stilistisch auszufeilen. Auch Sy Fischbein und Jane Weinbrenner schulde ich Dank für ihre Hilfe beim Redigieren des Manuskripts. Andrée Pages nahm sich unendlich viel Zeit für den Feinschliff des Manuskripts. Sie war mir eine wunderbare und äußerst sensible Lektorin und Freundin.

In New York ermutigte mich mein Freund Peter Bloch, der Chefredakteur von *Penthouse*, indem er über all die Jahre nicht den Glauben an mich und mein Projekt verlor.

In Washington stellte mir Wayne Savage ein Büro und einen Computer zur Verfügung, damit ich mein Buch schreiben konnte.

Auch John Cotter und Richard Gooding, meinen früheren Chefredakteuren bei der *New York Post*, möchte ich meinen herzlichen Dank aussprechen. Sie unterstützten und ermutigten mich vor allem in der letzten und schwierigsten Phase des Schreibens.

Und schließlich danke ich Doug Feiden, der mir während der Arbeit an diesem Buch als Freund und Beschützer zur Seite stand.

L. M. L.

Die Recherchen für dieses Buch und seine Niederschrift haben beinahe ebenso lange gedauert wie die Geschichte des berüchtigten Todeslagers Auschwitz selbst. Mein Mann Alex Shlomo Dekel hatte es sich zum Ziel gesetzt, Dr. Josef Mengele zur Strecke zu bringen, ein Ziel, dem er sein ganzes Leben widmete. Er wollte Mengele nicht nur ausfindig machen und vor Gericht stellen, er hatte auch vor, ein Buch zu schreiben, dessen Konzeption genau das vorsah, was mit der hier vorliegenden Arbeit geleistet worden ist – ein Buch, in dem auch die unmenschlichen medizinischen Experimente zur Sprache kommen, die Mengele an den Zwillingen und anderen Menschen vorgenommen hat. Zehn Jahre haben wir an diesem Buch gearbeitet, mindestens vier Entwürfe geschrieben und wieder verworfen. Wir wollten ein Buch schreiben, das das Gewissen der Menschheit wachrüttelt.

Als mein Mann 1983 starb, ließ er mich allein mit all dem Material, das er zusammengetragen hatte. Ich steckte seine Aufzeichnungen und Aktenordner in eine Einkaufstasche und ging damit zu seinem engen Freund Leon Charney. Sogar Mengeles Fingerabdrücke und SS-Akten waren dabei. Ich war trotz meiner Trauer entschlossen, dafür zu sorgen, daß die Erkenntnisse, die Alex gewonnen hatte, veroffentlicht würden. Leon stimmte mir zu und wandte sich sogleich an Pam Bernstein von der William Morris Agency, die wie wir der Meinung war, daß dieses ganze wertvolle Material unbedingt an die Öffentlichkeit gelangen mußte. Im September 1984 lasen wir beide in *Parade* Lucette Lagnados Artikel über die Mengele-Zwillinge und beschlossen, die Journalistin zu fragen, ob sie Interesse daran hätte, an einem Buch über den Todesengel von Auschwitz mitzuarbeiten, der, wie wir seinerzeit glaubten, in Südamerika lebte. Lucette Lagnado hatte sich ihrerseits bereits mit der Absicht getragen, ein Buch über Mengele zu schreiben, und da uns das Thema gleichermaßen bewegte (im Juni 1981 hatte Alex einen Artikel in *Life* veröffentlicht, in dem er zum erstenmal darauf hingewiesen hatte, daß viele dieser Zwillinge unterdessen in den Vereinigten Staaten, Kanada und Israel lebten), beschlossen wir, nicht nur die Geschichte eines einzigen Opfers aufzuschreiben, sondern über alle Zwillinge zu berichten, die Mengeles Experimente hatten erleiden müssen. Ich danke Leon Charney und Pam Bernstein von ganzem Herzen dafür, daß sie mich ermutigt haben, das Material, das Alex in 20 Jahren harter Arbeit zusammengetragen hat, der Öffentlichkeit zu präsentieren.

Doch dann geschahen viele Dinge, die den Charakter des Buches, wie wir es ursprünglich geplant hatten, zwangsläufig verändern mußten. An erster Stelle natürlich die Entdeckung von Josef Mengeles sterblichen Überresten in Brasilien. Nachdem sich schon der Schwerpunkt verlagert hatte, war es jetzt nötig, auch das Konzept neu zu überdenken, und hier danke ich unserer Lektorin Susan Leon für ihre Hilfe und ihren Weitblick. Durch Lagnados Interesse an den Zwillingen und ihre Recherchen erweiterte sich die neue Konzeption nochmals. Ihr möchte ich für ihre Standhaftigkeit und ihr jahrelanges Engagement für dieses Projekt danken.

Sehr herzlich möchte ich mich auch bei Simon Wiesenthal, einem engen Freund und Kollegen meines Mannes, für die Unterstützung bedanken, die er Alex gewährte, als dieser die Absicht hatte, im Polnischen Nationalmuseum zu arbeiten. Simon Wiesenthal ist es zu verdanken, daß mein Mann dort Akten studieren durfte, die vor ihm noch niemandem zugänglich gemacht worden waren.

Danken möchte ich auch Rabbi Morton Rosenthal, dem Leiter der Abteilung Lateinamerika-Angelegenheiten der Anti-Defamation League der B'nai B'rith. Er ermöglichte uns den uneingeschränkten Zugang zu den Akten der Organisation über Südamerika und die dortigen Aktivitäten von Neonazis. Dank auch Eliot Welles von der B'nai B'rith für sein Engagement und seine Hilfe.

Botschafter Meir Rosenne, der viele Jahre mit Alex zusammen in den Diensten der israelischen Regierung tätig war, hat mich mit zahlreichen Menschen in Israel bekanntgemacht und mir die Türen der Gedenkstätte Yad Vashem geöffnet, wo man mir stets mit Rat und Tat zur Seite stand.

Vielen Dank auch William C. Mulligan, der anfangs mit mir zusammen an dem Projekt gearbeitet hat, und Joseph Lovett vom 20/20, der mir ein Tonband übergab, das Alex kurz vor seinem Tode besprochen hat und von dem ich viele seiner in diesem Buch zitierten Aussagen übernommen habe.

Am meisten aber danke ich David Friend, dem Chefredakteur der Zeitschrift *Life*. Er war der erste, an den sich Alex mit der aufrüttelnden Geschichte der Zwillinge gewandt hat, und er hat unser Projekt über all die Jahre hinweg mit gleichbleibender Sympathie unterstützt. Ich werde nie vergessen, wie sehr er mir geholfen hat.

S. C. D.

Anmerkungen

Sämtliche Hinweise auf Josef Mengeles Tagebücher und Briefe beziehen sich auf Material, das die Zeitschrift *Bunte* 1985 von Rolf Mengele erhielt und im selben Jahr in einer fünfteiligen Serie über Josef Mengele veröffentlichte sowie auf Teile des angeblichen schriftlichen Nachlasses von Josef Mengele, die Liselotte und Wolfram Bossert ebenfalls 1985 der Zeitschrift *Stern* übergaben, die sich allerdings nicht zu einer Veröffentlichung entschließen konnte. (A. d. Ü.)

1. Auf dem Weg nach Auschwitz

1 Josef Baumeister, ein Lehrer aus Günzburg, der sich anhand der alten Schülerakten Mengeles mit dessen Vergangenheit beschäftigt hat, sagte mir im Mai 1985, Mengele sei sehr mittelmäßig gewesen, eine Einschätzung, die auch die äußerst bescheidenen Zeugnisse erhärten.

2 Hermann Lieb, der mit Josef persönlich befreundete Zahnarzt der Familie Mengele, im Mai 1985 in einem privaten Interview.

3 Dr. Zdenek Zofka, Schriftsteller und Verfasser einer inoffiziellen Chronik von Günzburg, in Privatinterviews von 1985 bis 1989.

4 Ebenda.

5 Hermann Abmayr im privaten Interview.

6 Mengeles Schülerakten, Abdruck mit freundlicher Genehmigung des Justizministeriums der Vereinigten Staaten, Office of Special Investigations (OSI); übersetzt von David Marwell, Historiker.

7 Ebenda. Zofka wurde im Juni 1985 von der Zeitschrift *Bunte* gebeten, autobiographische Aufzeichnungen Mengeles, die sich im Besitz der Redaktion befanden, zu begutachten. In einer Reihe persönlicher Gespräche mit den Autorinnen informierte er diese über den Inhalt der Aufzeichnungen.

8 Josef Baumeister und Hermann Lieb im privaten Interview.

9 Dr. Zdenek Zofka im privaten Interview.

10 Ebenda.

11 Ebenda.

12 Ebenda.

13 Berlin Document Center, Mengele.

14 Hermann Lieb im privaten Interview.

15 Posner, Gerald und John Ware, *Mengele: The Complete Story*, New York 1986, S. 5 (dt.: *Mengele. Die Jagd auf den Todesengel*. Berlin.).

16 Mengeles Universitätsakten 1930–1935, mit freundlicher Genehmigung der Universität München.

17 Dr. Kurt Lambertz in einem Telefoninterview im August 1986.

18 Kevles, Daniel J., *In the Name of Eugenics*, New York 1985, S. 20f.

19 Ebenda, S. 20.

20 Über die eugenische Bewegung in den USA siehe ebenda, S. 73–75. Siehe

auch S. 116–118. «In den ersten Jahren des Nazi-Regimes konnten die meisten führenden Eugeniker in den Vereinigten Staaten und Großbritannien nicht wissen ... und vermutlich wollten sie es auch gar nicht wissen ..., daß letztlich ein Strom von Blut von dem 1933 erlassenen Sterilisationsgesetz direkt nach Auschwitz und Buchenwald führen sollte», bemerkt Kevles nüchtern.

21 Ebenda. Kevles zitiert den Kongreßabgeordneten Samuel Dickstein, ein jüdisches Mitglied des Parlamentarischen Ausschusses für Einwanderungs- und Naturalisierungsfragen, der sagte: «Wenn Sie in diesem Ausschuß mitgearbeitet hätten, dann würden Sie verstehen, warum man hier in Amerika nur nordische Menschen aufnehmen wollte.»

22 Thomann, Klaus Dieter, *Rassenhygiene und Anthropologie: Die zwei Karrieren des Prof. Verschuers*, in: Frankfurter Rundschau, 21. Mai 1985, S. 20.

23 Dr. Klaus Dieter Thomann im Juni 1985 in Frankfurt am Main im privaten Interview.

24 Thomann, *Rassenhygiene*, a. a. O.

25 Müller-Hill, Benno, *Tödliche Wissenschaft: Die Aussonderung von Juden, Zigeunern und Geisteskranken 1933–1935*, Reinbek 1984, S. 39. Dem Autor, der selbst Naturwissenschaftler ist, gelang es, einen Sohn von Verschuers zu interviewen und ihn nach seinem Vater zu befragen. Sehr offen scheint dieser Sohn jedoch nicht gewesen zu sein. Auf die Frage nach den berüchtigten Abstammungsgutachten für Personen, die im Verdacht standen, Juden zu sein, antwortete er nur: «Mein Vater hat mit seinen Abstammungsgutachten auch Juden geholfen ... er erzählte mir, daß er nach dem Krieg Dankschreiben aus Amerika bekam.»

26 Thomann, *Rassenhygiene*, a. a. O.

27 Thomann, *Rassenhygiene*, a. a. O.

28 Müller-Hill, Benno, *Tödliche Wissenschaft: Die Aussonderung von Juden, Zigeunern und Geisteskranken 1933–1935*, a. a. O. Über Mengeles Besuche im Hause ihres Vaters haben auch von Verschuers Töchter sich gegenüber Vera Grossman-Krigel geäußert, die als Zwilling in Auschwitz von Mengeles Experimenten betroffen war. Vera Grossman-Krigel im Mai 1987 im privaten Interview.

29 Dr. Kurt Lambertz im Telefoninterview.

30 Berlin Document Center, Mengele.

31 Berlin Document Center, Mengele.

32 Berlin Document Center, Mengele.

33 Ottmar Katz im privaten Interview.

34 Posner, Gerald et al., *Mengele: The Complete Story*, a. a. O., S. 17.

35 Lifton, Robert Jay, *Ärzte im Dritten Reich*, a. a. O., S. 399.

36 Posner, Gerald et al., a. a. O., S. 36.

37 Lifton, Robert Jay, *Ärzte im Dritten Reich*, a. a. O., S. 393. Siehe auch Benno Müller-Hill, *Tödliche Wissenschaft: Die Aussonderung von Juden, Zigeunern und Geisteskranken 1933–1935*, a. a. O., S. 23 und 72. Obwohl nicht ganz klar ist, auf welche Weise Mengele den Posten als SS-Arzt in Auschwitz bekam, deutet alles darauf hin, daß Verschuer wesentlichen Anteil an der

Versetzung hatte und diese mit Hilfe seiner ausgedehnten Beziehungen möglicherweise sogar veranlaßt hat. Sicher ist, daß Verschuer von Mengeles Arbeit in Auschwitz profitieren wollte. Zudem wissen wir von Überlebenden, zum Beispiel von Dr. Miklos Nyiszli, einem Pathologen, der in Auschwitz eng mit Mengele zusammenarbeitete, daß Verschuers Erwartungen offenbar mehr als erfüllt wurden. Nyiszli zufolge schickte der emsige junge Mengele seinem ehemaligen Doktorvater regelmäßig Blutproben und Körperteile nach Berlin. Es gelang dem wendigen Verschuer, Mengeles Labor in Auschwitz gleichsam zu einer Zweigstelle des Kaier-Wilhelm-Instituts umzufunktionieren.

2. Experimente in Auschwitz

1 Enzyklopädie des Holocaust, Berlin 1993, Bd. 1, S. 108–120.

2 Ebenda.

3 Ich habe annähernd 50 Zwillinge interviewt, und alle wiesen mich entschieden und geradezu leidenschaftlich darauf hin, daß Auschwitz nicht dasselbe wie Birkenau sei und man genau zwischen beiden Lagern unterscheiden müsse.

4 Lifton Robert Jay, *Ärzte im Dritten Reich*, a. a. O., S. 400.

5 *Report on the Auschwitz Concentration Camp*, unsigniertes Affidavit, Office of the Chief Counsel for War Crimes, 20. August 1946. Dieses Dokument besteht aus einem 21 Seiten langen, in der ersten Person geschriebenen Bericht einer Krankenschwester, die mit Mengele gearbeitet und ihn als «einen der raffiniertesten Schlächter bei den Massenmorden im Todeslager Birkenau» bezeichnet hat. Mengele, so die anonyme Krankenschwester, habe es «geschafft, Männer, Frauen und Kinder mit dem Gebaren des perfektesten Gentleman zu vernichten.»

6 Ebenda, S. 16.

7 Ebenda, S. 9 und 15: «Immer wieder fiel uns die heuchlerische Art auf, wie der grausige Dr. Mengele die aus dem Zug steigenden Frauen und Kinder behandelte: ‹Passen Sie auf, gnädige Frau, Ihr Kind wird sich erkälten.› Oder: ‹Gnädige Frau, Sie sind krank und müde nach der langen Reise, geben Sie Ihr Kind dieser Dame; Sie können es später in der Krabbelstube wieder abholen.›

8 Aussage von Isaac Egon Ochshorn, United Nations War Crimes Commission, Statement by Ochshorn on Massacres of Jews in Concentration Camps, U. S. National Archives, September 1945, S. 3. Im folgenden zit. als *Ochshorn Statement*.

9 Ebenda.

10 Nomberg-Prytyk, Sara, *True Tales from a Grotesque Land*, Chapel Hill 1985, S. 89 f. Mengele suchte sich mit Vorliebe diejenigen aus, die nicht nach «Gottes Bild» geschaffen waren, schreibt Nomberg-Prytyk, die als Krankenschwester in Mengeles «Krankenhaus» gearbeitet hat. Sie erinnert sich

daran, mit welcher Genugtuung er mißgebildete Menschen mitbrachte, die er an der Rampe herausgefischt hatte... eine Frau mit zwei Nasen, eine mit Eselsohren, ein kleines Mädchen, «das statt Haaren Schafswolle auf dem Kopf hatte». Sie alle reihte Mengele ein in seine Menagerie.

11 Die Auschwitz-Zwillinge Madga und Zvi Spiegel im privaten Interview, März 1984.

12 Rosie Rosenbaum, Mutter der Zwillinge Ruthie und Judith Rosenbaum (später Yagudah), im privaten Interview, März 1984. Bestätigt von Rosalea Csengery, Mutter der Zwillinge Lea und Yehudit Csengery, im privaten Interview, März 1984. Beide Mütter durften ihre Zwillinge begleiten, weil diese noch sehr klein waren. Sie sagten jedoch übereinstimmend, dies sei keineswegs die Regel, sondern eine sehr seltene Ausnahme gewesen. Die beiden schwergeprüften Frauen kümmerten sich auch um die vielen anderen elternlosen Kinder im Zwillingsbereich.

13 Zvi Spiegel, Auschwitz-Zwilling, in privaten Interviews, März 1984 und Mai 1988.

14 Ebenda.

15 Perl, Gisella, *I was a Doctor in Auschwitz*, New York 1948, S. 132f.

16 Ebenda, S. 132. Es scheint fast so, als habe Perl Mengeles Auschwitz-Zwillinge um ihren Status beneidet. «Zwilling in Auschwitz zu sein, war gewissermaßen der Gipfel des Glücks», schreibt Perl. «Sie waren die Auserwählten, die höchste Kaste, die verwöhnten Lieblinge des SS-Doktors.»

17 Zvi Spiegel im privaten Interview.

18 Die Auschwitz-Zwillinge Eva Mozes und Peter Somogyi in privaten Interviews 1985–1988.

19 Mozes, Spiegel, Zvi Klein, Menashe Lorinczi und mehrere andere Zwillinge sprachen in den Interviews davon, daß sie sich heimlich Essen verschafften.

20 Perl, Gisella, *I was a Doctor in Auschwitz*, a. a. O., S. 132f.

21 Beurteilung des SS-Hauptsturmführers (R) Mengele durch den leitenden Arzt von Auschwitz, Dr. Eduard Wirths, am 19. April 1944. Berlin Document Center, Mengele. Zit. nach Robert Jay Lifton, *Ärzte im Dritten Reich*, a. a. O., S. 399.

22 Posner, Gerald und John Ware, *Mengele: The Complete Story*, a. a. O., S. 42.

23 Nyiszli, Miklos, *A Doctor's Eyewitness Account*, New York 1960, S. 42.

24 Perl, Gisella, *I was a Doctor in Auschwitz*, a. a. O., S. 132.

25 *Wolfson-Report*, S. 3; siehe auch Miklos Nyiszli, *A Doctor's Eyewitness Account*, a. a. O., S. 82, 84–86.

26 Zvi Spiegel im privaten Interview.

27 Nyiszli, Miklos, *A Doctor's Eyewitness Account*, a. a. O., S. 80.

28 Lifton, Robert Jay, *Ärzte im Dritten Reich*, a. a. O., S. 418.

29 Magda Spiegel im privaten Interview.

30 Zvi Spiegel im privaten Interview.

31 Eva Mozes im privaten Interview.

32 Perl, Gisella, *I was a Doctor in Auschwitz*, a. a. O., S. 129f.

33 Nomberg-Prytyk, Sara, *True Tales from a Grotesque Land*, a. a. O., S. 95; Gisella Perl, *I was a Doctor in Auschwitz*, a. a. O., S. 70f.

34 Zvi Spiegel im privaten Interview, Mai 1987.
35 Unsignierter Bericht, Office of Chief Counsel for War Crimes, 10. August 1946, S. 9. Der anonyme Zeuge erinnert sich: «Ach, wenn der Rotkreuzwagen reden könnte, er würde erzählen, was für Szenen er mitangesehen, was für ungeheuerliche Gespräche er mitangehört hat. Er wurde zum Transport von Behinderten, Kindern, alten Leuten und schwangeren Frauen benutzt, die glaubten, man brächte sie ins Krankenhaus, und die in neun von zehn Fällen entweder nur in die Gräben geworfen oder danach noch erschossen wurden ...»
36 Eva Mozes in privaten Interviews, 1984–1989.
37 Ebenda.
38 Nyiszli, Miklos, *A Doctor's Eyewitness Account*, a. a. O., S. 59 f.
39 Ebenda, S. 123, 155–157, 159–162, 82–85.
40 Müller-Hill, Benno, *Tödliche Wissenschaft: Die Aussonderung von Juden, Zigeunern und Geisteskranken 1933–1935*, a. a. O., S. 72.
41 Solomon Malik, Auschwitz-Zwilling, im privaten Interview, März 1984.
42 Zvi und Magda Spiegel im privaten Interview, März 1984.
43 Madga Spiegel im privaten Interview, März 1984.
44 Ebenda.
45 Zvi Spiegel im privaten Interview, März 1984.
46 Moshe Offer im privaten Interview, März 1984.
47 Ebenda.
48 Wenn sie aber nicht kooperativ waren, konnte er sehr gefährlich werden. Am besten können die wenigen Mütter, denen er erlaubte, bei den Experimenten zugegen zu sein, bezeugen, wie Mengele mit den Kindern umging. Mengele erwartete von den Müttern, daß sie ihre Kinder ruhig hielten und sie dazu brachten, sich kooperativ zu verhalten. Die Mütter wußten, daß Mengele ihre Zwillinge streng bestrafen würde, wenn sie schrien oder unartig waren. Rosalea Csengery im privaten Interview, März 1984.
49 Perl, Gisella, *I was a Doctor in Auschwitz*, a. a. O., S. 133. Perl bezeichnet Mengeles medizinische Arbeit als Schwindel, sie wirft ihm vor, die Kinder als «Versuchskaninchen» mißbraucht zu haben. Siehe auch: Nyiszli, Miklos, *A Doctor's Eyewitness Account*, a. a. O., S. 78 f. Lifton hingegen zitiert zahlreiche Überlebende, die behaupten, Mengele habe seine Arbeit für echte wissenschaftliche Forschung gehalten. Lifton, Robert Jay, *Ärzte im Dritten Reich*, a. a. O., S. 428 ff.
50 Hedvah und Leah Stern in privaten Interviews, März 1984.
51 Zvi Spiegel im privaten Interview, Mai 1988.
52 Ebenda.
53 Ebenda.
54 *Wolfson-Report*, S. 3 und 6.
55 Hedvah und Leah Stern in privaten Interviews.
56 Vera Blau im privaten Interview, März 1984. Peter Somogyi im privaten Interview, Juni 1987.
57 Vera Blau im privaten Interview.
58 Ebenda.

59 Ebenda.
60 Ebenda.
61 Ebenda.
62 Zvi Spiegel im privaten Interview.
63 Zvi Klein im privaten Interview, Mai 1987.
64 Rosie Rosenbaum im privaten Interview. Magda Spiegel im privaten Interview. Beide März 1984.
65 Lifton, Robert Jay, *Ärzte im Dritten Reich*, a.a.O., S. 426.
66 Vera Grossman im privaten Interview, Mai 1987.
67 Eva Mozes in privaten Interviews, 1984–1989.
68 *New York Times*, 7. Februar 1985, S. 1 und 12.
69 Ebenda. Dazu auch: Moshe Offer im privaten Interview über seinen Zwillingsbruder Tibi, März 1984.
70 Eva Mozes im privaten Interview.
71 *New York Times*, 7. Februar 1985, S. 12.
72 Zvi Spiegel im privaten Interview, März 1984; Eva Mozes im privaten Interview.
73 Die überlebenden Zwillinge, die durchweg relativ spät nach Auschwitz kamen, sind sich darin einig, daß Mengele seine Experimente in Stadien durchführte. Sie glauben, daß sie nur deshalb überleben konnten, weil Mengele aufgrund des jähen Kriegsendes nicht mehr dazu kam, das «Endstadium» seiner Experimente zu realisieren, das heißt, sie umzubringen. Dabei berufen sie sich darauf, daß er Hunderte von Zwillingen vor ihnen getötet hatte.
74 Nyiszli, Miklos, *A Doctor's Eyewitness Account*, a.a.O., S. 83.
75 Ebenda, S. 84.

3. Der Todesengel

1 Nomberg-Prytyk, Sara, *True Tales from a Grotesque Land*, a.a.O., S. 79 und 81. «Tag und Nacht kamen ganze Zugladungen von Menschen auf der Rampe an. Die meisten gingen sofort ins Gas», schreibt Nomberg-Prytyk. «Der Juli damals war sehr heiß und stickig, ebenso der August... Tagtäglich wurden im makaberen letzten Sommer des Hitlerreiches in Auschwitz zwanzigtausend Menschen getötet. Das Krematorium schaffte es nicht mehr, die ganzen Toten zu verbrennen ...»
2 Ebenda.
3 Ebenda.
4 David Marwell, OSI, im privaten Interview.
5 Dawidowicz, Lucy, *The War Against the Jews*, New York 1976, S. 513 bis 517.
6 Ebenda, S. 515f. Die ungarische Regierung wies demzufolge sogar die Forderung der Deutschen zurück, den Gelben Stern für Juden einzuführen und sie nach Polen zu deportieren.
7 Ebenda, S. 516.

8 Ebenda, S. 517.
9 Es läßt sich nicht genau zurückverfolgen, seit wann Mengele den Spitznamen «Todesengel» hatte. Allerdings haben zwei Überlebende, die ebenfalls Ärzte waren, nämlich Gisella Perl und Miklos Nyiszli, unmittelbar nach dem Krieg Bücher veröffentlicht, in denen sie eingehend über ihr Leben als Assistenten von Mengele berichteten, und weder Perl noch Nyiszli haben diesen Beinamen erwähnt. Man kann wohl davon ausgehen, daß zumindest einer von beiden, wenn nicht alle beide darauf angespielt hätten, wenn Mengele den Spitznamen bereits im Lager gehabt hätte. Olga Lengyel, eine andere Überlebende, erzählt in ihrem zutiefst erschütternden, in der ersten Person geschriebenen Buch *Five Chimneys*, das gleichfalls von Auschwitz und Mengele handelt, von einem «blonden Engel», meint damit aber Mengeles Assistentin Irma Grese. Sicher ist indes, daß der Spitzname als Metapher für das gefährliche und zugleich anziehende Wesen Mengeles in den 70er Jahren im Bewußtsein der Öffentlichkeit fest verankert war.
10 *Encyclopaedia Judaica*, Jerusalem 1971, Bd. 2, S. 953.
11 Ebenda.
12 *The Encyclopedia of Judaism*, New York 1989, S. 56.
13 *Encyclopaedia Judaica*, a. a. O., S. 954.
14 Ebenda.
15 Perl, Gisella, *I was a Doctor in Auschwitz*, a. a. O., S. 94.
16 Nomberg-Prytyk, Sara, *True Tales from a Grotesque Land*, a. a. O., S. 105. Die Autorin erzählt diese unerhörte Geschichte in dem Kapitel, dem sie den vielsagenden Titel *The Dance of the Rabbis* (Der Tanz der Rabbis – A. d. Ü.) gab. Aus ihrem Buch gewinnt man den Eindruck, daß Mengele ein glühender Antisemit war, der es genoß, Juden zu demütigen. Nomberg-Prytyk behauptet sogar, Mengele habe gerade an den hohen jüdischen Feiertagen besonders umfangreiche Selektionen vorgenommen ... eine Erinnerung, die von mehreren überlebenden Zwillingen bestätigt wird.
17 Ebenda, S. 105 f.
18 Ebenda, S. 106.
19 Ebenda.
20 Beurteilung des SS-Hauptsturmführers (R) Josef Mengele durch den leitenden Arzt von Auschwitz, Dr. Eduard Wirths, vom 19. August 1944, a. a. O.
21 Lifton, Robert Jay, *Ärzte im Dritten Reich*, a. a. O., S. 408; siehe auch Olga Lengyel, *Five Chimneys*, New York 1983, S. 144. Der genaue Zeitpunkt von Mengeles Berufung zum Chefarzt von Birkenau ist nicht bekannt. Unwiderlegbar ist jedoch, daß Mengele im Sommer 1944 wegen seines Vergnügens an den Selektionen in Birkenau verhaßter als irgend jemand sonst war.
22 Lengyel, Olga, *Five Chimneys*, a. a. O.
23 Perl, Gisella, *I was a Doctor in Auschwitz*, a. a. O., S. 80.
24 Nomberg-Prytyk, Sara, *True Tales from a Grotesque Land*, a. a. O., S. 81.
25 Lengyel, Olga, *Five Chimneys*, a. a. O.
26 Lengyel, Olga, *Five Chimneys*, a. a. O., S. 147.
27 Ebenda, S. 147 f (Lengyel gibt Greses Alter fälschlicherweise mit 22 an.

Nach dem Krieg wurde im Bergen-Belsen-Prozeß festgestellt, daß Grese während ihrer Dienstzeit in Auschwitz erst 18 Jahre alt war.)

28 Ebenda.

29 Perl, Gisella, *I was a Doctor in Auschwitz*, a. a. O., S. 62.

30 Akten des Bergen-Belsen-Prozesses, U. S. National Archives.

31 Fénelon, Fania, *Das Mädchenorchester in Auschwitz*, a. a. O., S. 179.

32 Ebenda. «Gott, sieht er gut aus! So schön, daß sich die Mädchen wieder instinktiv wie früher benehmen. Sie bringen mit Spucke am Finger ihre Wimpern zum Glänzen, beißen sich auf die Lippen, um sie zu röten, blähen ihre Wangen rund, ziehen und zupfen Rock und Bluse zurecht ... werden wieder frisch und fraulich unter dem Blick dieses Mannes», schreibt Fénelon.

33 Ebenda.

34 Nomberg-Prytyk, Sara, *True Tales from a Grotesque Land*, a. a. O., S. 56.

35 Ebenda.

36 Ebenda.

37 Perl, Gisella, *I was a Doctor in Auschwitz*, a. a. O., S. 42–44.

38 Ebenda, S. 45.

39 Ebenda, S. 46.

40 Ebenda, S. 42 und 47.

41 Ebenda, S. 138.

42 Ebenda, S. 137.

43 Ebenda, S. 138.

44 Ebenda.

45 *Ochshorn Statement*, S. 16.

46 Perl, Gisella, *I was a Doctor in Auschwitz*, a. a. O., S. 138.

47 Lengyel, Olga, *Five Chimneys*, a. a. O., S. 102.

48 Nomberg-Prytyk, Sara, *True Tales from a Grotesque Land*, a. a. O., S. 69.

49 Perl, Gisella, *I was a Doctor in Auschwitz*, a. a. O., S. 84.

50 Ebenda.

51 Ebenda.

52 Lengyel, Olga, *Five Chimneys*, a. a. O., S. 102f.

53 Ebenda.

54 Magda Spiegel im privaten Interview, März 1984.

55 Perl, Gisella, *I was a Doctor in Auschwitz*, a. a. O., S. 71.

56 Ebenda, S. 81.

57 Ebenda, S. 81f. «Niemand wird je verstehen können, was es für mich bedeutet hat, diese Babys zu töten», schreibt Perl traurig. «Ich liebte diese Neugeborenen nicht wie eine Ärztin, sondern wie eine Mutter, und es war jedesmal wieder mein eigenes Kind, das ich tötete, um das Leben einer Frau zu retten.»

58 Perls Memoiren sind voll von Anekdoten über Dr. Mengele. Vgl. ebenda, S. 124f, 120–122, 110f.

59 Ebenda, S. 133.

60 Menashe Lorinczi im privaten Interview, März 1984.

61 Ebenda.

62 Bernardac, Christian, *L'Holocauste Oublié*, Paris 1979, S. 174. Bevor sie die Zigeunerkinder umbrachten, machten die Nazis ihnen ein sonderbares Geschenk: Sie bauten ihnen ein Karussell.
63 Ebenda, S. 161.
64 Ebenda.
65 Lifton, Robert Jay, *Ärzte im Dritten Reich*, a.a.O., S. 434.
66 Ebenda.
67 Nyiszli, Miklos, *A Doctor's Eyewitness Account*, a.a.O., S. 82; siehe auch Robert Jay Lifton, *Ärzte im Dritten Reich*, a.a.O., S. 418. Lifton zufolge soll Mengele im Zigeunerlager sogar ein extra Büro «für seine Zwillingsarbeit» gehabt haben.
68 Nomberg-Prytyk, Sara, *True Tales from a Grotesque Land*, a.a.O., S. 82f.
69 Ebenda, S. 83. «Der kleine Junge war wunderschön», schreibt Nomberg-Prytyk. «Er trug eine prächtige weiße Uniform, bestehend aus langen Hosen mit Bügelfalten, einem mit goldenen Knöpfen verzierten Jackett sowie einem Herrenhemd mit Krawatte. Wir starrten dieses schöne Kind wie verzaubert an.»
70 Ebenda.
71 Einige Historiker glauben, daß Mengele versucht hat, die Zigeuner zu retten. Siehe: Robert Jay Lifton, *Ärzte im Dritten Reich*, a.a.O., S. 443. «… auch wenn er bei bestimmten Vorgehensweisen Einwände hatte wie bei der Vernichtung der polnischen Intelligenz oder der Auslöschung des Zigeunerlagers», schreibt Lifton.
72 Bernardac, Christian, *L'Holocauste Oublié*, a.a.O., S. 171.
73 Enzyklopädie des Holocaust, Bd. 2, a.a.O., S. 1632.
74 Ebenda.
75 Nomberg-Prytyk, Sara, *True Tales from a Grotesque Land*, a.a.O., S. 84.
76 Ebenda. Die unheimliche Geschichte von Mengele und dem kleinen Zigeunerjungen wurde von mehreren Überlebenden berichtet. Darüber, wie die letzten Augenblicke mit dem Kind verliefen, gibt es widersprüchliche Aussagen. Nomberg-Prytyk behauptet jedoch entschieden, Mengele habe den Kleinen «eigenhändig in die Gaskammer geschoben».
77 Nyiszli, Miklos, *A Doctor's Eyewitness Account*, a.a.O., S. 156.
78 Ebenda.
79 Ebenda, S. 159–162.
80 Ebenda, S. 162.
81 Posner, Gerald und John Ware, *Mengele: The Complete Story*, a.a.O., S. 54f (dt.: *Mengele. Die Jagd auf den Todesengel*. Berlin 1993).
82 Ebenda, S. 54.
83 Ebenda.
84 Ebenda, S. 56.
85 Ebenda, S. 55.
86 Müller-Hill, Benno, *Tödliche Wissenschaft: Die Aussonderung von Juden, Zigeunern und Geisteskranken 1933–1935*, a.a.O., S. 129.
87 Hedvah und Leah Stern sowie Menashe Lorinczi im privaten Interview, März 1984.

88 Fast alle Zwillinge, selbst die jüngeren, erinnern sich an die Verlegung und daran, welch große Angst ihnen diese gemacht hat. Menashe Lorinczi und Judith Yagudah in privaten Interviews.
89 Menashe Lorinczi im privaten Interview.

4. Der Engel verflüchtigt sich

1 Nomberg-Prytyk, Sara, *True Tales from a Grotesque Land*, a.a.O., S. 123.
2 Ebenda.
3 Ebenda.
4 Ebenda, S. 127.
5 Enzyklopädie des Holocaust, Bd. 1, a.a.O., S. 118; siehe auch Nyiszli, Miklos, *A Doctor's Eyewitness Account*, a.a.O., S. 228.
6 Archiv des Auschwitz-Museums, Auschwitz, Polen.
7 Enzyklopädie des Holocaust, Bd. 1, a.a.O., S. 119.
8 Nyiszli, Miklos, *A Doctor's Eyewitness Account*, a.a.O.
9 Ebenda.
10 Posner, Gerald und John Ware, *Mengele: The Complete Story*, a.a.O., S. 89. Dieser Tatbestand ist nicht eindeutig belegt. Allerdings hat Mengeles Sohn Rolf in Interviews sowohl mit den Autoren als auch mit der *Bunten* behauptet, sein Vater habe einen Teil seiner wissenschaftlichen Unterlagen bei Familienangehörigen versteckt, die ihm diese Papiere zurückgegeben haben sollen, als es ihm endlich gelang, Deutschland zu verlassen.
11 Ebenda, S. 81.
12 Nyiszli, Miklos, *A Doctor's Eyewitness Account*, a.a.O., S. 235.
13 Nomberg-Prytyk, Sara, *True Tales from a Grotesque Land*, a.a.O., S. 128.
14 Ebenda.
15 Eva Mozes und Peter Somogyi in privaten Interviews.
16 Ebenda.
17 Enzyklopädie des Holocaust, Bd. 1, a.a.O., S. 119.
18 Eva Mozes im privaten Interview.
19 Ebenda.
20 Ebenda.
21 Ebenda.
22 Film; mit freundlicher Genehmigung des Auschwitz-Museums, Auschwitz, Polen.
23 Eva Mozes im privaten Interview.
24 Ebenda.
25 Menashe Lorinczi im privaten Interview.
26 Ebenda.
27 Ebenda.
28 Eva und Miriam Mozes in privaten Interviews.
29 Ebenda.
30 Zvi Spiegel im privaten Interview.

31 Peter Somogyi in mehreren privaten Interviews.
32 Judith Yagudah im privaten Interview, März 1984.
33 Ebenda.
34 Ebenda.
35 Ebenda.
36 Hedvah und Leah Stern im privaten Interview, Mai 1988.
37 Eva und Miriam Mozes in privaten Interviews.
38 David Marwell, OSI, im privaten Interview.
39 Ebenda.
40 Ebenda.
41 Samuel und Mordechai Bash, Auschwitz-Zwillinge, im privaten Interview, Tel Aviv, März 1984.
42 Ebenda.
43 David Marwell, OSI, im privaten Interview.
44 Robert Wolfe, Leiter des Resorts Captured German Reports des Nationalarchivs der Vereinigten Staaten, Washington D. C., August 1990.
45 Ebenda.
46 David Marwell, OSI, im privaten Interview.
47 Ebenda.
48 David Marwell, OSI, im privaten Interview.
49 David Marwell, OSI, im privaten Interview.
50 Auszüge aus Mengeles Autobiographie, mit freundlicher Genehmigung des OSI.
51 OSI-Archiv.
52 Researchers Find Signs US Knew of Mengele's Postwar Hideout, in: *Washington Post*, 15. März 1985.
53 David Marwell, OSI, im privaten Interview.
54 Julia Kane im privaten Interview.

5. Der Prozeß, der nie stattfand

1 Julia Kane im privaten Interview.
2 OSI-Akten über Karl Mengele senior.
3 David Marwell, OSI, im privaten Interview.
4 Ebenda.
5 Ebenda.
6 Ebenda.
7 Ebenda.
8 Benjamin Ferencz im privaten Interview, Juni 1985.
9 Robert Wolfe im privaten Interview, Juli 1990.
10 Ebenda.
11 Benjamin Ferencz im privaten Interview.
12 Ebenda.
13 Robert Wolfe im privaten Interview, Juli 1990.

14 Benjamin Ferencz im privaten Interview.
15 Ebenda.
16 Robert Wolfe im privaten Interview, Juli 1990.
17 Ebenda.
18 Ebenda.
19 David Marwell, OSI, im privaten Interview.
20 Mengele-Autobiographie, mit freundlicher Genehmigung des OSI.
21 Ebenda.
22 Ebenda.
23 Ebenda.
24 Posner, Gerald und John Ware, *Mengele: The Complete Story*, a.a.O., S. 76.
25 *Der Prozeß gegen die Hauptkriegsverbrecher vor dem Internationalen Militärgerichtshof 14. November 1944 bis 1. Oktober 1947*, 42 Bde., Nürnberg 1947–1949, Bd. VI, S. 240.
26 Professor Uwe-Dietrich Adam, deutscher Historiker und Journalist, dem die Einsichtnahme in Mengeles Aufzeichnungen gestattet war, im privaten Interview, Frankfurt, Mai 1985.
27 Mengele-Autobiographie, mit freundlicher Genehmigung des OSI.
28 Ebenda.
29 Posner, Gerald und John Ware, *Mengele: The Complete Story*, a.a.O., S. 80.
30 Ebenda.
31 Ebenda.
32 Mengele-Autobiographie, mit freundlicher Genehmigung des OSI.
33 Robert Wolfe im privaten Interview, 12. September 1990.
34 Ebenda.
35 Exzerpte aus den Akten des Bergen-Belsen-Prozesses, U.S. National Archives.
36 Ebenda.
37 Lengyel, Olga, *Five Chimneys*, a.a.O., S. 147. Der «vor den ohnmächtigen Gefangenen so selbstsichere Mengele zitterte vor der ‹Bestie von Belsen›», schreibt Lengyel.
38 Exzerpte aus den Akten des Bergen-Belsen-Prozesses, U.S. National Archives.
39 Ebenda.
40 Ebenda.
41 Ebenda.
42 Ebenda.
43 Ebenda.
44 Ebenda.
45 Robert Wolfe im privaten Interview.
46 David Marwell, OSI, im privaten Interview.
47 Mengele-Autobiographie, mit freundlicher Genehmigung des OSI.
48 Manfred Wolfson im privaten Interview, ohne Datum.
49 Wolfson-Report, S. 1–7.
50 Ebenda, S. 3–4.
51 Ebenda, S. 4.

52 Ebenda, S. 1–7.
53 Ebenda, S. 3, 6 f.
54 Ebenda.
55 Ebenda, S. 3.
56 Ebenda, S. 7.
57 Ebenda, S. 5 f.
58 Ebenda, S. 6.
59 Ebenda, S. 5.
60 Ebenda.
61 Ebenda, S. 5.
62 Ebenda.
63 Ebenda, S. 7.
64 Mengele-Autobiographie, mit freundlicher Genehmigung des OSI.
65 Ebenda.
66 Ebenda.
67 In: Annals of the American Academy of Political and Social Science, Bd. 450, Juli 1980, S. 84. Vgl. auch Enzyklopädie des Holocaust. Bd. 2, a. a. O., S. 944.
68 Boozer, Jack S., *Children of Hippocrates: Doctors in Nazi Germany*, a. a. O., S. 90.
69 Wolfson-Report, S. 7.
70 Manfred Wolfson im privaten Interview, 1986. Wolfson beschäftigt sich noch immer mit dem Verhältnis zwischen Mengele und Verschuer. In einem Brief vom 5. Juni 1986 an Susan Leon, die Lektorin des vorliegenden Bandes, schreibt er: «... in gewissem Sinne war Verschuer wichtiger als Mengele, denn Mengele war nur den Insassen von Auschwitz bekannt, er war ein Vollstrecker einer politischen Linie ... Verschuers Schriften in den wissenschaftlichen Zeitschriften der Nazis hingegen erreichten einen hohen Verbreitungsgrad und dienten dazu, die Völkermordpolitik der Nazis mit rassischen und genetischen Argumenten zu legitimieren.»
71 Dr. John Mendelsohn (†) in mehreren privaten Interviews, Mai–Juli 1985, Washington D. C.
72 Ebenda.
73 Mitscherlich, Alexander und Fred Mielke (Hg.), *Medizin ohne Menschlichkeit. Dokumente des Nürnberger Ärzteprozesses*, Frankfurt/M. 1960.
74 Robert Wolfe im privaten Interview, Juli 1990.
75 Neal Sher im privaten Interview, Juli 1990.
76 Robert Wolfe im privaten Interview, Juli 1990.
77 Ebenda.
78 Ebenda.
79 Ebenda.
80 Dabringhaus, Erhard, *Klaus Barbie: The Shocking Story of How the U.S. Used this Nazi War Criminal as an Intelligence Agent*, Washington, D. C. 1984, S. 48, 51–53, 64 f.
81 Robert Wolfe im privaten Interview, September 1990.
82 Perl, Gisella, *I was a Doctor in Auschwitz*, a. a. O.

83 Ebenda, S. 138.
84 Dieselbe, Brief an die Civil Affairs Division, 27. Januar 1947, RG 165, Akten des War Department, U. S. National Archives.
85 Ebenda.
86 Dieselbe, Brief an Colonel Damon Gunn, Civil Affairs Division, 7. Oktober 1947, RG 165. Akten des War Department, U. S. National Archives.
87 Ebenda.
88 Ebenda.
89 Sicher trug auch die Tatsache, daß Colonel Gunn aus seinem Amt schied, zu der allgemeinen Verwirrung bei. Am 14. Oktober 1947 schrieb er an Gisella Perl, daß er nichts mehr mit den Nürnberger Prozessen zu tun habe, versicherte ihr aber, er werde ihr Angebot an seine Mitarbeiter weiterleiten. Brief von Colonel Damon Gunn an Gisella Perl, U. S. National Archives.
90 Ebenda.
91 Mitteilung von Colonel Edward H. Young, Chef des War Crime Branch, an General Telford Taylor, Chef des Counsel for War Crimes, vom 8. Dezember 1947. Aus der Mitteilung geht hervor, daß Young sich nicht die Mühe machte, zu prüfen, ob Mengele tatsächlich von den Polen vor Gericht gestellt wurde. Young bittet ausdrücklich darum, daß Taylors Büro die Fakten feststellen und seine Abteilung «von den Ergebnissen des Auschwitz-Prozesses in Polen und besonders vom Stand der Dinge im Fall Dr. Mengerle [sic!] informieren soll, damit der Brief von Dr. Perl beantwortet werden kann.» Aus den Akten ist nicht ersichtlich, ob Young darauf einen Bescheid bekam, der die Fehlinformation, daß Mengele «von den Polen vor Gericht gestellt» worden sei, korrigierte.
92 Brief von Telford Taylor an Colonel Edward Young, 19. Januar 1948, U. S. National Archives.
93 Ebenda.
94 David Marwell, OSI, im privaten Interview.

6. Auf der Suche nach einer neuen Heimat

1 Posner, Gerald und John Ware, *Mengele: The Complete Story*, a. a. O., S. 87.
2 Mengele-Autobiographie, mit freundlicher Genehmigung des OSI.
3 Ebenda.
4 Mengele-Autobiographie, mit freundlicher Genehmigung des OSI.
5 David Marwell, OSI, im privaten Interview.
6 Ebenda.
7 Ebenda.
8 David Marwell, OSI, im privaten Interview.
9 David Marwell, OSI, im privaten Interview. Marwell gelang es, im Zuge seiner im Auftrage des amerikanischen Justizministeriums durchgeführten akribischen Recherchen, die realen Schauplätze und Personen zu verifizieren, die in Mengeles Autobiographie verschlüsselt sind. Dankenswerter-

weise hat er seine Erkenntnisse den Autorinnen des vorliegenden Bandes in einer Reihe von privaten Interviews mitgeteilt.

10 Ebenda.
11 Ebenda.
12 Ebenda.
13 Ebenda.
14 Ebenda.
15 Hermann Abmayr im privaten Interview.
16 Ebenda.
17 David Marwell, OSI, im privaten Interview.
18 Ebenda.
19 David Marwell, OSI, im privaten Interview.
20 Ebenda.
21 Ebenda.
22 Neal Sher, OSI, im privaten Interview.
23 David Marwell, OSI, im privaten Interview.
24 Mengele-Autobiographie, mit freundlicher Genehmigung des OSI.

7. Flüchtlingsalltag

1 Page, Joseph A., *Perón: A Biography*, New York 1983, S. 85.
2 Ebenda, S. 88.
3 Ebenda, S. 90.
4 Newton, Robert C., *German Buenos Aires, 1900–1933, Social Change and Cultural Crisis*, Austin o. J., S. XIV.
5 Ebenda, S. 27.
6 Ebenda, S. 170.
7 Ebenda, S. 172.
8 Page, Joseph A., *Perón: A Biography*, a. a. O., S. 90.
9 David Marwell, OSI, im privaten Interview.
10 Posner, Gerald and John Ware, *Mengele: The Complete Story*, a. a. O., S. 108.
11 Hermann Abmayr im privaten Interview.
12 David Marwell, OSI, im privaten Interview.
13 Prof. Zdenek Zofka, im privaten Interview, September 1990.
14 Ebenda.
15 Posner, Gerald und John Ware, *Mengele: The Complete Story*, a. a. O., S. 105.
16 Page, Joseph A., *Perón: A Biography*, a. a. O., S. 87–91.
17 Newton, Robert C., *German Buenos Aires, 1900–1933, Social Change and Cultural Crisis*, a. a. O., S. XV.
18 Forster, Arnold, *The Argentine Peril*, Memorandum (Entwurf) für die Anti-Defamation League des B'Nai B'Rith, 1962, S. 3 f. ADL Archives, New York City.

19 Ebenda.
20 Helmut, G., *Die Vererbung als biologischer Vorgang*, in: Der Weg, o. O., o. J., S. 815–820. Eine Kopie des Artikels befindet sich im Besitz des *Stern*. Angaben über Autor und Veröffentlichungsjahr durch OSI.
21 Klaus Dieter Thomann im privaten Interview.
22 Thomann, Klaus Dieter, *Rassenhygiene und Anthropologie*, a. a. O.
23 Ebenda.
24 Klaus Dieter Thomann im privaten Interview.
25 Roger Pearson, Herausgeber des *Mankind Quarterly*, im privaten Interview, 10. Juli 1990.
26 David Marwell, OSI, im privaten Interview.
27 Farago, Ladislas, *Aftermath: Martin Bormann and the Fourth Reich*, New York 1974, S. 275.
28 Ebenda.
29 Ebenda.
30 Blumenthal, Ralph, *Mengele Family Members are United in Their Silence*, in: New York Times, 11. Juni 1985, S. 2.
31 Forster, Arnold, *The Argentine Peril*, Memorandum (Entwurf) für die Anti-Defamation League des B'Nai B'Rith, 1962, a. a. O., S. 4.
32 Arendt, Hannah, *Eichmann in Jerusalem. Ein Bericht von der Banalität des Bösen*, Leipzig 1990, S. 84–93.
33 Zeugenaussage von Rabbi Morton Rosenthal, Leiter des Büros für Lateinamerika-Angelegenheiten der Anti-Defamation League des B'Nai B'Rith, vor dem U. S. Senate Judiciary Subcommittee on Juvenile Justice, 19. März 1985, S. 3.
34 Neal Sher, OSI, im privaten Interview, Mai 1985.

8. Der Eichmann-Schock

1 Hermann Abmayr im privaten Interview.
2 Blumenthal, Ralph, *Mengele Family Members are United in their Silence*, a. a. O.
3 Dr. Hermann Lieb im privaten Interview.
4 Julia Kane im privaten Interview.
5 Ebenda.
6 Serge-Klarsfeld-Akten, Paris, Mai 1985.
7 Ebenda.
8 Ebenda.
9 Julia Kane im privaten Interview.
10 Farago, Ladislas, *Aftermath: Martin Bormann and the Fourth Reich*, a. a. O., S. 274 f.
11 *The Mengele Mystery*, in: Time, 24. Juni 1985, S. 42.
12 Blumenthal, Ralph, *Mengele Family Members are United in their Silence*, a. a. O.

13 Lewis, Paul, *Couple Will Face a German Inquiry on Aid to Mengele*, in: New York Times, 10. Juni 1985.
14 Wiesenthal, Simon, *The Murderers Among Us*, New York 1967, S. 156.
15 Ebenda.
16 Ebenda.
17 Ebenda.
18 Ebenda.
19 Farago, Ladislas, *Aftermath: Martin Bormann and the Fourth Reich*, a. a. O., S. 277.
20 Posner, Gerald und John Ware, *Mengele: The Complete Story*, a. a. O., S. 125.
21 Farago, Ladislas, *Aftermath: Martin Bormann and the Fourth Reich*, a. a. O., S. 276.
22 Einbürgerungsakten José Mengele, 27. November 1959, mit freundlicher Genehmigung der Regierung von Paraguay.
23 Mitteilung der amerikanischen Botschaft in Buenos Aires an das State Department vom 24. Juni 1960. Betreff: *Extradition Case of Nazi Josef Mengele, Accused of War Crimes.*
24 Ebenda.
25 Ebenda.
26 Ebenda.
27 Ebenda.
28 Ebenda.
29 Ebenda.
30 Ebenda.
31 Vertrauliches Gespräch mit einem früheren Mitarbeiter der israelischen Botschaft in Buenos Aires, Tel Aviv, Mai 1985.
32 Harel, Isser, *The House on Garibaldi Street*, New York 1975, S. 214.
33 Ebenda, S. 215.
34 Ebenda, S. 61.
35 Ebenda.
36 Ebenda, S. 62.
37 Hausner, Gideon, *Justice in Jerusalem*, New York 1966, S. 9–12.
38 Julia Kane im privaten Interview.
39 Ebenda.
40 Professor Uwe-Dietrich Adam im privaten Interview.
41 *Who Helped Mengele?*, Newsweek, 24. Juni 1985, S. 44.
42 Ebenda.
43 Arendt, Hannah, *Eichmann in Jerusalem. Ein Bericht von der Banalität des Bösen*, a. a. O., S. 84.
44 Ebenda.
45 Ebenda, S. 85.
46 Hausner, Gideon, *Justice in Jerusalem*, a. a. O., S. 436.
47 Ebenda.
48 Ebenda.
49 Ebenda.

50 Arendt, Hannah, *Eichmann in Jerusalem. Ein Bericht von der Banalität des Bösen*, a. a. O., S. 85.
51 Ebenda, S. 86.
52 Ebenda.
53 Ebenda.
54 Ebenda, S. 87.
55 David Marwell, OSI, im privaten Interview.
56 Posner, Gerald und John Ware, *Mengele: The Complete Story*, a. a. O., S. 234 f.
57 Rabbi Morton Rosenthal, Anti-Defamation League, im privaten Interview, September 1990.
58 Hausner, Gideon, *Justice in Jerusalem*, a. a. O., S. 460.
59 Ebenda, S. 458.
60 Forster, Arnold, *The Argentine Peril*, Memorandum (Entwurf) für die Anti-Defamation League des N'Nai B'Rith, 1962.
61 *Argentine Incidents*, unsigniertes, undatiertes Memorandum, Archiv der Anti-Defamation League des B'Nai B'Rith.
62 Ebenda.
63 Mit freundlicher Genehmigung des Archivs des B'Nai B'Rith.
64 Mit freundlicher Genehmigung des Archivs des N'Nai B'Rith.
65 Isser Harel, ehemals Chef des Mossad, im privaten Interview, Tel Aviv, Mai 1985.
66 Ebenda.
67 Ebenda.
68 Harel, Isser, *The House on Garibaldi Street*, a. a. O., S. 214.
69 Isser Harel im privaten Interview, Mai 1985.
70 Harel, Isser, *The House on Garibaldi Street*, a. a. O., S. vi.
71 Ebenda.
72 *The Mengele Mystery*, a. a. O., S. 40.

9. Unterschlupf in Brasilien

1 Wiesenthal, Simon, *The Murderers Among Us*, a. a. O., S. 169.
2 Harel, Isser, *The House on Garibaldi Street*, a. a. O., S. 3–9.
3 Ebenda, S. 8.
4 Ebenda, S. 9.
5 Riding, Alan, *Woman Says Man Who Admitted He Was Dr. Mengele Died in 1979*, in: New York Times, 9. Juni 1985, S. 16.
6 Ebenda.
7 *The Mengele Mystery*, a. a. O.
8 Ebenda.
9 *Newsweek*, 24. Juni 1985, S. 44.
10 Ebenda.

11 Riding, Alan, *Woman Says Man Who Admitted He Was Dr. Mengele Died in 1979*, a. a. O., S. 1.
12 *Newsweek*, 24. Juni 1985, S. 44.
13 Ebenda.
14 Ebenda, S. 45.
15 Ebenda.
16 Ebenda.
17 Markham, James, *Mengele Double Called Fervid Nazi*, in: New York Times, 13. Juni 1985.
18 Ebenda.
19 *Newsweek*, 24. Juni 1985, S. 45.
20 *New York Times*, 13. Juni 1985.
21 *Time*, 24. Juni 1985, S. 40.
22 *New York Times*, 9. Juni 1985.
23 *Time*, 24. Juni 1985, S. 40.
24 *New York Times*, 6. Juni 1985.
25 David Marwell, OSI, im privaten Interview.
26 OSI-Archiv.
27 *Newsweek*, 24. Juni 1985, S. 44.
28 Wiesenthal, Simon, *The Murderers Among Us*, a. a. O., S. 169.
29 Ebenda.
30 Ebenda.
31 *Jerusalem Post*, 18. August 1964.
32 Ebenda.
33 Ebenda.
34 Ebenda.
35 Vertrauliches Gespräch mit Vertretern der Universität München, April 1986.
36 Ebenda.
37 Klaus Dieter Thomann im privaten Interview.
38 *Frankfurter Rundschau*, 20. Mai 1985, S. 20.
39 Julia Kane im privaten Interview.
40 Ebenda.
41 Interview mit Rudolph Koepler, Bürgermeister von Günzburg, Mai 1985.
42 Ebenda.
43 *Newsweek*, 24. Juni 1985, S. 44.
44 David Marwell, OSI, im privaten Interview.
45 OSI-Archiv.

10. Von Söhnen und Töchtern

1 *Ma'Ariv*, 5. November 1982, S. 2.
2 Ebenda. Vgl. auch Enrique Matalon, Vorstandsmitglied der jüdischen Gemeinde von Asunción, im privaten Interview, November 1984.
3 *Paraguay Keeps Mengele Comfortable... Wiesenthal*, in: Jerusalem Post, 18. August 1977.
4 Siehe Informationsbulletin des Simon-Wiesenthal-Dokumentationszentrums, Wien, Nr. 12, Januar 1972, S. 3. Der in aller Welt gesuchte Verbrecher, schreibt Wiesenthal, habe sich im März 1971 nach zuverlässigen Informationen des Dokumentationszentrums in Torremolinos in Spanien aufgehalten. Der Informant konnte das polizeiliche Kennzeichen des Wagens notieren, den Mengele fuhr. Es war ein deutsches Kennzeichen.
5 Siehe Informationsbulletin des Simon-Wiesenthal-Dokumentationszentrums, Wien, Nr. 21, 31. Januar 1981. Wiesenthal äußert die Hoffnung, daß man nun, nachdem etwas mehr über Mengeles Freundes- und Bekanntenkreis bekannt war, 1981 endlich zum Erfolg kommen werde.
6 Wiesenthal, Simon, *The Murderers Among Us*, a.a.O., S. 159.
7 Posner, Gerald und John Ware, *Mengele: The Complete Story*, a.a.O., S. 232f.
8 Ebenda.
9 *Newsweek*, 24. Juni 1985, S. 44.
10 *New York Times*, 9. Juni 1985, S. 16.
11 Ebenda.
12 Posner, Gerald und John Ware, *Mengele: The Complete Story*, a.a.O., S. 243.
13 David Marwell, OSI, im privaten Interview.
14 Professor Zdenek Zofka und Professor Uwe-Dietrich Adam im privaten Interview.
15 Ebenda.
16 David Marwell, OSI, im privaten Interview.
17 Ebenda.
18 *Newsweek*, 24. Juni 1985, S. 44.
19 Ebenda.
20 Ebenda.

11. Die Rückkehr nach Auschwitz

1 *Washington Post*, 13. Juni 1985, S. 5.
2 Ebenda. Rolf gibt an, mit Rücksicht auf die Menschen, die während der letzten dreißig Jahre mit seinem Vater Kontakt hatten, geschwiegen zu haben.
3 Hermann Abmayr, Interview mit Irene Schoenbein, unbekanntes Datum. Siehe auch Brief von Irene Schoenbein an S. Jones und K. Rattan, 14. April 1984.

4 *Virginian Pilot*, 12. April 1983, S. 1.
5 Lucette Matalon Lagnado, Interviews mit Eva Mozes, Winter 1984.
6 *Ma'Ariv*, 6. Februar 1984; Miriam Mozes im privaten Interview, März 1985.
7 Anderson, Jack, *The Twins of Auschwitz Today*, in: *Parade*, 4. September 1984.
8 Friedman, Thomas L., *Jerusalem Listens to the Victims of Mengele*, in: *New York Times*, 7. Februar 1985, S. 1.
9 Ebenda.
10 Ebenda.
11 Eva Mozes im privaten Interview.
12 Friedman, Thomas L., *Jerusalem Listens to the Victims of Mengele*, a. a. O., S. 12.
13 Erklärung des Tribunals, mit freundlicher Genehmigung der CANDLES.
14 Neal Sher, Direktor des OSI, im privaten Interview.
15 Ebenda.
16 Ebenda.
17 Ebenda.
18 David Marwell, OSI, im privaten Interview.
19 *Washington Post*, 13. Juni 1985, S. 35.
20 *Washington Post*, 11. Juni 1985, S. 3.
21 Brief von Eli Rosenbaum, Anwalt beim World Jewish Congress, an einen ungenannten Empfänger, 29. August 1985, S. 2.
22 Ebenda, S. 6.
23 *Time*, 24. Juni 1985, S. 40f.
24 Anderson, Jack und Joseph Spear, *Son Trades on Father's Infamy*, in: *Syndicated Washington Merry-Go-Round Column*, 29. August 1985.
25 Angeblich versuchte er sogar, mit Hollywood einen Vertrag über einen Film über seinen Vater abzuschließen. Die Angaben sind vage, doch von Mitarbeitern des Simon-Wiesenthal-Zentrums wird behauptet, Rolf habe einen Filmvertrag abschließen wollen, was sie jedoch verhindert hätten, als sie davon erfuhren.
26 Eli Rosenbaum, stellvertretender Direktor des Justice Department des OSI, im privaten Interview. (Rosenthal, der bereits als Mitarbeiter des World Jewish Congress die Arbeit der Pathologen in Frage gestellt hatte, verfolgte die Angelegenheit auch nach seinem Wechsel ins OSI weiter.)
27 Ebenda.
28 Ebenda.
29 *U. S. Agrees Mengele Is Dead*, Associated Press am 3. August 1986.
30 David Marwell, OSI, im privaten Interview.
31 Ebenda.
32 Ebenda.
33 Soble, Ronald, *U. S. Secrecy Keeps Cloud of Doubt Over Mengele Death*, in: *Los Angeles Times*, 3. März 1989, S. 26.
34 Ebenda.
35 Neal Sher, Direktor des OSI, im privaten Interview.

36 Dr. Lowell Levine im privaten Interview, September 1990.
37 Neal Sher, Direktor des OSI, im privaten Interview.
38 Menachem Russek im privaten Interview, Tel Aviv, Mai 1988.
39 Ebenda.
40 Ebenda.
41 Ebenda.
42 Mengele-Report von Menachem Russek, Lucette Matalon Lagnado vorgelegt im Mai 1988 in Tel Aviv.
43 Eva Mozes, Präsidentin der CANDLES, im privaten Interview, September 1990.

Auswahlbibliographie

1. Monographien und Dissertationen

Allen, William Sheridan, *The Nazi Seizure of Power: The Experience of a Single German Town 1930–1935*, Chicago 1965.

Arendt, Hannah, *Eichmann in Jerusalem. Ein Bericht von der Banalität des Bösen*, Leipzig 1990.

Bernardac, Christian, *L'Holocauste Oublié*, Paris 1979.

Dabringhaus, Eberhard, *Klaus Barbie: The Shocking Story of How the U.S. Used This Nazi War Criminal as an Intelligence Agent*, Washington, D. C. 1985.

Dawidowicz, Lucy S., *The War Against the Jews 1933–1945*, New York 1976.

Farago, Ladislas, *Aftermath: Martin Bormann and the Fourth Reich*, New York 1974.

Fénelon, Fania, *Das Mädchenorchester in Auschwitz*, München 1993.

Hart, Kitty, *Return to Auschwitz*, New York 1982.

Harel, Isser, *The House on Garibaldi Street*, New York 1975.

Hausner, Gideon, *Justice in Jerusalem*, New York 1966.

Hitler, Adolf, *Mein Kampf*, München 1925–1926.

Hoss, Rudolf, Pery Broad und Johann Paul Kremer, *KL Auschwitz Seen by the SS*, New York 1984.

Kevles, Daniel, *In the Name of Eugenics: Genetics and the Uses of Human Heredity*, New York 1985.

Lengyel, Olga, *Five Chimneys*, New York 1983.

Lifton, Robert Jay, *Ärzte im Dritten Reich*, Stuttgart 1988.

Mitscherlich, Alexander und Fred Mielke (Hg.), *Medizin ohne Menschlichkeit. Dokumente des Nürnberger Arztprozesses*, Frankfurt/M. 1960.

Mosse, George L., *The Crisis of German Ideology: Intellectual Origins of the Third Reich*, New York 1964.

Müller-Hill, Benno, *Tödliche Wissenschaft: Die Aussonderung von Juden, Zigeunern und Geisteskranken 1933–1935*, Reinbek bei Hamburg 1984.

Newton, Ronald C., *German Buenos Aires 1900–1933: Social Change and Cultural Crisis*, Austin 1977.

Nomberg-Prytyk, Sara, *True Tales from a Grotesque Land*, hg. von Eli Pfefferkorn und David H. Hirsch, Chapel Hill 1985.

Nyiszli, Miklos, *A Doctor's Eyewitness Account*, New York 1960.

Page, Joseph, *Perón. A Biography*, New York 1983.

Perl, Gisella, *I was a Doctor in Auschwitz*, New York 1948.

Posner, Gerald und John Ware, *Mengele: The Complete Story*, New York 1986 (dt.: *Mengele. Die Jagd auf den Todesengel*. Berlin 1993).

Pridham, Geoffrey, *Hitler's Rise to Power. The Nazi Movement in Bavaria 1923–1933*, New York 1973.

Speer, Albert, *Erinnerungen*, Berlin 1993.
Steven, Stewart, *Spymasters of Israel*, New York 1980.
Thomann, Klaus Dieter, *Medizin im Faschismus*, Berlin 1985.
Weinreich, Max, *Hitler's Professors*, New York 1946.
Wiesel, Eli, *Night*, New York 1982.
Wiesenthal, Simon, *The Murderers Among US*, New York 1967.
Zofka, Zdenek, *Die Ausbreitung des Nationalsozialismus auf dem Lande: Eine regionale Fallstudie zur politischen Einstellung der Landbevölkerung in der Zeit des Aufstiegs und der Machtergreifung der NSDAP 1928–1936 (veröffentlichte Dissertation)*, München 1979.

2. Zeitungen, Zeitschriften und Periodica

Anderson, Jack, *The Twins of Auschwitz Today*, 4. September 1984.
Anderson, Jack und Joseph Spear, *Son Trades on Father's Infamy*, in: Washington Merry-Go-Round syndicated column, 29. August 1985.
Blumenthal, Ralph, *Mengele Family Members Are United In Their Silence*, in: New York Times, 11. Juni 1985, S. 4.
Boozer, Jack S., *Children of Hippocrates: Doctors in Nazi Germany*, in: Annals of the American Academy of Political and Social Science, Vol. 450, Juli 1980, S. 84.
Byhan, Inge, *Fünfteilige Serie über Joseph Mengele*, in: Bunte, Sommer 1985, Archiv des Burda Verlags, München.
Drozdiak, William, *Mengele Family Plans to Issue Statement*, in: Washington Post, 11. Juni 1985.
Friedman, Thomas L., *Jerusalem Listens to the Victims of Mengele*, New York Times, 7. Februar 1985.
Friedrich, Otto, *The Kingdom of Auschwitz*, in: Atlantic Monthly, September 1981, S. 30–60.
Helmuth, G., *Die Vererbung als biologischer Vorgang*, in: Der Weg (ohne Datum, vermutlich von 1953), mit freundlicher Genehmigung des *Stern*.
House, Richard, *Woman Says Mengele Spent 1961–1979 in Brazil*, in: Washington Post, 9. Juni 1985, S. 1, 28.
House, Richard, *Probers Say Proof Mounts That Mengele Was in Brazil*, in: Washington Post, 11. Juni 1985, S. 1, 14.
Jerusalem Post, 10. Juli 1964 (Meldung über die Frankfurter Prozesse).
Jerusalem Post, 18. August 1964 (Meldung über die Frankfurter Prozesse).
Lewis, Paul, *Couple Will Face a German Inquiry on Aid to Mengele*, in: New York Times, 10. Juni 1985.
Markham, James M., *Mengele ‹Double› Called Fervid Nazi*, in: New York Times, 13. Juni 1985.
Mathews, Jay, *Researchers Find Signs U. S. Knew of Mengele's Postwar Hideout*, in: Washington Post, 15. März 1985, S. 24.
Meyer, Ernie, *Mother Testifies How She Killed Her Baby*, in: Jerusalem Post, 2. August 1985.

Paraguay Keeps Mengele Comfortable... Wiesenthal, in: Jerusalem Post, 18. August 1977.
Reuters News Service, *Borman Said Seen With Mengele*, in: Jerusalem Post, 19. Juli 1964.
Riding, Alan, *Woman Says Man Who Admitted He Was Dr. Mengele Died in 1979*, in: New York Times, 9. Juni 1985, S. 16.
Shub, Anatole, (ohne Titel), Washington Post, 20. August 1965, S. 13.
Soble, Ronald, *U.S. Secrecy Keeps Cloud of Doubt Over Mengele Death*, in: Los Angeles Times, 3. März 1989, S. 26.
Thomann, Klaus Dieter, *Rassenhygiene und Anthropologie: Professor Verschuers Zwillingsforschung*, in: Frankfurter Rundschau, 21. Mai 1985, S. 8.
Watson, Russell, Mac Margolis und Andrew Nagorski, *Who Helped Mengele?*, in: Newsweek, 24. Juni 1985, S. 40–45.
Whitefield, Mimi, *Reports Say Alleged Nazi Lived Life of Ease*, in: Boston Globe, 9. Juni 1985, S. 1, 20.
The Mengele Mystery, in: Time Magazine, 24. Juni 1985, S. 40.
U.S. Agrees Mengele Is Dead, in: Associated Press, 3. August 1985.

3. Persönliche Aufzeichnungen Dr. Josef Mengeles

Dr. Joseph Mengeles Tagebücher von 1962–1978, mit freundlicher Genehmigung des *Stern*.
Dr. Joseph Mengeles Briefe an Verwandte und Freunde, alle undatiert, mit freundlicher Genehmigung des *Stern*.
Dr. Joseph Mengeles Notizbücher, alle undatiert, mit freundlicher Genehmigung des *Stern*.

4. Archivmaterial

Unveröffentlichte Dokumente und Akten des:
- Auschwitz Museums, Auschwitz
- Berlin Document Center, Berlin
- Archivs der N'Nai B'Rith Anti-Defamation League, New York
- Polnischen Ausschusses für die Untersuchung von Kriegsverbrechen, mit freundlicher Genehmigung des Polnischen Nationalarchivs Warschau
- Justizministeriums der Vereinigten Staaten, Office of Special Investigations (OSI), Washington
- Nationalarchivs der Vereinigten Staaten, Washington
- Außenministeriums der Vereinigten Staaten, Washington

Personenregister

Romane und Erzählungen

Barbara Taylor Bradford
Bewahrt den Traum *Roman*
(rororo 12794 und als gebundene Ausgabe im Wunderlich Verlag)
Eine bewegende Familiensaga: die Erfolgsautorin erzählt mit Charme und Einfühlungsvermögen vor allem die Geschichte zweier Frauen, die sich ihren Platz in einer männlichen Welt erkämpfen.
Und greifen nach den Sternen
Roman
(rororo 13064)
Wer Liebe sät *Roman*
(rororo 12865 und als gebundene Ausgabe im Wunderlich Verlag)

Barbara Chase-Riboud
Die Frau aus Virginia *Roman*
(rororo 5574)
Die mitreißende Liebesgeschichte des amerikanischen Präsidenten Thomas Jefferson und der schönen Mulattin Sally Hemings.

Marga Berck
Sommer in Lesmona
(rororo 1818)
Diese Briefe der Jahrhundertwende, geschrieben von einem jungen Mädchen aus reichem Hanseatenhaus, fügen sich zusammen zu einem meisterhaften Roman zum unerschöpflichen Thema erste Liebe.

Diane Pearson
Der Sommer der Barschinskys
Roman
(rororo 12540)
Die Erfolgsautorin von «Csárdás» hat mit diesem Roman wieder eines jener seltenen Bücher geschrieben, die eigentlich keine letzte Seite haben dürften.

rororo Unterhaltung

Dorothy Dunnett
Die Farben des Reichtums
Der Aufstieg des Hauses Niccolò. Roman
656 Seiten. Gebunden im Wunderlich Verlag und als rororo 12855
«Spionagethriller, Liebesgeschichte, spannendes Lehrbuch (wie lebten die Menschen vor 500 Jahren?) - einer der schönsten historischen Romane seit langem.» *Brigitte*
Der Frühling des Widders
Die Machtentfaltung des Hauseses Niccolò. Roman
640 Seiten. Gebunden im Wunderlich Verlag
Das Spiel der Skorpione
Niccolò und der Kampf um Zypern. Roman
784 Seiten. Gebunden im Wunderlich Verlag

Marti Leimbach
Wen die Götter lieben *Roman*
272 Seiten. Gebunden im Wunderlich Verlag und als rororo 13000
Das Buch zum Film «Entscheidung aus Liebe». Die Geschichte von Hilary und Viktor.

Abenteuer

Mario Puzo
Der Pate *Roman*
(rororo 1442)
Ein atemberaubender Gangsterroman aus der New Yorker Unterwelt, der zum aufsehenerregenden Bestseller wurde. Ein Presseurteil: «Ein Roman wie ein Vulkan. Ein einziger Ausbruch von Vitalität, Intelligenz und Gewalttätigkeit, von Freundschaft, Treue und Verrat, von grausamen Morden, großen Geschäften, Sex und Liebe.»

Mamma Lucia *Roman*
(rororo 1528)
Animalisch in ihrer Sanftmut, aufopfernd in ihrer Fürsorge, streng und wachsam in ihrer Liebe – das ist Lucia Santa Angeluzzi-Corbo, Mamma Lucia, die im italienischen Viertel von New York um das tägliche Brot ihrer sechs Kinder kämpft.

Rudolf Braunburg
Hongkong International *Roman*
(rororo12820)
Ein aufregender Roman aus der Welt der Flieger und Passagiere vom Bestsellerautor und früheren Flugkapitän Rudolf Braunburg.

Rückenflug *Roman*
rororo 12333)
Während der Trainingstage beim internationalen Kunstfliegertreffen stimmt sich der bekannte Journalist Achim Reimers auf die spannungsgeladene Atmosphäre ein und macht auf seinen Streifzügen merkwürdige Beobachungen. Bald muß er erkennen, daß er sich ahnungslos in einem gefährlichen Spionagenetz verfangen hat.

rororo Unterhaltung

Josef Martin Bauer
So weit die Füße tragen
(rororo 1667)
Ein Kriegsgefangener auf der Flucht von Sibirien durch den Ural und Kaukasas bis nach Persien. «Diese Odyssee durch Steppe und Eis, durch die Maschen der Wächter und Häscher dauerte volle drei Jahre – wohl einer der aufregendsten und zugleich einsamsten Alleingänge, die die Geschichte des individuellen Abenteuers kennt.»
Saarländischer Rundfunk

James Dickey
Flußfahrt *Roman*
(rororo 12722)
Harmols wie ein Pfadfinderunternehmen beginnt der Wochenendausflug von vier gutsituierten Duchschnittsbürgern - schon am nächsten Tag jedoch verwandelt sich die Kanufahrt in einen Alptraum...
Unter dem Titel «Beim Sterben ist jeder der erste» verfilmt mit Burt Reynolds.

Chansons

Konstantin Wecker
Jetzt eine Insel finden
Vorläufige Gedichte und Lieder
(rororo 5992)
«Selbst wenn es nichts mehr gäbe, was mich hält, dann hielte mich noch, daß mich nichts mehr hält.»
«Diese Text halten es aus, gelesen zu werden, ohne daß eine Melodie sie stützen müßte.» Norddeutscher Rundfunk

Konstantin Wecker
Ich will noch eine ganze Menge leben *Songs Gedichte Prosa*
(rororo 4797)
«Genug ist nicht genug,
ich laß mich nicht belügen.
Schon Schweigen ist Betrug,
genug kann nie genügen.»
«Konstantin Wecker, bayrischer Liedermacher mit unbequemen Texten, hat nichts von seiner Frische, seiner Originalität und Bissigkeit verloren.» Abendpost

Herman van Veen
Anne
(rororo 12491)
«Morgen wenn alles vorbei ist
werde ich mich schämen
aber laßt mich heute noch
das Labyrinth durchqueren.»
«Die Gedichte dieses Bandes sind verwandt mit denen der Beatdichter wie Allan Ginsberg in Amerika und Adrian Henri und Brian Patten in England: erzählende Gedichte, breit gefächert, die ein Gebiet ‹irgendwo zwischen Himmel und Horten› behandeln und für ein unbefangenes Publikum bestimmt sind.» Aus dem Vorwort von Willem Wilmink

Herman van Veen
Unter einem Dach *Notizen eines Clowns*
(rororo 5124)
«Herman van Veen ist Sänger, Musiker, Poet, Pantomime, Tänzer, Schauspieler in einer Person – zärtlicher Bürgerschreck und veträumter Rattenfänger zugleich.» Nürnberger Nachrichten

rororo Unterhaltung

Historische Romane

Dorothy Dunnett
Die Farben des Reichtums Der Aufstieg des Hauses Niccolò *Roman*
(rororo 12855)
«Dieser rasante Roman aus der Renaissance ist ein kunstvoll aufgebauter, abenteuerreicher Schmöker über den Aufsteig eines armen Färberlehrlings aus Brügge zum international anerkannten Handelsherrn – einer der schönsten historischen Romane seit langem.» Brigitte

Josef Nyáry
Ich, Aras, habe erlebt... *Ein Roman aus archaischer Zeit*
(rororo 5420)
Aus historischen Tatsachen und alten Legenden erzählt dieser Roman das abenteuerliche Schicksal des Diomedes, König von Argos und Held vor Trojas Mauern.

Pauline Gedge
Pharao *Roman*
(rororo 12335)
«Das heiße Klima, der allgegenwärtige Nil und die faszinierend fremdartigen Rituale prägen die Atmosphäre diese farbenfrohen Romans der Autorin des Welterfolgs ‹Die Herrin vom Nil›.» The New York Times

Pierre Montlaur
Imhotep. Arzt der Pharaonen *Roman*
(rororo 12792)
Ägypten, 2600 Jahre vor Beginn unserer Zeitrechnung. Die Zeit der Sphinx und der Pharaonen. Und die Zeit des legendären Arztes und Baumeisters Imhotep. Ein prachtvolles Zeit- und Sittengemälde der frühen Hochkultur des Niltals.

rororo Unterhaltung

T. Coraghessan Boyle
Wassermusik *Roman*
(rororo 12580)
Ein wüster, unverschämter, barocker Kultroman über die Entdeckungsreisen des Schotten Mungo Park nach Afrika um 1800. «Eine Scheherazade, in der auch schon mal ein Krokodil Harfe spielt, weil ihm nach Verspeisen des Harfinisten das Instrument in den Zähnen klemmt, oder ein ärgerlich gewordener Kumpan fein verschnürt wie ein Kapaun den Menschenfressern geschenkt wird. Eine unendliche Schnurre.» Fritz J. Raddatz in «Die Zeit»

John Hooker
Wind und Sterne *Roman*
(rororo 12725)
Der abenteuerliche Roman über den großen Seefahrer und Entdecker James Cook.

3288/1

Horizonte

Bruce Chatwin
In Patagonien *Reise in ein fernes Land*
(rororo 12836)
Bruce Chatwin hat auf einer langen Reise dieses malerisch schöne, wilde Land am Ende der Welt erkundet.

Jimmy Burns
Jenseits des silbernen Flusses
Begegnungen in Südamerika
(rororo12643)
Fünf Jahre lang lebte Jimmy Burns in Buenos Aires und bereiste Argentinien, Brasilien, Peru, Ecuador, Bolivien und Chile. Burns war 1988 Preisträger des Somerset Maugham-Award.

Amos Elon
Jerusalem *Innenansichten einer Spiegelstadt*
(rororo 12652)

Eddy L. Harris
Mississippi Solo *Mit dem Kanu von Minnesota nach New Orleans*
(rororo 12646)

Katie Kickman
Im Tal des Zauberers *Innenansichten aus Bhutan*
(rororo 12651)
Es gibt nur noch wenige Gegenden auf der Erde, die Geheimnisse geblieben sind, und eine davon ist Bhutan. Als eine der ersten Europäerinnen gelang es Katie Hickman, das Land im Himalaya und das wilde Bergvolk der Bragpas zu besuchen.

Ursula von Kardorff
Adieu Paris *Streifzüge durch die Stadt der Bohème*
(rororo 13159)

rororo Unterhaltung

John Krich
Wo, bitte, liegt Nirwana? *Eine Reise durch Asien*
(rororo 12642)

John David Morley
Grammatik des Lächelns
Japanische Innenansichten
(rororo 12641)

Charles Nicholl
Treffpunkt Café «Fruchtpalast»
Erlebnisse in Kolumbien
(rororo 12582)
«Eines der spannendsten Reisebücher überhaupt – und brillant geschrieben!» *New York Times*
Im Goldenen Dreieck *Eine Reise in Thailand und Burma*
(rororo 13173)

Stuart Stevens
Spuren im heißen Sand
Abenteuer in Afrika
(rororo 12647)

Theodore Zeldin
«Ich liebe das Leben, und das Leben liebt mich» *Was es heißt, Franzose zu sein*
(rororo 12644)

3290/1

Literatur für KopfHörer

Wer nicht lesen will, kann hören - eine Auswahl von Rowohlt's Hörcassetten:

Simone de Beauvoir
Eine gebrochene Frau
Erika Pluhar liest
2 Toncassetten im Schuber
(66012)

Wolfgang Borchert
Erzählungen
Marius Müller-Westernhagen liest
Die Hundeblume. Nachts schlafen die Ratten noch. Die Küchenuhr. Schischyphusch
1 Toncassette im Schuber
(66011)

Albert Camus
Der Fremde
Bruno Ganz liest
3 Toncassetten im Schuber
(66024)

Truman Capote
Frühstück bei Tiffany
Ingrid Andree liest
3 Toncassetten im Schuber
(66023)

Roald Dahl
Küßchen, Küßchen!
Eva Mattes liest
Die Wirtin. Der Weg zum Himmel. Mrs. Bixby und der Mantel des Obersten
1 Toncassette im Schuber
(66001)

Louise Erdrich
Liebeszauber
Elisabeth Trissenaar liest
Die größten Angler der Welt
2 Toncassetten im Schuber
(66013)

Elke Heidenreich
Kolonien der Liebe
Elke Heidenreich liest
1 Toncassette im Schuber
(66030)

3298/1

Jean-Paul Sartre
Die Kindheit des Chefs
Christian Brückner liest
3 Toncassetten im Schuber
(66014)

Henry Miller
Lachen, Liebe, Nächte
Hans Michael Rehberg liest
Astrologisches Frikassee
2 Toncassetten im Schuber
(66010)

Vladimir Nabokov
Der Zauberer
Armin Müller-Stahl liest
2 Toncassetten im Schuber
(66005)

Kurt Tucholsky
Schloß Gripsholm
Uwe Friedrichsen liest
4 Toncassetten im Schuber
(66006)

rororo

rororo Toncassetten werden produziert von Bernd Liebner. Ein Gesamtverzeichnis der Reihe finden Sie in der *Rowohlt Revue*. Jedes Vierteljahr neu. Kostenlos in Ihrer Buchhandlung.